한일고대사유적답사기

한일고대사유적답사기

2008년 8월 19일 초판 1쇄 펴냄
2012년 9월 14일 초판 3쇄 펴냄

펴낸곳 (주)도서출판 **삼인**

지은이 홍성화
펴낸이 신길순
부사장 홍승권
교정 나은수
지도 그림 Design Didot
편집 김종진 김하얀
마케팅 한광영
미술제작 강미혜
총무 정상희

등록 1996.9.16. 제 10-1338호
주소 121-837 서울시 서대문구 연희동 220-55 북산빌딩 1층
　　　　(서울시 서대문구 성산로 312)
전화 (02) 322-1845
팩스 (02) 322-1846
전자우편 saminbooks@naver.com

표지디자인 (주)끄레어소시에이츠
제판 문형사
인쇄 대정인쇄
제본 성문제책

ISBN 978-89-91097-83-4 03910

값 22,000원

한일고대사유적답사기

홍성화 지음

삼인

차례

장차 전원이 황폐해지려는데 어찌 돌아가지 않겠는가

군대를 제대한 뒤 얼마 되지 않았을 때이다. 어느 날 서점에서 책을 둘러보는데 『일본서기(日本書紀)』가 눈에 띄었다. 평소 역사에 관심이 많았던 터라 바로 읽기 시작했다. 그런데 몇 장을 읽고 나자 머릿속이 아주 혼란스러워졌다. 삼한 정벌, 백제의 조공, 임나일본부 따위는 단순히 일본이 고대사를 기술하면서 왜곡한 것으로만 알고, 일본 고대사의 저본이라 할 수 있는 『일본서기』 같은 사서에서조차 남발되리라고는 상상하지 못했기 때문이다. 책 내용은 그동안 내가 알고 있던 역사나 상식과는 전혀 달랐다. 도대체 『일본서기』는 어떤 책이며, 누가 왜 이러한 내용을 쓰게 되었을까? 그리고 고대 한반도와 일본열도 사이에는 어떤 일이 있었던 것일까?

그 후부터 틈만 나면 『일본서기』를 비롯해 『고사기(古事記)』, 『신찬성씨록(新撰姓氏錄)』 등 일본 사료뿐만 아니라, 『삼국사기』, 『삼국유사』 등 우리나라의 사료 그리고 중국의 사료를 좀더 냉정한 시각으로 꼼꼼하게 들여다보기 시작했다. 나중에는 역사학으로 전공을 바꾸어 늦깎이로 박사과정을 밟기도 했다. 그러나 고대사 공부는 결코 만만하지 않았다. 그러던 중 나름 대로 자구책을 찾았다. 역사의 흔적을 직접 찾아다니면서 당시 정황을 좀 더 구체적으로 상상해보는 것이었다. 직접 내 눈으로 보고 확인하면서 얽힌 실타래를 한 올 한 올 풀어보는 것이, 그나마 내 나름대로 역사를 찾는 가장 확실한 방법인 듯했다. 또한 이제껏 책상머리에 앉아서 우리의 역사와 문화에 대해 너스레를 떨고 있었다는 자괴감을 떨쳐버리고 싶었다. 더욱이 고대사의 진실 찾기는 언제나 사료가 부족해서 책상머리에 앉아 있을 수도 없었다.

답사 프로그램을 만들거나 혼자 답사를 다니면서 자료를 수집하기 시작했다. 수집한 옛 문헌을 보면서 그동안 알려지지 않은 많은 내용을 접했다. 그러다가 영산강 유역에서 발견된 무덤 떼에서 왜(倭)와 관련 있는 유물도 꽤 나왔다는 것을 알게 되었다. 그 연원을 파헤치기 위해 우리 땅 곳곳은 물론이거니와 일본열도 구석구석을 돌아다니기 시작했다. 그러면서 도래인(渡來人)에 관한 새로운 사실을 알게 되었고, 우리의 인식에도 많은 모순이 있음을 깨달았다. 알다시피 고대에 일본이 한반도에서 세력권을 가지고 있었다든지, 한반도 각국을 속국으로 삼아 조공을 받았다든지 하는 인식이 일본 사람들 사이에 팽배해 있다. 반대로 한국 사람들에게는 고대에 백제가 일본열도를 점령했다든지, 일본의 천황족은 백제나 가야의 왕족과 같다든지 하는 생각이 널리 퍼져 있다. 이것은 국민의 민족주의 감정을 바탕으로 두 나라의 언론과 출판이 흥미 본위로 접근하거나 인기에 영합한 탓이 크다.

역사를 분석하는 작업은 진실을 찾아 삶의 됨됨이를 돌아보는 일이어야 한다. 결코 열등의식을 극복하는 수단이 되어서는 안 된다. 어떤 이들은 현재나 미래가 중요하지 과거가 그렇게 중요하냐면서 역사를 돌아보는 작업을 폄하한다. 하지만 '과거가 없는 현재는 없으며, 현재 없는 미래는 없다.' 미래의 꿈을 창출하는 원동력은 바로 현재에서 과거를 되새김질하며 정진하는 데서 나온다. 문화연구가 이지누 선생은 『예이제』라는 웹진을 발간한 적이 있다. '예이제'라는 말은 지난날과 지금을 일컫는 토박이말이다. 그는 『예이제』에 '자연'과 '문화' 그리고 '사람'의 생각을 담으며, '다음'으로 가기 위해 '예'와 '이제'는 더없이 소중한 것이라고 강조했다. '이제'는 '예'의 아련한 기억들을 잘 보듬고 그날그날 역사의 현장을 밟아나가야만 할 때이다.

이제는 마음을 활짝 열고 양 소매를 걷어붙이고 길을 떠나보자. 역사의 현장을 찾아가 과거의 역사를 둘러보자. 우리의 발길이 머무는 그곳에서 무한한 창조력이 움틀 것이다. 돌아가자. 장차 전원이 황폐해지려는데 어찌 돌아가지 않겠는가(歸去來兮 田園將蕪胡不歸).▪

▪ 중국 진(晉)나라의 시인 도연명이 쓴 〈귀거래사(歸去來辭)〉 첫 구절.

일러두기

1. 일본어 인명과 지명 표기는 국립국어원이 정한 외래어 표기법에 따랐으나, 다음은 예외로 했습니다.

   ㄱ. 강과 산 이름은 강과 산을 가리키는 일본어 발음과 한국어 발음 '강'이나 '산' '봉' 표시를 중복해 쓰지 않았습니다. 이를테면 '나카가와(那珂川) 강'은 '나카가와', '다카치호노미네(高千穂峰) 봉'은 '다카치호노미네', '마쓰오야마(松尾山) 산'은 '마쓰오 산'이라 썼습니다.

   ㄴ. 고대 일본의 정치적 지역 단위는 한국어식 한자 발음을 살렸습니다. 이를테면 '헤이안쿄(平安京)'는 '헤이안경', '이즈모노쿠니(出雲國)'는 '이즈모국'이라 했습니다.

   ㄷ. 외래어 표기법에서는 장음으로 보아 생략하도록 했지만, 본래 일본어에서 장음이 아니라 별도로 음가가 있는 모음은 그대로 살렸습니다. 이를테면 '스사노오노미코토(須佐之男命)'를 '스사노노미코토'로 고치지 않고 그대로 두었습니다.

2. 본문에 쓰인 사진은 따로 소장처와 제공처가 표시되지 않은 경우 모두 지은이가 찍은 것입니다.

3. 지은이가 찍지 않고 다른 자료에서 얻은 사진은 모두 출처를 밝히고 저작권자의 허락을 얻고자 최선을 다했으나, 미처 연락이 닿지 못한 경우가 일부 있습니다. 앞으로 연락이 닿는 대로 합당한 절차를 밟겠습니다.

1

영산강 유역에서

아! 영산포

'차라리 울어볼거나. 이 칙칙한 어둠 몰고 소리 없이 숨죽여 울어볼거나. …… 밤마다 산마루 넘어와서 시커멓게 다가와 두 손 내미는 못 다한 세월…….'

동틀 무렵, 달리던 차가 어느덧 메마른 강가에 도착했다. 순간 젊은 시절에 부르곤 했던 〈영산강〉이라는 노래가 나도 모르게 흘러나왔다. 몇 년 만에 불러보는 노래인가. 한참 동안 잊고 지내다가 다시 불러보는 옛 노래의 선율은 조붓하게 지나간 세월을 느끼게 했다. 지난 세월을 돌이켜 보면 별반 흡족하지 않고 딱히 남는 것도 없다. 늘 다람쥐 쳇바퀴 돌듯 바쁘게 살아왔다. 새삼 이렇게 길을 떠나 우리의 자연을 두루 돌아보니 마음속에 몰큰몰큰 희망이 샘솟는 걸 느낀다. 새로운 삶의 동기를 찾을 수 있을 것 같은 막연한 기대감도 생긴다. 어쩌면 자연의 원초적인 열기가 내게 큰 힘을 주기 때문인지도 모르겠다. 바람이나 쐬러 나가자고 했던 것이 어느덧 남쪽 끝까지 와버렸다.

전라남도에 도착했다. 유홍준 선생은 『나의 문화유산답사기』에서 남도의 마을을 "뜻있게 살다 간 사람들의 살을 베어내는 듯한 아픔과 그 아픔 속에서 키워낸 진주 같은 무형의 문화유산이 있고", 국토의 중심부에서 가장 멀리 떨어져 있으면서 "저항과 항쟁과 유배의 땅에 서려 있는 역사의 체취가 살아 있"는 곳이라고 표현했다. 하지만 내게 전라남도는 그저 흙 냄새만으로도 마냥 푸근함이 느껴지는 곳이다.

거뭇하게 뻗어 있는 13번 국도를 따라 나주 시내를 통과하자 영산강이 눈앞에 나타났다. 옛날에는 영산강을 금강(錦江)이라 불렀다고 한다. 아마도 영산현이라는 행정구역을 끼고 있어서 지금의 영산강(榮山江)으로 바뀐 듯싶다. 『신증동국여지승람』에 따르면, 원래 영산은 흑산도를 가리키는 지명이다. 고려 말 남해안을 노략질하는 왜구를 피해 나주 남쪽의 남포 강가에 와서 살았던 흑산도 사람들이 지명을 그대로 옮겨 영산현이라 부른 것이다.

지금 영산포는 조그마한 동네가 되어버렸지만, 과거에는 커다란 포구가 있어서 밤이 되면 술집마다 구성진 노랫소리가 끊이지 않았다고 한다. 영산포는 전라도 조운(漕運)▪의 중심지로서, 조선 중종 때 법성포로 조창을 옮기기 전까지 전라도 일대에서 가장 번성했던 포구 가운데 하나였다. 조선

▪ 과거 영산포에는 남해안과 전라도 지역의 세곡을 서울로 운송하기 위해 수납과 운송 그리고 창고 역할을 담당했던 영산창(榮山倉)이 있었다. 영산창에서 배가 침몰하는 등 사고가 자주 일어나자 조선 중종 때에 법성창으로 옮겼다.

초 김종직(金宗直)의 시에서도 당시 영산포의 융성을 짐작할 수 있다.

붉은 뱃전 검은 돛대 파도에 가득 차고 紅舷烏榜滿波濤

마을마다 작은 집이라도 노적가리가 높구나 矮屋村村積稻高

영산창 안에 백만 섬 百萬榮山倉裏粟

금년에는 백성의 고혈 뺀다고 하지 마오 今年休道浚民膏

이후에도 일제가 쌀을 수탈하기 위해 목포를 거점 기지로 삼으면서 영산포는 영산강의 중심 도시로서 큰 역할을 했다. 또한 목포와 영암 등 서남해안에서 올라온 홍어와 젓갈을 내륙으로 공급하는 집산지로도 성시를 이루었다.

그러나 1977년 10월, 영산강 하구에 둑을 건설하면서 내륙 수운이 중단되자 점차 도시의 기능을 잃어버렸다. 수천 년 이어온 수상 교통 시대가 저물고 육상 교통 시대를 맞이한 영산포의 운명이었다. 지금은 주민들마저 다른 지역으로 떠나버려 영산포는 빠른 속도로 쇠락하고 있다. 지방의회가 처음 개원한 1991년 영산포 지역의 선거구는 5개였으나, 1998년에는 3개로 줄어들었다. 그러다가 2002년 지방선거에서는 영강동과 영산동, 이창동 등 이른바 영산포 지역 전체가 1개 선거구로 통합되었다.

몇 해 전까지만 해도 영산포역에는 새마을열차가 정차할 정도로 사람들이 박작거렸다. 그러나 호남선이 복선으로 직선화되면서, 1914년 역이 생긴 지 87년 만에 더 이상 열차가 서지 않는다. 지금은 신나주역에 제 기능을 넘겨주고 테마 공원이 되었다. 영산포역 앞에 있는 녹슨 화차만이 역사(驛舍)의 역사(歷史)를 말해줄 뿐이다. 영산포는 말 그대로 숱한 영화를 뒤로 한 채 묵묵히 세월의 풍상을 버티고 서 있다. 흥망과 성쇠가 교차한 고난과 설움의 강, 그러나 생존에 몸부림치는 영산강을 '타오르는 강'으로 묘사했던 문순태 선생도 이곳 영산포에서부터 말문을 열었다.

하지만 영산포에서 과거의 영화를 되새겨볼 수 있는 곳이 있다. 일제시대의 옛 건물들, 홍어거리로 바뀐 북적대는 선창가, 영산교 옆에 남아 있는 하얀 등대가 구구한 지난 세월의 영화를 보여주는 것이다. 하얀 등대는 영산포가 내륙 수운의 주도적인 역할을 했을 때 뱃길을 인도하고 수위 관측을 했다고 한다. 현재 남아 있는 등대는 영산포의 옛 명성을 기리고자 다시 세운 것이다.

수수께끼 무덤 떼

땅 끝 해남으로 가는 "전라도 길"은 "가도 가도 붉은 황톳길 숨 막히는 더위 속으로 절름거리며"[■] 눈이 시리도록 펼쳐져 있다. 황톳길은 마치 쿨렁쿨렁 웅성거리며 흘러가는 강물처럼 방죽을 무너뜨리며 굽이쳐 뻗어 있다. 신발 밑창에 시뻘건 흙무더기가 연신 묻어나도 그 흙 내음만으로 절로 흥이 나는 정겨운 걸음이다.

영산포에서 남쪽으로 얼마 가지 않았을 때, 문득 '반남 고분군'이라는 이정표가 보였다. 전라남도 나주시 왕곡면 양산리 삼거리이다. 순간 남쪽으로 가려던 계획을 바꾸어 덜컹거리는 오른쪽 길로 치달렸다. 얼마쯤 달렸을까. 너른 벌판 위로 거대한 무덤들이 여기저기 솟아 있는 것이 눈에 들어왔다. 한동안 입을 다물지 못한 채 그 광경을 바라보았다. 마치 경주

16

■ 한하운, 「전라도 길」.

의 대릉원이나 노동동, 노서동에 온 듯 착각할 정도로 왕릉처럼 보이는 거대한 무덤들이 장관을 이루었다. 반남면 한가운데 자리한 자미산(紫微山)을 중심으로 대안리, 신촌리, 덕산리가 서로 마주하고 있다. 동네 곳곳에는 시간과 공간을 초월하듯 집과 무덤이 한 식구처럼 어우러져 있다. 게다가 무덤 모양도 그동안 좀체 볼 수 없었던 사각형, 사다리꼴 모양이었다. 남도의 들판에 무슨 연고로 이토록 많은 무덤들이 잠들어 있는 것일까?

무덤 떼는 이곳 반남 지역에만 있는 것이 아니다. 바로 이웃한 영암군의 삼포강 하류 신연리, 옥야리, 만수리 등지에도 '시종면 고분군'이라 부

반남면 고분군 안내도 | 영산강 하류로 흘러드는 삼포강이 휘감아 도는 남쪽 자락에 다가서면 자미산을 중심으로 하여 2, 3층짜리 집채만 한 무덤들이 시야에 부지기수로 들어온다. 그동안 통상적으로 보아왔던 무덤의 모습과는 사뭇 다른 느낌이다.

르는 무덤 떼가 있다. 또한 영산강 북쪽 나주시 다시면 복암리에서부터 서북쪽으로 무안, 함평까지 영산강 유역을 중심으로 해서 대형 무덤이 떼를 이루고 있다. 영산강을 중심으로 전라남도 서해안 일대까지 분포한 고분만도 무려 400여 기가 넘는다고 한다. 영산강 유역의 나주 지방은 근초고왕 때인 4세기 후반에 백제에 편입되었던 것으로 알려져 있다. 그런데 이곳에 요상한 모양으로 생긴 왕릉급 무덤 떼가 펼쳐져 있다. 그렇다면 지금 바라보이는 무덤 떼는 당시의 어떠한 실상을 전해주는 것일까?

중국의 사서인 『삼국지』「동이전」에서는 서기 3세기 무렵 한반도 남부에 마한, 진한, 변한이 있었다고 기록했다. 이 기록에 따르면 그중 마한이 78개국이며, 이들이 한강 유역에서부터 남해안까지 한반도 서부를 점유했던 것으로 추정된다. 그렇다면 이곳 영산강 유역의 무덤 떼는 백제가

반남면 고분 전경 │ 나주의 붉은 평야 지대를 달리다가 수많은 무덤 떼를 보고 발걸음을 멈추고 말았다. 동네 어귀마다 금방이라도 손에 잡힐 듯, 마을 사람들과 함께 숨 쉬고 있다.

점유하지 않았던 마한의 지역을 말해주는 것일까, 아니면 백제가 영산강 유역을 점유하기 이전 또 다른 외부 세력이 만든 무덤일까? 그것도 아니면 백제는 백제이되, 백제를 섬기던 지방의 세력가들이 만든 무덤일까?

토기의 비밀

집 몇 채가 모다기모다기 모여 있는 동네 뒷동산을 올라가면 멀찍이 야트막한 구릉인 듯 널따란 공간에 무덤 1기가 자리를 잡고 있다. 부근에 있는 무덤들 상당수가 가정집들과 서로 이웃하고 있기 때문에 마치 남의 집 앞마당을 가로질러 올라가는 기분이다.

반남 마을로 들어서서 넓은 평원 위에 솟은 푸르죽죽한 둔덕을 바라보며 걷다 보면 면사무소에 닿기 전에 반남초등학교가 보인다. 그 길을 쭉 올라 초등학교를 동남쪽으로 돌아가면 무덤 떼가 옹기종기 모여 있는 뒷동산에 신촌리 9호분이 나직이 서 있다. 전라남도 특유의 시뻘건 황토 흙으로 덮여 있으며, 가로 세로 각 30여 미터이고 높이가 5미터쯤 되는 사다리꼴 고분이다. 반남면에 있는 다른 무덤들과 비교해 볼 때 그리 큰 축에 끼지는 않지만, 기존의 백제 고분보다는 장대한 모습이다. 틀거지가 반듯해 보이는 풍채며 기품이 여타 지역의 고분과는 다른 위용을 갖추고 있다.

1917년 12월, 영산강 유역에서는 일대 사건이 조용히 일어나고 있었다. 이전부터 영산강 유역의 고분에 관심을 갖고 있었던 조선총독부박물관 고적조사위원인 야쓰이 세이이치(谷井濟一)가 나주 반남면 고분을 최초로 발굴 조사한 것이다. 일제시대에 일본 사람들이 반남면의 무덤 떼를 발견하고 처음으로 조사를 했다. 그렇다면 이들은 왜 이곳 반남면에 유독 눈독을 들였던 것일까?

　야쓰이는 이 일대의 고분을 조사하면서 고분 총 31기에 번호를 붙이고, 발굴 조사 내용을 알 수 있는 짤막한 보고문을 10여 줄 남겼다. 이 보고문에는 원형이나 사각형(方臺形) 형태 고분, 여러 옹관(甕棺)들, 금동관, 금동신발, 긴칼(大刀), 토기 등 발견한 유물들을 열거해놓았다. 그리고 "그 매장법과 관련 유물로 보건대 아마 왜인(倭人)의 것으로 추측한다. 자세한 내용은 다음에 나주 반남면의 왜인 유적이라는 제목으로 특별 보고서를 제출하겠다"는 내용을 적어놓았다. 이 보고문의 내용을 보면, 당시에 발굴했던 것은 반남면의 신촌리 9호분이었던 것 같다. 하지만 무슨 연유에서인지 그 후 제출하기로 했던 특별 보고서는 나오지 않았다. 고분에서 나온 몇 가지 안 되는 근거를 가지고 '왜인의 묘'로 단정했던 것은 섣부른 판단인 듯하다. 야쓰이가 선입견을 갖고 이곳에 접근했다는 의혹을 지울 수 없는 대목이다.

　신촌리 9호분을 발굴한 후 1939년 5월에는 조선총독부박물관의 사가 준이치(澤俊一)와 아리미쓰 교이치(有光敎一)가 신촌리, 덕산리 등 독무덤(甕棺墓) 5기를 추가로 발굴 조사했다. 이때 아리미쓰는 영산강 유역의 무덤들이 거대한 분구를 쌓고 그 꼭대기에 얕게 무덤 주인의 시신을 매장한 점, 둘레에 주구(周溝, 무덤을 빙 둘러 판 도랑)가 있는 점, 덕산리 2호분과 신촌리 6호분이 일본의 고분

신촌리 9호분 원경 | 반남초등학교 부근에서 신촌리 9호분을 바라다보면 무덤의 서글서글한 모습에 취해 조심스레 발걸음을 내딛게 된다. 이 땅을 떠난 이들이 말없이 드러누운 자리를 지켜보면서 그들이 살았던 시대를 회상한다.

양식인 전방후원분(前方後圓墳)을 닮은 점, 껴묻거리(부장품) 중에 곱은옥(曲玉), 고리자루큰칼(環頭大刀)과 하니와(埴輪) 원통형(圓筒形) 토기류가 있는 점을 들어 조선의 고분군 가운데 가장 일본 색채가 짙은 것이라고 했다. 그런데 아리미쓰가 언급한 덕산리 2호분과 신촌리 6호분의 전방후원분 논란은 그 내용만으로도 그가 선입견을 갖고 있었음을 알 수 있다. 이 고분 2개는 긴사각형(長方形) 고분이기는 하지만, 아무리 보아도 일본 고분의 전형인 전방후원분이라 하기는 어렵기 때문이다. 당시 그가 사실을 정확하게 기록하지 않았다는 것을 알 수 있다.

덕산리 2호분 | 복원된 덕산리 2호분의 모습이다. 긴사각형 고분으로, 전방후원형이라 하기는 어렵다.

일본의 전방후원분 | 전방후원분은 앞이 네모지고 뒤가 둥근 모습이다. 3세기 초 조성되기 시작하여 일본의 고분시대를 풍미했던 무덤으로, 위에서 보면 마치 열쇠구멍 모양 같다. 나라 현 사쿠라이에 있는 하시바카 고분(箸墓). 출처: 『日本の古代 第5巻 前方後円墳の世紀』(中央公論社, 1986)

게다가 신촌리를 비롯해 영산강 유역에 있는 고분의 가장 큰 특징은 대부분 독무덤 양식이라는 점이다. 큰 봉분 안에 독널(항아리)이 여럿 들어 있는 묘제이다. 독무덤, 곧 옹관묘는 독널 안에 시신을 넣고 매장하는 무덤 양식을 말한다. 대개 옹관은 자생적으로 발생할 수 있는 손쉬운 묘제이기 때문에 동서고금을 막론하고 여러 지역에서 널리 사용되어

영산강 유역의 독무덤 | 우리나라나 동아시아에서 독무덤은 드물지 않다. 대개 일상에서 쓰던 소형 항아리를 이용한 부차적인 묘제로 조성되었다. 하지만, 영산강 유역의 독무덤은 여타 지역과는 달리 장례만을 목적으로 사람의 키보다도 더 큰 대형 독널을 만들어 사용했으며, 주묘제로 쓰였다는 점이 특이하다. 사진은 국립광주박물관에 전시된 모형이다.

왔다. 우리나라에서는 청동기시대와 철기시대에 걸쳐 전 지역에서 고루 나타나다가 고대사회로 가면서 점차 쇠퇴한 것으로 알려졌다. 크기는 보통 1미터 미만이다. 시신을 가매장하거나 한데무덤(風葬)을 한 뒤 뼈를 추려 옹관에 담아 매장했거나, 어린아이의 시신을 묻은 옹관이었던 것으로 본다.

이곳 나주 지역에 독무덤이 번성한 것은 4세기에서 5세기 무렵이다. 이때에는 동북아시아 어떤 나라에서도 이와 같은 묘제가 나타나지 않았다는 것이 특이하다. 뿐만 아니라 옹관도 일상으로 쓰는 독이나 항아리를 가져다 쓴 것이 아니라, 장례를 위해 특별히 제작한 2미터가 넘는 대형 옹관을 사용했다. 장례용으로 독널을 제작한 것은 지금까지도 도기 제작으로 유명한 나주 지역과 밀접한 관련이 있는 듯하다.

1917년 당시 금동관이 출토되어 크게 관심을 불러일으켰던 신촌리 9

호분은 광복 이후에 한동안 잊혔다가 1960년에 들어와 부근의 영암군 고분을 발굴 조사하면서 점차 관심이 높아졌고 마침내, 1999년이 되어서야 국립문화재연구소가 본격적으로 재조사를 했다. 신촌리 9호분의 분구 안에서 항아리 2개가 위아래로 이어진 옹관 11기가 지면과 수평인 상태로 묻혀 있는 것을 발견했다. 그리고 을(乙)관이라는 옹관에서 수장의 무덤임을 알려주는 금동관, 금동신발, 금과 은으로 장식한 고리자루큰칼이 출토되었다. 특히 금동관을 눈여겨볼 만하다. 금동관의 내관은 나뭇잎 모양 세잎무늬(三葉文)와 꽃봉오리 모양으로 세공되어 있고, 외관은 금동판을 오려서 꽃 모양으로 장식해놓았다. 신라의 출(出)자 양식과도 다르고, 백제 무령왕의 불꽃무늬와도 다른 형태이다. 이것으로 보아 신촌리 9호분은 이 지역의 독자적인 산물이라고 할 수 있을까?

㈜ **황남대총 북분 출토 금관,** (아래) **무령왕 관장식** | 황남대총을 비롯해 옛 신라 지역에서 출토되는 금관은 출(出) 자와 비슷한 나뭇가지 장식을 중심으로 양 옆에는 사슴 뿔 모양 장식을 세웠다. 백제 무령왕릉에서 출토된 관장식은 타오르는 불꽃무늬 형상이다. 반면, 신촌리 9호분에서 발견된 금동관의 장식은 꽃봉오리 모양이라 이들과는 또 다른 양식을 보여준다.

신촌리 9호분에서 출토된 금동관은 발견된 지 80년 만인 1997년이 되어서야 국보 295호로 지정되었다. 나주가 백제의 도읍지와 상당히 먼 거리인 데다가 아마 어느 시대, 어느 나라의 금동관인지 판별하기가 쉽지

나주 신촌리 9호분 발굴 조사 후 전경 │ 1999년 발굴 조사에서는 일본의 고분에서 주로 나오는 원통형 토기가 질서 정연하게 배치되어 있는 상태로 출토되었다. 일본의 전방후원분에서 발견되는 하니와와 비슷한 토기가 우리나라의 독무덤에서 나온 것은 놀라운 일이었다.

신촌리 9호분 발굴 당시 원통형 토기가 드러난 모습 │ 일본의 하니와와 같이 다양하고 정교하지는 않지만, 원통형으로 생긴 형태나 그 쓰임으로 보아 하니와류 토기로 볼 수 있을 것이다.

신촌리 9호분 출토 원통형 토기 국립문화재연구소 제공

금동관과 고리자루 │ 1917년에 출토되어 교과서에 '백제 출토 금동관'으로 실렸던 신촌리 9호분의 금동관은 근래에 들어서야 국보 295호로 지정되었다. 국립문화재연구소 제공

국립공주박물관·국립광주박물관 소장, 국립공주박물관 제공

나주 신촌리 9호분 출토 금동신발

국립전주박물관과 소장, 제공

익산 입점리 86-1호분 출토 금동신발

국립문화재연구소 제공

나주 복암리 '96석실 출토 금동신발

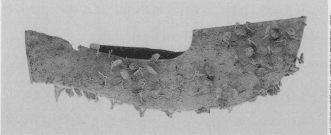

가시하라고고학연구소(橿原考古學硏究所) 제공

후지노키 고분 출토 금동신발

나주 신촌리 9호분이나 익산 입점리 86-1호분과 같은 이른 시기의 무덤에서는 마름모꼴 문양을 새긴 금동신발이 출토된 반면, 그 후의 것으로 보이는 무령왕릉, 나주 복암리 3호분, 일본 나라(奈良)의 후지노키 고분, 규슈 구마모토(熊本)의 에타 후나야마 고분에서 출토된 금동신발은 육각형 거북등 문양이 새겨져 있다. 하지만 제작 기법과 형식 면에서는 백제와 일본 지역에서 거의 동일하게 만들었던 것으로 보인다.

않았기 때문인 듯하다. 지금도 문화재청은 만들어진 시기를 '삼국시대'라고 분류해놓았다. 아직까지 금동관을 언제 누가 만들었는지 확실하게 밝혀내지 못한 것이다.

또한 출토된 금동신발도 심상치 않다. 30센티미터 길이에 폭이 9센티미터 정도 되는 금동판 두 장을 붙여 만든 금동신발의 겉부분에는 마름모꼴 안에 둥근 점 무늬를 새겨놓았다. 밑판은 마름모꼴 문양 안에 꽃잎 문양 4개를 장식했고, 징이 남아 있다. 금동신발을 특히 주목하는 이유는 공주의 무령왕릉에서 출토된 것과 익산의 입점리 고분, 나주 복암리 고분에서 출토된 금동신발과 맥을 같이 하기 때문이다. 이들은 모두 바다 건너 규슈(九州)의 에타후나야마(江田船山) 고분이나 나라(奈良)의 후지노키(藤ノ木) 고분 금동신발과도 연계성이 있다.

신촌리 9호분이 주목받는 이유는 또 있다. 분구의 바깥 사면에서 그동안 우리나라 무덤에서는 보기 드문 토기가 출토되었기 때문이다. 보통 하니와(埴輪)라고 부르는 토기가 발견된 것이다. 봉분 꼭대기의 바깥쪽 경사면을 따라 돌아가며 분구에서 32개가 발견된 것을 비롯해 모두 52개가 확인되었다. 하니와가 특별히 주목받는 이유는 일본에서 고분(古墳) 시대라고 이름 붙인 특정한 시기에 규슈에서 홋카이도(北海道)에 이르는 전 지역에서 고르게 나타난 유물이기 때문이다. 대개 전방후원분에서 출토되는 토기로 알려졌다. 일본 전 지역에서 엄청난 수가 보고되어, 전형적인 일본 토기로 평가된다. 그런데 한반도에서 그것도 전방후원분도 아닌 독무덤 양식인 신촌리 9호분에서 적갈색 하니와가 출토된 것이다.

일본에서 하니와가 처음 생산된 것은 야요이(彌生) 시대 말에서 고분 시대 전반인 서기 2~3세기 무렵부터라고 본다. 하지만 정작 하니와라고 부르기 시작한 때는 『일본서기』가 편찬된 8세기 무렵부터라고 볼 수 있다. 『일본서기』에 보면, 스이닌(垂仁) 천황이 재위(서기 전 29년~서기 70년)했을 때 노미노스쿠네(野見宿禰)라는 사람이 딸려묻음(殉葬) 풍습을 대신하여 시신과 함께 사람 모양, 말 모양 토기를 만들어 묻도록 고

일본 하니와 | 일본 아이치 현(愛知縣) 아지요시후타고야마(味美二子山) 고분 전시관에 전시된 하니와다. 일본의 하니와는 집, 인물, 동물 등 다양한 모양인 반면, 신촌리에서 발굴된 하니와는 원통 모양에 윗부분이 항아리 모양인 것과 화분 모양인 것이 주종을 이룬다.

안한 데에서 비롯되었다는 고사가 나와 있다. 그러나 고고학으로 보면, 인물 형상 하니와는 그보다 훨씬 뒤인 5세기에 들어와서야 나타난다. 따라서 이 고사가 하니와의 초기 모습을 보여준다고 할 수는 없다. 이러한 고사가 등장하게 된 연유는 아마 『일본서기』를 썼던 8세기 무렵, 장송의례(葬送儀禮)에 종사하면서 하니와를 만든 하지씨(土師氏) 일족이 궁정에서 상당한 영향력을 갖고 있었기 때문으로 보인다. 하지씨의 조상인 노미노스쿠네가 하니와를 최초로 만들었다고 본 것이다.

원래 하니와는 전방후원분의 봉분 둘레에 세워둔 토기로, 무덤을 장식하는 토제품이었던 것으로 보인다. 우리나라나 중국에서도 하니와와 비슷한 것으로 토용(土俑)이나 토우(土偶)가 있다. 그런데 신촌리 9호분의 하니와를 일본의 하니와와 비교해보면, 형태는 비슷하지만 조금 다른 부분이 있다. 대체로 일본의 하니와는 집 모양(家形), 사람, 동물, 기재(器財) 등 다양한 모양이다. 그에 비해 신촌리 9호분의 하니와는 원통(圓筒) 모양 토기이면서 항아리 모양(壺形)과 화분 모양(花盆形)인 것이 대부분

이다. 하지만 기법은 당시 일본 하니와와 아주 흡사하다.

그렇다면 일본 고분시대의 전방후원분에서나 출토되는 하니와가 영산강 유역에서 발견되는 이유는 무엇일까? 신촌리 9호분에서 발견된 하니와로 인해 일본 관련설 논쟁은 이제 단순한 논란의 차원을 넘어섰다.

무덤 양식의 결정판인 복암리 고분

반남면 고분군이 있는 곳에서 삼포강과 영산강을 건너 북쪽 직선거리로 약 10여 킬로미터 정도 되는 곳에 복암리 마을이 있다. 나주의 다시면에 속한 복암리는 반남면에서 그리 멀지 않다. 하지만 영산강 건너에 있기 때문에 과거에는 영산강을 경계로 해서 반남이나 영암 지역과는 조금 다른 문화권이었을 듯싶다. 지금도 같은 나주시에 속하지만, 반남면 신촌리에서 다시면 복암리로 가려면 동쪽으로 영산포를 거쳐 가거나 서쪽으로 공산면을 거쳐 가야 한다.

복암리는 영산강으로 흘러드는 다시천을 끼고 널따란 충적지가 펼쳐져 있어, 옛날부터 많은 사람들이 모여 살았다. 그래서인지 다시면 일대는 예로부터 길쌈의 고장으로 이름이 나 있다. 이곳에서 만든 무명베는 섬세하고 곱기로 유명해서 옛날에는 궁중에 진상했으며, 만주에 팔려 나갔다고 한다. 지금도 복암리에서 들판 너머로 보이는 다시의 샛골 일대에서는 '나주샛골나이'란 무명베를 생산한다. 이 무명베를 짜는 기술이 중요무형문화재로 지정되었다. 또한 샛골의 옆 동네인 가흥리의 쪽 염색 기술도 중요무형문화재로 지정되어 있다. 쪽잎에서 색소를 내고 여기에 조갯가루와 잿물을 넣는 전통 방법으로 쪽 염색을 한다. 그래서 최근 영산

복암리 고분과 뒤편 거마산 | 복암리 한가운데에 고분이 있고, 그 뒤로 거마산이 보이다. 복암리의 주민들은 거마산을 들마산이라고 부른다. 들마산 앞쪽에 작은 저수지가 있고, 그 산의 형상이 마치 말이 물을 마시고 고개를 치켜든 형상 같아서 그렇게 부른단다. 들마산 또는 들말산이 거마산(擧馬山)이라는 한자어로 바뀐 것이다.

강 강변에 나주염색문화관이 새로 생겨 관광 코스가 되었다. 이렇듯 많은 유서(由緖)를 묵묵히 전하는 다시면의 평지 한가운데에 한국 고대사의 미스터리가 살아 숨 쉬고 있다.

복암리 한가운데에 커다란 동산들이 있다. 농지로 개간되어 지금 남아 있는 것은 멧부리 4개 정도인데, 이것이 바로 복암리 고분군이다. 한눈에 보아도 평지에 우뚝 솟은 모습이 단순한 동산으로 보이지 않는다. 복암리 주민들에게 고분군은 어릴 때 숨바꼭질하며 놀았던 놀이터였다. 또한 안동 권 씨 묘역이 자리잡고 있기 때문에 마을 선산 노릇을 톡톡히 했다. 이처럼 이들 동산이 고분인 줄 몰랐기 때문에 도굴되거나 파괴되지 않고 지금처럼 온전하게 보존되었던 것이다.

복암리 고분을 발굴 조사한 결과, 깜짝 놀랄 만한 사실이 밝혀졌다. 복암리 고분군 중에 분구가 가장 큰 고분은 3호분이다. 이 큼지막한 분구에

복암리 3호분 발굴 조사를 마친 뒤 전경 | 복암리 3호분의 축조 시기를 크게 3기로 나눌 수 있다. 직사각형(方臺形) 분구를 만들기 이전에 해당하는 가장 아래층 1기에는 독무덤과 널무덤이 나타난다. 그 위로 분구 완성기에는 구덩식돌덧널무덤, 옹관이 들어 있는 돌방무덤 등이 보인다. 또한 분구가 완성된 뒤 그 위를 다시 파서 축조한 3기에는 굴식돌방무덤과 앞트기식돌덧널무덤이 생겼다. 국립문화재연구소 제공

서 독무덤, 구덩식돌덧널무덤(竪穴式石槨墓), 굴식돌방무덤(橫穴式石室墓), 앞트기식돌덧널무덤(橫口式石槨墓), 돌덧널독무덤(石槨甕棺墓), 나무널무덤(木棺墓) 등 영산강 유역에서 볼 수 있는 모든 형태의 묘제 41기를 발굴한 것이다. 이로써 복암리 고분은 영산강 유역에 산재한 고분의 발달 과정을 고찰하는 데 대단히 중요한 무덤이 되었다. 가장 많이 볼 수 있는 묘제는 원래 영산강 유역의 주요 묘제인 독무덤이다. 복암리 고분 중 특히 '96석실이라고 부르는 돌방무덤(石室墓) 안에서 옹관이 발견되는 등 독무덤에서 돌방무덤으로 묘제 양식이 바뀌는 과정을 잘 보여준다. 복암리 3호분은 3개 층으로 축조되어 있는데, 가장 아래에 독무덤, 그 위에 돌덧널무덤(石槨墓)과 옹관이 있는 돌방무덤, 그리고 맨 위에 굴식돌방무덤이 있다. 이러한 형태는 다른 곳에서는 찾아 볼 수 없다.

굴식돌방무덤(제5호묘) 덮개돌이 덮인 모습

구덩식돌덧널무덤(제4호묘) 덮개돌 제거 전(위), 후(아래)

굴식돌방무덤(제5호묘) 덮개돌 아래 무덤방

앞트기식돌덧널무덤(제11호묘)

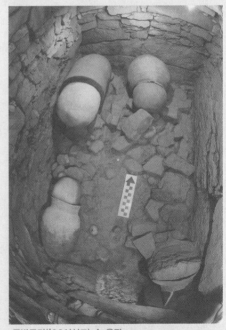

돌방무덤('96석실묘) 속 옹관

복암리 3호분은 이른 시기의 독무덤에서부터 후대의 굴식돌방무덤까지 무덤의 변천 과정을 잘 보여준다. 3세기 후반~7세기 초엽에 걸쳐 고대 묘제의 전시장을 보는 듯하다. 이른바 '96석실이라고 하는 굴식돌방무덤에서는 인골이 든 옹관 4기가 안치되어 있어 독무덤에서 돌방무덤으로 변천하는 과도기에 만들어졌다고 추측된다. 금동신발, 고리자루큰칼 등 위세품이 발견되어 유력자의 무덤임을 알 수 있다.

국립문화재연구소 제공

복암리 은제 관장식 | 5호 돌방무덤의 인골 두개골 부분(오른쪽)과 16호 굴식돌방무덤의 널길(왼쪽)에서 각각 1점씩 발견되었다. 얇은 은판 한 장을 대칭으로 접고 꽃봉오리 문양을 뚫었다. 은제 관장식은 부여, 논산, 나주 등 과거 백제의 지역에서 두루 나오는데, 그 지역이 백제의 중앙집권적 통치 질서에 편입된 증거로 여겨진다. 국립문화재연구소 제공

굴식돌방무덤에서는 은제 관장식(冠飾)이 출토되었다. 이는 점차 시간이 흐르면서 이 지역의 수장이 백제의 중앙집권적 통치 질서에 편입된 것을 보여주는 사례로 추측할 수 있다. 은제 관장식은 7세기 중반에 찬술된 『주서(周書)』, 『북사(北史)』, 『수서(隋書)』 등과 같은 중국 사서에서 백제의 16관등 중 6품인 나솔(奈率) 이상의 관인들이 착용했다고 기술했다. 이것으로 보아 은제 관장식을 착용한 사람은 백제의 지방관을 지낸 인물로 추정할 수 있다. 이를 뒷받침이라도 하듯 복암리 고분군 부근에서는 지금까지 백제 왕궁과 관련된 유적에서만 출토되던 목간(木簡, 문자를 기록한 나뭇조각)이나 굴뚝용 토기와 벼루가 나왔다. 이 일대가 신분과 지위가 높은 백제 사람들이 거주했던 곳임을 말해주는 것이다.

32

'96석실에서도 신촌리 9호분과 같은 금동신발이 출토되었다. 그러나 신발 앞쪽만 남은 상태였다. 신발 바깥 전체를 거북의 등과 같은 육각형 문양으로 장식하고 그 안에 꽃무늬(花形文)를 새겼다. 특히 오른쪽 신발

'96석실 출토 금동신발의 바닥 국립문화재연구소 제공

바닥에 주로 허리띠 장식으로 이용하는 물고기 모양 꾸미개(裝飾)를 달아놓았다. 이는 대개 일본의 고분에서 출토된 금동신발에서 볼 수 있는 것이기 때문에 일본과 교류했음을 알려주는 중요한 단서이다. 양

지느러미와 꼬리의 모양이 선명하고 세밀하게 세공되어 있는 것을 볼 때 일본의 출토품보다 앞선 기술로 추측하기도 한다.

구멍무늬입큰단지 │ 구멍무늬입큰단지는 영산강 유역과 가야 지역, 일본에서 자주 출토되는 토기로서 3~4세기에 만들어지기 시작해 4~5세기 무렵에 성행하다가 6세기 무렵 쇠퇴한 것으로 알려졌다. 복암리 '96석실묘 출토, 국립문화재연구소 제공

또한 복암리 고분에서 백제 고분에서는 희귀하지만 영산강 유역이나 가야, 일본 고분에서 많이 나오는 구멍무늬입큰단지(有孔廣口小壺)라는 토기도 모두 8점이나 출토되었다. '96석실에서 출토된 구멍무늬입큰단지는 일본 오사카의 스에무라(陶邑) 도키산(陶器山, MT) 5호요(窯)와 다카쿠라(高藏, TK) 10호요(窯), 오바데라(大庭寺) C지구 등의 출토품과 유사한 점이 있어서 그 관련성이 주목된다.

그런데 출토된 재갈, 행엽(杏葉) 등 마구류는 기존 영산강 양식이 아니라 신라 양식이어서 의문을 자아낸다. 최근 복암리에서 1.5킬로미터 떨어진 영동리 고분에서도 신라 양식 토기가 여러 점 발견되었다. 신라가 5~6세기 무렵 이 지역에 영향력을 행사했다는 의미일까?

복암리 고분군에서 동쪽으로 300미터가량 떨어진 낭동마을 일대에 나주 복암리 고분군 유물전시관을 건립할 예정이라고 한다. 2003년 전시관 터를 마련하기 위해 시굴 조사를 하다가 '화천(貨泉)'이라는 화폐 2점을 발굴했다. 엽전처럼 구멍이 뚫리고 오른쪽에 화(貨), 왼쪽에 천(泉)이라고 새겨져 있는 화천은 중국의 전한(前漢)을 이은 신(新)의 왕망(王莽)이 주조한 화폐로서 '왕망전(王莽錢)'이라고도 부른다. 화천을 발견함으로써 당시 이 지역의 대외 문물 교류 상황을 좀더 알 수 있게 되었다.

화천은 1983년 전남 해남군 송지면 군곡리에서도 발견되었다. 이곳은

1장 영산강 유역에서 │ 33

너무도 잘 알려진 땅끝 해남군 송지면 갈두리 지역과 바로 이웃해 있다. 이 지역의 토지를 개간하다가 독무덤이 발견되어 조사를 하던 중, 수많은 조개더미(貝塚)가 발견되어 주목받는 유적지가 되었다. 이 조개더미 밑에서 발견된 화천은 이 지역을 통괄하는 고대 문물 교류의 상황을 잘 나타내는 유물이다. 『한서(漢書)』「식화지(食貨志)」에는 화천이 최초로 주조된 때가 천봉(天鳳) 1년(서기 14년)이라고 되어 있다. 하지만 「왕망전」에는 지황(地皇) 1년(서기 20년)으로 기록되어 있다. 이 때문에 화천이 주조된 시기를 정확하게 알 수는 없다. 대개 왕망이 세운 신(新)에서 주조되어 서기 40년 무렵에 들어와 후한(後漢)의 건무(建武)가 오수전(五銖錢)을 부활하기 전까지 통용된 화폐로 보는 것이 통설이다. 따라서 이 화폐가 복암리와 군곡리에서 발견된 것은 서기 14년부터 40년 즈음에 중국과 나주, 해남 간에 교류가 활발했음을 알려준다.

그동안 화천은 평양 지역의 대동강 강변에 있는 정백리 1호 고분과 황해도 등지에서도 발견되었다. 제주시 산지항 공사를 할 때에 부근의 용암 아래에서도 우연히 발견되어 서해안을 통한 전파 경로를 알게 되었다. 또한 경남 김해의 봉황동 회현리 조개더미에서부터 바다를 건너 일본의 북규슈와 오사카에 이르기까지 여러 군데에서 발견되었다. 이를 통해 서기 1세기 무렵, 동북아 각 지역의 교류 현황을 알 수 있다. 화천이 출토된 지점을 이어보면 당시 중국에서 한반도를 거쳐 왜국으로 가는 『삼국지』의 경로가 연상된다.

군곡리 조개더미의 전체 지층에서 출토된 유물을 분석한 결과, 서기전 3세기에서 서기 4세기에 걸친 오랜 기간에 형성된 유적으로 판명되었다. 전남 지역을 통틀어 고인돌 시대인 청동기 유적과 이후의 독무덤 시대의 유적을 연결해주는 귀중한 유적지인 셈이다. 또한 당시의 생활상을 보여주는 뼈제품(骨製) 뒤꽂이도 발견되었고, 점뼈(卜骨) 등 주술과 관련된 유물도 많은 양이 확인되어 주목을 받았다. 점뼈는 동물 뼈를 불에 지져 생기는 균열 형태를 보고 점을 치던 도구이다. 군곡리에서는 사슴이나 멧돼지 주걱뼈 등을 다듬어 사용했다. 이 같은 유물의 대부분은 당시 중국에서 유행하던 것을 한반도에서 수입한 것으로 볼 수 있다. 더불어 일본에서 발견된 점뼈, 토기 등과도 유사성이 있어 이 지역을 통해 일본으로 문화가 전파되었을 개연성이 있다.

전라남도 지역은 크게 서남부의 평지를 중심으로 한 지역과 동북부의 산지를 중심으로 한 지역으로 구분할 수 있다. 서남부는 영산강 유역을 중심으로 농지가 풍족하고 기후가 따뜻해 많은 사람들이 거주했을 것으로 추정되는 곳이다. 또한, 중국과 일본을 연결하는 통로의 중간 지점에 있어서 사람들의 왕래가 빈번하고 문물 교류가 활발했을 것으로 보인다. 이 같은 지리적인 이점이 영산강 유역의 수많은 무덤 떼와도 깊은 관련이 있을 것이다.

전방후원

숭숭 맺힌 땀방울을 닦아내며 농부가 논에서 황소를 끌고 땅을 가는 모습이 눈에 들어왔다. 너른 들판 사이 사방으로 뻗친 길에는 유유히 지나가는 우마차도 보인다. 언덕 밑에 옹기종기 모여 있는 마을에서는 밥 짓는 냄새가 구수하고, 굴뚝에서는 뿌연 연기가 연신 일고 있다. 들판을 가르며 너울대는 강에는 그물과 작살을 드리운 사내 서넛이 물줄기를 헤집으며 이리저리 피해 다니는 물고기를 잡으려고 부산하게 움직인다. 산 밑 너른 양지에서는 아이들이 뛰놀고, 막 사냥에서 돌아온 사내들은 멧돼지 몇 마리를 들쳐 업고 어스름 산을 내려온다…….

영산강의 상류인 극락강 부근으로 국도 1호선이 지나고, 그 곁으로 호남고속도로가 관통하는 광주의 신창동에 도착했다. 광주의 북서쪽을 휘돌아 달리는 극락강을 지나는 동안 철기시대의 평온한 농촌 마을에 대한 환상이 눈앞에 떠올랐다. 신창동에서 서기전 1세기부터 서기 2, 3세기의 것으로 보이는 생활 유물들이 무더기로 발견되었던 것을 알고 있었기 때문이리라.

이곳 신창동 유적지에서 당시의 생활상을 상세히 알 수 있는 집터와 가마터, 연못 등이 발굴되었다. 특히 사람 뼈, 각종 씨앗, 빗, 문짝, 괭이, 절굿공이 등은 철기시대의 구체적인 생활상을 알려주는 유물이다. 가장 오래된 현악기로 추정되는 유물은 다른 지역에서 볼 수 없는 것이기에 더욱 관심을 끌었다. 또한 서기전 1세기 무렵의 수레바퀴통으로 짐작되는 유물도 발견되었다. 그동안 『삼국지』 「위지·동이전」 마한조에 기록된 내용에 따라 마한 사람들이 소나 말을 탈 줄 몰랐을 것이라고 알려져 있었다. 그런데 이것이 잘못된 통념임을 증명해주었다. 이처럼 신창동 유적지는 약 2000년 전 철기시대의 생산과 생활의 모습을 구체적으로 보여주는 최초 유적지라고 할 수 있다. 벼, 보리, 오이 등을 기르고, 사냥을 하고 물고기를 잡던 당시 사람들이 윤택한 문화생활을 했다는 사실이 놀랍다. 신창동 유적지가 잘 보존될 수 있었던 이유는 이 일대가 영산강 강물이 넘쳐 공기가 차단된 저습지였기 때문이다.

신창동 유적지를 떠나 바로 곁에 있는 호남고속도로를 마주한 순간, 지금은 고속도로가 지역을 양분하지만 과거에는 고속도로의 북쪽 너머와도 밀접한 관련을 맺었을 것이라는 생각이 들었다. 그래서 반대쪽 광주시 월계동 지구로 발길을 옮겨보기로 했다. 월계동은 광주시에서 보면 중북부 지역에 속하고, 전남 전체에서 영산강을 기준으로 보면 서안(西岸)에 치우쳐 있는 지역이다. 영산강 유역의 충적평야가 끝나고 낮은 구릉이 막 시작되는 경계에 있다. 이곳에는 지금까지 전라남도 지방을 돌아다니며 보았던 것 중에서 가장 놀랄 만한 유적이 있었다. 바로 과거 광주시가 월계동과 그 인접 지역에 첨단 과학 단지를 만들기 위해 사전 정리 작업으로 발굴했던 고분 2기가 그것이다.

비스듬하게 놓여 있는 고분을 본 순간, 흔히 보던 무덤의 모습과는 사뭇 달라 놀랐다. 엇갈려 자리잡고 있는 고분 2기는 크기가 비슷하고, 쌍둥이처럼 닮았다. 전체 길이는 대략 40미터, 높이는 6미터가량 되어 보였다. 공중에서 본 고분의 모습은 앞이 네모지고 뒤가 둥근 열쇠구멍 모양이다. 우리나라에서는 좀체 볼 수 없는 특이한 형태이다. 무덤 주위로 주구(周溝)라는 도랑도 둘려 있다. 일본에서 전방후원분이라 부르는 무덤과 형태가 아주 비슷하다. 초기에는 일본의 고분과 모양이 비슷하지만 전방후원형이 아니라는 의견도 있었다. 그러나 발굴한 결과, 모양과 형태가 비슷할 뿐만 아니라 일본의 전방후원분에서 나오는 꺼묻거리들도 함께 출토되었다. 그렇기 때문에 지금은 전방후원형 고분으로 보아도 무리가 없을 것 같다. 특히 둥근 후원부(後圓部)와 네모난 전방부(前方部)를 이어주는 연결부에서 열을 지어 서 있는 하니와가 발굴되었다. 이것은 전방후원분의 영향을 크게 받은 고분임을 보여주는 결정적인 증거이다. 고분이 조성된 연대는 대개 5세기 후반에서 6세기 전반 무렵이어서 누가 만들었

월계동 고분군 | 전방후원분은 원래 일본 고분시대의 전형적인 고분으로 일본 전체에 3000여 기가 있어서 일본열도 고유의 고분 양식으로 알려져 있다. 바로 그러한 형태를 띤 고분이 우리나라의 영산강 유역에서 발견되고 있다.

는지 궁금증을 불러일으키기에 충분했다. 그러나 이러한 형태의 고분이 최근에 와서 처음 발견된 것은 아니다. 몇몇 지방에서는 이미 오래전에 발견되어, 장고분(長鼓墳)이라고 불렀다. 옆에서 본 모양이 마치 장구 모양과 같다고 해서 붙인 이름이라고 한다. 고분이 있는 월계동 일대도 예전에는 장구촌이라고 불렀다.

그렇다면 월계동에서 발견된 고분과 비슷한 전방후원형 고분이 어디에 또 있을까? 관련 서적을 뒤적이며 답사를 하다 보니 현재 고창, 영광, 함평, 담양, 광주, 영암, 해남 지역에서 발견됨을 알 수 있었다.■ 대개 전라남도 해안을 중심으로 남북으로 고르게 분포했다. 고분의 규모는 대부

■ 앞으로 점차 늘어날지도 모르겠지만 우리나라에서 발견된 전방후원형 고분은 영광의 월계 고분, 함평의 장고분, 마산리 표산 고분, 신덕 고분, 담양 고성리 월성산 고분, 성월리 고분, 해남의 말무덤 고분, 방산리 장고분, 영암의 자라봉 고분, 전북 고창의 칠암리 고분, 광주 명화동 고분 그리고 광주 월계동의 2기를 포함하여 현재까지 모두 13기가 있는 것으로 파악된다.

해남 말무덤 고분

분이 40~50미터 내외로 그리 크지는 않은 편이다. 전라남도 해남의 남쪽 해안에서 발견된 방산리 고분만이 전체 길이가 77미터로 지금까지 발견된 고분 중에서 가장 크다. 남쪽 바다가 가까이 보이는 곳에 있는 해남군 방산리의 장고봉 고분은 국립광주박물관이 도굴 여부를 확인하는 과정에서 무덤방을 열어본 결과, 온통 붉은색으로 칠해져 있었다. 붉은 칠은 일본의 무덤방에서 자주 보이는 것이다.

옛 소가야의 땅으로 알려진 경남 고성의 송학동 1호분도 원래는 그 모양이 전방후원형 고분과 같다는 논쟁이 끊이지 않았다. 그동안 전방후원형 고분이 섬진강을 넘어 경상도 일원에까지 존재하는 것으로 알려져 있었다. 그러나 2001년에 송학동 1호분을 직접 발굴한 동아대박물관은 고분 여럿이 중첩되어 형태가 전방후원형으로 보이는 것일 뿐 전방후원분과는 관련이 없는 것으로 파악했다. 즉, 구덩식돌방무덤, 굴식돌방무덤, 앞트기식돌방무덤 등 무덤방 3개가 둥근 봉토분으로 연결된 모습이라는 것이다. 그래

한반도의 전방후원형 고분 | 전방후원형 고분이라는 명칭 대신 과거 지역민들이 불렀던 장고산(長鼓山), 장고봉(長鼓峰)을 빌려 장고분(長鼓墳), 장고형(長鼓形) 고분이라는 용어를 쓰기도 한다. 실제 전방후원분(前方後圓墳)이라는 용어에는 야마토(大和) 정권에 의해 형성된 정치적 통합물이라는 의미가 내포되어 있다. 따라서 장고분이나 장고형 고분이라고 쓰는 경우에는 특히 이러한 일본의 영향을 배제하려는 의도가 있는 것으로 생각된다. 하지만, 단지 왜 계통 고분이 만들어졌다는 것만으로 곧 야마토 정권의 지배를 의미하지는 않는다. 형태나 출토품에 일본의 전방후원분에서 보이는 요소가 있기 때문에 '전방후원형 고분'이라고 표기하는 것이 타당할 듯싶다.

서 최근 복원을 하면서 봉우리가 3개 있는 것을 유독 강조했다.

하지만 단지 무덤방이 3개라는 이유만으로 송학동 1호분이 전방후원형 고분이 아니라고 단정 짓기는 어렵다. 우선 동아대박물관이 송학동 고분군 가운데 제1B라고 이름 붙인 무덤방은 무덤으로 연결되는 통로는 물론 무덤방 내부가 온통 붉은색으로 칠해져 있다. 이뿐만 아니라 출토된 구멍무늬입큰단지나 뚜껑접시(蓋杯) 등 토기류, 오키나와에서 반입된 것으로 보이는 조개(イモ貝, 이모가이) 장식 등 왜계(倭系)로 보이는 유물들

이 심심치 않게 나왔다. 일
본의 전방후원분 중에도 전
방부에 무덤방이 있는 것이
발견되기 때문에 단지 무덤
이 중첩되었다는 근거만으
로 이것을 전방후원형이 아
니라고 단정 짓는 것은 설득

송학동 출토 조개 장식(십자형 말띠꾸미개)과 철제 말띠꾸미개
(雲珠)

력이 없어 보인다. 어쨌든 왜계이기는 하지만, 전방후원형에서 송학동 1
호분을 제외한다면 전방후원형 고분은 대부분 영산강을 비롯해 서해안과
남해안 일대에서 주로 나타나는 것을 알 수 있다. 앞으로 더 조사를 하면
더욱 확실하게 밝혀지겠지만, 지금까지 나타난 것으로 보아 한반도 남부,
특히 영산강 유역 일대를 크게 벗어나지 않는다.■

　앞에서 영산강을 중심으로 한 나주와 영암 일대에서 백제와는 다른 양
식인 독무덤이 나타나는 것을 보았다. 그런데 지역적으로 중첩되는 곳에
서 전방후원형 고분이라는 또 다른 무덤 양식이 나타났다. 영산강 유역에
서 발견된 독무덤은 3~5세기에 만들어진 것으로 본다. 그리고 전방후원
형 고분은 대개 5세기 말에서 6세기 중반 즈음에 만들어진 것으로 본다.
그렇다면 이 시기까지 백제가 영산강 유역을 점유하지 못했다는 이야기
인가? 또한 그동안 문헌사에서는 『일본서기』를 분석해 근초고왕 때인
369년에 백제가 전라남도 전역을 점유했다고 보았다. 그렇다면 전방후원
형 고분이 등장한 것은 무엇을 말해주는 것인가? 일본 고분시대의 전형

　■ 전방후원형 고분은 아니지만, 경남 의령군 경산1호분, 거제시 장목 고분, 창녕군 송현동 6, 7
호분 등 왜색이 짙은 고분이 경상도 일원에서도 보인다.

고성 송학동 고분(발굴 전) | 송학동 1호분은 2001년 발굴한 뒤 다시 복원하면서 분구를 3개로 만들었다. 하지만, 발굴 전의 모습을 보면 전방후원형 고분과 닮았다.

적인 고분인 전방후원분과 유사한 무덤이 한반도에서 발견된다면, 그 원류를 한반도에서 찾아야 하는가, 아니면 일본열도에서 찾아야 하는가?

한반도가 전방후원형 고분의 기원이라고 주장한 사람은 강인구 선생이다. 1983년에 그가 한반도에도 전방후원형 고분이 존재한다고 발표하자, 그 존재 여부를 둘러싸고 학계에서 격렬한 논쟁이 일어났다. 어쩌면 우리 학계에서는 전방후원형 고분이 한반도에서 발견됐다는 사실 자체를 받아들일 수 없었을 것이다. '임나일본부설(任那日本府說)'을 뒷받침하는 근거로 이용될지 모른다는 두려움 때문이기도 했을 것이다. 하지만 현재 학계에서는 우리나라에도 전방후원형 고분이 존재한다는 것을 인정한다. 당시 강인구 선생은 전방후원형 고분의 원류에 대해 압록강 유역과 중국에서 나타나는 고분 양식과 한반도의 고분 양식이 결합된 새로운 형태의 무덤이라는 가설을 주장했다. 곧, 압록강 중류 지방인 환런(桓仁)과 퉁거

고성 송학동 고분(발굴 후) │ 천장이 무너진 무덤방이 발견되어 가운데에 분구를 하나 더 만들어 복원했다. 과거 전방후원분 논란을 의식이라도 한 듯, 가운데 봉우리가 유독 높이 솟아 있다.

우(通溝)에서 발견된 사각형(方形) 돌무지무덤(積石塚)의 분구나 대동강 유역에서 발견된 널무덤(土壙墓), 덧널무덤(木槨墓), 벽돌무덤(塼築墳)의 사각형 봉토분이 양쯔 강 유역의 원형 분구와 한강 유역에서 서로 결합해서 해안을 타고 영산강 하구와 남해안으로 퍼져갔다고 보았다. 전통적인 사각형 무덤에 원형 무덤이 결합된 종류이거나, 원형 무덤에 제단이 부설되어 형성된 종류로 보았던 것이다.

하지만 유감스럽게도 지금까지 한반도에서 발견된 전방후원형 고분의 조성 연대는 일본보다 시기가 늦다. 고분의 양식과 출토 유물로 판단해보건대 5세기 말에서 6세기 중엽에 만들어진 것으로 볼 수 있다. 따라서 어떠한 경로를 통해서든 아니면 어떠한 영향이든 간에 일본과 관련이 있을 가능성에 눈을 돌리는 수밖에 없다. 특히 일본에서는 전방후원형 고분에 대한 연구가 매우 활발하게 이루어진 반면에 우리나라에서는 거의 이루어지지 못한 상황이다. 따라서 먼저 일본의 전방후원형 고분에 관심을 갖는 것은 당연해 보인다. 동북아시아를 둘러싼 고대사의 최대 수수께끼인 전방후원형 고분 문제를 푸는 것만이 실타래처럼 얽혀 있는 고대사의 진실을 찾을 수 있는 지름길인지도 모른다.

2

한반도에서 바다를 건너

강변 마을의 고인돌

영산나루를 떠나기 전날 밤, 밤새도록 창문을 두드리는 빗소리 때문에
잠을 설치다 샐녘 문틈 사이로 비치는 가느다란 동살의 입맞춤에 깨어 일
어났다. 창문을 열자 비 갠 뒤 더욱 찬란해진 쪽빛 하늘이 눈에 들어왔다.
머릿속 상념까지 송두리째 씻어지는 듯했다.

사실 답사를 떠날 때는 진실을 발견하고 싶은 욕심이 가득했다. 그런데
막상 나서 보니 진실 찾기란 것도 자연을 벗 삼아 얼마나 적극적인 자세로
답사를 하느냐에 달린 듯하다. 무엇보다도 내가 걷는 길과 마시는 공기를
즐길 때 생산적인 탐방이 이루어지기 때문이다. 마음을 기울이지도 않았는
데 내 생각을 뒷받침하는 답사지나 유물을 발견하거나 새로운 감회가 생겨
나는 일은 그리 흔치 않다. 그래서 항상 자연에 감사하는 마음부터 갖고

옛 1번 국도 │ 1번 국도는 북쪽에 넓은 대로가 생기면서 그곳에 이름을 내어주고 한적해졌다. 영산강을 따라 민물 장어집들이 오밀조밀하게 모여 있는 것도, 가끔 차 한 대 지나갈 만한 터널을 지나는 것도 나름대로 풍취가 있다.

시작하는 것이다.

영산강 유역의 유적과 왜의 연관성을 파악하기 위해서 좀 더 꼼꼼하게 영산강 유역을 돌아보기로 했다. 영산강 유역은 지정학적으로 중국과 일본으로 통하는 길의 중간 지점이므로 과거에는 문물 교류가 활발했을 것으로 짐작된다. 이 같은 지리적인 이점이 영산강 유역의 수많은 무덤 떼와도 깊은 관련이 있을 것이다.

교류와 허브 역할을 한 전라남도 서남부 지역에 이름 모를 무덤 떼가 생긴 연원을 살펴보기 위해 구진포를 둘러보기로 했다. 이번에는 서쪽으로 영산강 하류를 따라 구진포로 가는 좁은 길을 택했다. 예전에는 이 길이 서울과 목포를 잇는 1번 국도였다. 하지만 지금은 북쪽에 큰 도로가 생기면서 차량이 드문 작은 길이 되었다. 영산강을 따라 서쪽으로 가다 보면 강변에 민물 장어집들이 오밀조밀하게 모여 있다. 장어로 유명한 구진포다. 민물과 바닷물이 만나는 구진포는 예로부터 전북 고창의 풍천장어와 더불어 장어가 유명한 동네로 알려져 있다. 구진포라는 이름은 강이 굽이굽이 휘어져 있기 때문에 '구비나루'라고 불렀던 것이 이후 구진포(九津浦)라는 한자 이름으로 정착된 것이 아닐까 싶다. 원래는 구진포 일대의 옛 이름이 회진(會津)이었는데, 이 역시 영산강 강물이 굽이굽이 돌아 모인다는 뜻에서

48

붙인 듯하다.

구진포에서 다시 서남쪽 방면으로 영산강 북쪽 기슭에 있는 도로를 따라 가다 보면, 조선 중기 문인으로 시와 소설을 남긴 백호(白湖) 임제(林悌, 1549~1587)의 묘와 기념비, 사당 그리고 문학 활동을 했던 영모정(永慕亭) 등을 만날 수 있다. 임제는 서도병마사가 되어 임지로 가는 도중에 송도를 지나다 황진이의 무덤 앞에서 시조를 읊고 제사를 지냈다가, 사림과 관료들에게 비난을 받아 관직에서 물러났다는 일화로 유명하다. 또한 그는 한우(寒雨)와 일지매(一支梅) 등 기생들과 연애 사건을 일으키기도 했다. 그는 사대부의 계급의식과 형식주의를 거부하고 신분이나 체면에 구애되지 않은 호걸 남아의 표본을 보여주었다. 그러나 임제가 『원생몽유록(元生夢遊錄)』, 『수성지(愁城誌)』, 『화사(花史)』 등을 저술해 김시습(1435~1493)의 『금오신화(金鰲新話)』 이후 본격적인 한문소설의 장을 연 장본인이었다는 사실은 잘 알려져 있지 않다. 사후의 문집인 『백호집(白湖集)』에도 그의 행장(行狀)이나 전(傳)을 알려주는 내용이 많지 않아서 야사나 구전을 통해서만 그의 생애와 사상을 짐작해볼 수 있다. 임제는 호방하고 재기가 넘쳤고, 고관과 천민을 가리지 않고 사람들을 오직 인간으로 대했다고 한다. 유불도(儒佛道)를 넘나들며 애증과 당파를 초월한 친교는 그의 인간적 풍모를 잘 보여준다. 그는 당대 고관인 정철 같은 사대부마저도 우습게 알았던 기인이었다. 또한 39세 젊은 나이에 요절한 천재 문인으로서 후대 국문소설의 산파 역할을 했다.

영모정을 돌아 나와 길모퉁이를 지나면 영산강이 바라다보이는 북쪽에 신풍리(新楓里) 사직마을이 보인다. 지금 이곳에는 나주 임씨들이 대대로 살고 있다. 이들은 고려 말, 임제의 8대조인 임탁이 해남감무를 지내다가 조선이 건국되자 벼슬을 버리고 이곳 회진에 정착하고부터 살기 시작했다고 한다. 그렇다면 지금까지 약 600여 년 동안 이곳에 살아온 셈이다.

마을에 들어서자마자 산 능선과 계곡에 걸쳐 마을을 둘러싼 토성이 눈에 띄었다. 지금은 이 지역의 옛 이름을 따서 회진토성(會津土城)이라 부른다. 동쪽, 서쪽, 북쪽은 해발 100미터 안팎인 산으로 둘러싸인 분지이다. 오로지 남쪽만이 영산강의 본류를 향해 열린 평야와 이어져 있다. 이 지역은 영산강 중류, 전남 제일의 곡창 지대인 나주평야에 속한다. 강과 산을 끼고 넓은 평야와 이어져 있으니, 아마 선사시대 이래로 많은 사람들이 모여 살았던 중심 터전이었을 듯싶다.

총 길이 2.4킬로미터에 달하는 토성은 흙을 차곡차곡 다져 쌓는 판축기법(版築技法)■으로 축조했다. 일찍이 중국에서 유행한 양식으로 유입 경로와 시기 등에 대해 정확하게 알려진 것은 없다. 하지만 풍납토성, 몽촌토성 등 백제의 유적 곳곳에 흔적을 남긴 것으로 보아, 적어도 삼국시대에 백제에 유입되었을 것으로 추측된다. 더욱이 성벽에서 백제의 토기 조각이 출토되었으며, 성 부근에서 파괴된 굴식돌방무덤이 발굴되었다. 이러한 사실들은 회진토성이 백제의 영향을 받아 축조된 토성일 가능성을 높여준다. 그런데 놀라운 것은 회진토성에서 겨우 1킬로미터밖에 떨어지지 않은 곳에 복암리 고분이 있다는 사실이다. 여러 갈래 길로 돌아왔지만 어차피 한 통 속에서 뱅뱅 돈 느낌이다. 그렇다면 여기서 10여 킬로미터 정도 떨어진 곳에 반남면의 무덤 떼가 있는 것이다. 이런 자연지리적인 요소들을 종합해보면 이곳 회진토성의 마을은 과거 복암리와 반남면의 고분을 아우르는 중심지로서 옛 나주 지역 세력의 집단 주거지는 아니었을까?

■ 널빤지로 틀을 만들고 그 안에 떡시루처럼 흙이나 모래를 차곡차곡 다져 쌓는 방법을 말한다.

회진토성 발굴 뒤 전경 │ 회진토성을 만든 주체가 누구인지는 백제, 후기신라 또는 백제 이전에 살았던 세력 등 학자들마다 의견이 다르다. 하지만 중요한 것은 누가 이 지역에 살았느냐는 것이다. 토성 안에 고인돌이 있는 것을 보면, 선사 이래로 회진토성 부근 영산강 근처에 많은 사람들이 모여 살았다는 것을 알 수 있다. 백제문화개발연구원 제공

그런데 성벽의 발굴 조사 보고서에서는 이러한 추정과 달리 "성벽을 축조할 때 성벽 안팎으로 둘레돌(列石)을 놓아 판축하는 기법은 백제시대가 아니라 이보다 늦은 후기신라시대의 것으로 보아야 한다"는 견해가 실려 있다. 물론 회진토성에서 후기신라시대의 유물이 섞여서 출토되었기 때문에 개연성이 있다. 하지만 남쪽 남문터(南門址)의 주춧돌 아래에서 또 다른 둘레돌이 발견되었다. 따라서 아마 그전에 1차 축조를 했고 이후에 다시 개축했다고 볼 수 있을 것이다. 백제가 멸망한 뒤 토성을 큰 규모로 개·보수했을 가능성이 있다. 특히 이 일대가 후기신라시대에 견당사(遣唐使)들의 중요한 출항지였음을 고려하면 그전부터 주요한 항구 역할을 했을 것이다. 현재는 목포 쪽으로 국내 최대 방조제인 영산강 하구 둑을 세워 농업용수를 공급하기 때문에 영산강의 수량이 많지 않다. 하지만 하구 둑을 건설

회진토성 고인돌 | 신풍리 사직마을 어귀에 들어오면 정면으로 멀리 고인돌이 서 있는 것이 보인다. 전남 지역에서 이른바 북방식 고인돌인 탁자식 고인돌이 발견되고 있다.

고창 탁자식 고인돌 | 고창의 어느 민가 뒤뜰에 자리잡은 도산리 고인돌은 주변에 널린 바둑판식이나 개석식 고인돌과는 달리 탁자식이다. 한때는 북방식 고인돌 가운데에서 가장 남쪽에 있는 것으로 알려지기도 했다.

하기 전에는 영산강의 수량이 풍부해 이 일대가 흡사 바다와 같이 느껴졌을 것이다. 『고려사』 태조조에 왕건이 수군을 거느리고 후백제와 결전을 벌이는 대목에서 나주포구, 반남현포구가 등장하는 것으로 보아 과거 이 일대에 거대한 나루가 있었던 것으로 보인다. 또한 최근 영산강에서 고대 선박의 조각이 수습되어 이를 통해 영산강과 바다를 연결하는 배의 실체를 밝힐 수 있게 되었다.

또 한 가지 중요한 것은 큰 규모로 토성을 개축하기에 앞서 사람들이 이 지역에 집단으로 살았던 흔적이 발견되었다는 것이다. 바로 선사시대의 대표적인 유적인 고인돌이다. 회진토성 안에 있는 고인돌은 토성 중앙에서 산기슭으로 이어지는 평탄한 부분과 북쪽 성벽 정상부로 이어지는 경사면에 여러 기가 남아 있다. 마을 어귀에서 바라보면 멀리 밭 한가운데 있는 고인돌이 가장 먼저 눈에 띈다. 덮개돌이 길이 4미터, 너비 3미터 정도로 반듯하게 남아 있어 멀리서도 바로 알아차릴 수가 있다. 우리가 보통 북방식 고인돌이라고 부르는 탁자식 모양이다. 한반도의 거의 남쪽 끝이라고 할 수 있는 나주 지역에서 탁자식 고인돌이 발견된 것이다.

일반적으로 고인돌을 분류할 때 매장 시설의 위치를 기준으로 삼는다. 시신을 매장하는 부분이 땅 밑에 있으면 남방식, 땅 위에 있으면 북방식이라고 한다. 남방식은 크게 덮개돌 밑에 받침돌이 있는 기반식 또는 바둑판식 고인돌, 받침돌이 없는 개석(뚜껑돌)식 고인돌로 나뉜다. 그러나 우리가 흔히 북방식이나 남방식이라고 하는 것은 편의상 그렇게 부르는 것뿐이다. 북한에서도 개석식 고인돌이 발견되고, 이곳 회진토성과 인근 나주의 만봉리 그리고 전북 고창의 도산리 등 한반도 남부에도 탁자 형태 고인돌이 있다. 고인돌을 분류하면서 북방식, 남방식이라 하기보다는 탁자식, 바둑판식, 개석식 고인돌 등 형태로 분류하는 것이 옳다고 본다.

고인돌은 영어로는 돌멘(dolmen)이라고 부르며, 한자로는 지석묘(支石墓)라고 한다. 고인돌은 거석문화의 한 표본으로 전 세계에서 우리나라에 집중적으로 분포한다. 물론 영국의 스톤헨지(Stonehenge)나 카르나크(Carnac)의 열석(列石)보다 먼저 주목받지는 못했다. 하지만 고인돌은 우리나라에만 3만 5000여 기가 있어 세계에서 밀집도가 가장 높다. 이러한 특수성으로 인해 우리나라의 고인돌이 유네스코 세계문화유산으로 지정될 수 있었던 것이다. 지금까지 전남 지역에서 조사된 고인돌의 수는 2784군집 2만 2560기에 달하며, 이 가운데 영산강 유역에는 600여 군집이 있다. 이중 다시면에 33군집 261기가 있어, 나주시에서도 가장 밀집도가 높다. 그렇다면 이처럼 고인돌이 전남 지역에 집중해서 분포하는 이유는 무엇일까?

고인돌을 찾아서

　나주의 동쪽에 화순이 있다. 화순은 나주와 같은 생활권으로 볼 수 있다. 화순군에서도 능주 지역은 역사의 뿌리가 깊은 곳이다. 오늘날 능주는 화순에 속한 일개 면이지만, 일제강점기 이전까지만 하더라도 독립된 행정단위로 편제되었다. 능주면을 중심으로 춘양면, 도암면 등 7개 면을 관할했다. 또한 조선 중종 때 조광조가 기묘사화로 귀양을 왔다가 사사된 곳이 바로 능주 지역이다.

　우리나라에서 발견되는 고인돌은 청동기시대의 산물이다. 고인돌은 지역에 따라 시기와 형태가 다르게 나타나며, 형식도 독특하다. 전국에 분포하지만, 서해안을 따라 전남, 황해도 지방에 집중해서 나타난다. 유네스코가 세계유산으로 지정한 고인돌은 전남 화순의 고인돌군과 전북 고창의 고

화순 고인돌군 전경 │ 대신리와 효산리를 잇는 고개를 걷다 보면 계곡 사이사이로 고인돌이 운집한 것을 볼 수 있다. 몇 년 전 고인돌 축제를 하느라고 차량이 다닐 수 있도록 새로이 길을 냈다. 하지만 유명해지기 전에 치장하지 않은 고인돌의 고즈넉하고 조붓한 자연스러움이 훨씬 더 인상 깊었다.

'04년 4월18

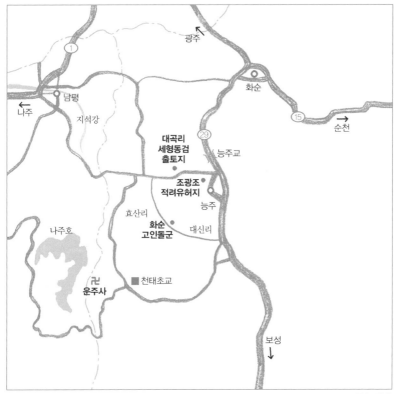

지도 2-2 화순 일대

인돌군, 경기도 강화의 고인돌군이다. 우리나라의 고인돌은 창덕궁, 수원
화성, 불국사의 석굴암, 해인사 장경판전, 종묘, 경주 역사유적지구와 함께
세계문화유산으로 유네스코에 등록되어 있다.

화순 고인돌군은 들어가는 곳부터 화려하다. 고인돌을 알리려는 깃발의
행렬이 눈부신데, 오히려 고인돌에 묻힌 선사시대 고인(故人)을 위안하는
만장 행렬로 착각할 정도다. 해마다 축제가 열리기 때문에 대대적으로 정비
를 하고 초대형 모형 고인돌을 만들어 전시해놓았다.

영산강 상류의 도곡면 효산리와 춘양면 대신리를 잇는 고개를 따라 약

10킬로미터에 걸쳐 400여 기에 이르는 고인돌이 군집을 이루어 집중 분포한다. 이 지역은 강을 끼고 있는 내륙 분지형으로 넓은 충적지이다. 일찍부터 농경지가 비옥하고 교통이 편리

핑매바위 | 핑매바위는 국내 최대 덮개돌을 가진 고인돌이다. 여흥 민 씨의 장손 중 한 사람이 고인돌인지 모르고, 대대로 묘소를 쓰는 선산이라는 글씨를 새겨놓았다.

해 독자적인 문화를 발전시켜왔다. 화순 고인돌군은 인근 고인돌군을 포함하면 적어도 700기 이상 밀집해 있다. 말하자면 선사시대의 공동묘지인 셈이다. 그동안 고인돌을 단순히 족장의 무덤으로만 알고 있었는데, 이렇게 넓은 지역에 걸쳐 고인돌이 밀집한 모습은 고정관념을 깨뜨리기에 충분했다. 고인돌은 북방에서는 원래 족장의 무덤이었는데, 남쪽으로 전파되면서 점차 일반적인 묘제로 변한 것으로 보인다.

　화순의 고인돌은 대부분 보존 상태가 양호하다. 주로 기반식이나 개석식 형태이다. 고개의 중턱을 오르면 길 옆으로 국내 최대 규모의 덮개돌을 가진 고인돌이 있다. 길이 7미터, 폭 5미터, 무게 약 280여 톤이나 되는 커다란 고인돌의 한 면에 '여흥민씨세장산(驪興閔氏世葬山)'이라는 글자가 새겨져 있다. 아마 후대에 누군가가 이 돌이 무덤인 줄 모르고 새겨놓은 듯하다. 이 고인돌을 일명 '핑매바위'라고 부른다. 핑매는 돌을 주워서 던진다는 뜻이다. 여기에는 전설이 깃들어 있다. 옛날 마고할미가 부근 운주골에서 천불천탑(千佛千塔)을 만든다는 소문을 듣고 치마에 돌을 싸 들고 갔다. 그런데 이미 탑을 다 쌓았다는 소식을 듣고 돌을 버렸는데, 그것이 바로 핑

화순 운주사 | 화순의 고인돌이 있는 곳에서 멀지 않은 곳에 천불천탑(千佛千塔)의 운주사가 있다. 밀교적인 색채가 짙게 풍기는 운주사에도 마고할미의 전설이 있는 것으로 보아 아마 평매바위의 전설도 이곳 운주사에서 모티프를 얻어 생긴 것이지 싶다.

매바위라고 한다. 화순 고인돌군에서 멀지 않은 곳에 천불천탑이 있는 운주사(雲住寺)가 있다. 신라 때의 운주 화상이 지었다고도 하고, 도선 국사가 지었다고도 한다. 신화에 나오는 마고할미가 지었다는 설도 있다.

그러나 실제로 운주사는 12세기 무렵 고려시대에 지어진 것으로 본다. 운주사의 석불과 석탑들은 크기와 모양이 아주 다양하다. 원반이나 항아리 모양도 있고, 좀처럼 볼 수 없는 와불(臥佛)도 있다. 대개 밀교 천불 신앙의 영향을 받은 듯하다. 황석영 선생은 소설『장길산』에서 운주사를 조선시대에 민중의 염원을 담은 미륵의 성지로 그렸다. 하지만 실은 고려시대에 밀교를 신봉한 지방 호족이 만들었을 가능성이 크다. 혹시 운주사의 여러 불상과 기묘한 탑들이 화순 고인돌의 돌무지와 모종의 연관 관계가 있는 것은 아닐까?

화순 고인돌 채석장 | 고인돌군을 따라 산 중턱으로 올라가면 여기저기 암반을 떼어낸 흔적이 보인다. 당시에 고인돌을 만들던 과정을 한 눈에 볼 수 있다.

대신리에는 고인돌을 만들기 위해 주변 암벽에서 돌을 떼어낸 채석장이 남아 있다. 암반층에 붙은 돌을 떼어내기 위해 나무 쐐기를 박았던 자국, 캐었다가 버려진 덮개돌, 덮개돌 없이 무덤방이 드러난 고인돌 등이 남아 있어 당시에 고인돌을 만들었던 과정을 한 눈에 볼 수 있다. 이처럼 화순 지역은 일찍부터 돌을 다루는 기술이 어느 곳보다도 발달했다.

대신리를 지나 효산리로 가는 길은 예전에는 사람만 다닐 수 있는 작은 길이었다. 2003년부터 고인돌 축제를 크게 열면서 차량이 다닐 수 있도록 길을 넓혔다. 현재는 고인돌을 자세히 볼 수 있고 이동하기 편리해졌다. 하지만 한편으로는 사람들이 발길이 드물어 조용하고 한적했을 때가 그립기도 하다. 과거로 돌아갈 수는 없지만 더 훼손되지 않기를 바랄 뿐이다.

대신리와 효산리를 이어주는 보검재(寶劍峙)라는 고개는 예전부터 이 지방의 중요한 교통로였다. 마을 사람들은 장군의 보검이 숨겨져 있어서 보검재라는 이름이 붙었다고 믿어왔다. 그런데 놀랍게도 실제로 보검이 이 부근에서 발견되었다. 1971년 화순 고인돌군에서 2킬로미터 정도 떨어진 대곡리의 민가 담 밑에서 세형동검(細形銅劍)이 출토되었다. 이곳 주민

대곡리 유적

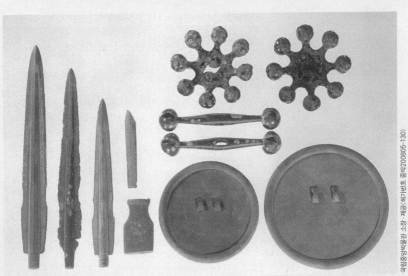

대곡리 청동 유물

국립중앙박물관(사진) 제공. 소장: 국립중앙박물관(200805-130)

대곡리 청동 유물은 집 주인이 배수로 공사를 하다가 발견했다. 고철인 줄 알고 엿장수에게 파는 등 수난을 당했으나 우여곡절 끝에 국보로 지정되었다. 현재 유물이 발굴되었던 곳임을 알리는 표지판이 서 있다.

이 도랑을 파다가 우연히 발견한 돌무지덧널무덤에서 청동기 유물이 출토되었다. 청동방울, 세형동검, 겹꼭지잔줄거울(多鈕細文鏡) 등 현재 국보 143호로 지정된 귀중한 보물이 나왔다. 2008년 2월에 재조사를 한 결과 세형동검 2점이 더 발견되기도 했다. 어떤 이들은 이곳을 『삼국지』「위지·동이전」에 나오는 마한 소국 중 하나인 여래비리국(如來卑離國)으로 보기도 한다.

전남 동부의 고인돌

호남고속도로 주암 나들목에서 나와 국도 27호선을 따라 내려오다 보면 한쪽으로는 주암호가 있고, 한쪽으로는 조계산 자락에 둘러싸인 승보사찰 송광사(松廣寺)가 있다. 새벽에 홀로 개울 소리를 들으며 소나무 숲길을 거닐다 보면 조계산의 산세와 주변 경치가 서그럽게 느껴진다. 전설에 따르면 보조 국사 지눌이 도량 터를 찾으려고 무등산에서 솔개를 날렸더니 조계산 뒷등 치락대(鴟落臺)에 솔개가 앉아서 이곳에다 절을 세웠다고 한다. 이 때문에 송광사라는 이름도 솔개의 사투리인 '솔갱이'에서 나왔다고도 한다. 그러나 실은 예로부터 소나무가 많았던 조계산의 옛 이름 송광산에서 따왔다고 보는 것이 더 맞을 것 같다.

송광사를 나오면 그 앞에 아름다운 주암호가 펼쳐져 있다. 주암호의 풍취는 멋스럽기 그지없다. 섬진강의 지류인 보성강(寶城江) 중류에 있는 주암호는 주암다목적댐을 건설하면서 만들어진 인공 호수이다. 1991년에 댐을 건설하면서 순천, 보성, 화순 등 시 3곳, 군 3곳, 면 9곳의 리 49곳이 수몰되었다. 댐을 건설하기 전에 이 지역을 조사한 결과, 구석기 유적 4개소,

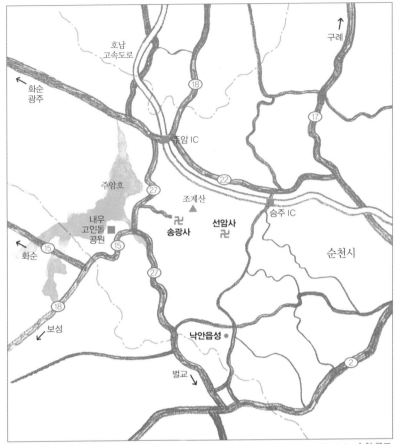

지도 2-3 순천 근교

집단 취락지 4개소, 고인돌 23개소 348기, 백자 가마터 1개소, 선돌 4기 등
이 발굴되었다고 한다. 특히 전라남도에서 처음으로 발견된 구석기 유적이
라고 할 수 있는 2~3만 년 전 후기 구석기시대의 유적이 확인되기도 했다.
정부에서는 발굴 현장에서 가장 가까운 순천시 송광면 우산리 내우마을의
주암호 주변 1만 8000여 평을 별도로 선정해 여러 곳에 흩어져 있던 고인
돌과 선사 유적을 한자리에 모아 고인돌 공원을 만들었다.

우산리 내우 고인돌 공원 | 우산리 내우 공원의 고인돌은 주암댐을 건설하지 않았다면 세계문화유산으로 지정되어 많은 사랑을 받았을 것이다. 아직까지 사람들에게 많이 알려지지 않은 듯 고즈넉이 이 지역의 옛이야기를 전하고 있다.

고인돌 공원에 들어서면 모형으로 만들어놓은 탁자식 고인돌이 떡 하니 버티고 있다. 구석기시대의 집과 움집 등도 복원해놓았다. 야외 박물관을 보는 것 같다. 솟대와 선돌이 놓여 있는 야외 전시장도 있고, 고인돌에서 출토된 유물을 전시해놓은 유물 전시관, 전남 지방 시대별 무덤의 변천을 보여주는 묘제 전시관도 있다. 이곳에 오면 선사 유적에 관련된 모든 것을 볼 수 있다.

원래 우산리 내우마을에 있었던 8호 고인돌에서는 비파형동검과 곱은옥이 출토되어 큰 관심을 끌었다. 특히 내우 지역은 전라남도 동부 지역으로, 영산강 유역을 중심으로 한 서부의 평지 지역과는 자연환경이 다를 뿐만 아니라, 고인돌의 주시설과 껴묻거리도 크게 차이가 나 주목받았다. 하지만 주암댐 주변의 고인돌은 화순, 고창, 강화의 고인돌과는 달리 원래 자리에 있지 않다는 이유로 세계문화유산으로 지정되지 못했다. 이런 탓에 고인돌 공원은 많은 사람들에게 알려지지 못했다.

화순에서 시작해 함평과 영암 장천리 고인돌로 이어지는 전남 서부의 고인돌에서는 대체로 세형동검이 출토되었다. 반면에 전남 동부 지역인 소백산맥권의 보성강 유역 고인돌군에서는 비파형동검이 나왔다. 이로써 같은 전라남도라도 서쪽과 동쪽의 문화가 달랐음을 알 수 있다. 일반적으로는 비파형동검에서 세형동검으로 문화가 이전된 것으로 본다. 그렇다면 영산강 유역이 동부 지역보다 문화가 늦게 전파되었다고 볼 수 있는 것일까?

그런데 전남 동부 지역에서는 고인돌의 늦은 형식 중 하나인 위석식 고인돌이 나타난다. 위석식은 덮개돌 아래의 굄돌이나 받침돌 6개 내지 8개 정도가 연이어서 돌방을 만드는 형태로서, 제주도나 중국 저장성(浙江省) 부근에서 볼 수 있는 늦은 형식의 고인돌이다. 더불어 수만 따지면 평야 지대인 영산강 유역(40퍼센트)보다 산지가 많은 보성강 유역(60퍼센트)에 고인돌 수가 더 많다. 이것은 산악 지대보다 평야 지대가 더 개방적이었기 때문에 고인돌보다 앞선 묘제를 먼저 받아들여 나타난 결과라고 볼 수 있을 것이다. 이러한 사실로 보면 고인돌은 해안에 접한 평야 지대보다 전남 내륙 지방에서 상대적으로 오랜 기간 존속했다는 말이 된다.

이처럼 전남의 동·서부 지역을 관통하는 특징은 청동기시대 유적으로 다른 묘제보다도 유독 고인돌이 많이 나타난다는 것이다. 이는 다른 지역에 비해 늦은 시기까지 고인돌을 묘제로 채택했기 때문이다. 또한 청동기시대나 초기 철기시대에 다른 지역에서는 독무덤이 부차적인 묘제로 바뀌었는데도, 전남 지역에서는 여전히 독무덤이 주요 묘제였다. 뿐만 아니라 규모가 점점 더 커진 것을 볼 수 있다. 이러한 사실은 과거 이 지역에 살았

제주도 위석식 고인돌 | 제주도에는 대표적인 용담동 고인돌을 비롯해 위석식 고인돌 100여 기 정도가 주로 해안에 분포해 있다.

던 고대인들의 생활 양태를 분석하는 중요한 잣대가 될 수 있다.

전반적으로 고인돌의 분포는 한반도 서북단에서 해안을 따라 서남으로 내려오다가 전남 지방에 이르러서 유독 밀집해 있다. 바다가 가로막아서 더 전진할 곳이 없었기에 이곳에서 마냥 머물렀던 것일까? 고인돌의 흐름은 한반도 남단에서 끊어진 것일까?

고인돌의 흐름은 어디까지

대한해협을 건너 일본의 규슈(九州)에서 제일 큰 도시인 후쿠오카(福岡)에 도착했다. 비행기를 타고 한 시간 남짓 걸리는 거리이기 때문에 외국에 온 것이 아니라 제주도쯤 온 것 같다. 더욱이 길거리마다 가나(假名)로 쓴 간판과 왼쪽으로 다니는 자동차의 물결을 제외하면 우리나라 도시와 별 차

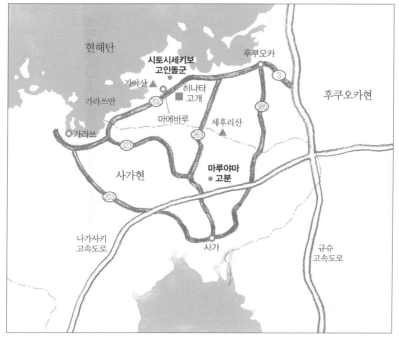

지도 2-4 일본 북규슈

이가 없다. 규슈는 해협 하나를 건너면 올 수 있는 가까운 곳이어서 일찍부터 대륙의 선진 문물을 받아들여 번성했다. 이러한 까닭에 규슈는 일본이 근대화의 기틀을 마련하는 데 결정적인 역할을 했다. 메이지유신을 통해 근대화를 주도했던 사람들은 오랫동안 일본의 중심지였던 교토(京都), 기나이(畿內) 지방이나 에도(江戸) 막부 이후 번성했던 도쿄(東京), 간토(關東) 지방 출신이 아니라 일본열도의 중심에서 가장 먼 규슈 출신 인물들이었다. 특히 규슈에서도 가장 남쪽 끝에 있는 사쓰마(薩摩, 현재 가고시마 현) 출신들이 메이지유신을 주도했다.

규슈에서 제일 큰 도시인 후쿠오카는 일본 서부의 가장 큰 관문이었다.

하카타 야타이 │ 일본식 포장마차인 야타이(屋台). 하카타가와에 있는 야타이 중에 유독 '이치류(一竜)'라는 가게 앞에 사람들이 길게 줄을 서서 기다리고 있었다. 여행 가이드북에도 등장해 후쿠오카뿐만 아니라 해외 여행객에도 인기 있는 야타이가 되었다고 하는데, 라면 맛은 다른 곳과 비교해서 별반 차이가 없었다.

1443년 조선 세종 때에 통신사의 서장관으로 일본을 방문한 신숙주(申叔舟)도 『해동제국기(海東諸國記)』에서 후쿠오카에 대해 "류큐(琉球)와 남만(南蠻, 에스파니아·포르투갈)의 상선이 모여들고, 조선에 왕래하는 사람은 규슈 가운데 하카타 사람이 많다"고 했을 정도로 문물 교류의 중심이었다.

후쿠오카의 중심을 관통하는 나카가와(那珂川) 어귀에는 서일본 최대의 유흥가인 나카쓰(中洲) 섬이 있다. 나카쓰는 강물에 쓸려 내려온 흙과 모래가 쌓여 만들어진 곳이다. 해가 지자 현란한 네온등 불빛이 밤을 환하게 밝혔다. 그중에서도 나카쓰의 동쪽을 흐르는 하카타가와(博多川)에 연이어 밀집한 야타이(屋台)의 불빛이 인상 깊었다. 일본식 포장마차인 야타이에서는 일본의 3대 라면 가운데 하나인 하카타 라멘을 팔고 있었다. 하카타 라멘은 돼지 뼈를 푹 고아서 만든 국물을 쓴다. 그래서 처음 먹을 때는 돼지고기의 비릿한 냄새 때문에 입에 대기조차 어려웠다. 하지만 시장기 때문이었는지 먹다 보니 어느새 한 그릇을 깨끗하게 비웠다.

나카쓰 건너편 서쪽은 원래 무사의 도시라 불렸던 후쿠오카 지역이었다.

그리고 나카가와의 동쪽, 즉 현재 후쿠오카 공항과 신칸센의 종착역인 하카타 역이 있는 지역이 상업으로 번성했던 하카타(博多)라는 도시였다. 그러던 것이 1889년에 두 도시가 후쿠오카로 합쳐졌다. 그래도 아직까지 지방이라는 의미를 나타내고 싶을 때는 향토색이 짙은 하카타라는 표현을 많이 애용하는 것 같다. 과거 일본을 왕래했던 조선인들도 하카타를 비슷하게 발음해서 박가대(朴加大)나 패가대(覇家臺)라고 썼다. 이를 볼 때 조선에도 후쿠오카라는 이름보다 하카타라는 이름이 더 알려졌던 것 같다.

후쿠오카 시에서 202번 국도를 따라 서쪽으로 약 1시간 정도 가면 후쿠오카 현과 사가(佐賀) 현의 경계 부근에 마에바루(前原)▪라는 곳이 나온다. 마에바루는 특히 한반도와 관련된 유물들이 많이 출토되는 곳이다. 마에바루의 너른 평원에 도착하니 멀리 '시토시세키보(支登支石墓)'라는 고인돌군의 표지판이 보인다. 마에바루는 북쪽으로 현해탄을 끼고 있는 이토시마(糸島) 반도 바로 남쪽에 펼쳐진 광활한 평지다. 이곳에는 일본 야요이(彌生) 시대 전기부터 중기를 포괄하는 무덤 유적이 넓게 퍼져 있다. 특히 고인돌과 부근에 있는 독무덤이 특징적이다. 이곳 고인돌은 대부분이 지름 약 2미터, 두께 50센티미터 정도 되는 작은 편평석을 덮개돌로 썼다. 현무암이나 화강암으로 보이는 덮개돌만이 흙더미에 묻혀 살짝 보일 정도다. 이렇듯 일본에서는 고인돌이라고 해도 대부분 땅 속에 묻혀 있어서 덮개돌만이 드러나 있다.

시토시세키보 고인돌군은 1953년에 발굴 조사를 해서 땅 위에 나타난 덮개돌을 중심으로 고인돌 10기를 확인했다고 한다. 덮개돌과 하부 구조는

▪ 일본에서는 '原'을 보통 '하라'라고 읽지만, 규슈에서는 사투리인 '하루'로 읽고, 또 지명도 '하루'로 쓴다. 일본어에서는 두 단어가 연결될 때 뒤에 오는 단어는 탁음으로 바뀌어 '하루'가 '바루'로 된다.

시토시세키보 고인돌 | 시토시세키보는 고인돌이라기보다는 마치 풀밭에 징검다리를 놓은 듯, 땅 위에 살짝 얹혀 있다. 이처럼 일본의 고인돌은 우리나라처럼 탁자식 형태는 없다. 일본에서는 고인돌을 '支石墓(지석묘)'라고 쓰고 '시세키보'라고 읽는다.

평면 타원형 무덤방이지만 무덤 안에 알 수 없는 시설이 설치되어 있어서 발굴 당시 정확하게 구조를 파악하기가 어려웠다고 한다. 또한 이곳에서 뗀돌살촉(打製石鏃)과 간돌살촉(磨製石鏃)이 발견되었다. 특히 간돌살촉은 한반도에서도 많이 발견되는 것이기 때문에 우리나라와 관련성이 있다고 볼 수 있다. 국가 지정 사적(史蹟)임을 밝힌 표지판에도 고인돌 구조에 대한 설명과 함께 '조선(朝鮮, 한국)'과 밀접한 관계가 있을 것으로 짐작된다는 글귀를 적어놓았다.

시토시세키보 고인돌군이 있는 곳에서 서북쪽으로 가까운 거리에 가야산(可也山)이 있다. 가야산은 이토시마 반도의 가장 끝에 있다. 일본에 와서 가야라는 이름을 들으니 마냥 신기하기만 했다. 고대에는 마에바루 대부분이 바다로 덮여 있었다고 한다. 그렇다면 과거에 한동안 시토시세키보 고인돌군은 바다와 맞닿아 있었을 것이다. 이렇게 여러 가지 정황으로 미루어보면 이곳에 고인돌을 만든 세력은 바다를 통해 들어왔을 가능성이 크

시토시세키보에서 본 가야산 │ 시토시세키보에서 멀리 않은 곳에 가야산이 있다. 바닷가와 이어져 고인돌군이 있는 곳에서도 금방 잡힐 듯이 바라다보이는 가야산은 이름만으로도 옛 왕국 가야를 떠올리게 한다.

다. 그렇다면 부근에 가야산이 있는 것으로 보아 한반도 남부에 살았던 가야국 사람들이 바다를 건너 마에바루에 와서 정착했던 것은 아닐까?

또한 이곳은 지리적으로도 부산에서 쓰시마(對馬島) ―이키(壹岐) ―마에바루로 이어지는 직선 경로에 있다. 당시 한반도를 비롯해 대륙으로부터 선진 문물을 받아들이는 중요한 거점이었을 것이다. 따라서 고인돌군은 당시 이곳 규슈의 토착민들과 바다를 건너온 사람들의 관계를 밝혀주는 중요한 유적이다. 일본에서도 시토시세키보 고인돌군이 서기전 500년에서 서기 1세기 무렵에 조성된 것으로 추정한다. 한반도의 것보다 후대이면서 바다와 잇닿은 곳에 고인돌군이 만들어졌다. 이러한 상황을 고려할 때 한반도와 연속선상에 있다고 볼 수 있다. 이제는 그 흐름을 찾아 나서기로 했다.

3
천손 강림 신화

지도 3-1 남규슈

다카치호노미네

일본에 와서 고인돌을 둘러보고 나니, 고대 이전에 한반도에서 일본으로 건너온 사람들이 고인돌을 만들었다는 느낌이 들었다. 문자 기록이 남아 있지 않은 고대 이전의 흐름을 알기 위해서 고고학 관련 유물은 물론이고 전승 신화를 통해 그 과정을 유추해보기로 했다. 신화학자인 조지프 캠벨(Joseph Campbell)은, 신화에는 동일한 모티프가 다양한 얼굴로 변주되어 나타나면서 인간의 인식을 표현한다고 했다. 신화 속에서 다양한 형태로 표현되는 모티프를 추적하면 역사의 흔적을 발견할 수 있다. 특히 규슈는 일본 신화 속에서 건국의 발상지이므로 이곳을 기점으로 해서 둘러보

에비노 고원에서 바라본 전경 | 해발 1574미터인 다카치호노미네를 찾아가는 길은 험준한 산으로 둘러싸여 있어서 지나는 길목마다 한시도 마음을 놓을 수 없었다. 하지만 간간이 비탈을 돌 때마다 시원한 광경이 펼쳐져 이국땅에서 느끼는 방랑의 시름을 잊게 했다.

기로 했다.

　일본의 건국 신화에는 천지가 개벽한 뒤 가장 먼저 이자나기(伊奘諾尊, 伊耶那岐)와 이자나미(伊奘冉尊, 伊耶那美)라는 신이 등장한다. 이들 사이에서 태어난 태양의 여신 아마테라스오미카미(天照大神)가 천상계(天上界)인 다카마가하라(高天原)를 지배한다. 그리고 아마테라스오미카미의 손자인 니니기노미코토(瓊瓊杵尊)가 천상에서 규슈의 쓰쿠시(筑紫)로 내려온다. 이른바 천손 강림(天孫降臨)의 신화이다. 이후 니니기노미코토의 증손자인 이와레비코노미코토(磐余彦命)가 동쪽으로 진격해 기나이 지방을 정복하고 초대 천황■인 진무(神武)로 즉위한다는 내용이다. 어찌 보면 천손 강림 신화는 환웅이 태백산 신단수에 내려와 단군을 낳았다는 고조선의 신

■ 이 책에서 천황이나 황후라는 표현은 역사책에 나오는 고유명사로 쓰인 것임을 밝혀둔다.

화, 부여의 동명과 고구려의 주몽 신화, 구지봉으로 강림하는 가야 수로왕의 신화에 이르기까지 북쪽 지방에 뿌리를 둔 동일한 모티프로 작용한 것 같다.

일본인들은 신화에 나오는 니니기노미코토의 강림지를 휴가(日向)의 다카치호노미네(高千穂峰)라는 곳으로 본다. 일본의 사서에는 천손 강림지가 히무카국(日向國, 히무카노쿠니)에 있었다고 한다. 그곳이 바로 규슈의 미야자키(宮崎) 현이다. 일본 서쪽에 있는 규슈 섬은 경상남도와 경상북도를 합친 것보다도 면적이 크다. 북부 지역과 남부 지역은 중간에 높은 산지가 가로막고 있다. 그래서 미야자키로 가려면 산지를 넘어 규슈의 남동쪽 끝으로 가야 한다. 규슈에 있는 계곡 중에서도 특히 미야자키 계곡이 가장 험준하다고 한다.

행정구역으로 미야자키와 가고시마(鹿兒島)의 경계선에 있는 높고 평평한 에비노(蝦野) 고원은 기리시마야쿠(霧島屋久) 국립공원으로 지정되어 사시사철 관광객이 몰려드는 곳이다. 주위에는 기리시마 온천을 비롯해 여러 온천과 숙박시설들이 밀집해 있다. 고원 언저리에 있는 넓은 주차장 앞에 도착하니 멀리 가라쿠니다케(韓國岳) 산이 뿌연 수분을 머금고 있었다. 이 산은 가까이서 화구호에 그득한 물을 볼 수 있는 몇 안 되는 화산 중에 하나라고 한다. 가라쿠니다케는 말하자면 멀리 규슈의 남동쪽에 있는 거대한 화산 분화구인 셈이다.

일본인들은 한국(韓國)을 보통 가라쿠니라고 읽는다. 가라쿠니다케는 그 이름만으로 보면 '한국의 산'이라는 뜻이다. 한국과 멀리 떨어진 남쪽 땅에 있는 산을 '한국의 산'이라고 부르는 이유가 궁금했다. 일본의 사서인 『고사기(古事記)』는 니니기노미코토가 "쓰쿠시 히무카(日向)의 다카치호

가라쿠니다케 │ 비가 막 그친 뒤에 도착했기 때문에 희끗희끗한 구름에 가려 가라쿠니다케(韓國岳)를 잘 볼 수 없었다. 가라쿠니다케의 화구호 모습은 안내판 사진(오른쪽)을 보는 것으로 만족해야만 했다.

(高千穂)에 있는 구지후루다케(久土布流多氣)"로 강림했다고 기록했다. 그 지형을 설명하는 부분에서는 "한국을 향하고 있고, 가사사(笠沙)의 곶과도 바로 통하여 아침 해가 바로 비치고, 저녁 해가 비치는 나라"라고 표현했다. 그런데 『고사기』의 기록을 찬찬히 뒤져본 뒤 이곳에 오면, 무언가 석연치 않은 점을 느낄 수 있다. 예를 들면, "한국을 향하고 있다", "곶", "아침 해와 저녁 해가 비치는 곳" 같은 표현이 첩첩산중인 이곳 미야자키와 어울리지 않기 때문이다. 오히려 바다와 가까운 곳을 의미하는 것 같다. 또한 '한국'이라는 지명이 나오는데, 미야자키라는 규슈 남동부에 있을 법한 지명은 아닌 듯 보인다. 『고사기』의 고사에 나타난 대로라면 니니기노미코토가 강림했다는 다카치호 부근에는 반드시 한국이라는 지명이 있어야 한다. 그래서 고사에 맞추기 위해 부근 화산 봉우리에 가라쿠니다케라는 이름을 붙인 것은 아닐까?

궁금증을 해결하기 위해 다카치호노미네로 출발했다. 다카치호노미네로 가려면 가라쿠니다케에서 '천손 강림의 길'이라 부르는 한적한 도로를 타고 가야 한다. 도로 부근에는 사슴을 방목하고 있어서 이곳을 찾는 관광객들에게 인기가 많았다. '천손 강림의 길'이라는 곳에 뿔 달린 사슴이 있는 것을 보면서, 일본인들이 수직 강림을 통한 지상 지배자의 탄생을 알리는 신화를 간접적으로 암시하려 했던 것은 아닐까 하는 생각이 들었다. 지금도 몽골 유목민들은 사슴을 하늘 신격과 땅의 지도자인 무당을 연결하는 정령(精靈)으로 인식하기 때문이다. 한반도와 일본에서 볼 수 있는 금관도 북방의 샤먼들이 사용하는 사슴뿔 모양 모자가 전해진 것이라는 견해가 있다.

다카치호노미네로 올라가는 출발점인 다카치호가와라(高千穗河原) 평원에는 커다란 도리이(鳥居)가 서 있었다. 과거 이곳에 기리시마 신궁이 있었는데, 지금은 화산 폭발로 불타버렸다고 한다. 일본에서는 신사(神社)를 알리는 표지로 그 앞에 도리이를 세운다. 도리이는 한자로 '새 조(鳥)'에 '거

다카치호노미네 앞 도리이 │ 산 중턱 다카치호가와라에 도착하니 여름 장맛비가 흩뿌려 다카치호노미네의 전체 모습을 보기는 어려웠다. 다카치호노미네의 꼭대기에 올라가면 니니기노코토가 강림할 때 가지고 왔다는 창이 있다고 한다.

주할 거(居)' 자를 쓴다. 우리나라에서도 예로부터 신성한 지역을 알리는 표시로 솟대를 세웠다. 높다란 장대 끝에 새가 앉아 있는 형상인 솟대는 천상에서 지상으로 통하는 신수(神樹)인 것이다. 하늘을 날고 싶은 인간의 소망을 표현한 새가 초자연적인 존재의 하강을 연계하고, 인간이 바라는 바가 이루어지도록 매개하는 메신저 노릇을 했던 것으로 믿었기 때문일 것이다. 현대 시베리아의 샤먼이 하는 솟대 의식을 고대 한반도에서는 소도(蘇塗)와 같은 신성한 영역에서 했을 것으로 짐작한다. 일본의 신사에 세우는 도리이는 그 의미나 한자어의 쓰임새로 보아 솟대가 전해진 것으로 보아도 크게 틀리지는 않을 것이다.

높이가 1574미터인 다카치호노미네의 꼭대기에 올라가면 니니기노미코토가 강림할 때 가지고 왔다는 창을 제단 위에 거꾸로 꽂아놓은 모습을 볼 수 있다고 한다. 다카치호가와라 부근에 있는 전시관에는 창 3개를 모형으로 전시해놓기까지 했다. 일본인들 중에는 정상에 올라가서 참배를 하는 것이 일생의 소원이라고 하는 이가 있을 만큼 숭배의 대상이 되고 있다. 전시관에는 다카치호노미네의 사시사철 모습을 담은 사진들이 전시되어 있다. 또한 정상에 올라가는 일본인들의 행렬, 꼭대기에서 대형 일장기를 흔드는 사람들, 제를 올리는 모습들을 촬영한 동영상도 보였다. 우두커니 선채로, 일장기를 흔드는 사람들의 모습을 보노라니 기분이 착잡해졌다. 제2차 세계대전 이후 일본에서는 히노마루(日の丸, 일장기의 별칭)와 기미가요(君が代)가 공식 국기와 국가가 아니었다. 그런데 1999년 8월에 일본 참의원이 이를 국기와 국가로 인정하는 법률을 통과시켰다. 급기야는 도쿄도(都) 교육위원회에서 공립학교 졸업식과 입학식에서 기미가요를 부르지 않을 경우 교원들을 처벌하겠다고 공언했다. 실제 2004년 3월 졸업식에서

함평의 솟대 | 천계와 인간계를 연결하는 새를 형상화한 솟대는 그 이름이나 형태로 미루어 일본 신사의 상징인 도리이(鳥居)의 원형이라 볼 수 있다.

기미가요 제창 때 기립하지 않은 교원 등 248명이 대량 징계를 받기도 했다. 우리나라에서는 거의 모든 공식 행사의 첫머리에 '국기에 대한 경례'와 '애국가 제창'을 '국민의례'로 거행한다. 이를 따르지 않는다고 처벌을 받지는 않겠지만, 이는 일제의 유산이다. 일제 말기에 식민지 조선의 학교와 직장에서 천황이 있는 궁성을 향해 절하고 '황국신민서사'를 제창하도록 강요했던 것이 '국기'와 '애국가'로 바뀌어 그대로 이어진 것이다. 한국과 일본 간에 드리워진 국가주의의 무거운 그림자는 언제쯤이나 걷힐까?

사이토바루 고분군

동쪽 태평양에서 불어오는 훈훈한 바람이 이국적인 풍취를 자아내기에 충분했다. 미야자키는 산, 바다, 계곡 할 것 없이 자연 풍광이 매우 아름답다. 그래서 오래전부터 수많은 세력들이 미야자키 시 일대를 자신의 권역

사이토바루 고분군 │ 미야자키 시의 서북쪽에 크고 작은 고분 300여 기의 모습을 볼 수 있다. 일본에서 가장 큰 규모라고 하면서도 누구의 무덤이며 연원이 어디인지 아직까지 밝히지 못하고 있다.

으로 만들고자 했을 것이다. 이를 증명이라도 하듯 서북쪽으로 15킬로미터 떨어진 너른 평원에 크고 작은 고분 300여 기가 여기저기 흩어져 있는 것을 볼 수 있다. 현재 특별사적고분 공원으로 조성되어 있는 사이토바루(西都原) 고분군이다.

너른 벌판 한가운데 동과 서로 2.6킬로미터, 남과 북으로 4.2킬로미터에 걸쳐 조성되어 있는 크고 작은 무덤 떼는 주로 3~6세기에 축조된 것이라고 한다. 고분의 수만으로 보면 일본에서 가장 큰 규모라고 한다. 그러나 아직까지도 과거 히무카국(日向國)의 무덤이라는 것만 알려졌을 뿐 누구의 무덤인지 밝혀내지 못했다. 다만, 일부 일본 학자들이 바다에서 들어온 해양 세력이 조성한 것이라고 막연하게 추측할 뿐이다.

바다에서 들어왔다면 어디에서 왔다는 말일까? 북쪽으로 눈을 돌려 시코쿠(四國) 섬의 고치 현(高知縣) 부근에서 왔다는 말을 하고 싶은 것인지, 아니면 규슈의 서북단에서부터 남쪽 시계방향으로 섬을 돌아 들어왔다는 것인지 확실치 않다. 혹은 한반도의 세력까지도 염두에 두고 하는 소리는 아닐까? 실제로 직접 사이토바루의 고분을 살펴보면 한반도 도래 계통으로 볼 수 있는 여지가 조금은 있다. 논바닥을 가운데에 두고 넓은 평지 위에 널려 있는 모습이나, 여느 일본 고분에 비해 나지막한 것이 마치 우리나라에서 발견되는 무덤과 비슷하기 때문이다. 또한 모양이 다양한 일본의 고분 중에서 이 지역의 무덤들은 대개가 원형으로 되어 있고, 구리거울(銅鏡)이 출토된 고분도 있다고 한다. 여러 가지 측면에서 주목할 만한 무덤 떼이다.

여러 고분 중에서도 가장 눈에 띄는 것은 공원의 중앙에 있는 전방후원분 2기이다. 고분 자체가 워낙 크기 때문에 고분인지 산인지 구별할 수 없을 정도이다. 고분 앞에서 안내를 하는 노파에게 누구의 무덤이냐고 묻자 곧바로 "니니기노미코토의 무덤"이라는 답변이 돌아왔다. 일본 신화에서 다카치호노미네로 강림했다고 하는 니니기노미코토를 의미하는 것이 분명했다. 노파는 애당초 니니기노미코토가 내려온 곳이 히무카국의 다카치호였기 때문에 그 부근인 사이토바루 들판에 있는 무덤은 당연히 니니기노미코토의 것이 아니겠느냐는 표정이다. 규모도 규슈 전체를 통틀어 가장 큰 고분이라고 덧붙였다.

서로 나란히 겹쳐 있는 두 고분은 각각 오사호즈카(男狹穗塚) 고분과 메사호즈카(女狹穗塚) 고분이라고 부른다. 하나는 남자, 하나는 여자의 무덤을 의미하는 것임을 알 수 있다. 남자의 무덤은 니니기노미코토의 것이라 하고, 다른 하나는 왕비인 고노하나사쿠야히메(木花開耶姬)의 무덤이라고 한다. 고분 전체 길이는 176미터인 메사호즈카 고분이 오사호즈카 고분보다 더 길다. 게다가 메사호즈카 고분의 전방부라고 할 수 있는 곳이 일부 없어진 상태에서 그 위에 오사호즈카 고분을 겹쳐 세운 형태이기 때문에 이 무덤의 주

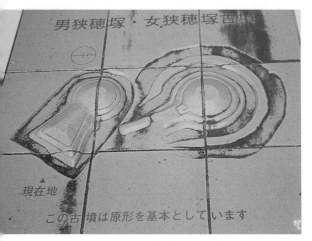

오사호즈카 고분과 메사호즈카 고분 조감도 | 다카치호노미네에 강림했다고 하는 니니기노미코토와 그 왕비인 고노하나사쿠야히메의 무덤이라고 전한다. 하지만 5~6세기에 조성된 것으로 추정하고 있기 때문에 일본 신화와 관련 있는 무덤은 아닌 듯싶다. 사이토바루 고분군에 있는 안내판을 찍은 사진이다.

인공이 진정 신화 속의 인물인지 의심이 들었다.

최근에 조사된 내용으로는 이들 고분 2기는 대개 5세기에서 6세기에 조성된 것으로 추정된다. 그렇다면 이 고분은 『일본서기』에서 서기 수백 년 전에 등장하는 니니기노미코토의 무덤은 아니라는 말이 된다. 그런데도 일본의 궁내청에서 천황이나 황후, 황태자의 능에 지정하는 능묘참고지(陵墓参考地)로 되어 있는 것은 당치 않은 일인 듯하다. 게다가 진무 천황이 기나이 지방으로 동천(東遷)한 지 2600주년이 되는 날에 기념제를 열었다 하여 이곳에 기념비까지 세워놓았으니 더욱 가관이다. 일본의 사서에서는 진무 천황의 기나이 동천을 서기전 660년으로 본다. 동천 2600주년이 되는 해를 따져보니 1940년이다. 1940년이면 일본의 침략이 본격화하고 황국사관을 강조했던 시기이다. 이러한 시대 상황에서 일본 신화는 현실로 재생산되면서 일본인들이 헛된 과욕을 만들어가는 데 일조했던 것이다.

이곳 규슈 지방에 알려진 니니기노미코토의 강림은 다분히 신화적인 이야기에 뿌리를 둔다. 하지만 실제로는 대륙이나 해안을 통해 넘어온 도래인 집단에 대한 이야기를 신화로 만든 것일 가능성이 높다. 천손 강림 신화의 흐름으로 보아도 집단적인 이동을 생각해볼 수 있다. 발상을 바꾸어서 만약 이 고분이 니니기노미코토의 무덤이 맞다면, 니니기노미코토가 5세기 무렵

82

에 규슈의 미야자키에 정착
했다는 것으로 보아야 한다
는 뜻이다.

한편 최근에 사이토바루
고분군 중 일본에서 가장
오래된 무덤이 발견되었다
고 한다. 그동안에는 사이
토바루에 있는 무덤 때의
가장 이른 조성 연대를 5세

사이토바루 81호분 | 사이토바루 81호분은 전방부 길이 약 19미터 후원부 약 33미터인 전방후원분이다. 얼마 전에 발굴 조사를 해서 형태가 잘 드러나지 않는다. 2005년 분구 부근에서 출토된 토기 때문에 조성 연대가 3세기인 것으로 추정되어 일본 내에서 가장 오래된 고분일 가능성이 높아졌다.

기라고 보았다. 그런데 조사를 한 결과, 3세기 무렵부터 조성하기 시작한
것으로 거슬러 올라간다. 그 가운데 81호 고분은 3세기 초반에 만들어진
전방후원분으로 볼 수 있다고 한다.

일본에서는 보통 시대를 구분할 때 조몬(繩文), 야요이(彌生) 시대▪를 지
나 역사시대에 들어와서는 7세기 무렵까지를 고분(古墳)시대라고 부른다.
이는 우리가 석기시대, 청동기시대, 철기시대를 지나 역사시대에 들어와서
삼국시대라고 부르는 것과 차이가 있다. 일본의 고분시대는 특히 전방후원
분이라는 묘제를 중심으로 시대 구분을 한다. 곧, 3세기 초엽부터 시작하는
고분시대는 기나이 야마토▪▪에서 처음 나타난 전방후원분을 시작으로 한
다. 전방후원분이 점점 동서남북 각 지역으로 흩어져 일본열도에 정착하는

▪ 조몬 시대는 서기전 5, 4세기부터 서기전 3세기 중엽 일본에 신석기 문화가 나타난 시기다.
새끼줄무늬(繩文)로 장식한 토기가 특징이다. 야요이 시대는 서기전 3세기 중엽부터 서기 3세기
중엽에 해당하는데, 이때 일본에 벼농사가 시작되었고 빗살무늬토기나 장식이 없는 토기, 청동기
가 나왔다.

▪▪ 야마토(大和)는 현대에 들어와 사용 범위가 넓어져 일본 전체를 지칭하기도 하지만, 대개
고대에는 현재의 나라 현을 중심으로 한 지역과 그 지역의 정치 세력을 지칭했다.

과정이 곧 야마토 정권의 왕권 확립 과정과 직결된다고 생각하는 것이다.

그런데 3세기 초엽에 기나이에서 멀리 떨어진 서쪽의 미야자키에서도 전방후원분이 조성된 것은 무엇을 의미하는 것일까? 전방후원분의 기원이 기나이가 아니라는 증거는 아닐까? 여러 가지 상상을 할 수 있지만, 일단은 미야자키와 기나이 지방이 서로 직접 연관된다면, 일본의 신화 속에 나타나는 진무의 동정, 즉 미야자키를 출발해서 야마토에 정착하는 과정이 더욱 주목된다.

잃어버린 백제의 유민, 난고 촌

미야자키는 규슈의 남동쪽에 있어서 섬을 반 바퀴 이상 돌아야 한반도 방향에 닿을 수 있다. 단순하게 생각하면 한반도와는 그리 밀접한 연관이 없는 듯 보인다. 하지만 미야자키에서 한국과 관련한 유적지를 발견할 수 있다. 미야자키 현 북서쪽에 있는 산골 마을인 난고 촌(南鄕村) 어귀에는 한글로 쓴 '백제마을'이라는 표지판이 서 있다. 또한 '백제교'라는 다리와,

백제마을 팻말 | 미야자키 현의 북서쪽 지역은 깊은 골골이 험난하기로 유명하다. 굽이굽이 산길을 돌아 난고 촌에 들어서면 '백제마을'이라는 표지판이 한눈에 들어온다.

난고 촌 백제관 | 부여와 난고 촌이 자매결연을 맺은 뒤에 한일 교류의 상징으로 1990년 '백제관(百濟の館)'을 세웠다. 부여박물관이 옛 객사 건물에 백제관을 개관하면서 시작했기 때문에, 난고 촌의 백제관도 부여의 객사 건물을 모델로 삼은 것 같다.

'잘 오셨습니다'라고 쓴 안내판 그리고 장승도 볼 수 있다. 이곳이 부여와 자매결연을 맺었다는 이야기를 듣고 백제와 어떠한 관련이 있는지 더욱 궁금해졌다.

난고 촌에 들어서면 제일 먼저 한옥 기와집이 눈에 띈다. 부여의 객사를 본떠 만들었다고 하는 '백제관(百濟の館)'이다. 이곳은 한국과 일본 관련 유물 전시장이면서 일종의 토산품점을 겸하고 있다. 백제관 안에서는 아예 일본 곳곳의 백제와 관련이 있는 유적을 표시한 상세도까지 비치해놓고 백제와 일본의 교류 실상을 보여준다. 백제는 일본의 여러 지역과 교류했지만, 대부분은 규슈 북부와 기나이 지방에 그 흔적이 집중되어 있다.

백제관 옆에는 나라 현의 쇼소인(正倉院)과 똑같이 생긴 니시노쇼소인(西の正倉院)이란 유물 보관소가 있다. 이는 나라의 도다이 사(東大寺)에 있는 쇼소인을 본떠 1996년에 만든 것이다. 모양뿐만 아니라 기와의 수까지 나라의 쇼소인과 똑같이 만든 것이라고 한다. 쇼소인이란 고대 일본 왕실의 창고를 일컫는 말로서 특히 건물의 형태가 중요하다. 중국의 사서 『삼국지』를 보면, 고구려에서는 "따로 큰 창고를 만들지 않고 대신에 집집마다 작은 창고를 지었다. 이 작은 창고를 이름하여 부경이라 불렀다(無大倉庫 家家自有小倉 名之爲桴京)"고 기록해놓았다. 그래서 지금도 옛 고구려 땅인 중국의 환런(桓仁)이나 지안(集安)에 가보면 집집마다 옛 부경의 모습을 간직한 창고나 축사를 볼 수 있다. 그런데 일본의 중심지였던 도다이 사의 쇼소인이 마치 고구려의 부경을 그대로 본뜬 듯한 모양새다.

유물 보관소를 특별히 쇼소인과 똑같은 모양으로 짓고 니시노쇼소인이라 한 것은 난고 촌에서 출토된 청동제 거울 24기 등 백제의 유물이라고 전해지는 유물을 보관하기 위해서였다. 아마 나라에 있는 쇼소인 같은 귀중

난고 촌 니시노쇼소인

환련의 부경

난고 촌에 니시노쇼소인(西の正倉院)을 지은 이유는 백제의 것이라 전해지는 청동거울 등을 보관하기 위해서였다. 나라의 도다이 사에 있는 쇼소인이 고대 일본 왕실의 창고였기에 이 모습을 본떠 만든 것이다. 쇼소인의 원래 모습은 고구려의 부경과 닮았다.

한 문화재가 있는 박물관이라는 의미에서 그렇게 만든 듯하다. 이곳이 백제의 누구와 관련이 있기에 이토록 중요하게 여기는 것일까? 확인한 결과, 난고촌은 백제 정가왕(禎嘉王)의 전설이 서려 있는 곳이라고 한다. 그래서 마을 한쪽에 정가왕을 제사 지내는 미카아도(神門) 신사가 718년 요로(養老) 2년에 창건된 이래 지금까지 명맥을 유지한다. 하지만 역사책에는 정가왕이 나오지 않는다.

전하는 이야기에 따르면, 백제의 왕족이 반란군에 쫓기다가 폭풍우를 만나 이곳 히무카국에 있는 해변 두 곳에 이르렀다. 현재 휴가 시 가네가하마(金ヶ浜) 해변에는 아버지인 정가왕과 그 일행이, 그리고 다카나베 정(高鍋町) 가구치우라(蚊口浦) 해변에는 장남 복지왕(福智王)과 정가왕후가 왔다고 한다. 이후 정가왕은 난고 촌에 정착하고 복지왕 일행은 부근 기조 정(木城町)으로 이주했다. 얼마 뒤 왕이 있는 곳을 찾아낸 반란군과 전투를 벌여 결국 이사가(伊佐賀) 전투에서 모두 전사하고 말았다는 애틋한 전설이 전해진다. 지금도 당시의 애절함을 그리며 난고 촌 사람들과 기조 정 사람들이 만남의 축제를 연다. 그런데도 이 지역에 내려오는 전설을 제외하고는 한국이나 일본의 사서에는 기록이 전혀 남아 있지 않아 많은 추측을 불러일으킨다. 이처럼 난고 촌에서는 수천 년이 지난 지금 여러 보물이 출토되기도 하고, 백제의 풍습이나 계율이 남아 있는 축제가 열리기도 한다. 난고 촌은 자취가 없어진 백제 유민의 흔적처럼 느껴진다.

미야자키에서 볼 수 있는 백제의 정체에 대해서는 여러 가지 설이 있다. 그 가운데 신라와 당의 공격을 받아 멸망한 백제 왕족의 대부분이 처음에는 일본의 기나이 지방으로 도피했다가, 이후 내전으로 유민들이 다시 규슈로 쫓겨온 이야기가 전화(轉化)되었다는 견해가 통설이다. 정가왕은 난고 촌의 미카아도 신사에서 제사를 지내고, 아들 복지왕은 기조 정의 히키(比木) 신사에서 제사를 지낸다. 난고 촌에서 남쪽으로 굽이굽이 계곡을 지나 좁고 험한 길을 통과하면 기조 정이라는 동네가 나온다. 숲

히키 신사 │ 난고 촌에서 남동쪽으로 1시간가량 떨어져 있는 기조 정에 가면, 마을 어귀에 숲이 우거져 새소리가 요란하게 들려오는 곳에 히키 신사가 있다. 이 신사에서 백제의 복지왕을 모시고 있다.

이 우거진 마을 어귀에 히키 신사가 있다. 난고 촌에서 남동쪽으로 1시간 정도 거리이며, 복지왕이 도착했다는 가구치우라 바닷가에서 그리 멀지 않은 곳이다.

히키 신사 앞에 있는 안내판에는 '제신은 백제 복지왕'이라고 크게 씌어 있다. 한편으로는 히키 신사의 제신이 스사노오노미코토(素戔嗚尊, 須佐之男命)로 되어 있는 것을 볼 수 있다. 원래 스사노오노미코토라는 신은 천상계에서 추방되어 신라로 내려왔다가 "이곳에 살고 싶지 않다"며 아들인 이소타케루(五十猛)와 함께 배를 타고 지금의 시마네 현(島根縣) 부근 이즈모(出雲) 지방에 도착했다고 한다. 그런데 스사노오노미코토가 백제의 전승이 전해지는 히키 신사의 제신으로 되어 있다. 이렇게 된 것은 원래 신불습합(神佛習合)으로 여러 신을 같이 제사 지냈던 것이 메이지 유신 이후 신불분리 정책에 따라 나뉘었기 때문일 것이다. 이때 전혀 관련이 없는 스사노오노미코토가 제신 중 하나로 바뀌게 된 것으로 짐작된다.

난고 촌의 정가왕과 기조 정의 복지왕 유적을 돌아보며 비록 역사책에는 나와 있지 않지만 분명 실체적인 진실을 보여줄 모티프가 어디엔가 남아 있으리란 생각을 했다. 아무튼 이곳에도 한반도와 관련된 신화가 전해지는 것을 새삼 확인했다.

또 다른 다카치호

미야자키 현을 벗어나 규슈 한복판에 있는 아소산(阿蘇山)으로 가려면 구마모토 현(熊本縣)을 지나야 한다. 막 미야자키의 경계를 통과하려는데, 문득 오른쪽에 다카치호(高千穗)라는 지명이 보인다. 앞서 다카치호를 기리시마야쿠 국립공원에서 만났는데, 북으로 좁은 산모롱이를 정신없이 이리저리 돌아다니다 보니 길을 잘못 들어 다시 다카치호로 돌아온 것일까? 협곡으로 유명한 미야자키의 북부 지역에서 다카치호라는 이름을 또다시 보는 것이 신기할 따름이다. 규슈의 미야자키 현 안에 다카치호로 전승되는 곳이 두 군데나 있다는 말이다. 한 곳은 가고시마 현과 경계를 이루는 남서부 지역이고, 한 곳은 미야자키 현의 북쪽에 있는 구마모토 현과 바로 이웃한 동네이다. 일본 신화의 발상지라고 하는 다카치호가 두 곳이라니 도대체 무슨 연유일까?

다카치호노미네에서 북쪽의 다카치호로 가는 길은 무척 험난하다. 산속에 있는 길을 헤집고 들어가면 협곡이 연이어 나타난다. 해가 지면 종종 고라니 무리가 자동차 불빛을 반사해 안광을 뿜어내기도 하고, 차 소리에 놀라 달아나기도 한다. 산을 넘어 2시간 정도를 가면 고카세천(五ヶ瀬川)이 서북에서 남동으로 관통하는 명승 천연기념물 다카치호 골짜기가 신비에

다카치호 협곡 │ 웅대한 다카치호 협곡은 주상절리 절벽으로 이루어졌다. 다카치호 정에 있는 관광 안내판 사진이다.

휩싸인 채 웅대한 모습을 드러낸다.

다카치호는 마치 부여나 공주 같은 고도(古都)에서나 풍기는 예스러움이 묻어나는 곳이다. 다카치호 지역의 유적을 발굴 조사하자 많은 유물이 출토되었다. 대략 서기전 4000년 무렵부터 취락이 만들어진 것으로 추정한다.

옛날 일본의 신화시대에 천상계 다카마가하라에 있던 스사노오노미코토는 악행을 일삼으며 누나인 아마테라스오미카미를 곤란하게 만들곤 했다. 어느 날 스사노오노미코토는 옷감을 짜는 방에 말의 가죽을 벗겨 던져 넣었다. 이때 방 안에서 베를 짜던 한 여인이 놀라 베틀 북에 음부가 찔려 죽었다. 이것을 본 아마테라스는 두려워하면서 아마노이와야토(天石屋戶)라는 동굴에 숨어버렸다. 그러자 다카마가하라뿐만 아니라 땅도 깜깜해져 많은 재앙이 일어났다. 이에 신들은 아마노야쓰가와라(天安之河原)라는 곳에 모여서 한시라도 빨리 아마테라스를 나오게 할 방도를 의논했다. 때마침 신들 중에 춤을 잘 추는 아메노우즈메노미코토(天宇受賣命)가 치마끈을 음부에 늘어뜨리고 젖가슴을 드러내고는 이상야릇한 춤을 추기 시작했다. 이 모습을 지켜보던 신들은 하나둘씩 웃음을 터뜨렸다. 동굴 안에 있던 아마테라스는 웃음소리에 놀라 이를 이상하게 여기고는 바깥에 있는 신들에게 그 연유를 물었다. "내가 숨어 있어서 온 세상이 어두워졌을 것이라고 생각했는데, 어찌 노래를 부르고 춤을 추면서 여러 신들이 즐거워하는가?" 아메노우즈메가 "당신보다 더 고귀한 신이 오기 때문에 이렇게 축하하고 있습니다"라고 말하자 아마테라스는 갑자기 호기심이 생겨 고개를 내밀고 내다보았다. 순간 아메노타지카라오노카미(天手力男神)가 아마테라스를 잡고 동굴에서 나오게 했다. 이렇게 해서 하늘과 땅이 다시 밝아졌다. 스사노오노미코토는 천상계에서 추방당하고 말았다. (『고사기』)

다카치호 정(町)에는 아마노이와야토가 열린다거나, 천손의 강림을 알리는 일본 신화의 몇몇 구절들이 전해 내려온다. 다카치호 지방에 전해져 다카치호를 유명하게 만든 '요카구라(夜神樂)'라는 민속 유산도 아마테라스오미카미가 하늘 동굴에 숨어 있을 때 아메노우즈메노미코토가 재미있게 추었던 춤에서부터 유래했다고 한다. 요카구라는 다카치호의 가구라(神樂)이다. 가구라는 제사를 지낼 때 신전에 봉납하는 춤과 노래를 말한다. 다카치호에서는 해마다 11월부터 다음 해 2월까지 농촌에서 33번 요카구라를 봉납해 그해 수확을 감사하고 다음 해의 풍년을 기원한다. 요카구라에 나오는 여신의 춤은 우리나라의 무당춤을 연상하게 한다. 일본의 중요무형문화재로 지정되어 있는 요카구라는 흔히 밤새워 진행되기 때문에 '밤(夜)'이라는 글자가 특별히 들어간 듯하다.

이뿐만 아니다. 다카치호의 유래를 전하는 『풍토기(風土記)』에서도 다카치호가 천손 강림의 신화와 연결된 곳임을 알려준다.

니니기노미코토가 히무카 다카치호의 후타가미봉(二上の峯)에 도착했다. 근처는 깊은 안개에 감싸여 한 치도 앞으로 나아갈 수 없었다. 그런데 갑자기 이 땅에 사는 사람이 나타나 "당신이 가지고 있는 벼이삭(稻穗)을 사방에 뿌리면 이 안개는 반드시 갤 것이오"라고 했다. 니니기노미코토가 그대로 하자 갑자기 안개가 걷혀 앞으로 나아갈 수 있었다.

다카치호 신사

이 신화는 다카치호 지명의 유래를 전한다. 여기서 니니기노미코토가 우스키(臼杵)의 다카치호 정에 있는 구지후루봉, 후타가미 산(二上山), 소보산(祖母山)이라는 세 신산(神山)을 통해 내려왔다는 전승이 나왔다. 또한 니니기노미코토의 전승으로 인해 니니기노미코토의 증손자 이쓰세노미코토(五瀬命)에서 유래한 명칭인 듯한 고카세천(五ヶ瀬川)이 다카치호를 에 두르고 있다. 이로 인해 이곳 다카치호에는 니니기노미코토가 다카치호궁을 지어 살았다고 하는 자리에 다카치호 신사가 세워져 있고, 또 그 곁에 구지후루(樓觸)라고 하는 신사까지 있다.

구지후루 신사에 도착했을 때 신사 뒤편에 있는 산 이름이 구지후루봉이라는 것을 알고는 흠칫 놀랐다. 구지후루봉이라고 하면『삼국유사』속 가락국의 신화에서 수로왕이 강림했다고 하는 구지봉과 똑같은 이름이 아닌가.『일본서기』에도 천손 강림 지역을 구지후루(樓觸)라고 하고,『고사기』에서

구지후루 신사   구지후루 신사 안내판

미야자키의 북부인 우스키 지역에는 하늘에서 내려온 니니기노미코토가 다카치호궁을 지어 살았다고 하는 자리에 다카치호 신사가
세워져 있다. 또한 그 곁에 있는 구지후루 신사는 뒤편에 야트막한 구지후루봉을 신체(神體)로 하는데, 이름과 형태가 김수로 왕이
하늘에서 내려왔다는 김해의 구지봉을 연상시킨다.

는 구지후루(久士布流)라고 기록해놓았다. 이때 후루는 일본어로 '내려온
다(降)'라는 뜻이기 때문에 결국 가락국의 구지봉과 똑같은 이름인 것이 분
명하다. 구지봉과 구지후루봉, 이 때문에 일본의 천손 강림 신화가 가락국
과 직접적인 연관이 있을 것이라 추론하는 것은 어렵지 않다. 구지후루 신
사의 본전 뒤편에 있는, 마치 김해 허황후릉 부근의 구지봉과 닮은 산봉우
리가 바로 구지후루봉이다. 구지후루 신사는 구지후루봉을 직접 신체(神
體)로 하여 세웠다.

　그렇다면 어느 쪽 다카치호가 진짜 천손 강림지인가? 일본의 사서에는
니니기노미코토가 하늘에서 강림했다고 하는 지점에 대해서 여러 가지 설
이 기록되어 있다. 우선 『고사기』에는 "쓰쿠시 히무카의 다카치호의 구지
후루다케(筑紫日向之高千穗之久士布流多氣)"라고 씌어 있다. 『일본서기』에
는 각각 다른 전승이 전해지는 상황에서 ①히무카노소의 다카치호다케(日
向襲之高千穗峯), ②쓰쿠시 히무카 다카치호 구지후루노다케(筑紫日向高千

穗槵觸之峯), ③히무카 구시히키 다카치호다케(日向槵日高千穗之峯), ④히무카노소의 다카치호 구시히 후타가미노다케의 아메노우키하시(日向襲之高千穗槵日二上峯天浮橋), ⑤히무카노소의 다카치호 소호리노야마노다케(日向襲之高千穗添山峯)로 나타난다. 또한, 『풍토기』의 일문(逸文)에는 히무카국 우스키군의 후타가미노다케(日向國臼杵の郡二上の峯)로 되어 있다.

이처럼 조금씩 달리 표현되어 있지만 '다카치호'라는 명칭은 대체로 공통된다. 따라서 일본에서도 다카치호가 어디를 가리키는지 논쟁이 계속되어왔다. 현재 기리시마 다카치호 설(霧島高千穗說)과 우스키 다카치호 설(臼杵高千穗說)로 양분되어 있는 실정이다. 최근에는 기리시마에서 내려와 우스키로 이동했다는 다카치호 이동설까지 나왔지만 어느 것이 맞는지는 알 수 없다.

그러나 구지후루라는 명칭에서 알 수 있는 가야 관련성과 니니기노미코토 신화에 나오는 '한국'을 향한다고 하는 표현이 내내 머릿속을 떠나지 않는다. 그렇다면 규슈의 동남쪽 끄트머리에 외떨어진 미야자키는 어딘가 모르게 사서의 기록에 나타난 여러 가지 표현들과는 어울리지 않는다는 인상을 지울 수 없다.

천손 강림의 장소

규슈의 북부에 있는 사가 현의 사가 시에 들어서자 큼지막하게 '구보이즈미 마루야마(久保泉 丸山) 고분'이라 쓴 팻말이 보인다. 바로 앞에 나가사키(長崎)로 가는 고속도로가 있다. 사가 시 북쪽 일대의 산기슭에 펼쳐져 있는 마루야마 유적은 고속도로를 건설하는 도중에 발견되었다고 한다.

이 때문에 지금은 원래 위치에서 500여 미터 정도 옮겨 와 긴류(金立)라는 공원 안에 자리하고 있다. 유적지에는 규슈에서 발견된 고분 몇 기와 고인돌 몇 기가 있었다. 원래 이 부근에는 조몬 시대와 야요이 시대에 걸쳐 고인돌과 돌널무덤 등 130여 기에 이르는 유적이 산재했다. 그중에 고인돌이 100기가 넘었다고 한다. 하지만 지금은 고인돌이 몇 기만 남아 있다. 조몬 시대의 토기와 벼의 흔적이 발견되었고, 5~6세기의 고분들이 혼재하기 때문에 수백 년 동안 사가 지역을 중심으로 생활해왔던 문명을 여실히 보여 주는 중요한 유적이다.

긴류 공원 한쪽에는 문화의 전파를 암시해주듯 서복장수관(徐福長壽館)이 자리하고 있었다. 서복은 서기전 3세기 무렵 불로초와 불사약을 구해 오라는 진시황의 명령을 받고 바다를 건넌 서불(徐市)을 말한다. 서복은 일본으로 온 뒤 다시 중국에 돌아가지 않았다고 한다. 서복의 전설이 이곳 규슈 사가의 긴류 산(金立山)에 서려 있었던 것이다. 서복과 관련된 유적은 일본 곳곳에 남아 있는데, 기나이 지방인 와카야마(和歌山) 현에는 서복의 묘까지 있다. 이처럼 동북아 일대 문화 교류의 흔적을 간직한 긴류 산 일대, 특히 마루야마 유적은 고인돌 전파와 관련해 또 다른 의미를 함축하고 있다.

일본의 고인돌 분포를 보면, 대개가 우리나라와 밀접한 관계가 있는 가라쓰 만(唐津灣)을 중심으로 해서 사가 현 북부의 가라쓰 평야, 동북쪽의 마에바루(前原) 평야, 남쪽의 구보이즈미(久保泉) 일대, 나가사키 북부 해안 지대 그리고 구마모토 현 남부의 소구릉 지대에 밀집해 있다. 고인돌이 일본의 다른 지역에서는 나타나지 않고, 규슈 지역에서도 북부와 서부에서만 보이는 것이다. 고인돌은 대부분 하천이나 해안을 낀 소구릉이나 사구,

마루야마(丸山) 유적 │ 규슈의 북부 사가 시가 눈앞에 보이는 야트막한 언덕에 오르면 고분과 고인돌 몇 기가 한데 어우러져 있는 모습이 눈에 들어온다. 마루야마 유적지는 고속도로 공사 때문에 원래 자리에서 옮겨져 긴류 공원 안에 새로이 조성되었다.

마루야마 고인돌 │ 마루야마 유적에 복원되어 있는 고인돌의 형태는 대부분 기반식이나 개석식이다. 일본의 고인돌 분포를 보면 일본열도의 다른 곳에서는 보이지 않고, 규슈 지역 중에서도 우리나라와 가까운 북부와 서부에서만 나타난다는 것이 흥미롭다. 한반도에서 문화가 전파된 것을 보여주는 일이다.

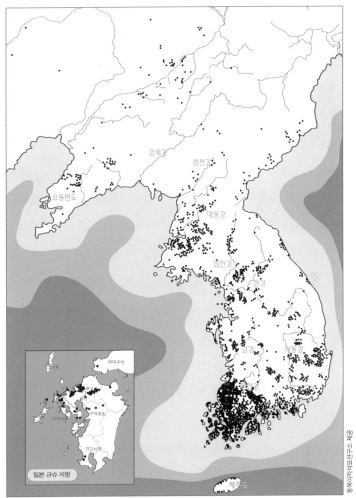

출처: 한국선사문화연구원

한국과 일본의 고인돌 분포도

충적지에 분포하여, 고인돌을 사용했던 이들이 주로 바다를 통해 교류하면서 농경 생활을 했다는 것을 알 수 있다. 하지만 무엇보다도 우리나라와 가장 가까운 규슈의 서북부 지역에서만 발견된다는 사실이 놀랍기만 하다.

　한반도에서는 고인돌이 가장 많은 곳이 2만 2000여 기가 있는 전라남도 지역이다. 그런데 고인돌의 분포 상태를 보면 이를 단순히 전라남도로만 국한할 수 없다. 세계문화유산에 지정되어 있는 고창 지역도 행정구역으로는 전라북도에 해당하지만, 전라남도와 평야 지대로 이어진 곳이기 때문에 서해안을 따라 연속되는 선상에서 고인돌 문화를 파악하는 것이 옳을 듯싶다. 뿐만 아니라 한반도에 퍼져 있는 고인돌의 분포는 바다 건너 남쪽 일본과도 연계해서 파악해야 할 것이다. 일본의 고인돌이 다른 열도에서는 보이지 않고, 유독 규슈의 서북부 지역에만 550여 기가 산재하기 때문이다.

일본의 고인돌은 우리나라의 고인돌 양식과 다른 몇 가지 특징이 있다. 우선 한반도에서 볼 수 있는 탁자식 형태는 거의 보이지 않고 대부분 기반식이다. 일본의 고인돌은 초기 단계에서부터 개석식이 주로 보이다가 금세 자취를 감추고 대부분 기반식으로 바뀌어 나타난다. 한반도에서도 탁자식 고인돌이 이른 시기에 나타났기 때문에 상대적으로 고인돌의 전파가 늦은 일본에는 등장하지 않은 것일지도 모른다.

또한 덮개돌의 규모도 우리나라의 고인돌처럼 큰 것은 없고 대부분 어른 몇 사람이 간단하게 들어 옮길 수 있는 작은 덮개돌을 사용했다. 이 밖에 일본의 고인돌 중에는 덮개돌 아래 무덤방에 독무덤이 쓰인 것이 있다는 점도 특이하다. 이는 아마 늦게 전해진 고인돌 묘제가 점차 소멸하면서 동시에 새로운 묘제인 독무덤이 등장하는 과도기적 사례로 보인다.

고인돌에 관한 흥미로운 숙제를 남겨놓은 채 긴류 공원을 지나 사가 현의 북쪽 산기슭으로 이동했다. 곧바로 900~1000미터나 되는 제법 험한 세후리(脊振)의 산길로 들어섰다. 구불구불한 산지를 넘어 올라가다 보면 멀리 규슈의 해안과 도래인의 여운이 서린 이토시마 반도의 가야산이 내려다보이는 고갯마루가 나타난다. 북쪽이 훤히 드러나 보이는 고갯마루에 히나타 고개(日向峠)라고 쓴 커다란 표지석이 서 있다. 갑자기 미야자키도 아

히나타 고개 | 『고사기』나 『일본서기』에 천손 강림의 장소로 기록된 곳이 '쓰쿠시 히무카 다카치호(筑紫日向高千穗)'였다. 쓰쿠시는 북부 규슈, 히무카는 미야자키를 이야기하는 것이어서 이러한 기록만을 보고는 여러 가지 의문이 생길 수밖에 없었다. 하지만, 쓰쿠시에서 불현듯 나타난 히무카(日向)는 이러한 의문에 종지부를 찍었다.

닌 먼 북부 지역에서 '日向', 곧 '히무카'라는 지명이 나타났다. 북쪽은 가야산과 시토시세키보의 고인돌군이 펼쳐져 있는 마에바루 평원이다. 그 평원 너머 푸른 바다가 넘실댈 터이고, 그리로 가면 바닷길로 한국(韓國)과 바로 이어질 것이다. 히나타 고갯마루에 와서 보니 『고사기』에 나오는 천손 강림지가 바로 이곳은 아닐까 하는 생각이 들었다.

지금껏 천손 강림지의 전승이 남아 있는 곳을 찾아다니면서 계속 규슈 남부의 언저리에서 빙빙 돌기만 했다. 그러면서도 석연치 않았던 것은 사서와 맞지 않는 구절, 너무도 작위적으로 짜 맞춘 듯한 해석 때문이었다. 하지만 지금 이곳 히나타 고개에 서서 일본의 사서를 되뇌어보니 이보다 더 한 구절, 한 구절 맞아떨어지는 곳이 없었다. 사실 문화적으로나 역사적으로나 한반도는 남부보다는 북부 규슈와 더 많은 교류를 했을 것이다. 문화도 규슈 남부보다는 우선 북부 규슈를 통해서 전해졌을 것이다. 그런데도 지금까지 나는 일본 신화의 발상지를 애먼 데서 찾고 있었다. 지역마다 구전으로 전해지는 내용을 해석만 하지 않고, 사서와 일치하는 지역을 발로 찾아다닌 덕분에 알아낸 사실이다. 그러기에 더욱 일본 신화에서 말하는 다카치호를 이곳 히나타 고개로 보고 싶다. 맞은편 북쪽으로 한국을 바라보는 이곳을.

세토 내해를 건너

대한해협에서 일본의 세토 내해에 이르는 뱃길은 마치 유럽의 지중해와 같다. 예로부터 지중해가 유럽, 아프리카 및 동아시아의 물자 교역로였던 것처럼 이 뱃길도 역시 문물 교류와 문화 전파에 큰 몫을 했다. 때문에 고대에는 마지막 종착지라고 할 수 있는 오사카의 기이(紀伊) 반도까지 이동하는 동안 해안 주변을 크게 변모시켰을 것이다. 오늘날 규슈와 오사카의 노정은 페리선이 운항되고 연안 지역은 임해공업단지가 조성되어 크게 발전했다. 고대 아시아의 페니키아인이 해상 무역에 종사하면서 유럽과 아프리카에 진출했듯이, 대륙인들 역시 일본 경제에 큰 몫을 하면서 신문물을 매개로 이 지역에 진출했을 것이다. 그러면서 수많은 대륙의 신화도 이 경로를 통해 전파되었을 것이다.

일본의 초대 천황이라고 하는 진무 천황은 규슈를 떠나 동쪽으로 이동해 지금의 긴키(近畿) 지역에 도착하는 여정을 따랐다. 진무는 이 항로를 통해 동쪽의 긴키 지방을 정벌하고 천황이 된다. 일본 사서에서 규슈의 다카치호로 강림한 니니기노미코토의 증손자 진무의 동정이다. 진무는 세 형과 함께 군병, 군선을 이끌고 좋은 땅을 찾아 항해한 끝에 오사카의 가와치(河內)에 상륙한다. 하지만 이곳 토착민들과 혈전을 벌이다가 형 이쓰세노미

지도 3-2 기이 반도

코토가 죽자 어쩔 수 없이 우회하여, 기이 반도를 남쪽으로 돌아 구마노(熊野)에 상륙한다. 하지만 구마노 앞 바다에서 살아남은 나머지 두 형마저 '우리의 선조는 천신이고, 모친은 해신(吾祖則天神 母則海神)'이라는 말을 남기고 익사한다. 게다가 가미무라(神邑)에서는 이상한 곰까지 나타나 전군이 실신하기도 한다. 그러자 천상의 신이 영검(靈劍)을 던져 위기에서 벗어난 군은 다시 소생해서 신성하게 여기던 야타가라스(八咫烏), 곧 현재 일본에서 세 발 달린 까마귀로 알려진 새의 인도로 구마노와 요시노(吉野)의 험한 길을 넘어 야마토의 가시하라(橿原)에 도착한다. 진무는 여기서 초대 천황으로 즉위한다.

진무 천황 동정로

2004년에 고구려 유적이 세계유산으로 지정되었을 때 진무 일행이 이동했다는 구마노고도(熊野古道) 또한 소리 없이 유네스코 세계유산으로 지정되었다. 기이 반도의 남쪽에 있는 구마노에서 아스카의 입구인 고야산(高野山)에 이르는 길은 중세 이래 귀족부터 사무라이, 서민에 이르기까지 오랜 세월 참배했던 길이다. 따라서 신들이 머무는 특별한 지역으로 여겼기 때문에 오늘날까지 천연의 모습을 그대로 유지하고 있다. 세계문화유산이 아닌 세계자연유산으로 지정되기는 했으나, 애당초 이를 세계유산에 신청한 것은 진무의 신화를 그럴듯하게 포장하려는 심산도 있지는 않았을까?

그런데 진무의 신화에서 몇 가지 주목할 만한 부분이 있다. 해협을 건너 나라 지방으로 진입하는 진무의 모습에서 대륙의 신화를 발견할 수 있다. 돌진하는 진무의 모습에서 엄리대수를 넘던 고구려의 주몽이 떠오르고, 남으로 내려와 미추홀 바닷가에 정착했던 비류와 온조가 떠오르는 것이다. 형 비류가 바닷가 근처 미추홀에서 죽고, 동생 온조가 나라를 일으켰다는 백제국의 신화적 동기와 물의 신인 하백의 딸 유화가 하늘에서 내려온 해모수와 결합하는 신화의 변이가 일본 건국 신화의 모티프가 된 것은 아닐까?

당시 길을 잃고 헤매던 진무가 처음부터 발이 셋인 까마귀의 안내로 구마노와 요시노 산 속을 행군했다는 것도 바로 북방 신화와 연결된다. 발이 셋 달린 삼족오(三足烏)는 하늘과 땅을 이어주는 샤먼의 새일 뿐만 아니라, 고구려 고분벽화에도 자주 등장하는 상상의 동물로 태양을 상징한다. 삼족오가 진무 천황의 길잡이로 나오는 것이 이채롭다. 또한 진무가 마지막에 도착한 곳이 일본 고대 문화의 보고로 알려진 나라 현 가시하라의 아스카 지역인 것도 흥미롭다. 아스카 지역은 백제 등 한반도에서 건너온 사람들의 유산이 많은 곳이다. 바로 이곳에 일본 초대 천황이 정착했다는 것이 놀라움을 자아낸다.

진무의 설화는 천손 강림 사상과 결부된 신화로 남아 있다. 하지만 원래는 독자적인 신화였던 것이 『고사기』와 『일본서기』가 성립하는 8세기 초 무렵에 들어와 규슈의 천손 강림 신화와 긴키 지방의 설화가 서로 연결되어 이루어졌다고 보는 것이 옳을 듯싶다. 하늘에서 내려왔다는 천손 강림 사상은 북방 계통의 신화에 뿌리를 둔다. 예를 들어, 일본의 신화에서는 니니기노미코토가 5부족의 조상신 다섯을 데리고, 신기(神器) 3종, 즉 거울(鏡), 검(劍), 곱은옥(玉)을 갖고 강림한다. 여기에서 분명히 고구려나 백제의 5부 사상과 단군신화에 나오는 신기 3종이 동일한 모티프로 나타난다. 따라서 『고사기』와 『일본서기』에 나오는 신화의 모습을 통해서 고대부터 밀접했던 한국과 일본의 관계를 다시 바라볼 수 있을 것이다.

제2차 세계대전 후 고고학자 에가미 나미오(江上波夫) 등이 기마민족설

고구려 고분의 씨름도와 삼족오 │ 대륙의 신화에서 태양 안에는 삼족오(三足烏)가 있고 달 안에는 두꺼비가 있다. 때문에 고구려 고분인 씨름무덤의 벽화에도 태양을 상징하는 그림 안에 삼족오가 등장한다. 삼족오 신화는 대륙에만 국한되지 않고 진무 천황의 동정 등 일본의 신화에까지 전파되었다. 그래서 야타가라스(八咫烏)라고 하는 삼족오가 현재 일본 축구대표팀과 일본축구협회(JFA)의 상징으로 쓰이고 있다. 출처: 『고구려의 고고문물』(이형구, 한국정신문화연구원, 1996)

을 발표했다. 이 학설은 북방 부여 계통의 기마 민족이 남하해 고구려와 백제, 가야를 세워 지배한 뒤 일본으로 건너와서 야마토 정권을 세웠다는 설이다. 현재는 고고학적으로 증거가 불충분하고 문헌도 일치하지 않는 부분이 있어서 지지를 얻지 못하고 있다. 하지만 일본에서 비교 신화가 발달하게 된 것도 일본의 지배층이 한반도를 거쳐 간 기마 민족이라는 기마민족설의 영향이 컸다. 이 학설은 여러 가지 문제점이 많지만, 문화의 원류를 밝히려 했다는 측면에서 대담한 가설이라 할 수 있다.

진무가 정착했다는 나라 현의 가시하라에 가면 지금도 진무를 제신으로 하는 가시하라 신궁(橿原神宮)이 있다. 이 신궁은 삼림이 울창한 대지 15만여 평에 조성되었으며, 여기 진무의 능도 있다. 이는 현대의 또 다른 신화 만들기인 듯하다. 가시하라 신궁은 『고사기』와 『일본서기』의 신화를 근거로 해서 메이지 22년인 1889년에 건립되었기 때문이다. 왕권 회복을 외쳤던 메이지 시대의 황국사관에 따라 만든 것이다.

『일본서기』에서는 진무의 즉위일을 서기전 660년에 해당하는 신유년(辛酉年) 정월 초하루로 기록했다. 이 때문에 국수주의 일본학자들은 『일본서기』에 나오는 역년을 태양력으로 고쳐서 현재까지도 해마다 2월 11일을 건국기념일로 기린다. 하지만 메이지 시대의 역사학자인 나카 미치요(那珂通世)가 이는 7세기 초엽 중국에서 유행한 음양오행설과 참위설의 영향으로 만들어진 연도라는 것을 증명하기도 했다.

4
진구(神功)의 삼한 정벌

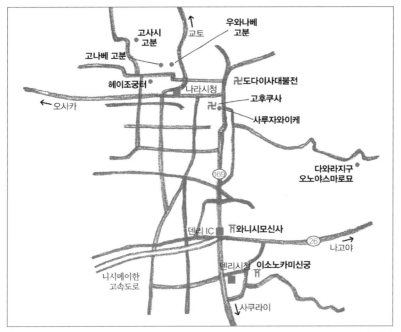

지도 4-1 나라·덴리

나라의 추억

일본열도 중앙부의 관문인 오사카에서 역사의 도시인 나라로 가기 위해 이코마 산(生駒山)을 넘었다. 관광 지도를 펴니 '이코마 산 부근은 오사카와 나라의 야경을 보기 위해 연중 행락객이 붐비는 곳'이라 씌어 있다. 스카이웨이 같은 고갯길 아래로 멀리 바닷가까지 이어져 있는 오사카의 야경은 나그네의 고단한 행보에 위안이 될 정도로 아름다웠다.

산지가 길게 뻗어 있는 이곳은 남쪽으로 와카야마(和歌山) 현까지 곤고이코마(金剛生駒) 국정(國定) 공원으로 지정되어 있다. 이코마 산을 넘어 국도 308번 도로를 따라 나라 분지로 내려가는 길은 오사카에서 나라로 가

교키 동상 ｜ 백제 왕인의 후손으로 추정되는 승려 교키는 일본의 나라 시대(奈良時代)에 각지를 돌아다니면서 민중을 돌본 것으로 유명하다. 교키는 자신이 태어난 곳에 에바라 사라는 사찰을 세웠다. 현재 이 사찰은 지혜를 상징하는 문수보살을 본존으로 하고 있어 입시 합격을 기원하는 유명한 기도처가 되었다. 때문에 에바라 사에 있는 그의 동상에도 합격을 기원하는 많은 이들이 몰리고 있다.

는 가장 빠른 길이다. 이 길을 가다보면 교키(行基)라는 승려의 묘가 있다. 교키는 서기 668년에 오사카 부의 남쪽에 있는 사카이(堺) 시의 에바라 사(家原寺) 터에서 태어났다. 교키는 걸인, 행려병자, 강제 부역에 동원된 백성들에게 선정을 베풀면서 불법을 설파한 것으로 유명하다. 그는 나중에 일본에서 성인으로 추앙받아 최초의 대승정(大僧正)으로 추대되었다. 특히, 당시 쇼무(聖武) 천황의 요청을 받고 나라에 있는 도다이 사(東大寺)의 비로자나 대불을 조성하는 데 크게 기여했다. 그를 보려고 전국에서 신자들

이 몰려와 시주를 해서, 16미터 높이 대불을 완성할 수 있었다고 한다. 그는 82세에 입적해서 이코마 산 부근에 안치되었다. 사후 480년이 지나서 발굴된 사리함(行基菩薩遺身舍利之甁) 속의 「대승정사리병기(大僧正舍利甁記)」에서 '그의 속성(俗性)은 다카시씨(高志氏)로서 백제 왕자 왕이(王爾)의 후손이다'라는 글귀를 발견했다고 한다.

그런데 백제 왕자 중에 '왕이'라는 이름을 가진 왕자는 없다. 일본의 주요 씨족의 이름이 수록된 『신찬성씨록』에서는 다카시노무라지(古志連)라는 성씨가 왕인(王仁)의 후손이라고 기록했다. 또한, 오사카 부의 다카이시(高石) 시에 있는 다카이시 신사에서는 다카시씨의 조상인 왕인을 제사 지낸다는 기록이 있다. 이것으로 보면 왕이는 왕인을 가리키는 것일 수도 있다. 그렇다면 교키는 왕인의 후손일 수도 있다는 결론이 나온다. 물론 이것

은 여러 가지 문헌을 조합해 추정한 결과이다. 이렇듯 고대 역사서는 문헌마다 서로 다르게 표현한 부분이 많기 때문에 윤색된 부분을 찾아내어 제대로 밝히는 것이 무엇보다 중요하다.

일본 혼슈(本州)의 기이(紀伊) 반도 중앙부에 있는 나라 시는 현재 나라 현의 현청 소재지이다. 나라는 서기 710년 겐메이(元明) 천황이 도읍을 정한 뒤, 794년에 교토로 옮겨질 때까지 일본 조정의 왕도가 있었던 곳

도다이 사 비로자나 대불 | 세계 최대 목조 건물이라는 도다이 사의 대불전에 모셔진 비로자나불로 '나라 대불'이라고 부른다. 쇼무 천황의 발원으로 제작되어 752년 도다이 사에 공양되었다. 높이가 16미터이고 귀의 길이만도 3미터나 되는 거대한 불상이지만, 중세와 근세에 보수를 많이 해서, 처음에 만들어진 그대로 남아 있는 것은 대좌, 배, 손가락 등 극히 일부라고 한다.

이다. 역사적으로 보면 도읍이었던 기간이 그리 길지는 않았다. 그러나 짧은 기간이지만 천황이 주도한 정치, 곧 율령 정치가 이루어지고 국제색을 띤 귀족 문화가 번성했다.

나라라는 이름을 들으면 우리말 '나라'를 떠올리게 된다. 일본에서는 '奈良(나량)'이라고 쓰고 '나라'라고 읽는다. 일본의 유명한 고대 시가집인 『만엽집(萬葉集)』에서는 奈良를 '奈羅' 또는 '那羅' 등으로 쓰기도 했다. 이로써 추정해보면, 고대에 '良(량)'은 '羅(라)'와 통용되었던 것 같다. 『삼국사기』의 「강수열전」을 보면, 강수가 임나가량(任那加良) 출신인 것으로

되어 있다. 그렇다면 고대에는 우리나라에서도 奈良을 '나라'라고 읽었다고 볼 수 있다. 그런데 『속일본기(續日本紀)』에서는 '平城'이라고 쓰고 '나라'라고 읽는다. 따라서 나라라는 이름은 한자가 일본에 건너오기 이전부터 있었던 고유 지명인 것 같다.

나라 시에서 가장 큰 사찰인 도다이 사(東大寺)에는 세계 최대 목조 건물이라고 하는 대불전이 있다. 그리고 가라쿠니(辛國) 신사라고 하는 작은 신사도 있다. 가라쿠니를 한자로 '辛國(신국)'이라고 쓰지만, 이를 다르게 표현하면 '韓國(한국)'으로도 쓸 수 있기 때문에 일본에서는 대개 한국과 관련이 있는 신사로 본다. 위패도 제대로 갖추지 않은 소박한 신사이기 때문에 가라쿠니 신사라고 표시되어 있는 석등을 보고서야 겨우 찾을 수 있었다. 이곳 사람들에 따르면 '가라쿠니'는 도다이 사의 지주신(地主神)을 의미한다고 한다. 그렇다면 과거 신사와 신궁의 제사권을 가진 사람이 정권도 쥐고 있었던 고대 제정일치 사회에서는 크게 번성한 신사였을 것이다.

그 이름에서 느껴지듯 오래전 한국에서 건너온 사람들이 공동체를 이루고 그들의 조상신을 모시면서 '가라쿠니'라고 불렀던 것은 아닐까 싶다. 8세기가 되면서 남쪽 야마토 다케치 군(高市郡, 다카이치 군)에 있던 수도 후지와라경(藤原京)이 이곳 나라의 헤이조궁(平城宮)으로 옮겨 와 도다이 사라는 거대한 가람이 만들어졌다. 이 때문에 도래인이었던 원주민 대부분이 쫓겨나 원래 융성했던 가라쿠니 신사도 오늘날과 같이 작은 사당으로 바뀌고 그 이름마저 '韓國'에서 '辛國'으로 바뀌게 된 것은 아니었을까? 어떤 이는 '나라산(那羅山)에 올라 싸울 적에 관군이 모여서 초목을 밟아 평평하게 해서(布瀰那羅須, 후미나라스) 그 산을 나라산이라고 했다'는 『일본서기』스진기(崇神紀)의 기록을 들어 나라라는 지명의 유래를 설명하기도 한다.

하지만 그것보다는 나라에 수도가 세워지기 이전, 이 땅에 가라쿠니 신사를 세울 만큼 영향력이 컸던 한국 도래인 마을이 있었고, 그들이 자기네 마을을 국가, 도읍을 뜻하는 '나라'라고 불렀기 때문에 나라라는 지명이 생겼다고 추정해보는 것은 어떨까?

나라는 역사 깊은 고도로서, 지금은 관광지로도 유명하다. 넓은 도로가에는 각종 음식점과 호텔이 즐비하게 늘어서 있다. 또한 현대식 빌딩 뒤편으로 군데군데 고분과 사찰이 보여 과거와 현재가 한 공간에 있는 듯한 느낌을 받는다. 나라 시는 우리나라의 경주, 중국의 역사 도시인 시안(西安)과 모두 자매결연을 맺었다.

나라 역 광장 건너편에 상점들이 길게 늘어서 있는 번화한 골목에 들어서니 '하쿠호(白鳳)'라고 쓴 전통식 료칸(旅館, 일본식 여관)이 보인다. 보통 문화사(文化史)에서 다이카 개신(大化改新)이 단행된 645년부터 나라에 도읍을 정한 710년까지를 하쿠호 시대라 부른다. 하쿠호 시대란 대개 덴무(天武), 지토(持統) 천황 때를 중심으로 하는 아스카(飛鳥) 시대의 후반부를 말한다. 이 시대에는 우리나라 삼국의 영향을 많이 받았다고 볼 수 있다. 특히 백제와 교류가 가장 왕성해 백제가 멸망한 뒤에도 백제 문화의 영향을 강하게 받은 것이 하쿠호 문화이다. 이 때문에 나라로 도읍을 옮긴 뒤에도 한반도에서 건너와 정착한 사람들이 지대한 공헌을 했으며, 국가의 보호 아래 불교가 학문과 예술 분야 전반에 걸쳐 큰 영향을 끼쳤다.

결국 하쿠호 문화는 나라 시대의 최고 전성기인 덴표(天平) 문화로 연결되어 국제색이 짙은 귀족 문화와 융성한 불교 문화를 이룩하는 밑거름이 되었다. 따라서 나라 시대라고 하면 단순히 도읍이 남쪽 후지와라경에서 나라로 옮겨진 것만을 뜻하지 않는다. 실제로는 나라 지방까지 일본 중심부의 영역을 확장해 기나이의 범위를 넓힌 것을 의미한다. 특히 문화 영역에서 보면 그 전 아스카 시대를 풍미했던 하쿠호 문화의 폭과 깊이를 넓혔다는 데 큰 의의가 있다. 따라서 수도를 기준으로 한 정치사적인 시대 구분(710~784년)과는 달리 사회문화적인 관점에서는 7~9세기 초를 나라 시대로 보는 것이 옳지 않을까 싶다. 나라 시에 있는 '하쿠호'라는 료칸을 보면서 아스카에서부터 나라까지 이어지는 고대 문화의 잔영이 아직도 숨 쉬고 있음을 어렴풋이 느낄 수 있었다.

나라 시의 대표적인 명소는 나라 공원이다. 도다이 사 경내를 중심으로 서쪽 고후쿠 사(興福寺) 경내에 이르는 광대한 공간을 공원으로 조성하고 이곳에 사슴을 방목했다. 마치 나라 시 전체에 사슴이 거니는 느낌이다. 이처럼 공원에 사슴을 방목하는 이유는 옛날 히타치국(常陸國)■의 가시마(鹿島)를 떠나 나라에 처음 입성한 가스가 대사(春日大社)의 신이 흰 사슴을 타고 왔다는 전설 때문이라고 한다. 또는 사슴은 지진이 일어나거나 천황이 사망하는 등 인간이 모르는 변고를 예지할 수 있는, 신에 가까운 존재로 숭배해왔기 때문이라고도 한다. 어쨌든 사슴은 현재 천연기념물로 지정되어 있다.

한편 나라 공원에는 나라 시대 최대 세력가였던 후지와라(藤原) 가문의 절인 고후쿠 사가 있다. 고후쿠 사 부근에는 『만엽집』에도 등장하는 사루자와이케(猿沢池)라는 유서 깊은 연못이 있다. 사루자와이케는 둘레가 360미터밖에 안 되는 작은 연못이다. 하지만 이 연못은 고후쿠 사의 오중탑(五重塔)과 더불어 예로부터 '나라 8경'의 하나로 손꼽는다. 주변에 거북이 우글거리는 사루자와이케는 나라 시대의 덴표(天平) 21년(749)에 만든 인공 연

■ 현재 일본의 도호쿠(東北) 지방인 미야기(宮城) 현.

'99年12月21日

사루자와이케 │ 아침 햇살을 받고 있는 사루자와이케의 모습은 말 그대로 한 폭 수채화를 보는 듯했다.

'99年12月21日

사루자와이케 구층 석탑 │ 모시던 천황이 변심하자 연못에 몸을 던졌다는 궁녀의 원혼을 달래기 위해 곁에 조그마한 신사와 구층 석탑을 세웠다. 그녀의 넋을 기리기 위해 마쓰리까지 연다고 하니 가련한 처녀의 원혼을 거두는 마음 씀씀이가 가상하다.

주작문 | 지금 나라의 궁터는 허허벌판으로 남아 있지만, 이곳이 헤이조궁임을 알아볼 수 있었던 것은 주작문(朱雀門) 때문이었다. 주작문은 헤이조궁의 정문으로, 현존하는 다른 나라 시대의 사찰 건축 구조를 참조해 1997년에 복원했다. 뒤쪽 궁터에 지금도 열차가 지나다니는 철길이 보인다.

못이다. 오래전부터 고후쿠 사에서 살아 있는 생물들을 놓아주는 '방생회'를 주재했던 방생 연못이다. 또한 몬무(文武) 천황의 시중을 들던 우네메(궁녀)가 천황이 변심을 하자 이를 한탄해 보름날 밤에 사루자와이케에 몸을 던졌다는 일화가 전해진다. 연못 한쪽에는 궁녀의 원혼을 달래기 위한 작은 신사와 구층 석탑이 세워져 있다. 해마다 9월 18일 즈음 달 밝은 밤이면 연못에 배를 띄우고 우네메의 넋을 기리는 우네메 마쓰리(祭, 축제)를 연다고 한다.

예로부터 나라 지방에는 나라 분지에서 나오는 삼으로 만든 나라자라시(奈良晒)라는 마직물이 유명하다. 나라자라시는 무로마치(室町) 시대에 승려나 신관의 의복을 만들 때 사용되었고, 에도 시대에는 도쿠가와 이에야스(德川家康)가 막부의 납품업자를 보호하면서 더욱 발전할 수 있었다고 한다. 따라서 당시 나라는 마직물을 팔아먹고 산다고 했을 정도로 번성했다. 물론 지금은 역사의 뒤안길에 묻혀버린 이야기가 되었지만, 아직도 삼베로 만든 다도 수건이나 넥타이, 스카프 등이 팔리고 있다.

나라 시의 중심부에서 북쪽으로 조금 이동하면, 철로가 가로질러 놓여 있는 사방 약 1킬로미터 대지에 옛 도읍지인 헤이조궁(平城宮) 터가 광활하게 펼쳐져 있다. 이곳은 메이지 시대부터 발굴 조사를 계속해온 나라의 궁터이다. 지금은 헤이조궁이라고 부르지만 당시에는 나라노미야코, 곧 '나라의 궁전'이라고 불렀다. 후지와라경에서 나라로 도읍을 옮긴 겐메이 천황은 당나라의 장안을 모방해 헤이조경(平城京)을 건설했다. 나라 시대 7대에 걸쳐 왕도로 번성하면서 인구가 최대 20만까지 이르렀다고 한다. 이곳은 원래 넓은 도로가 바둑판처럼 가로 세로로 뻗어 구역을 나누고, 각 구역에 천황의 궁전과 귀족의 저택, 사원들이 있었다. 지금은 주춧돌과 기단만이 남아 있어 황량하기 그지없다. 다만 이곳이 헤이조궁이 있던 자리임을 한눈에 알아볼 수 있는 것은 높이 20미터인 2층 주작문(朱雀門) 때문이다. 최근 들어 같은 시대에 건축되었던 호류 사(法隆寺), 야쿠시 사(藥師寺), 도다이 사 등의 문을 참조해 새로 복원했다고 한다. 주작문은 이른바 '주작대로(朱雀大路)'로 연결되는 헤이조궁의 정문이다. 비록 당시에 지은 것은 아니지만, 마치 과거 외국 사절을 맞이하듯 그 우람한 위용을 과시한다.

삼한 정벌론의 실체

헤이조궁 북쪽 인근의 조붓한 길 사이로 무덤 여러 기가 떼를 이루고 있다. 이 무덤들이 나라의 대표적인 고분군 가운데 하나인 사키다타나미(佐紀楯列) 고분군이다. 대부분이 고분시대의 전형적인 묘제 양식이라고 할 수 있는 전방후원분이다. 그중에서도 일본 황실을 담당하는 궁내청(宮內

廳)이 '진구(神功) 황후'의 능으로 지목해 관리하는, 긴테쓰헤이조 역(近鐵平城驛) 근처에 있는 고분이 가장 큰 것으로 알려져 있다.

궁내청에서는 『고사기』에서 진구 황후가 "100세에 일기를 마쳤다. 사키(狹城)의 다타나미(楯列)의 능에 장사를 지냈다"라고 한 구절을 근거로 고사시(五社神) 고분을 진구의 능으로 본다. 하지만 사키다타나미 고분군뿐만 아니라 일본 전역에 있는 천황가의 무덤들은 모두 후세에 붙인 이름이기 때문에 이 무덤이 능(임금이나 왕후의 무덤)인지, 묘인지 단정할 수 없다. 일본 궁내청에서는 현재 왕릉으로 추정되는 고분에 대해서 출입이나 발굴 조사를 철저하게 제한한다. 단지 자연재해를 입어 보수공사를 할 때에 드러난 유물을 수습하는 정도에 그친다. 따라서 고사시 고분이 진구의 무덤이라는 확실한 근거는 없다. 고사시 고분은 전체 길이 275미터, 전방부 폭 155미터, 후원부 지름 195미터로 일본에서 열한 번째로 큰 고분이다. 또한 축조 연대가 4세기 말이나 5세기 초엽으로 추정되는 이곳 고분군에서 가장 크다. 이 때문에 아마 궁내청에서 진구의 능으로 지정한 것 같다.

진구 황후는 『고사기』와 『일본서기』에서 남편인 주아이(仲哀) 천황이 죽자 섭정을 하면서 천황에 버금가는 역할을 했다고 기록되어 있다. 황후로서 일본 고대사 수수께끼의 정점에 서 있는 인물이다. 『일본서기』에서는 진구에 대해 아예 섭정기라는 본기를 따로 두었다. 『일본서기』의 기년에 따르면, 천황 자리가 비어 있었던 서기 201년부터 269년까지 재위했던 것으로 나온다. 그러나 『일본서기』보다 먼저 나온 『고사기』에서는 진구에 대해서 별도의 본기를 두지 않고 주아이 천황기 안에 황후의 행적을 같이 기록해 놓았다. 어쨌든 진구는 주아이 천황의 황후이면서 오우진(應神) 천황의 어머니로 사서에 등장한다. 본명은 오키나가타라시히메(氣長足姬尊, 息長帶

比賣命)로, 살아 있을 때 불렀던 이름이라기보다는 『고사기』나 『일본서기』가 쓰일 무렵인 7세기나 8세기 무렵에 붙인 것으로 추정한다.

나라에 와서 진구를 찾은 이유는 바로 일본 사서에 나오는 황후의 행적 때문이다. 『일본서기』나 『고사기』에서 진구 황후의 초기 기록은 신라를 침공한 이야기로 시작한다. 주아이와 진구가 규슈의 남부에 있었다고 하는 구마소(熊曾)라는 나라를 토벌하려고 규슈 북부 쓰쿠시 가시히궁(詞志比宮)에 머물렀다. 이때 주아이는 '처녀의 눈썹 같고, 눈부신 금과 은이 가득한 서쪽에 있는 나라'인 신라를 먼저 정벌해야만 구마소가 복종할 것이라는 신의 계시를 받았다. 그러나 그는 이 신탁을 듣지 않아 죽음을 당하고 만다. 이때 신이 진구에게 강림해서 진구가 신의 세계와 인간의 세계를 연결하는 영매가 된다. 사서에 기록된, 신이 주아이를 죽였다는 내용은 결국 신이 내린 영매 진구가 살해했을 가능성이 높다는 것을 의미한다. 즉, 신라 정벌에 소극적인 천황을 죽이고는 그의 죽음을 정당화하기 위해 신을 끌어다 붙인 것이다. 그러고서 진구가 지휘를 해 신라를 정벌하는 내용이다. 이른바 '진구의 삼한 정벌'이라고 하는 기사의 내용은 마치 어린아이들에게 지극히 설화적인 내용을 이야기하는 수준으로 표현되어 있다. 『고사기』의 내용을 보자.

황후는 신이 가르쳐준 대로 군사를 정비했다. 배를 가지런히 하여 바다를 건널 때 바다의 크고 작은 고기들이 모든 배들을 업고 건넜다. 때마침 순풍이 불어 배들은 파도를 따라 순조롭게 앞으로 나아갔다. 그런데 그 배들을 받치고 있던 파도가 신라 땅으로 밀려 들어가더니 국토의 반 정도를 덮치고 말았다. 이를 본 신라 국왕은 깜짝 놀라 두려워한 나머지 "지금부터 천황의 명령에 따라 말을 사육하는 자가 되어 해마다 배를 정렬하여 배 안을 비우는 일 없이, 또 삿대나 노를 말리는 일 없이 하늘과 땅이 있는 한 끊이지 않고 공물을 바치겠나이다"라고 했다. 그리하여 신라는 말을 사육하는 곳으로 정하고, 백제국을 바다 저편에 있는 직할지로 삼았다. 그리고 황후는 가지고 있던 지팡이를 신라 국왕의 집 문에 꽂아 세우고 스미노에 대신(黑江大神)의 거친 혼(荒御魂, 아라미타마)을 나라의 수호신으로 모신 뒤 바다를 건너 다시 돌아왔다.

『고사기』의 삼한 정벌에 대한 내용은 사실이라기보다 작위적인 전설 같다. 마치 임진왜란 후 사명당이 일본 군사를 도술로 혼내주었다고 하는 설화와도 같다. 혹은 일본 민담의 주인공 모모타로(桃太郎)가 도깨비 나라를

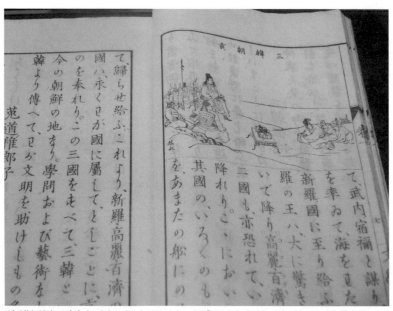

옛 일본 역사 교과서 | 메이지 시대인 1891년의 교과서 『일본역사』에 나온 삼한 조공 내용이다. 정한론을 바탕으로 『고사기』나 『일본서기』에 나오는 삼한 정벌을 역사적 사실로 기술했다.

정벌해 보물을 약탈하고 돌아오는 내용과도 비슷하다.

진구의 삼한 정벌론이 문제가 되는 것은 정한론(征韓論)이나 일제강점의 정당성론이 모두 고대 사서에 나오는 진구의 행적을 바탕으로 하기 때문이다. 이러한 사상은 제2차 세계대전이 끝나기 전까지 당연한 것으로 받아들여졌다. 역사적으로 일본이 한국을 지배한 선례가 있었음을 보여주려는 의도로 진구 황후의 삼한 정벌을 학생들에게 세뇌했던 것이다.

재일 작가인 김달수 선생이 만년까지 한일 역사 바로잡기에 몰두했던 계기도 '진구의 삼한 정벌'이라는 학교 수업 때문이었다고 한다. 열 살 때에 일본으로 건너간 그는 소학교 6학년 역사 시간에 진구의 삼한 정벌을 듣고 분개해 자퇴를 했다. 목욕탕 화부 등을 전전하다가 결국은 독학으로 일본 대학 예술과에 진학했다. 이후 그는 일제 식민지 시대부터 해방 후에 이르기까지 재일 한국인이 겪은 차별과 저항을 그린 장편소설『현해탄』을 썼다. 뿐만 아니라 일본 속에 남아 있는 한국의 문화 유적을 찾아 한일 문화 교류사 연구에 일가를 이루기도 했다. 1997년에 그가 작고했을 때 우리나라 정부에서 민족문화 탐구와 한일 고대사 정립에 기여한 공로를 인정해 은관문화훈장을 추서하기도 했다. 일본 속의 우리 문화를 찾기 위해서 홋카이도에서 오키나와까지 답사한 기록을 담은『일본 속의 조선 문화(日本の中の朝鮮文化)』12권(한국어판으로는『일본 속의 한국문화 유적을 찾아서』란 제목으로 대원사에서 3권까지 나왔다)은 지금도 대단한 역작으로 평가받는다.

진구의 신라 정벌에 대한『일본서기』의 기록은『고사기』의 내용에 덧붙여 당시 다른 여러 내용들을 조합해 좀더 사실에 가깝게 보이려고 고심한 흔적이 보인다. 그러나『일본서기』의 기록을 찬찬히 뜯어보면, 여기저기 신라와 관련된 내용을 진구 섭정기 속에 한꺼번에 짜깁기해놓은 것임을 알 수 있다. 우선『일본서기』의 진구가 삼한을 정벌하는 내용에는 신라왕으로 파사매금(波沙寐錦)과 우류조부리지간(宇流助富利智干)이라는 인물이 등장한다. 진구가 신라를 침공하자 신라왕 파사매금이 일본에 항복하고 미질기지파진간기(微叱己知波珍干岐)를 인질로 보내 조공을 바쳤다고 한다. 또 일설에 따르면 신라왕 우류조부리지간이 마중 나와 무릎을 꿇고 내관가(內官家)로서 계속 조공을 바치겠다는 맹세를 했다고도 한다.

일(一)에 말하였다. 신라왕을 포로로 하고 해변에 와서 무릎을 뽑고서 돌 위에 포복시켰다. 조금 있다가 베어서 모래 속에 묻었다. 한 사람을 남겨 신라에 있는 일본의 재(宰)로 하고 돌아왔다. 그 후에 신라왕의 처는 남편의 시신이 묻혀 있는 곳을 찾기 위해 재를 유혹하였다. "그대가 왕의 시신이 묻힌 곳을 알려주면 마땅히 후하게 보답하고 그대의 처가 되겠다." 재가 이 말을 믿고 시신이 묻혀 있는 곳을 알려주자 왕의 처와 국인이 공모하여 재를 죽였다. 왕의 시신을 꺼내어 다른 곳에 묻었다. (중략) 천황이 이를 듣고는 심히 노하여 군사를 일으켜 신라를 멸망시키려 하였다. 군선은 바다에 가득하여 건너갔다. 신라의 국인이 모두 두려워하여 어찌할 바를 몰랐다. 서로 모여 공모하여 왕의 처를 죽이고 사죄하였다.

이 내용이『삼국사기』에 나오는 석우로(昔于老) 열전과 모티프가 동일하다는 점은 주목할 만하다.

첨해왕(沾解王) 7년(253) 왜국의 사신 갈나고(葛那古)가 객관에 와 있었는데, 우로(于老)가 대접을 맡았다. 사신과 희롱하여 말하기를 "조만

간 너희 왕을 소금 만드는 노예로 삼고, 왕비는 밥 짓는 여자로 삼겠다"고 하였다. 왜왕이 이 말을 듣고 노하여 장군 우도주군(于道朱君)을 보내 신라를 치니, 대왕이 유촌(柚村)으로 나가 있게 되었다. 이때 우로가 "지금 이 환난은 내가 말을 조심하지 않은 데서 생긴 것이니, 내가 당해내겠다" 하고는 왜군에게 가서 "전일의 말은 희롱이었을 뿐인데, 어찌 군사를 일으켜 이렇게까지 할 줄을 생각하였겠는가"라고 하였다. 그러나 왜인은 대답하지 않고 잡아서 나무를 쌓아 그 위에 얹어놓고 불태워 죽인 다음 돌아갔다. (중략) 미추왕 때 왜국의 대신이 와서 문안하였는데, 우로의 아내가 국왕에게 청하여 사사로이 왜국 사신에게 음식을 대접하였다. 그가 몹시 취하자, 장사를 시켜 마당에 끌어내 불태워 전날의 원한을 갚았다. 왜인이 분하여 금성(金城)을 공격했으나 이기지 못하여 군사를 이끌고 돌아갔다.

이 두 가지 내용을 놓고 판단해보면 『일본서기』의 우류조부리지간은 『삼국사기』에 등장하는 석우로와 같은 인물인 것을 알 수 있다. 다만, 같은 내용에 대해서 『일본서기』는 '신라의 국인이 두려워하여 왕의 처를 죽이고 죄를 면하였다'고 기술한 반면, 『삼국사기』에는 '왜인이 분하여 금성을 공격했으나 이기지 못하고 돌아갔다'고 씌어 있다. 또한 『일본서기』에는 우류조부리지간이 신라의 왕으로 등장하지만, 『삼국사기』의 석우로는 신라왕이 아니라 3세기 중반 무렵의 서불한(舒弗邯) 내지는 이벌찬(伊伐湌)이었던 것으로 나온다(서불한 또는 이벌찬은 신라 17관등의 첫째 관등). 앞서 언급했던 『일본서기』의 파사매금도 『삼국사기』에 등장하는 파사이사금과 동일 인물로 볼 여지는 있지만, 『삼국사기』의 파사이사금은 서기 1세기 무렵의 인물이기 때문에 3세기 초·중반에 활동한 진구와는 시기가 맞지 않는다. 이 외에도 진구 섭정기에는 『삼국사기』와 『삼국유사』에 보이는 박제상 일화와 동일한 내용으로 알려진 신라 사신 모마리질지(毛麻利叱智)도 등장한다.

진구 섭정 5년, 신라왕은 오례사벌(汙禮斯伐), 모마리질지, 부라모지(富羅母智) 등을 보내 조공하였다. 그리고 먼저 온 인질 미질허지벌한(微叱許智伐旱)을 데리고 가려는 생각이 있었다. 허지벌한으로 하여금 다음과 같이 거짓말을 하게 하였다. "사자인 오례사벌, 모마리질지 들이 신에게 '우리 왕은 신이 오래 돌아오지 않으므로 처자를 모두 관노로 하였다'고 합니다. 원컨대 잠시 본국으로 돌아가서 허실을 알리려고 합니다." 이에 황태후가 허락하고 가쓰라기소쓰히코(葛城襲津彦)를 딸려서 보냈다. 같이 대마(對馬)에 와서 서해(鉏海)의 항구에 묵었다. 그때 신라의 사자 모마리질지 들은 몰래 배와 수부를 수배하여 미질한기(微叱旱岐)를 태우고 신라로 도망하게 하였다. 풀로 인형을 만들어 미질허지의 침상에 놓고 거짓병에 걸린 양으로 "미질허지가 갑자기 병에 걸려 죽어간다"라고 소쓰히코에게 고하자 사람을 보내 병자를 보게 하였다. 소쓰히코는 곧 속은 것을 안 후, 신라의 사자 세 사람을 붙들어 나무 우리에 집어넣고 불태워 죽였다. 그러고서 신라에 가서 도비진(蹈鞴津)에 진을 치고 초라성(草羅城)을 함락하고 돌아왔다.

일본에 간 인질 중에 미질허지벌한이라는 이름이 나오고, 이 사람을 신라로 돌려보낸 모마리질지라는 인물이 나오는 것으로 보아 각각 미사흔(『삼국유사』에서는 미해)과 박제상(『삼국유사』에서는 김제상)인 것으로 볼 수 있다. 하지만 이들 또한 『삼국사기』와 『삼국유사』에 따르면 5세기 초엽에 활동한 인물들로 진구의 시대와는 차이가 있다. 이처럼 같은 역사적 사실에 대해서 한국과 일본이 다른 시각으로 기술한 것이다. 특히 『일본서기』에서는 각각 다른 시기의 사건들을 한데 모아 진구 때의 일로 엮어놓았다. 광개토왕릉비문에는 4세기 말에서 5세기 초에 왜가 신라를 공격했다는 내용이 나온다. 『삼국사기』에도 왜가 신라를 침공한 사건이 36건이나 나온다. 왜가 신라의 영토를 침범한 것은 사실이지만, 당시 왜는 신라에 패했거나 단순히 약탈하는 수준이었다. 『삼국사기』는 왜의 약탈로 기록했지만, 일본 사서에서는 삼한 정벌로 기록해놓은 것이다.

남해안에 진출한 백제

사키다타나미 고분군에 속하는 우와나베(宇和奈辺) 고분과 고나베(小奈辺) 고분은 규모가 아주 커서 무덤처럼 보이지 않는다. 이 고분들도 전방후원분이다. 나라 시에서 24번 국도를 따라 북쪽으로 올라가다 보면 왼쪽에 우와나베 고분이 먼저 보인다. 과거 이 고분의 딸린무덤(陪塚)에서 철제 유물이 발굴되어 주목을 받기도 했다. 서로 마주 보듯 가까이 있는 우와나베 고분과 고나베 고분 사이를 지나다 보니 일본 자위대의 나라 기지 간부후보생학교가 보였다. 일장기가 걸려 있는 정문을 지나가려니까 사뭇 여러 가지 상념이 밀려왔다.

일본에서는 1945년 패전 전까지만 하더라도 사서의 내용을 비판하는 것을 금지했다. 그러나 제2차 세계대전이 끝난 뒤부터는 사정이 조금씩 달라지기 시작했다. 일본의 단일 민족론을 주장하고 천황제를 옹호한 쓰다 소우키치(津田左右吉) 같은 일본인 사학자도 진구의 신라 정벌이 어불성설임을 피력했다. 지금은 아주 일부 사람들만 진구의 신라 정벌을 사실이라고 주장한다.

『일본서기』의 진구 49년조 기사를 보면, 진구가 신라를 정복하고 가라(加羅)의 7국을 평정한 뒤 전라도 남부 지역을 백제에게 주었다는 내용이 있다.

진구 49년 봄 3월 아라타와케(荒田別)와 가가와케(鹿我別)를 장군으로 삼았다. 구저(久氐) 등과 함께 군대를 거느리고 건너가 탁순국(卓淳國)에 이르러 신라를 치려고 하였다. 이때 어떤 사람이 "군대가 적어서 신라를 깨뜨릴 수 없으니 다시 사백(沙白), 개로(蓋盧)를 보내어 군사를 늘려주도록 요청하십시오"라고 하였다. 곧 목라근자(木羅斤資)와 사사노궤(沙沙奴跪)에게 정병을 이끌고 사백과 개로와 가도록 명하였다. 함께 탁순국에 모여 신라를 격파하고 비자발(比自㶱), 남가라(南加羅), 탁국(喙國), 안라(安羅), 다라(多羅), 탁순(卓淳), 가라(加羅) 7국을 평정하였다.

우와나베 고분 | 헤이조궁 북쪽 사키다타나미 고분군에 속한 우와나베 고분은 무덤이라기보다는 연못 한가운데 있는 동산 같다. 이 고분의 딸린무덤에서는 과거 한반도에서 출토된 것과 비슷한 철제 유물이 많이 발견되어 주목받기도 했다. 현재 능묘 참고지로 지정되어 있지만, 묻힌 이가 누구인지는 알 수 없다.

또 군대를 옮겨 서쪽으로 돌아 고해진(古奚津)에 이르러 남쪽의 오랑캐 침미다례(忱彌多禮)를 무찔러 백제에게 주었다. 이에 백제왕 초고(肖古)와 왕자 귀수(貴須)가 군대를 이끌고 와서 만났다. 이때 비리(比利), 벽중(辟中), 포미지(布彌支), 반고(半古) 4읍이 스스로 항복하였다. 그래서 백제왕 부자와 아라타와케, 목라근자 등이 의류촌(意流村)에서 함께 만나 기뻐하고 후하게 대접하여 보냈다. 오직 치쿠마나가히코(千熊長彦)와 백제왕은 백제국에 이르러 벽지산(辟支山)에 올라가 맹세하였다. 다시 고사산(古沙山)에 올라가 함께 반석 위에 앉아서 백제왕이 "만약 풀을 깔아 자리를 만들면 불에 탈까 두렵고, 또 나무로 자리를 만들면 물에 떠내려갈까 걱정된다. 그러므로 반석에 앉아 맹세하는 것은 오래도록 썩지 않을 것임을 보여주는 것이니 지금 이후로 천년, 만년 영원토록 늘 서쪽의 번국이라 칭하며 봄, 가을로 조공하겠다"라고 맹세하였다. 그리고 치쿠마나가히코를 데리고 도읍에 이르러 후하게 예우를 더하고 구저 등을 딸려서 보냈다.

진구 49년조 기사는 왜가 신라를 정복하고 이후 가라 7국을 평정했으며, 진구가 정벌해서 차지한 남부 지역을 백제에게 주었다는 내용이다. 그러나 아라타와케와 가가와케라는 일본 장군들이 나오다가 백제인의 이름인 사백, 개로가 등장하고, 백제의 장군인 목라근자 등이 진구의 명령으로 나타나기도 하며, 또 왜군이 소수이고 백제군이 주력부대인 듯 앞뒤가 어설프게 맞춰져 있다. 그런데도 메이지 시대 일본 학자들은 진구 49년조의 기사에 몇 가지 사례를 적당히 조합해 이른바 '임나일본부설'의 기원으로 삼았다. 곧, 스에마쓰 야스카즈(末松保和)는 진구 49년조의 기사를 주로 아유카이 후사노신(鮎貝房之進)이 고증한 지명에 따라 임나일본부의 시작으로 해석했다. 다시 말해, 백제와 왜의 연합군이 신라와 가라, 충청도, 전라도 지역까지 평정해 이때부터 임나가 성립된 것으로 보고 이 기사를 긍정적으로 해석했던 것이다.

그러나 지금 이 기사를 사실 그대로 받아들이는 사람은 거의 없다. 대체로 어느 정도 역사적 사실을 반영했지만 왜의 주도권 행사에 대해서 왜곡한 부분이 있다고 본다. 진구 49년조 기사에 나오는 고해진과 침미다례 및 4읍 등을 현재의 전라도 지역으로, 벽지산, 고사산을 현재의 전라북도 지역으로 본다. 하지만 왜가 진출한 기록에 대해서는 실제 왜가 아닌 백제가 진출했던 것으로 본다. 백제 장군인 목라근자가 진구의 명령을 받고 전쟁을 치렀다는 기술도 실은 『일본서기』의 편찬자가 윤색한 것이다. 원래는 백제왕이 주도한 것을 왜왕으로 슬쩍 주체를 바꾼 것이다. 곧, 백제는 왜와 동맹을 맺고 필요한 경우 용병으로 왜군을 활용했는데, 이를 일본에서는 자신들이 주체인 것처럼 기술했다는 것이다.

이는 『일본서기』의 편찬 태도와 관련이 있을 것 같다. 백제 멸망 뒤 일본으로 간 사람들이 자신들의 조상이 일찍이 모국인 백제에서 활동하던 당시 상황을 마치 왜국 천황의 명령을 받들어 백제에서 활동한 것으로 변조했을 가능성이 있는 것이다. 실제로 백제가 나당 연합군에게 멸망한 뒤 많은 백제인이 일본으로 이주했다. 『일본서기』가 씌었다는 720년 당시에도 한반도에서 건너간 많은 백제 후손들이 일본의 지배층에 있었을 것으로 추측된다. 때문에 자신의 조상이 한 활동을 왜가 한 것이라고 왜곡할 소지는 충분히 있다. 집권층의 의도에 따라 역사를 왜곡한 사례의 전형을 보여준다.

또한 진구기는 연대기 서술에도 문제가 있다. 『일본서기』에 나오는 진구 49년조를 서기로 기년을 바꾸면 249년이 된다. 하지만 여기에 등장하는 백제 초고왕과 구수왕의 재위를 『삼국사기』 「백제본기」에서 살펴보면, 각각 166~214년과 214~234년으로 시기가 일치하지 않는다. 『일본서기』의 중간 중간에는 다음과 같이 백제왕의 즉위와 사망에 관한 내용이 짤막하게 기록되어 있다.

진구 55년 백제의 초고왕이 훙(薨)하였다. / 진구 56년 백제의 왕자 귀수(貴須)가 왕이 되었다. / 진구 64년 백제의 귀수왕이 훙하였다. 왕자 침류(枕流)가 왕이 되었다. / 진구 65년 침류왕이 훙하였다. 왕자 아화(阿花)가 나이가 어려 숙부 진사(辰斯)가 빼앗아 왕이 되었다.

앞뒤에 나와 있는 왕력이나 상황으로 보아 여기서 말하는 초고왕과 구수왕은 그보다 후대인 근초고왕(近肖古王)과 근구수왕(近仇首王)이 틀림없다. 곧, 이들 왕을 근초고왕(재위 346~375년), 근구수왕(재위 375~384년), 침류왕(재위 384~385년), 진사왕(辰斯王, 재위 385~392년)으로 보아야만 『일본서기』에 나오는 각각의 재위 기간과 일치하기 때문이다.

이러한 사실로 미루어 볼 때 『일본서기』는 진구의 재위를 201년부터 269년으로 기록했지만, 『삼국사기』의 백제 왕력을 통해 보면 실제 진구가 재위한 연도는 321년부터 389년까지라고 볼 수 있다. 이는 『일본서기』 본래의 기록과 꼭 120년 차이가 난다. 과거에는 12간지로 연도를 표기했기 때문에 간지를 실제보다 두 60갑자, 곧 2주갑 앞당겨놓았다는 말이다. 이러한 분석에 따르면, 진구 49년이 『일본서기』의 기년에 따르면 서기 249년이 되지만, 이 연도보다 2주갑 미룬다면 369년이 된다. 결국 이른바 '2주갑 인상설'에 따라 근초고왕 24년의 사실이 되는 것이다. 그동안

이 기사에 대해서는 우리나라와 일본의 많은 학자들 간에도 서로 견해가 엇갈렸다. 현재는 대개 진구라기보다 4세기 중엽 백제 근초고왕의 행적으로 본다.

우리는 근초고왕을 백제의 중흥을 이끈 13대왕으로 알고 있다. 우리나라의 현행 고등학교 국사 교과서를 보면 "백제는 4세기 중반 근초고왕 때에 크게 발전하였다. 이때의 백제는 마한세력을 정복하여 전라도 남해안에 이르렀으며, 북으로 황해도 지역을 놓고 고구려와 대결하였다."라고 근초고왕의 치적을 적었다. 이렇듯 근초고왕의 남해안 진출설이 교과서에 실리게 된 결정적인 단서는 『삼국사기』도 『삼국유사』도 아닌 바로 『일본서기』 「진구기」이다. 지금까지 우리는 이렇게 『일본서기』를 재해석하면서 4세기 중반 무렵에 백제의 근초고왕이 전라남도 남해안까지 영토를 확장해 영산강 유역을 비롯한 전라남도까지 백제 영토에 편입한 것으로 배워왔다.

일본의 사서는 어느 정도 역사적 사실을 기록하기는 했다. 그러나 자신들에게 유리하게 왜곡한 부분도 상당하다. 따라서 역사를 바로 세우려면 일본의 사서를 제대로 분석해 윤색된 부분을 바로잡는 것이 무엇보다 중요하다.

일본 사서의 윤색

나라 시에서 약 8킬로미터 동쪽에 있는 조용한 산골 마을 다와라(田原) 지구의 고노세 정(此瀨町)과 히가사 정(日笠町)은 마을 전체가 차밭으로 둘러싸여 있어, 전라남도에 있는 보성 차밭이 떠오른다. 지표에서 약 400미터 높이 고원 지대에 있는 동네이다. 과거에는 작은 변두리 마을이었으나,

근세에 들어와서 나라 시로 편입되었다. 다와라에서 재배하는 차는 야마토 차(大和茶)로서 일본 중부의 시즈오카(靜岡), 가고시마(鹿兒島), 미에(三重) 다음으로 차가 많이 생산되는 곳이다. 야마토 차는 806년부터 재배하기 시작했다고 하니 나라의 역사와 함께한 셈이다.

이곳이 오래된 역사를 간직한 곳임을 증명이라도 하듯 들머리에는 나라 시대 최후의 왕 고닌 천황(光仁天皇)의 것이라고 전해지는 무덤이 있다. 고닌 천황은 백제인의 후손인 다카노노니이가사히메(高野新笠姬)와 사이에 간무(桓武) 천황을 낳은 인물로 알려져 있다. 1979년에 차밭이 있는 산비탈에서 무덤 하나가 발견되었다. 다케니시 히데오(竹西英夫)란 농부가 밭일을 하다가 무덤을 발견하고는 당국에 신고했다. 이 무덤은 나라 시대의 화장묘였다. 기록에 따르면, 일본에서 화장은 몬무 천황 4년(700년)에 72세로 죽은 도쇼 화상(道照和尙)이 좌선을 한 채로 화장한 것이 최초라고 한다. 그런데 거의 그 시기와 비슷한 화장묘가 발견된 것이다. 지름 4.5미터인 둥근 봉분이었던 것으로 추정되는 무덤은 터에 목탄을 간 후에 모래 질 흙을 다져 쌓았다. 중심부에 구덩이를 파고 덧널을 넣어 그 안에 화장한 유골과 진주 등을 넣었다. 구덩이 바닥에서 무덤의 주인을 알 수 있는 묘지석이 나왔다. 세로 22센티미터, 가로 6센티미터인 얇은 동판에는 다음과 같은 명문 41자가 있었다.

左京四條四坊從四位下勳五等太朝臣安万侶以癸亥年七月六日卒之
養老七年十二月十五日乙巳
좌경 사조 사방 종4위이며 하훈 5등인 오노아손 야스마로가 계해년 7월 6일 죽다. 요로 7년 12월 15일 을사일

야마토 차밭 │ 구불구불한 산길을 이리 뒤뚱 저리 뒤뚱 올라가서 만난 나라 시 다와라 지구. 마을 어귀부터 구수한 찻잎 내음이 나는 곳이다.

　　출토된 묘지명에 따르면 이 무덤은 오노야스마로(太安万侶)의 것으로 밝혀졌다. 고대 일본에서 주인을 알 수 있는 몇 안 되는 무덤 가운데 하나를 발견한 것이다. 오노야스마로는 일본의 최고 문헌인 『고사기』의 편찬자로 알려져 있는 인물이다. 요로 7년은 서기 723년으로, 사망한 연도와 날짜가 『속일본기』에 씌어 있는 날짜와 단 하루밖에 차이가 나지 않는다. 이는 무덤의 주인이 나라 시대의 고위 관리라는 것을 분명하게 알 수 있는 아주 드문 사례 가운데 하나이다. 이로 인해 8세기 무렵 일본의 무덤 양식과 껴묻거리의 상황 등을 짐작할 수 있게 되었다.

　　차밭으로 둘러싸인 한복판에 오노야스마로의 묘라는 표시가 보였다. 무덤은 급경사를 이루는 곳에 있었다. 계단으로 되어 있는 가파른 산길을 올라갔다. 무덤 앞에 묘지석이 서 있고 둥근 테가 둘려 있었다. 오노야스마로의 행적이 뚜렷하지 않아 사실 이 묘가 발견되기 전까지는 그가 실존 인물인지에 대해서 논란이 많았다고 한다. 이곳에서 멀지 않은 다와라 지구 안

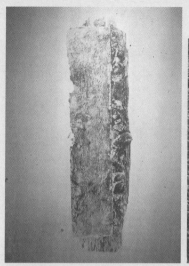

오노야스마로 묘지석 | 출토된 얇은 동판에 명문 41자가 새겨져 있어 이 무덤이 『고사기』의 편찬자인 오노야스마로의 것임을 알게 되었다. 고대 일본의 무덤 중 주인공이 밝혀진 몇 안 되는 무덤이다. 무덤 옆 안내판 사진에서 출토 당시의 동판을 볼 수 있다.

오노야스마로의 묘 | 양지바른 곳에 '오노야스마로의 무덤'이라는 묘지석을 세우고 묘역에는 둥근 테를 둘렀다. 발굴 당시의 모습을 알 수 있는 안내판이 서 있다.

의 오씨(多氏) 거주 지역에 오노야스마로의 무덤이 있었다고 전해지기도 했다. 오노야스마로(太安万侶)의 太(오, おお)라고 하는 씨족은 오씨(多氏)로도 볼 수 있기 때문이다.

『신찬성씨록』에 오씨는 일본의 초대 천황인 진무의 자손이라고 적혀 있다. 그러나 『신찬성씨록』은 후대에 유력 씨족들이 권위를 높이려고 조상을 씨족에게 유리한 방향으로 고쳤거나 조작했을 가능성이 크다. 따라서 오씨가 진무 천황의 자손이라는 기록은 신빙성이 떨어진다고 볼 수 있다. 『고사기』의 서문에서도 당시 가문들이 내용을 허위로 기록하는 경우가 많아 천황가와 씨족들의 관계를 정립하기 위해 편찬했다고 적었을 정도이다. 이러한 기록은 당시 각 씨족들의 계보가 혼란했다는 것을 말해주는 대목이다. 실제로 오씨를 오호씨(意富氏)로 보아 『일본서기』에 오호가라국왕자(意富加羅國王子)로 나오는 가야계로 보기도 한다. 또한 오씨와 하타씨(秦氏)의 기록에 중첩된 부분이 있어 하타씨와 관련이 깊은 신라계로 보기도 한다. 『잃어버린 왕국』의 작가 최인호 선생도 백제계로 보았는데, 오(太)씨의 출신에 대해서는 한반도와 관련이 있다는 여러 가지 설이 남아 있을 뿐 아직 확실한 정설은 없다.

『고사기』의 서문에서는 히에다노아레(稗田阿禮)라고 하는, 기억력이 비상한 사람이 645년 소가씨(蘇我氏)가 패망할 때 전부 없어진 옛 기록을 외우고 있어서, 712년 겐메이(元明) 천황의 명을 받은 오노야스마로가 그의 구술을 받아 한자의 음과 뜻을 빌려 기록했다고 썼다. 히에다노아레가 전해 들은 내용을 외워서 작성했다고 하는 것 자체가 황당하기 이를 데 없다. 『일본서기』도 720년 무렵 도네리친왕(舍人親王)이 책임 편찬을 맡은 것으로 짐작되는데, 실제 편찬을 담당했던 인물에 대해서 알려진 바가 없어서 오노야스마로가 서술했다고 하는 설도 있을 정도이다.

또한 『일본서기』가 『속일본기』에 기록된 대로 714년에 편찬하기 시작해 720년에 기(紀) 30권 계도(系圖) 1권으로 완성되었다는 『일본기(日本紀)』와 동일한 것인지에 대해서도 다른 의견이 있다. 현존하는 『일본서기』에는 보통 사서에 빠짐없이 등장하는 서문이나 발문이 없다. 뿐만 아니라 계도 1권도 없기 때문에 『속일본기』에 나온 『일본기』와 『일본서기』는 다른 것이라고 보는 학자들도 있다. 더군다나 오랜 기간 개찬을 해서 시비가 전도되어 있는 부분도 있어 심지어 위서라고까지 하는 학자도 있다.

한편, 『고사기』와 『일본서기』를 살펴보면, 한반도에서 건너온 사람들이 서술했음직한 부분이 많이 남아 있다. 특히 『일본서기』에서는 백제인이 만든 것으로 짐작되는 『백제기(百濟記)』, 『백제신찬(百濟新撰)』, 『백제본기(百濟本記)』라는 백제 3서를 직접 인용하면서 백제에 대해 서술한 부분이 많기 때문에 더욱 그러한 추측을 낳는다.

실제 『고사기』와 『일본서기』를 편찬할 당시에 가장 중요한 것은 8세기 들어 천황 통치의 정당성을 입증하는 이념이었다. 따라서 일본 천황 중심주의가 바탕이 되었고, 이 같은 사관에 입각해 한반도의 여러 나라가 과거 일본에 조공을 바쳤다는 식으로 기술된 것이다. 이는 한반도에서 건너와 정착한 사람들의 후손들이 선조가 모국에서 했던 일을 천황의 뜻에 따라 했던 것으로 윤색했을 가능성이 충분히 있다는 말이다. 이 때문에 『일본서기』에는 일찍이 한반도가 왜에 신속(臣屬)했던 것으로 서술해놓았다. 이렇게 함으로써 당시 일본에 정착한 많은 도래계 씨족들의 지위를 천황과 일본에 신속하는 것으로 할 수 있는 효과가 있었을 것이다. 따라서 일본의 사서를 무조건 위서라고 단정하기보다는 먼저 당시의 정황을 신중하게 검토해야 한다. 특히 한반도와 관련된 사료들을 합리적으로 재해석하고 조작된 자료들을 정확하게 분석하는 것이 중요하다. 역사책 자체가 곧 진실은 아니다.

칠지도의 비밀

나라 시에서 남쪽으로 내려가는 국도 169번 야마노베노미치(山辺の道)는 일본에서 가장 오래된 길이라고 한다. 이 길이 남쪽 아스카에서 나라로 가는 가장 빠른 길인 데다가, 『고사기』에 10대 스진 천황(崇神天皇), 12대 게이코 천황(景行天皇)의 능묘가 야마노베노미치에 있다고 기록되어 있기 때문인 듯하다. 능과 유적지가 산재해서 일본인들이 걷고 싶어하는 역사적인 길이라고 한다.

나라 시에서 야마노베노미치를 따라 내려가다 보면 그 중간쯤에 덴리(天

理)가 나온다. 덴리는 우리에게도 그리 낯설지 않은 덴리교, 곧 천리교라는 신흥 종교의 본산지이다. 이곳은 시 인구의 80퍼센트가 덴리교 신도여서 덴리교의 메카라 부를 만하다. 덴리교의 독특한 건축 양식으로 세운 신전이며 건물들이 있어 종교적 분위기를 느낄 수 있다. 원래 단바이치 정(丹波市町)이었던 덴리는 예로부터 유서 깊은 고대 유적으로 유명하다. JR선이 지나가는 덴리 시 이치노모토 정(櫟本町) 역 부근에는 유명한 가전회사 샤프의 연구 개발 센터가 있다. 이 센터 아래에 와니시모(和爾下)라는 조그마한 신사가 있다. 원래 이 일대는 와니라는 지역으로, 고대에 와니라는 씨족이 살았던 것으로 짐작된다. 주변에서 와니씨족과 관련이 있는 듯한 고분 1000여 기가 발견되었다.

와니라는 명칭은 왕인(王仁)을 생각나게 한다. 일본에 학문을 전달했다

덴리 학교 │ 나라 시에서 출발해 야마노베노미치를 따라 내려가다 보면 덴리교의 본산인 덴리가 나온다. 마을에 도착하는 순간 독특한 건축 양식으로 세워진 신전과 부속학교 건물이 보인다. 이곳은 스산한 종교적 분위기를 자아내는 곳이기도 하다.

와니시모 신사 | 와니(和邇)라는 지역은 그 이름에서 왕인을 생각나게 한다. 길가에 나와 있는 도리이를 지나 언덕 위로 난 계단을 오르면 와니씨족과 관련이 있는 와니시모 신사의 배전이 나온다. 와니씨족의 것으로 추정되는 무덤 위에 세웠다.

는 왕인을 일본식 발음으로는 '와니'라고 하기 때문이다. 와니시모 신사는 와니씨족의 것으로 추정되는 무덤 위에 세워진 독특한 신사이다. 때문에 혹시 이 무덤이 도래인 집단과 관련이 있는 것은 아닌지 추측한다.

덴리 시청에서 멀지 않은 곳에 있는 후루 정(布留町)도 고대 문화와 밀접한 관련이 있다. 후루정에는 이곳 사람들이 후루 신사라고 부르는 오래된 신사가 있다. 바로 그 유명한 이소노카미(石上) 신궁이다. 오래된 삼나무가 울창한 길을 따라 올라가면 후쓰노미타마노오카미(布都御魂大神)라는 편액이 걸린 도리이가 눈에 띈다. 신사의 도리이 주위에는 닭 대 여섯 마리가 돌아다니고 있었다. 일본에서는 닭을 '도리(鳥)'라고 하는데, 신사임을 알리는 표상인 도리이는 '鳥居'라고 쓴다. 이소노카미 신궁 앞에 있는 닭들도 이곳이 신사임을 알리는 상징물로 갖다 놓은 것 같다.

도리이를 지나면 왼쪽 높은 지대에 신궁의 배전(拜殿)으로 들어서는 누문(樓門)과 회랑이 있다. 이소노카미 신궁은 진무가 규슈에서 기나이 지방으로 동정했을 때 다케미카즈치노카미(建御雷神)라는 신이 주었다고 하는, 국토 평정의 공이 있는 천검(天劍, 구니무케시쓰루기) 후쓰노미타마노오카미를 제신으로 한다. 따라서 옛날부터 칼 1000자루가 이곳 신궁에 신보(神寶)로 수장되어 있다고 전해진다. 이소노카미 신궁은 스진 천황 7년에 창건되어 현재까지 이어져온다고 한다. 원래 본전이 없었는데 메이지 시대에 들어와서 일반인이 출입을 못 하는 금족지(禁足地) 안에 신사의 본전을 건축했다고 한다. 당시 본전을 건축하면서 발굴된 금족지에서는 4세기에서 후지와라(藤原)[■] 시대에 걸쳐지는 구슬과 거울 따위가 발견되었다. 이 때문에 이곳에는 여러 시대에 걸친 제사 유적이 있었을 것으로 추정되기도 한다. 지금은 본전 앞쪽으로 가마쿠라(鎌倉) 시대(1192~1333년)에 건축된 배전만이 일본에서 가장 오래된 것으로 인정되어 국보로 지정되어 있다.

하지만 무엇보다도 이소노카미 신궁이 유명해진 까닭은 국보인 칠지도(七支刀) 때문이다. 현재 금족지의 신고(神庫) 안에 보관되어 있는 칠지도는 나뭇가지가 일곱 개 뻗은 것처럼 생겼다. 특히 이 신검은 한국과 일본의 고대 관계를 파헤치는 데 아주 중요한 유물로 여겨진다.

1874년 8월, 이 신궁의 대궁사(大宮司)였던 간 마사토모(菅政友)가 칼의 녹을 닦아내다가 금으로 새겨놓은 명문을 발견했다. 칼은 길이 75센티미터에 이르는 몸뚱이에 양쪽으로 세 가닥씩 가지가 뻗어 있는 괴이한 모습이었다. 이 모양이 샤먼을 상징하는 성스러운 나무와 같다고 하여, 지금도 신관이 악한 기운을 피하기 위해 흔드는 사철나무 가지를 본뜬 것이라고 하는 설도 있다. 그러나 칠지도가 중요한 이유는 무엇보다도 앞면과 뒷면에 각각 새겨진 글자 34자와 27자 때문이다.

그러나 칠지도가 중요한 이유는 무엇보다도 앞면과 뒷면에 각각 새겨진 글자 때문이다. 칠지도에 새겨진 글자는 해석에 따라 한일 고대사의 흐름을

■ 9~12세기에 천황의 배후에서 일본을 지배한 가문.

이소노카미 신궁 배전 │ 이 뒤편으로는 일반인이 출입 못 하는 금족지(禁足地)라는 구역이 있다. 신성한 곳으로 여겨지는 금족지의 신고(神庫) 안에 고대 한일 관계의 수수께끼 유물인 칠지도가 보관되어 있다.

이소노카미 신궁의 신고 │ 칠지도가 보관되어 있는 신고가 회랑 뒤 나무에 가려져 있다.

바꿀 수 있는 중요한 단서이다. 흐릿해서 분간하기 어려운 곳이 있고 해석도 분분하지만, 명문의 내용을 간략하게 살펴보면 다음과 같다.

(앞면)泰□四年十□月十六日丙午正陽造百練鐵七支刀〔出〕辟百兵宜供供侯王□□□□作■

(뒷면)先世以來未有此刀百〔濟〕王世〔子〕奇生聖晉故爲倭王旨造傳示後世辟

(앞면) 태□ 4년 □월 16일 병오(丙午)날 중에 백련강철로 칠지도(七支刀)를 만들었다. 이는 백병을 물리칠 수 있는 것이므로 마땅히 후왕(侯王)에게 보내줄 만하다. □□□□가 제작한 것이다.

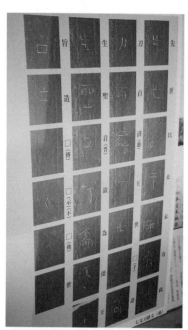

칠지도 │ 칠지도는 외부인이 관람할 수 없기 때문에 단지 회랑 안에 걸려 있는 칠지도의 사진을 보는 것으로 만족해야만 했다.
이소노카미 신궁(石上神宮) 제공

칠지도 명문 │ 이소노카미 신궁에 전시된 칠지도 뒷면의 명문. 희미해서 제대로 보이지 않는다.

(뒷면) 선세 이래로 이와 같은 칼은 없었다. 백제왕세자(百濟王世子)가 부처님의 가호로 진귀(기이)하게 태어났기 때문에 왜왕(倭王)을 위하여 만들 것을 지시하니 후세에 전하여 보여야 할 것이다.

그동안 제일 앞에 나오는 연호를 중국 연호로 간주하여 해석에 따라 논란이 많았다. 첫 대목을 태시(泰始)로 보느냐, 또는 태화(泰和)로 보느냐에 따라 제작연도에 대한 여러 가지 해석이 있었다. 고대 중국의 연호 중 태시 4년은 서진(西晉)의 연호로 보면 268년, 송(宋)의 연호로 보면 468년이며, 태화(泰和)라는 연호는 없고 태화(太和)라는 연호밖에 없다. 그런데도 일본 학자들은 태화를 동진의 태화(太和)라는 연호와 동일한 것으로 생각한다. 곧, 태화(泰和) 4년이 동진의 연호로 369년을 가리킨다고 보아 태화(泰和)설을 주장하는 것이다. 이는 대체적으로 진보 기미코(神保公子)가 동진 시대의 난징에서 태원(泰元)과 태원(太元)이라는 두 가지의 기년명이 출토된 사례를 들면서 같은 시기에 泰와 太가 혼용되었던 것으로 보았기 때문이다.

어쨌든 이들의 주장대로 명문에 나타나 있는 시기를 동진의 연호인 태화 4년으로 본다면, 그때는 서기 369년에 해당된다. 『일본서기』에 따르면 진구 49년에 해당하는 시기로 백제와 왜가 한반도의 남부를 점유했다는 연도와 일치한다. 특히, 『일본서기』 진구 52년조에는 백제의 왕이 사신인 구저를 통해 칠지도 1구(口)와 칠자경 1면(面) 및 여러 중보(重寶)를 바쳤다는 내용이 있다. 이를 근거로 백제에서 일본에 헌상한 바로 그 칠지도로 해석하는 것이다. 이렇게 해서 칠지도의 명문은 『일본서기』 진구조에 나오는 삼

■ 지금까지 칠지도에 쓰인 월(月)에 대해서는 주조하기 좋은 때라고 여겨지던 5월의 '오(五)' 자로 추정하였던 것이 대세였다. 하지만 1981년 일본의 NHK가 촬영한 X-레이 사진에서는 '연(年)'자와 '월(月)'자 사이에 보이는 글자는 '오(五)'가 아니라 '십(十)'자가 확연하게 보이고 있다. 또한 1996년 무라야마(村山正雄)가 펴낸 〈칠지도명문도록(七支刀銘文圖錄)〉에는 1977~78년 찍은 확대사진이 나오는데, 거기에는 십(十)자 밑에 일(一)자가 보인다. 이를 통해 칠지도는 '태□4년 11월16일 병오(丙午)'에 제작되었음을 알 수 있으며 상감 글자는 총 62자로 되어 있다는 것을 알 수 있다.

한 정벌 기사와 광개토왕릉비문에 나오는 유명한 신묘년의 기사를 기초로 고대에 일본이 한반도를 지배했다하는 임나일본부설의 기원으로 이용된다. 광개토왕릉비에 적혀 있는 '왜가 신묘년에 바다를 건너와 백제, □□, 신라를 격파하고 신하로 삼았다(倭以辛卯年來渡海破百殘 □□□羅 以爲臣民)'는 내용과 영락 10년에 고구려가 신라를 구원해서 왜를 임나가라(任那加羅)까지 추적해 왜가 임나가라를 거점으로 했다는 내용을 『일본서기』의 진구 49년조와 연결한다. 그리고 진구 52년조에서 백제의 구저 등이 바쳤다는 칠지도와 이소노카미 신궁에 있는 칠지도를 같은 것으로 보는 것이다.

그러나 이러한 식으로 해석하는 것은 문제가 많다. 먼저 명문에 '후세에 길이 전하여 보일지어다(傳〔示〕後世)'라는 부분은 『일본서기』의 기록대로 근초고왕이 왜왕에게 헌상했다기보다는, 오히려 지위가 높은 사람이 낮은 사람에게 하사하는 듯한 표현이다. 또한, 앞면의 공공후왕(供供侯王)이라는 표현도 후왕이나 제후에게 하사했다는 뜻 같다. 곧 백제가 일본 왕에게 하사한 칼이라는 인상이 짙다.

태화라는 연호에 대해서도 이는 중국 연호가 아니라 백제의 것이라는 주장도 있다. 일본열도에 삼국이 각각 분국(分國)을 세웠다는 가설로 유명한 북한 학자 김석형 선생은 태화라는 연호는 중국에 없을 뿐만 아니라, 일본에서 연호를 쓰기 시작한 것도 7세기부터이기 때문에 백제의 연호일 수밖에 없다고 주장했다. 실제로 명문의 연호를 살펴보면 '泰'라기보다는 '奉'으로 보이기도 한다. 따라서 백제의 연호가 사료에 남아 있지는 않지만, 고구려도 광개토왕릉 비문에서 보듯이 4세기부터 연호를 썼으며, 신라도 6세기에는 고유한 연호를 쓴 것을 참작하면 백제의 연호일 가능성이 크다.▪

고구려도 『삼국사기』 등의 문헌에 고구려왕의 연호가 기록되어 있지 않

지만, 광개토왕의 경우 비문을 통해 영락(永樂)이라는 연호가 사용되었다는 사실을 알게 되었다. 백제 또한 문헌에 연호 사용이 기록되어 있지 않지만, 371년 근초고왕

이소노카미 신궁 안내판 │ 칠지도 문장의 표현만으로 보면 하사했다는 의미가 강한데도 일본 측에서는 굳이 헌상했다고 표현한다. 이소노카미 신궁의 유래를 소개한 안내문에도 '백제가 헌상한 칠지도'로 씌어 있다.

이 고구려의 평양성까지 공격하여 고국원왕을 전사시켰던 사실이 있으며 당시 정치군사적으로 고구려와 맞서서 일전을 치루고 있는 백제의 입장에서 연호가 사용되었을 것으로 짐작하는 것은 무리가 아니다.

특히 일본의 NHK가 촬영한 X-레이 사진 등 최근의 새로운 판독결과 '11월16일 병오'가 확연하다. 따라서 이에 합당한 '일간지(日干支)'를 4~6세기 사이에서 찾으면 11월16일이 병오(丙午)인 날 가운데 408년, 즉 백제 전지왕 4년이 주목된다.

이 시기는 백제가 고구려의 침공에 어려움을 겪자 왜를 끌어들여 대응했던 시기였다. 광개토왕릉비문에 고구려의 침공을 받은(396년) 백제가 "왜와 화통했다(百殘違誓 與倭和通)"는 기록이 있고, 『삼국사기』에는 전지왕이

■ 고구려의 경우, 금석문에 보이는 연호를 보면 영락(永樂), 연수(延壽), 연가(延嘉), 건흥(建興), 영강(永康)의 사례가 확인되며, 신라의 경우도 법흥왕대의 개국(開國), 대창(大昌), 홍제(鴻齊), 진평왕대의 건복(建福), 선덕여왕대의 인평(仁平), 진덕여왕대의 태화(太和) 등 독자적으로 연호를 제정해 사용하고 있다.

왜국에 갔다가 온 기록이 있다. 따라서 칠지도는 백제가 군대를 파견해준 왜왕을 후왕(侯王)의 지위로 승인하고, 고구려와의 전쟁이라는 복잡한 국제관계에서 백제의 입지를 확고하게 굳히는 의미에서 왜국에 하사되었던 것이다. 그런데도 이소노카미 신궁에 있는 안내문에는 "진구 황후 때 백제가 헌상했다고 전해지는 칠지도"로 되어 있다.

역사 왜곡으로 유명한 후소샤 교과서에서는 4세기의 일본사를 서술하면서 "4세기 후반 야마토 조정은 바다를 건너 조선에 출병했다. 야마토 조정은 반도의 남부 임나(가야)라는 곳에 세력권을 차지했다. 후일 일본의 역사서에서 이곳 일본의 거점을 임나일본부라 불렀다"라고 썼다. 현행 일본 고등학교 교과서 중에는 "야마토 정권은 가라의 각 나라들에서 세력을 늘려 그 지역을 임나라고 불렀다"라고 당시 상황을 애매모호하게 표현해 놓은 책도 있다.

이소노카미 신궁의 칠지도는 금족지에 보관되어 있어 관람이 허용되지 않기 때문에 멀찍이서 보관 창고만 보고 돌아설 수밖에 없었다. 단지 회랑 안에 보관되어 있는 칠지도의 사진을 감상하는 것으로 만족해야 했다. 백제의 뛰어난 철 기술과 금상감 기술을 잘 보여주는 칠지도에 대한 양국의 첨예한 논쟁은 이소노카미 신궁을 나서는 순간까지 머릿속을 맴돌았다.

5
신라 왕자 아메노히보코

지도 5-1 긴키 지역

진구의 내력

효고(兵庫) 현은 동쪽으로 오사카 부, 교토 부와 경계를 맞대고 있는, 일본의 간사이(關西) 지역에서 가장 큰 현이다. 또한 우리나라 표준시의 기준이 되는 동경 135도가 지나는 지방이다. 대체로 서울은 동경 127도에 해당하기 때문에 표준시인 GMT +9시간보다 대략 32분가량 차이가 난다. 하지만 세계 대부분의 나라들이 1시간을 단위로 해서 표준자오선을 지키기 때

문에 동경 135도를 표준자오선으로 삼았다고 한다. 해방 후에는 우리나라의 중앙 경선인 동경 127도 30분을 기준으로 삼았는데, 5·16쿠데타 이후 그렇게 되었다. 그런데 처음으로 표

동경 135도 | 효고 현의 아카시를 지나가는 동경 135도가 우리나라의 표준자오선이다. 표준시를 1시간 단위로 하는 것이 시차 계산에 편리하다는 이유 때문에 우리는 대략 32분을 일찍 살고 있다.

준자오선을 동경 135도로 정한 것은 일제강점기 초기인 1912년이었다. 과거에 발간된 관보를 보면, 1908년 대한제국 당시에 동경 127도 30분을 표준시로 정했는데 1912년에 와서 조선총독부가 표준자오선을 동경 135도로 바꿔놓은 것을 알 수 있다. 1911년 9월 24일 『매일신보(每日申報)』의 기사는 이렇다. "합병시에 개정할 터이던 일본내지(內地)와 조선의 표준시간은…… (일본)중앙정부와 집무의 관계 및 전보의 발착신 기타 불편이 막심한지라…… 일본내지의 표준시간과 동양(同樣)으로 변경한다."

효고 현은 북쪽으로는 동해와 맞닿았으며 산지가 많은 반면, 반대편 남쪽 세토 내해 쪽으로는 고베 등 대도시가 발달했다. 남쪽보다 발전이 더딘 효고 현의 북쪽 바닷가로 가는 길목에 이즈시(出石)라는 고장이 나온다. 효고 현 북부에 다지마(但馬) 산맥이 둘러싸고 있는 이즈시는 이웃한 도요오카(豊岡)와 더불어 다지마 지방의 중심 고을이다. 특히 이즈시는 에도 시대에 발달한 성도였을 뿐만 아니라 고대 이래로 유서 깊은 역사의 도시이기도 하다. 그래서 이곳 사람들은 이즈시를 '다지마의 작은 교토'라고 부르기

이즈시 신사 | 비가 뚝뚝 떨어지는 날에 도착하여 사진기 렌즈에 빗방울이 묻었다. 이즈시 신사는 아메노히보코가 나타날 듯 장엄한 분위기를 자아냈다.

까지 한다.

효고 현으로 이동하는 동안 지형성 소나기가 흩뿌려 아직 해가 질 때가 아닌데도 어둑어둑했다. 다지마는 습윤한 기후 때문에 비가 많이 온다. 이런 기후에서 버드나무가 잘 자라기 때문에 예로부터 버드나무 가지로 만든 기류(杞柳)라는 그릇이 대표적인 특산물이 되었다. 원래 다지마 지방은 바닷물과 호수로 진창이었던 곳이라고 한다. 그러던 다지마를 사람들이 살 수 있는 땅으로 개발한 전설적인 인물이 바로 아메노히보코(天日槍)이다. 그는 부근 마루야마가와(円山川) 하구의 세토(瀬戸), 쓰이야마(津居山) 사이에 있는 바위산을 개척해서 물줄기를 동해 쪽으로 흘려보내는 등 신통력을 발휘해 다지마의 평야를 비옥한 경지로 만들었다고 전한다. 따라서 그는 이 지역 주민들 사이에서 마루야마 천의 치수와 식량 증산 및 산업 부흥에 공적을 남긴 신으로 존경받는다.

한적한 마을 한편에는 아메노히보코의 공로를 기려 그를 제신으로 모시는 이즈시 신사가 있다. 이곳에서는 해마다 5월 5일이 되면 아메노히보코가 바위산을 개척하는 모습을 재현한 '노보리마와시'라는 제를 지내며 아메노히보코를 기념한다고 한다. 노보리(幟)는 장대를 끼운 깃발이고, 노보리마와시는 아이들이 대나무 악기 소리에 맞추어 여러 가지 모양 그림이 그려진 깃발을 세워 돌리는 의식을 말한다.

이즈시 신사의 도리이에는 이치노미야(一宮)라는 현판이 걸려 있다. 이치노미야는 말 그대로 다지마 지방에서 으뜸가는 신사라는 뜻이다. 흔히들 이 동네 사람들은 이 신사를 친근하게 '익큐상(一宮氏)'이라고 부른다. 신사의 신문(神門)과 본전은 모두 주홍색으로 칠을 해서 한층 품위를 더해주었다. 붉은 빛깔이 잡귀를 쫓는다는 생각은 일본에서도 공유되는 듯했다.

그냥 스쳐 지나갈 수도 있는 이즈시 신사를 굳이 찾아간 이유는 이 신사의 제신인 아메노히보코가 『고사기』나 『일본서기』에 신라에서 건너온 왕자로 기술되어 있기 때문이다. 『고사기』에서는 아메노히보코를 '天之日矛'라고 적었고, 『일본서기』에서는 '天日槍'이라고 기록했다. 표기는 조금 다르지만, 한반도에서 건너온 신라의 왕자로 동일하게 기록했다. 『고사기』에서는 진구 황후의 아들이라고 하는 오우진(應神) 천황조에서 아메노히보코의 전설을 전한다. 아메노히보코가 일본으로 건너온 경위에서 시작하는 이 기록에서 또 다른 사실을 발견할 수 있다.

옛날 신라에 아구누마(阿具奴摩)라는 늪이 하나 있었는데, 늪 근처에서 한 미천한 여인이 낮잠을 자고 있었다. 그때 무지개 같은 햇빛이 내려와 그 여인의 음부에 비추었고, 그 일이 있은 후 태기가 있어 붉은 구슬을 출산했다. (중략) 이 구슬을 한 농부가 지니고 다녔는데, 한번은 이 농부가 신라의 왕자 아메노히보코에게 소를 잡아먹으려 한다는 의심을 사서 옥에 갇힐 판이 되었다. 농부는 옥에 갇히지 않으려고 그 구슬을 아메노히보코에게 바쳤다. 아메노히보코는 그 구슬을 마루에 놓고 애지중지했는데, 급기야 그 구슬이 아름다운 여인으로 변했다. 결국 아메노히보코는 그 여인을 아내로 맞이하여 잘 살았지만, 종종 아내를 거만하게 다루었기 때문에 그 여인은 "저는 당신의 아내가 될 사람이 아니니 조국으로 가겠습니다"라는 말 한마디를 남기고 배를 타고 도망쳐 일본의 나니와(難波)에 머물렀다. 그녀가 나니와의 히메코소(比賣碁曾) 신사에 모셔져 있는 아카루히메신(阿加流比賣神)이다.

아메노히보코는 아내가 도망쳤다는 소식을 듣고는 그 뒤를 따라 나니와에 가려고 했지만, 막상 나루터의 신이 이를 막고 들여보내주지 않았다. 그래서 아메노히보코는 다지마(多遲摩)라는 곳에 정착하여 다지마노마타오(多遲摩之俣尾)의 딸 사키쓰미(前津見)라는 여인과 혼인하여 다지마모로수쿠(多遲摩母呂須玖)라는 자손을 낳았다. (중략) 그 후손 중에 가쓰라키노타카누카히메노미코토(葛城之高額比賣命)가 있다. 이 사람이 오키나가타라시히메노미코토(息長帶比賣命)의 선조이다. 아메노히보코가 일본으로 올 때 신령이 깃들인 구슬 2줄, 각각 파도와 바람을 일으키고 재우는 천 4개, 거울 2개 등 여덟 가지 물건을 갖고 왔는데, 이를 이즈시(伊豆志) 신사에 모셨다고 한다.

이 기록에 따르면, 신라를 정벌했다고 하는 진구(오키나가타라시히메)는 신라에서 온 왕자 아메노히보코의 후손이다. 자세히 얘기하면, 다지마모로

수쿠의 3대손인 다지마히타카(多遲摩比多詞)가 그의 조카인 유라도미(由良度美)를 취하여 낳은 가쓰라키노타카누카히메노미코토가 오키나가노스쿠네왕(息長宿禰王)과 혼인하여 진구의 어머니가 된다. 어쨌든 이렇게 따져 보면, 진구의 모계가 아메노히보코로부터 나왔다는 것이다. 그리고 그것을 『고사기』가 의도적으로 밝혔을 뿐만 아니라, 이를 통해 아메노히보코가 일본 천황과 곧바로 연결된다는 것을 보여준다. 아마 『고사기』를 편찬할 때 진구의 씨족이라고 하는 오키나가씨족(息長氏族)이 그들의 전승을 『고사기』 안에 넣은 것으로 볼 수 있다. 그러면서 자연스럽게 자신들의 조상이 한반도에서 건너간 사람들이었음을 암시한 것이다.

이즈시 신사의 안내문에는 "일본의 왕자도 아닌 신라의 왕자 아메노히보코가 신사의 제신으로 되어 있는 것은 일본 안에서도 확실하게 드러내놓고 외래신을 모시는 드문 예 중에 하나"라고 적혀 있다. 하지만 실제로 다지마를 비롯해 일본에서 아메노히보코나 도래인으로 전해지는 인물을 제신으로 모시는 신사가 적지 않기 때문에 '드물다'는 표현은 과장되었다고 할 수 있다. 어쨌든 아메노히보코는 도래인 중에서도 상징적인 인물로 이 일대에서 오랫동안 숭배되어왔음에 틀림없다.

아메노히보코에게서 도망쳤던 아카루히메는 빨간 구슬 아카타마(赤玉)가 변신한 여인이라 해서 붙여진 이름이다. 아카루히메가 도망쳐 간 곳은 나니와(難波)로 되어 있다. 하지만 규슈 이토시마(糸島)의 마에바루(前原)에 있는 다카쓰(高祖) 신사와 오이타(大分)의 히메지마(姬島)에 있는 히메코소(比賣語曾) 신사에서도 아카루히메를 제신으로 모신다. 이는 아카루히메가 신라에서 일본으로 건너온 이동 경로를 보여주는 것으로 생각할 수 있다. 나니와의 히메코소 신사는 오늘날 오사카 시내에 남아 있다.

아카루히메를 모시는 신사들

　언젠가 오사카의 쓰루하시(鶴橋)라는 곳을 방문했을 때 그 부근에 있는 히메코소 신사에 간 적이 있다. 야키니쿠라는 불고기 냄새가 거리 곳곳에서 술술 흘러다니는 쓰루하시는 여러모로 우리나라 도시와 비슷했다. 오래 전부터 한반도에서 건너온 사람들이 많았다고 하는 쓰루하시 지역에 지금도 재일 한국인들이 코리아타운을 만들어 살고 있다. 상점에는 한글로 쓴 간판들이 걸려 있는데, 김치, 지지미라고 써놓은 표지판에서 일본 속 작은 한국을 보는 듯한 느낌이 든다.

　이처럼 아메노히보코의 신화는 점차 신라에서 남쪽으로 그리고 동쪽으

히메코소 신사 | 오사카 쓰루하시의 어느 주택가 고살길을 들어서자마자 불쑥 히메코소 신사가 나타났다. 쓰루하시에는 재일 한국인들이 코리아타운을 형성해서 살고 있다.

쓰루하시의 한국인 식당 | 해방 후 일본 땅에 남은 재일교포들은 생계를 위해 한식당을 열었다. 그래서 지금도 재일교포가 밀집한 오사카 쓰루하시 지역에는 야키니쿠 등 한국 음식점이 많이 있다. 김치, 포장마차, 콩국수 등 한글로 적은 간판을 심심치 않게 볼 수 있다.

로 이동하면서 신화로서 제 모습을 갖추어간 것 같다. 붉은 구슬이 동녀로 변했다는 것을 비롯해 빛을 비추어 낳았다고 하는 것은 북방 신화의 일광 감정형(日光感精型) 모티프이다. 특히 햇빛을 쬐고서 임신해 알을 낳았다는 부여의 동명왕 신화와 비슷하다. 이러한 신화는 북방과 맥이 닿는다는 점에서 주목할 만하다. 아메노히보코의 전승은 원래 한반도에서 건너와 다지마 지역을 중심으로 정착했다가 점차 영역을 넓혀간 집단 사이에서 소박한 형태로 전승된 신화였던 것 같다.

어쨌든 『고사기』에서는 진구의 내력을 밝히면서 모계의 조상이 아메노히보코와 같은 위대한 인물이었다는 것을 의도적으로 보여주기 위해서 기술했던 것으로 볼 수 있다. 그런데 이를 통해 일본 사서를 편찬할 당시에 정치적 의도에 따라 개작되었던 이면의 진실이 자연스레 드러나는 것은 아닐까 싶다.

아메노히보코의 이동 경로

교토 동쪽에 있는 오쓰(大津)라는 도시로 가다 보면 일본에서 제일 큰 호수로 알려져 있는 비와 호(琵琶湖)를 볼 수 있다. 비와 호 부근은 옛날 무로마치 시대부터 오미의 8경(近江八景)으로 알려질 만큼 경치가 빼어나다. 특히 동쪽에서 교토로 통하는 관문 역할을 했던 세타(瀬田)의 가라교(唐橋)에서 보는 해질녘 풍경이 아름다운 것으로 유명하다. 비와 호와 세타 천 사이에 놓여 있는 가라교는 『일본서기』를 시작으로 하여 일본의 수많은 문학작품에 등장하는 일본 3대 다리 중에 하나다. 특히 7세기 후반 임신(壬申)의 난으로 가라교를 넘은 오아마 황자(大海人皇子)의 군대가 오토모 황자

(大友皇子)를 물리친 곳으로 유명하다. 그래서 이후부터 가라교를 제압하는 자가 천하를 제압한다는 유명한 고사까지 생겼다고 한다.

에도 시대의 하이쿠(俳句) 시인 마쓰오 바쇼(松尾芭蕉)는 세타의 배 위에서 "5월 장마에 숨지 않는구나, 세타의 다리"라는 유명한 구절을 남겼다. 이처럼 세타의 가라교는 일본 고유의 음운 문학인 하이쿠(5·7·5조 단형시)에 등장할 정도로 운치 있는 곳이다. 특히 비가 오는 날 바라보는 세타 가라교의 모습은 깊은 인상을 준다. 가라교는 한자로 '당교(唐橋)'라고 쓰고 '가라하시'라고 읽는다. 과거 '가라'는 唐이나 韓으로 표기하면서 한반도를 나타내는 의미로 자주 쓰였기 때문에 혹 한반도와 관련이 있는 다리는 아닐까 싶다.

둘레가 약 230여 킬로미터에 이르는 비와 호는 시가(滋賀) 현의 중앙부에 있으면서 마치 시가 현 전체를 집어삼키려는 듯 포효하는 모습이다. 또

비와 호 | 오쓰의 미이데라(三井寺)라는 절에 올라 비와 호를 바라보았다. 이곳 사람들은 호수 절벽에 있는 미이데라에서 바라본 비와 호의 모습이 가장 아름답다고 한다.

한 비와 호는 일본에서 가장 큰 호수답게 일본의 역사 문화와 그 궤적을 함께한다. 비와 호 주변에서 특히 일본 고대 조몬(繩文) 시대의 유적이 발굴되었다. 오래전부터 많은 사람들이 비와 호 주변에 모여 살았던 것을 짐작할 수 있다.

비와 호를 끼고 남에서 동으로 연이은 곳이 오미(近江)라고 부르는 지역이다. 오미 지역의 문화는 비와 호에서 시작된다고 하는 이야기가 있다. 또한 오미는 오래전 한반도에서 건너온 사람들이 정착해 살았던 곳으로 유명하다. 백제가 멸망한 뒤 667년쯤에 당시 일본의 천황인 덴지(天智) 천황이 이곳 오쓰로 도읍을 옮긴 적이 있다. 이를 당시 한반도에 건너온 사람들과 연관지으려는 견해도 있다. 오미 일대가 원래 오래전부터 한반도에서 건너온 사람들이 정착했던 고장인 데다가, 백제 멸망 뒤 물밀듯이 밀려오는 사람들이 살 곳이 필요해 일시적으로 도읍을 옮겼던 것으로 보는 것이다. 이

세타 가라교 │ 비와 호에서 흘러나오는 세타 천(瀨田川) 위에 걸쳐 있는 가라교(唐橋)는 일본 3대 다리 중 하나이다. 예로부터 교토 방위상에 중요한 위치에 있어서 가라교를 제압하는 자가 천하를 제압한다는 유명한 고사까지 생겼다.

에 대해서는 여러 가지 설이 있지만 도래인의 일족인 아메노히보코의 잔영을 볼 수 있는 곳이기에 더욱 주목할 만하다. 일본 사서에서 아메노히보코가 머물고 간 이동 경로에 오미가 있다.

『고사기』는 아메노히보코가 신라에서 일본으로 건너오게 된 동기를 중심으로 서술한다. 이에 반해 『일본서기』는 아메노히보코가 일본으로 건너온 이후의 행적을 중심으로 서술했다. 『일본서기』에 나오는 일설에 따르면, 신라의 왕자 아메노히보코는 세토 내해를 통해 보물 여덟 가지를 가지고 일본에 온다. 왕자는 천황으로부터 지금 효고 현의 남부인 하리마국(播磨國)의 시사와노무라(宍粟邑)나 아니면 세토 내해 바로 앞에 있는 아와지시마(淡路島)의 이데사무라(出淺邑)라는 두 읍 중에서 마음에 드는 곳에 살라는 제의를 받는다. 그러나 아메노히보코는 천황의 제의를 모두 뿌리치고 우지가와(菟道河)를 거슬러 올라가 오미국의 아나무라(吾名邑)로 이동해 잠시 머문 것으로 되어 있다. 아메노히보코가 오미에 잠시 머물렀을 때, 그를 따라온 이들이 정착해 '가가미무라의 하자마(鏡村の谷)'의 스에비토(陶人)가 되었다고 한다. 그 후 그는 다시 비와 호를 끼고 북으로 올라가 와카사(若狹)를 거쳐 마지막에 서쪽 다지마국(但馬國) 이즈시에 도착해 정착한다. 결국 아메노히보코가 신라에서 건너온 경로를 보면, 세토 내해를 통해 북쪽으로 올라가다가 비와 호 동쪽 편을 따라 시계 반대 방향으로 돈 뒤 현재 이즈시 신사가 있는 효고 현 북부에 정착한다. 이러한 이동 경로를 가만히 따져보면, 아메노히보코 한 사람의 행적이라기보다 아메노히보코 일족의 대이동을 연상하게 된다. 오랜 기간에 걸쳐 이동한 도래인 집단의 이동 경로인 것이다. 그래서인지 비와 호 남동쪽 지역에서 북으로 후쿠이(福井) 현의 쓰루가(敦賀)까지 올라가는 지역 곳곳에는 아메노히보코의 유적이 여러 군데 있다.

아메노히보코가 오미국에 있을 때 머물렀다고 하는 아나무라가 어디인지에 대해서는 설이 많다. 대체로 시가현 가모(蒲生) 군 류오 정(龍王町)으로 본다. 이 지역은 일본에서도 수많은 문화재가 있는 곳으로 알려져 있다. 이곳에는 창건 연대를 알 수 없지만『엔기시키(延喜式)』「신명장(神名帳)」에 나무라(長寸) 신사라고 되어 있는 고색창연한 신사가 있다.▪ 이 신사는 오래전부터 이름

나무라 신사 │ 사람이 잘 지나다니지 않는 광활한 평지에 있는 데다가 마침 부슬부슬 비가 오는 때에 방문했기 때문인지 쓸쓸한 기분이 들었다.

나무라 신사 서본전 │ 일본 국보로 지정되어 있는 서본전(西本殿)은 가마쿠라 시대에 지은 건축물로서 고풍스러운 분위기를 풍긴다.

은 같고 표기만 다른 나무라(苗村) 신사로 알려져 있다. 특히 신라 왕자 아메노히보코가 정착했다고 하는 이 일대 33개 마을 주민들의 씨족신 신앙을 간직한 곳이다.

나무라 신사는 가야부키(茅葺)라는, 억새나 띠로 지붕을 이은 높은 누문이 있어서 멀리서도 눈에 잘 띄었기 때문에 찾기 쉬웠다. 나무라 신사 서쪽에 있는 본전은 가마쿠라 시대에 지은 건축물로 일본의 국보로 지정되어

▪『엔기시키(延喜式)』란 헤이안 시대 중기에 편찬된 율령격식으로 「신명장(神名帳)」에 기재되어 있는 신사는 당시 조정이 중요하게 여긴 신사였다.

있다. 본전의 정면이 담장으로 둘러싸여 있기 때문에 가까이에서 볼 수는 없었지만, 먼발치에서 보아도 격조 높고 고풍스러운 분위기를 느낄 수 있었다.

나무라 신사가 있는 이 지역을 류오 정(龍王町)이라고 하는데, 이러한 지명이 붙은 데는 부근에 솟아 있는 가가미야마(鏡山)와 관련이 있는 것 같다. 가가미야마 정상에는 용왕궁이 있다는 전설이 전해진다. 이 지방 사람들은, 과거 가뭄이 들 때마다 높이 400미터가량 되는 가가미야마 정상에서 비를 기원하는 기우제를 지내기도 했다고 한다. 과거에 분명 이 지역에 농경을 위주로 한 문화가 번성했음을 알 수 있다.

산 이름을 가가미(鏡, 거울)라 한 것도 아메노히보코가 이즈시로 떠날 때 보물 중 하나인 거울을 이 산에 묻었다는 데서 유래했다고 한다. 가가미야마 밑자락에는 아메노히보코가 도제 기술을 전파하면서 부근 마을의 번영에 큰 몫을 한 것을 기리기 위해 세웠다고 하는 가가미 신사가 있다. 이 신사는 일본 남북조 모모야마(桃山) 시대의 건축물을 사전(社殿)으로 하여 보호하고 있었다. 오미 지방 곳곳에 아메노히보코의 흔적이 남아 있었다.

가가미 신사 근처에 스에(須惠)라는 지명이 있다. 스에라는 이름이 혹 한반도에서 전래된 도질 토기인 스에키와 관련 있는 건 아닐까? 가가미 촌(鏡村)에 있는 가가미야마나 스에라는 지명은 분명 『일본서기』에서 아메노히보코가 이동할 때 같이 따라왔다고 기록한 '가가미무라의 하자마(鏡村の谷)의 스에비토(陶人)'를 떠올리게 한다. 뿐만 아니라, 이 지역은 시가 현에서 가장 규모가 큰 스에키 가마터군(須惠器窯跡群)이 발굴된 지역으로도 유명하다. 모든 것이 아메노히보코를 비롯한 도래인의 행적과 맞아떨어진다. 그러나 이곳에서 출토된 스에키는 대개 5세기에서 6세기의 토기라고 한다. 보통 스에키라는 토기는 5세기 무렵 한반도에서 일본으로 전래된 것으로 알려져 있다. 이러한 사실은 일본의 사서에서 서력기원 전후에 등장하는 아메노히보코가 실제로는 5세기에 건너온 것을 의미하지 않을까?

가가미 신사

가가미 신사 본전

가가미야마 정상에서 기우제라도 지냈는지 가가미 신사로 다가갈수록 부슬부슬 내리던 빗줄기가 더욱 굵어졌다. 가가미 신사는 나카센도(中山道, 에도 시대 교토와 도쿄를 잇던 간선 도로)에 있어서 예전에는 부근에 여행자들의 숙소가 있었다.

가가미 신사는 아메노히보코 신화의 영향을 많이 받은 곳이다. 하지만 부근에는 겐페이(源平) 전쟁 때 이곳에 머물렀던 미나모토노 요시쓰네(源義經)가 연못에 앞머리를 떨어뜨려 성인식을 했다고 전해지는 장소도 있다. 또한 그가 두건을 걸었던 소나무에 대한 전승까지 남아 있다. 고대 이후 줄곧 전설의 장소로 여겨지고 있다. 그도 그럴 것이 이곳은 헤이안 시대 말기부터 무사나 여행자들이 묵고 가는 숙소인 가가미 숙장(鏡の宿)으로 유명한 곳이었다. 어쨌든 아메노히보코의 이동 경로에 있는 오미 지역을 더 돌아보아야만 했다.

가야 왕자 쓰 누가아라시토

비와 호 동쪽에 있는 너른 평지 한가운데 있는 구사쓰(草津) 시에 도착할 때까지도 굵은 빗줄기는 계속되었다. 다지마 지방에서 아메노히보코의 유적을 찾았을 때도 비가 오는데, 오미 지방에서도 비는 이어졌다. 이곳 오미 지역에 있는 안라(安羅) 신사를 찾아가는 중이다. 안라라고 하면 일반적으로 6가야 중 하나인 아라가야의 별칭으로 알고 있다. 아시량국(阿尸良國)이라고도 하고, 아야(阿耶), 아나(阿那), 아라(阿羅) 가야라고도 한다. 머나면 이국땅에 과거 한반도에 존재했던 왕국의 이름을 그대로 쓴 신사가 있다는 것이 무척 신기할 따름이다.

성급한 마음 탓일까, 아니면 궂은 날씨 탓일까. 근처에 도착해서도 안라 신사를 찾기가 어려웠다. 우산을 들고 우왕좌왕하면서 안라 신사를 찾다가 마침 지나가던 아주머니에게 위치를 물었다. "아라 신사가 어디쯤 있습니까?" 최소한 안라보다는 '아라'라는 표현이 일본 발음에 어울릴 듯했다. 그러나 내 발음이 이상해서 그런지, 말뜻을 제대로 이해하지 못해서 그런지 연신 고개를 갸우뚱거렸다. "아라 신사"라고 되풀이해서 말하자 그때서야 "아! 야스라 신사!"라고 외치는 것이 아닌가. 이곳 사람들은 안라를 야스라라고 불렀다. 안라(安羅)라는 한자를 보면서 별 생각 없이 안나 내지는 아라일 것으로 생각했는데 이곳에서는 야스라라고 읽었다. 그제서야 야스라 신사에 대해 기록한 책자나 자료를 자세히 들여다보니 '安羅' 옆에 후리가나로 'やすら(야스라)'라고 씌어 있었다.■ 그런데 김달수 선생이 오미 일대의 문화 유적을 돌아보면서 쓴 『일본 속의 조선 문화』를 보면, 그도 안라 신

■ 후리가나란 일본어로 한자(漢字) 읽는 법을 한자 위에 작게 히라가나나 가타카나로 표기한 것을 말한다.

야스라 신사 현판
야스라 신사의 현판에는 '안라(安羅)'라고 씌어 있다.

야스라 신사 본전
야스라 신사가 있는 구사쓰 지방에도 아메노히보코가 마을을 개척하고 민중을 구제했다는 전설이 있다.

아메노히보코 표지석
'아메노히보코가 잠시 머물다 갔던 성지(天日槍命暫住之聖蹟)'라고 씌어 있다.

사를 찾을 때 주민에게 '아라 신사'로 물어보는 장면이 나온다. '安い'를 일본에서 '야스이'라 읽는 것을 익히 알고 있었을 텐데도 똑같은 실수를 한 셈이다.

아주머니가 알려준 대로 찾아가니 주택가 한 귀퉁이에 야스라 신사가 있었다. 신사 현판에는 안라(安羅)라고 표기되어 있었다. 경내에서 가장 먼저 눈에 띈 것은 '아메노히보코가 잠시 머물다 갔던 성지(天日槍命暫住之聖蹟)'라고 쓴 표지석이었다. 이 지역 도래인의 유적이라고 생각되는 곳에는 어김없이 아메노히보코의 전설이 서려 있었다. 곳곳에 농경, 도공, 토기 등 선진 문명을 전달했던 아메노히보코 일족의 흔적을 음미해볼 수 있는 유적지였다. 안내판에는 "아메노히보코의 치적은 여러 곳에서 보이고 있으나 각 지방을 개발한 국토 개발의 공적과 특히 진혼술(鎭魂術)로 심신 병고를 해소하는 구세제민으로 인해 많은 사람들이 숭배했다"라고 적혀 있다. 이처럼 아메노히보코를 기리는 신사가 있는 곳에서는 어디나 그가 마을을 개척하고 민중을 구제했다는 치적을 발견할 수 있다. 과거 아메노히보코의 일족이 이 지방을 경유했던 즈음에 머물렀던 일부 사람들이 마을을 조성하고 이후 그 자손들이 번성하면서 신사를 짓고는 아메노히보코를 제사 지낸 것으로 보인다. 주룩주룩 내리는 비 속에 서 있는 신사의 모습이 흡사 아메노히보코의 영신(靈神)을 맞이하는 듯했다.

그런데 왜 이 신사는 신라가 아닌 안라라는 이름을 썼을까? 지금까지 『고사기』와 『일본서기』에 나타난 대로라면 아메노히보코는 신라의 왕자다. 그런데 갑자기 안라 신사의 제신으로 등장하니 많은 의문이 꼬리를 물었다. 안라는 신라와는 다른 가야 또는 가라 왕국 가운데 하나인 아라가야의 다른 이름으로, 현재 경상남도 함안 부근에 있었던 것으로 추정되는 나라이다. 그렇다면 안라와 아메노히보코가 무슨 관련이 있다는 것인가? 이를 의식이라도 한 듯 안라 신사의 안내판에는 안라라는 명칭이 "신라국 왕도의 6정(停) 중에 관아량지정(官阿良支停) 또는 북아량(北阿良)이라 했던 것에 유래를 두고 있다"는 설까지 친절하게 적어놓았다. 하지만 신라 왕도인 경주에 설치한 아량이 안라와 무슨 연관이 있었는지는 몰라도 이것만으로 안라와 신라를 연결하기에는 부족한 듯하다. 혹시 아메노히보코가 원래는 신라가 아니라 가야에서 건너온 인물이기 때문에 그러했던 것은 아닐까 하는 생각이 들었다.

여러 가지 의문을 안은 채 비와 호 북단에 있는 후쿠이 현의 쓰루가라는 도시로 향했다. 쓰루가는 일본의 기나이 북동부 지역으로 동해와 맞닿아 있다. 와카사(若狹), 에치젠(越前)이라 불렀던 이곳은 해상교통의 요충지였던 호쿠리쿠(北陸) 지역에 속한다. 따라서 이 지역은 동해와 가까운 지리적 이점 때문에 고대에 한반도에서 많은 사람들이 건너와 선진 문물을 전파했을 것이다.

또한 이 고장은 겨울이면 동해안에 있는 높은 산지로 인해 눈이 많이 내린다. 해발 3000미터 정도 되는 산악 지대가 혼슈 중부를 막고 있는 지형적 특성으로 인해 동해에서 불어오는 습한 기류가 육지에 도달하자마자 산맥에 부딪혀 상승하게 되고, 이 때문에 눈구름이 만들어져 많은 눈이 내린다고 한다. 우리나라에서도 겨울철, 해발 고도 1000여 미터 되는 태백산맥이 있는 강원도 영동 지방에 눈이 많이 내리는 것과 같은 이치다. 노벨문학상을 받은 가와바타 야스나리(川端康成)의 소설 『설국』의 무대가 되었던 곳도 바로 동해에 면한 호쿠리쿠 지방의 니이가타(新潟) 현이다. 호쿠리쿠 지방이 자연지리나 인문지리적인 조건으로 보아 한반도의 동해안을 끼고 있었던 신라와 가장 가까운 관계를 유지했을 것이다.

쓰루가에 도착하자마자 북쪽 바닷가로 발길을 돌렸다. 역시 쓰루가의 북쪽 바닷가에는 시라기(白木)라는 마을이 있었다. 일본에서는 고구려를 고마(高麗), 백제를 구다라(百濟), 신라를 시라기(新羅)라고 읽는다. 시라기를 '新羅'라고도 쓰고, 시대에 따라 '白木', '白城' 등으로 표기를 바꾸어왔다. 이러한 사실로 미루어볼 때, 이곳이 과거 신라를 의미하는 지역이었음을 직감할 수 있었다. 『일본서기』에서도 신라 왕자 아메노히보코가 다지마국의 이즈시에 정주하기 전, 오미에서 와카사국을 거친 것으로 되어 있다. 와카사 지역인 이곳 쓰루가에 신라의 흔적이 남아 있는 것이다.▌ 호쿠리쿠 지방에서 신라와 관련이 있는 유적지가 있는 곳이 시라기 마을 뿐만은 아니다. 쓰루가의 북쪽으로 동해안과 마주하는 후쿠이 지방 곳곳에서 신라(新羅) 신사라는 명칭이 자주 눈에 띈다. 예로부터 동해를 건너 신라인들이 호쿠리쿠 지방을 자주 왕래했기 때문인 것으로 볼 수 있을 것 같다.

시라기 마을 앞바다 │ 바다를 건너온 도래인의 숨결이 느껴지는 시라기 마을. 시라기(白城) 신사 너머로 푸른 동해가 넘실거리고 있다.

신라 신사(후쿠이 현) | 쓰루가 북쪽 후쿠이 현 이마조(今庄)에 있는 신라 신사이다. 이마조는 동해에 연해 있고 예로부터 교토와 호쿠리쿠를 연결하는 교통의 요지로서 여행객과 물자가 통과하던 곳이었다. 동해와 잇닿아 있는 일본의 연안에서는 이와 같이 종종 신라라는 명칭이 눈에 띈다.

쓰루가 시내 한가운데에는 이 지방에서 가장 유명한 게히 신궁(氣比神宮)이 있다. 붉은색 도리이가 신사 앞에 버티고 서 있었다. 이것은 일본의 3대 목조 도리이로 알려져 있다. 하지만 붉은 빛이 너무 강렬해 그다지 귀하다는 느낌이 들지 않는다. 게히 신궁은 이 지역 사람들이 게이상(けいさん)이라고 친근하게 부르는 신사인데, 제신은 이사사와케노미코토(伊奢沙別命)라고 한다. 그런데 이사사와케라는 이름이 아주 귀에 익다. 『일본서기』를 보면, 아메노히보코가 건너오면서 가져온 여덟 가지 보물 중에 이사사타치(伊奢沙太刀)라는 칼이 있는데, 이것이 게히 신궁에서 모시는 신과 비슷한 이름이다. 이를 통해서 게히 신궁에서 모시는 신이 아메노히보코와 관련 있을 것이라고 추측할 수 있다. 어쩌면 오래전 쓰루가에 머물렀던 도

■ 시라기 마을 근처에 지난 2004년 8월, 방사능 사고로 많은 인명 피해를 냈던 미하마(美浜) 원자력발전소가 있다.

게히 신궁 │ 쓰루가에서 가장 유명한 게히 신궁의 제신인 이사사와케노미코토(伊奢沙別命)는 아메노히보코가 일본으로 건너오면서 가져온 이사사타치(伊奢沙太刀)라는 칼과 이름이 비슷하다. 게히 신궁 안에는 쓰누가아라시토를 제신으로 하는 쓰누가 신사가 있다.

래인을 신으로 모신 신사일지도 모른다. 이러한 추측이 헛된 것이 아니었다. 왜냐하면 게히 신궁 주차장 뒤편에 있는 쓰누가(角鹿)라는 조그마한 신사 때문이었다. 쓰누가 신사는 『일본서기』에 나오는 쓰누가아라시토(都怒我阿羅斯等)를 제신으로 하고 있다. 이곳 지명인 쓰루가와도 관련이 있는 신사이다. 『일본서기』 스이닌(垂仁) 조에는 다음과 같은 내용이 있다.

　　스진(崇神) 천황 때에 이마에 뿔이 난 사람이 배 한 척을 타고 엣코쿠(越國) 게히노우라(笥飯浦)에 정박하였다. 따라서 그곳을 쓰누가(角鹿)라 한다. "어느 나라 사람입니까?" 하고 물으니 "오호가라국(意富加羅國)의 왕자, 쓰누가아라시토(都怒我阿羅斯等), 다른 이름으로는 우사기아리질지간기(于斯岐阿利叱智干岐)라고 합니다. 일본국에 성황(聖皇)이 계시다는 말을 듣고 귀화하려 합니다. 아나토(穴門)에 왔을 때 그 나라에 이쓰쓰히코(伊都都比古)라는 사람이 있었는데, 그가 '나는 이 나라의 왕이다. 나를 빼고는 두 왕이 없다. 고로 다른 곳으로는 가지 말라'고 하였습니다. 그러나 그 사람됨을 보니 왕이 아니라는 것을 알고는 다시 돌아왔습니다. 길을 잘 몰라서 섬들을 거쳐 북해로 돌아와서 이즈모국(出雲國)을 경유하여 여기에 왔습니다"라고 말하였다.

이 고사에 따르면, 이마에 뿔이 난 오호가라국의 쓰누가아라시토라는 인물이 왔기 때문에 이곳을 쓰누가(角鹿)라고 했다. 오호가라국은 '오호'가 일본어로 大(おお)를 의미하므로, 대개 대가라(大加羅)를 가리키는 것으로 본다. 일본국에 성황이 있어 귀화하려 한다는 말은 『일본서기』 특유의 사관을 바탕으로 한 이야기다. 하지만 이 고사를 통해, 동해를 거쳐 가야의 사람이 건너온 사실, 그리고 당시 일본에 스스로 왕이라 하는 자들이 있었다는 사실 등 몇 가지 흥미로운 점을 확인할 수 있다. 고사에 나오는 '이마에 난 뿔'은 한국의 상투, 혹은 금관이나 금동관을 의미한다는 추측도 있다.

그런데 놀라운 것은 『일본서기』 「스이닌기」에 등장하는 고사의 내용이 『고사기』에 나오는 아메노히보코의 설화와 뼈대가 같다는 것이다. 『일본서기』 「스이닌기」에서는 오호가라국의 왕자인 쓰누가아라시토가 일본으로 건너가게 된 경위를 설명해놓았다. 쓰누가아라시토가 자기 나라에 있을 때 황소에 농기구를 싣고 시골에 갔는데, 소가 갑자기 없어져 자취를 따라갔더니 한 고을의 관아가 나왔다. 한 노인이 그에게, 관리들이 소를 잡아먹었으니 소 값으로 고을에서 제사 지내는 신(神)을 달라 하라고 했다. 그래서 그들이 제사 지내는 흰 돌을 소 값으로 받았다. 쓰누가아라시토가 흰 돌을 가져다 침실에 두었더니 아름다운 소녀로 변했다. 소녀와 교합하려는데 자리를 비운 사이 소녀가 사라졌다. 쓰누가아라시토가 놀라 자기 아내에게 물으니 동방으로 갔다고 대답해, 그는 소녀를 따라 바다를 건너 일본국으로 갔다. 소녀는 나니와에 가서 히메코소의 신이 되었다.

흰 돌이 여자로 변해 동침하려 하자 일본으로 도망했다든지, 여자를 좇아 일본으로 건너갔다든지 하는 이야기가 대체로 아메노히보코의 설화와 비슷하다. 다른 점이 있다면 쓰누가아라시토가 신라가 아닌 오호가라국의 왕자라는 점뿐이다. 『일본서기』에서는 쓰누가아라시토 이야기가 나온 다음 해(스이닌 3년)에 "아메노히보코라는 신라 왕자가 일본에 왔다"라고 하고, 그가 일본에 와서 정착한 이동 경로만을 기록했다. 『고사기』와 같이 일본으로 건너온 연유에 대한 설명은 없다. 앞서 나오는 쓰누가아라시토의 고사와 겹치기 때문에 『일본서기』의 편자가 일부러 기술하지 않았는지도 모르겠다.

『일본서기』에 나와 있는 쓰누가아라시토의 고사는 임나의 기원을 설명한 것으로 잘 알려져 있기 때문에 여기서 그 내용을 한번 짚고 넘어가야 할 듯싶다.

천황이 쓰누가아라시토에게 "그대의 나라로 돌아가고 싶은가?" 하니, "몹시 돌아가고 싶습니다"라고 하였다. 천황이 아라시토에게 "그대가 길을 잃지 않고 빨리 왔으면 선왕을 뵈었을 것이다. 그러니 스진(崇神) 천황의 이름인 미마키(御間城)를 따서 그대의 나라 이름으로 하라"고 하였다. 그리고 붉은 비단을 아라시토에게 주어 본국으로 돌려보냈다. 고로 그 국호를 미마나국(彌摩那國)이라 함은 여기에서 연유한 것이다.

쓰누가아라시토가 일본에서 벼슬을 3년 하고는 본국으로 돌아가려고 하자, 스진 천황의 이름인 미마키로 나라 이름을 삼으라고 하여 쓰누가아라시토가 자신의 나라 이름을 미마나국으로 고쳤다고 하는 이야기다. 이 때문에 지금도 일본에서는 임나(任那)라고 쓰고 미마나라고 읽는다. 하지만 선왕의 이름을 따서 나라의 이름을 바꾸라는 이야기는 상식적으로 납득하기 어렵다. 이는 후에 『일본서기』에 등장하는 '임나일본부'를 염두에 두고 스진 천황의 이름을 딴 미마나 이야기를 작위적으로 기술한 것으로 볼 수 있다.

이야기의 흐름을 자세히 살펴보면, 일본에 건너온 쓰누가아라시토와 쓰루가라는 지명만 보아도 이는 앞뒤가 뒤바뀐 것임을 알 수 있다. 미마나라는 나라 이름이 스진 천황에서 유래했다기보다는 거꾸로 미마나라는 나라 이름에서 스진 천황의 이름이 나왔다고 보는 것이 옳다. 이런 시각으로 쓰누가아라시토의 고사를 다시 살펴보면, 가야의 아라사등(阿羅斯等)이라는 관직명이 이름에 들어가 있는 것으로 보아 가야국 사람들이 남해안과 동해를 거쳐 호쿠리쿠 지방의 쓰루가로 들어왔다고 볼 수 있을 것이다.

앞서 보았듯이 『일본서기』의 쓰누가아라시토 고사는 신라 왕자 아메노히보코 이야기와 내용이 같다. 두 고사가 『일본서기』에 연이어 등장하는 점, 동해를 사이에 두고 신라와 마주 보는 지방에 쓰루가가 있는 점, 그리고 이곳에 신라를 의미하는 시라기 마을이 있는 점 등이 의미심장하다. 아메노히보코와 쓰누가아라시토의 설화 내용이 똑같은 것은 어쩌면 한반도에서 건너온 사람들의 설화가 일본의 다른 씨족들의 설화와 뒤섞이면서 변형되었기 때문이라고 보는 것이 타당할 듯싶다. 또한 신라에서 온 아메노히보코의 설화를 후대에 가야에서 온 사람들이 그대로 차용했을 가능성도

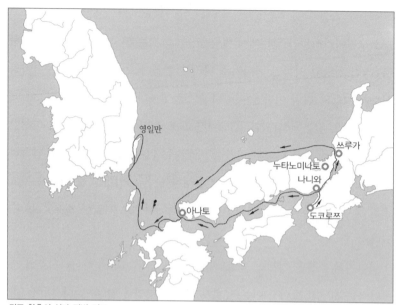

영일만

쓰루가

누타노미나토 ○

나니와

○ 아나토

도코로쯔

진구 황후의 신라 정벌 경로

배제할 수 없다. 쓰누가아라시토의 고사와 아메노히보코의 고사는 적어도 도래인 집단이 일본으로 건너온 사실을 전해준다. 한쪽은 신라의 왕자로서 진구와 연결되고, 한쪽은 가야의 왕자로서 임나를 지배했다는 후대의 사관과 맞물려 변형되었을 가능성이 아주 크다.

아메노히보코는 진구의 조상이다. 아메노히보코가 긴키−오미−와카사 지역으로 이동한 경로는 진구가 구마소와 신라를 정벌하기 위해 긴키 지역에서 출발한 경로와 거의 일치한다. 진구의 신라 정벌은 한쪽은 세토 내해를 거쳐 규슈에 이르고, 다른 한쪽은 쓰루가에서 동해를 통해 규슈로 가는 경로다. 따라서 아메노히보코의 일본 정착 경로와 거의 일치하는 것이 단순히 우연만은 아닐 것 같다.

한편, 진구 씨족의 후대로 짐작되는 오키나가씨(息長氏)에 대한 전승도 쓰루가와 오쓰를 중심으로 한 지역에서 전해 내려온다. 아메노히보코 씨족이 신라에서 건너와 일본에 정착했던 경로가 오히려 후대에 와서 조작되어 거꾸로 신라 정벌로 바뀐 것은 아닐까 싶다. 진구와 아메노히보코는 떼려야 뗄 수 없는 상황이 되어버렸다.

연오랑과 세오녀

우리나라 남녘에서 섬 지역을 빼고 해가 가장 일찍 뜨는 곳은 경상북도 영일군(迎日郡)이다. 완만한 동해안의 해안선을 따라 남으로 내려가다 보면 꼬리처럼 툭 불거져 나온 곳이 그 유명한 장기곶이다. 조선중기 풍수지리학자인 남사고(南師古)는 『동해산수비록(東海山水秘錄)』에서 한반도가 호랑이 모양으로 생겼다고 보았다. 그래서 툭 튀어나온 장기곶을 호랑이 꼬리에 해당되는 곳이라 하여 호미곶이라고도 불러왔는데, 2001년 12월에 아예 호미곶이 정식 명칭으로 되었다. 호미곶은 해마다 새해가 되면 많은 사람들이 해돋이를 보러 찾아온다. 호미곶은 예로부터 오지이면서 또 다른 땅 끝으로 알려져 있어서 많은 사람들이 귀양살이를 했다.

조선후기에 다산 정약용이 강진에서 귀양살이하기 전 유배 생활을 시작한 곳이 이 지역이다. 갑신정변의 주역인 김옥균도 상하이에서 살해된 뒤 능지처참을 당해 그의 신체 일부가 이곳 바다에 버려졌다고 전한다.

1903년 12월에 이곳에 우리나라에서 두 번째로 세운 등대가 불을 밝히기 시작했다. 높이 26미터인 하얀 팔각 모양으로 우리나라에서 가장 크다고 한다.■ 일제가 러일전쟁을 일으키기 전에 인근을 조사하다가 선박이 침

■ 우리나라에서 처음으로 세운 근대식 등대는 1903년 6월에 완공된 인천의 팔미도 등대이다.

호미곶 등대 | 한국에서 두 번째로 세워진 근대식 등대. 1982년에 경상북도기념물 39호로 지정되었다. 철근 없이 벽돌로만 지었다 한다.

몰해 선원들이 모두 물에 빠져 죽은 적이 있었다고 한다. 이때 일제가 손해배상을 요구하여 설치하게 된 것이 이 등대이다. 등대가 바라보는 바다를 가로지르면 일본의 호쿠리쿠 지방이나 산인(山陰) 지방에 다다를 수 있다. 과거에는 해상에서 활발하게 교류가 이루어졌으므로 이곳을 통해서 직접 일본과 문물 교류를 했을 것으로 보인다. 물론 그런 입지 조건으로 인해 해적과 왜구들의 침입을 많이 받았을 것이다. 영일 지역은 특히 『삼국유사』에 나오는 연오랑(延烏郎)과 세오녀(細烏女)의 고사가 태동한 곳이다.

신라 아달라왕(阿達羅王) 4년인 서기 157년, 동해 바닷가에 연오랑과 세오녀라는 부부가 살고 있었다. 하루는 연오가 바다에 가서 해초를 따는데, 갑자기 바위 하나가 움직여 그를 싣고는 일본으로 갔다. 연오는 일본에 가서 왕이 되었다. 한편, 세오는 남편이 돌아오지 않는 것을 괴이하게 여기고는 바닷가에서 남편을 찾다가 우연히 바위 위에 올라서니 또한 바위가 세오를 싣고 일본으로 가 결국 연오와 해후했다고 한다.

우리나라 고사 중에 우리나라 사람이 일본으로 건너간 내용이 담긴 몇 안 되는 기록 가운데 하나이다. 그러나 고사는 여기서 끝나지 않는다. 영일 지방의 명칭을 알려주는 이야기가 이어진다.

일월지 | 해와 달이 빛을 잃자 하늘에 제사를 지냈다고 하는 곳이 일월지(日月池)이다. 이곳은 해병 1사단 부대 안에 있어서 평소에 일반인은 출입하기가 어렵다. 그래서인지 현재는 동해면사무소 뒤편 언덕에 따로 일월사당을 만들어 일월신을 모시고 제사를 지낸다.

　연오와 세오가 일본으로 간 후 신라에서는 해와 달이 빛을 잃어 온 세상이 캄캄해졌다. 일관(日官)이 아뢰기를 일월의 정기가 일본으로 가버린 탓에 일어난 괴변이라고 했다. 이에 왕이 일본에 사신을 보내어 연오와 세오 두 사람을 찾으니, 일본에 있는 연오가 보낸 비단으로 하늘에 제사를 지낸 뒤에야 해와 달이 예전과 같이 빛났다. 그 비단을 임금의 창고에 두어 나라의 보배로 삼으니 그 창고를 귀비고(貴妃庫)라 하였다. 제사를 지낸 곳을 영일현 또는 도기야(都祈野)라 이름하였다 전한다.

　이 설화의 무대인 영일군은 지금 포항에 편입되어 있다. 그리고 하늘에 제사를 지냈다는 곳이 오천읍에 있는 해달못 또는 일월지(日月池)라고 하는 곳이다. 현재 일월지라고 전해지는 곳은 포항에서 유명한 해병 1사단

부대 안에 있어서 일반인이 출입하려면 따로 견학 신청을 해야 하는 등 번거롭다. 외부인의 발길이 닿지 않은 일월지는 3000여 평 너른 공간에 잘 정비되어 있지만 개방하지 않아 아쉽기만 하다.

원래 일월지 부근에는 과거부터 천제당(天祭堂), 또는 일월사당(日月祠堂)이라 부르는 사당이 있어서 때가 되면 일월신을 모시고 제를 올렸다고 한다. 하지만 일월지 부근의 사당은 없어진 지 오래고 지금은 바닷가 쪽 길목인 동해면사무소 뒤편 언덕에 지역민들이 1985년 다시 세운 일월사당만이 남아 있다. 소나무 숲으로 둘러싸인 일월사당은 해마다 10월에 일월신 제를 지내고 있다. 일월사당을 보면 연오랑과 세오녀의 고사와 함께 신라 왕자 아메노히보코가 떠오른다. 아내를 찾기 위해 일본으로 건너간 아메노히보코 설화의 모티프가 연오랑 세오녀의 설화와 비슷하기 때문이다.

일연은 『삼국유사』에서 연오랑이 일본의 왕이 되었다는 고사에 대해 "『일본제기(日本帝記)』를 보니 전후에 신라인으로 일본에서 왕이 된 사람이 없어 이는 변읍(邊邑)의 소왕일 것이고 진왕(眞王)은 아닐 것이다"라고 추론했다. 하지만 연오랑이 먼저 일본으로 건너갔고, 세오녀가 나중에 건너간 차이만 있을 뿐 일본으로 건너간 태양 족속의 이야기가 아메노히보코로 전승될 여지는 충분히 있다. 물론 『일본제기』가 어떤 책인지는 몰라도 일연이 언급한 대로 일본의 사서를 통틀어 연오랑과 세오녀 설화와 똑같은 고사는 없지만 말이다.

한편, 조선 시대의 『신증동국여지승람』에도 『삼국유사』에 나오는 연오랑과 세오녀의 고사가 실려 있다. 그런데 내용은 『삼국유사』와 같지만, 연오랑의 이름이 영오랑(迎烏郞)으로 되어 있다. 영오랑은 '까마귀를 맞이한다'는 뜻이다. 예로부터 까마귀는 태양을 의미했다. 동양 신화에서 태양에는 다리가 세 개 달린 까마귀(삼족오)가 산다고 했다. 고구려의 고분 벽화에서도 태양 속에 삼족오가 들어 있고, 달 속에는 두꺼비가 들어 있다. 그렇다면 연오랑과 세오녀의 이름 안에 태양이 들어 있고, 아메노히보코(天日槍)의 이름 안에도 태양이 들어 있다. 그리고 영일(迎日)이라는 지명에도 태양이 들어 있다. 그런데도 『신증동국여지승람』에서는 "영일현이라 이름한 것은 고려 초에 임정현(臨汀縣)을 고친 것이니 신라 아달라왕 때 비롯된 것은 아닌 것 같다"고 기술하면서 "영오의 이야기가 『삼국사기』나 『동국사략』에는 보이지 않고 『삼국유사』에만 보이니 믿을 만한 것이 못 된다"고 폄하했다. 하지만 『신증동국여지승람』 영일현의 첫 도입부에는 영일이 "본래 신라의 근오지현(斤烏支縣)으로 일명 오량우현(烏良友縣)이라 했다"고 기록해놓았다. 결국 『신증동국여지승람』의 찬자는 까마귀가 태양을 가리키는 것임을 몰랐기 때문에 이렇게 쓴 것으로 볼 수 있다. 영일 지방이 처음부터 영일이라는 명칭을 쓴 것은 아니지만, 예로부터 근오지와 오량우라 한 것을 보면 연오랑과 세오녀의 설화와 관련이 없다고 할 수 없다. 근오지의 근(斤)은 살펴본다는 뜻이고, 오(烏)는 태양을 뜻하므로 이 말이 곧 영일(迎日)이 되는 것을 『신증동국여지승람』의 찬자가 간파하지 못했던 것뿐이다.

『고사기』나 『일본서기』와 다른 설화가 실려 있는 『하리마풍토기(播磨風土記)』는 아메노히보코가 여러 가지 무기를 배에 싣고 일본에 와서 정벌함으로써 그 위세가 당당했다고 적었다. 그렇다면 실제로는 아메노히보코가 아내를 찾기 위해서가 아니라 일본을 정벌하기 위해 온 것은 아닐까?

1636~1637년 일본에 통신사로 다녀온 김세렴의 『동명해사록(東溟海槎錄)』에는 다음과 같은 글이 있다.

『연대기』를 보면 "오우진 22년 신라 군사가 아카시노우라(明石浦)에 들어왔다"고 되어 있는데, 아카시노우라는 오사카에서 겨우 백 리 떨어져 있는 곳이다. 아카마가세키(赤間關)의 동편에 큰 무덤 하나가 있는데, 왜인들은 이것을 가리켜 "이것이 백마분(白馬墳)인데, 신라 군사가 일본에 깊이 쳐들어오니 일본이 화호(和好)를 청하여 군사를 해산하고 백마를 죽여서 맹세한 뒤에 말을 이곳에 묻었다"고 하였다.

이 내용은 신라가 일본에 진출했다는 이야기이다. 그것도 진구 황후의 아들인 오우진 때에 말이다. 아카시노우라(明石浦)라고 하면 지금 효고 현의 아카시를 이야기하는 것인데, 예전 하리마국에 있던 지방이다.

『연대기』라는 책에 대해서는 아직까지 정확하게 밝혀진 것이 없다. 왜인들이 '백마분'이라고 하여 아카마가세키의 구릉을 그 증거로 보여주었다고 하는 부분이 눈에 띈다.[■] 이러한 사실을 종합해보면, 진구의 신라 정벌 고사는 오히려 아메노히보코의 고사나 연오랑과 세오녀의 고사에 나오는 경로를 통해 거꾸로 신라에서 일본으로 진출한 사람들의 이야기를 말해주는 것은 아닐까? 고대의 한국과 일본의 관계에는 아직도 수많은 의문이 숨어 있다.

■ 아카마가세키(赤間關)는 지금의 야마구치 현 시모노세키를 말한다. 아카시노우라와는 상당히 멀리 떨어져 있다. 김세렴 외에 파견된 통신사들이 기록한 일기에도 '백마분'에 대한 이야기가 나오기 때문에 시모노세키를 방문했을 때 근처 여러 곳을 수소문해보았다. 하지만 아무리 뒤져보아도 '백마분'을 발견할 수는 없었다.

6

왕인 유적지의 허와 실

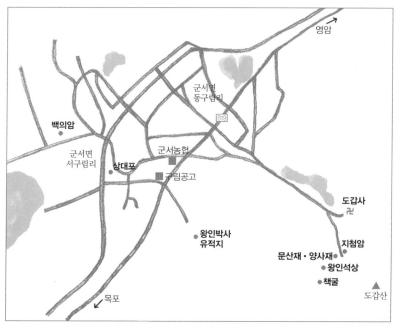

지도 6-1 영암 구림리

왕인에 대한 상념

화강암으로 형성된 월출산의 신령스러운 바위 아래에 터를 잡아 영암이라고 부르는 고을도 이제는 많이 변했다. 울퉁불퉁한 기암괴석 덩어리인월출산은 강진과 나주 어느 곳에서도 800미터에 이르는 웅장한 돌출을 드러낸다. 그래도 꽉 채워진 월출산의 웅장한 풍광을 볼 수 있는 건 13번 국도를 타고 나주에서 영암으로 향할 때이다. 그런데 이제는 해가 갈수록 강해지는 뿌연 황사 때문에 멀리서 월출산의 모습을 감상하기 어렵다.

영암은 해마다 4월 초순과 중순이 되면 떠들썩해지곤 한다. 도갑사에 이르는 길목에 벚꽃이 화사하게 피어 있는 동안 축제가 한창이기 때문이다.도갑사는 부근 구림리에서 태어난 도선 국사가 지었다는 절이다. 그렇다면

1	2
3	4

월출산 중턱에 왕인이 닥나무 껍질로 종이를 만들었다는 지첨암이 나오고, 왕인이 공부했다고 하는 문산재와 양사재가 최근에 지어진 듯 반듯한 모습으로 서 있다. 그 위쪽으로는 제자들이 일본으로 간 왕인을 그리워하며 만들었다는 문인석이 서 있고, 바위 틈 사이를 비집고 들어가면 왕인의 서고였다는 책굴이 있다.

1. 책굴
2. 문인석
3. 문산재와 양사재
4. 지첨암

이 축제는 도선 국사를 칭송하는 축제여야 수긍이 갈 듯도 하다. 그런데 길마다 나부끼는 현수막에는 모두 '왕인축제행사'라 써놓았다.

왕인(王仁)은 우리가 교과서에서 배워 익히 알듯이, 일본에 논어와 한자를 전해주었다는 백제 사람이다. 영암은 몇 년 전부터 왕인의 탄생지로 알려져 군서면 구림리 일대를 성대하게 꾸며놓기까지 했다. 왕인 사당 앞을 지나 전면에 보이는 산기슭은 성인이 태어났다고 해서 성기동(聖基洞)이다. 산기슭에는 성천(聖泉)이라는 샘물이 있는데, 삼월 삼짇날 이곳의 물을 마시고 목욕을 하면 성인을 낳는다는 전설이 있다. 또한 월출산 뒤편으로 올라가면 왕인이 공부했다는 문산재와 양사재가 있고, 그 위로 조금 올라가면 왕인의 모습을 한 문인상과 왕인의 서고 격인 책굴도 있다. 그 밖에도 문산재로 올라가는 길목에는 왕인이 닥나무 껍질로 종이를 만들었다는 지첨암이라는 바위까지 있으니, 이 일대를 온통 왕인 이야기로 도배한 듯한 느낌이다.

이뿐만이 아니다. 지금은 간척 사업 때문에 왕인 유적지의 앞 고을 대부분이 흙으로 메워졌지만, 과거에는 유적지 앞까지 물이 들어와 그 포구에서 왕인이 일본으로 떠났다고 한다. 그래서 지금은 왕인이 떠났다는 상대포라는 이름의 자그마한 연못을 만들어놓고 배까지 띄워놓았다. 또 상대포 부근 너른 논바닥 가운데는 백의암(白衣岩)이라 해서 왕인이 옷을 벗어 두고 갔다는 바위도 있고, 또 배를 타러 가는 길에 아쉬운 듯 뒷동산에서 성기동 마을을 돌아보았다고 해서 붙은 돌정고개라는 곳도 있다. 이처럼 영암은 온통 왕인뿐이다. 이제는 풍수 비보로 유명한 도선 국사의 모습을 도갑사에서밖에 찾을 수 없다.

그런데 여기서 꼭 짚고 넘어가야 할 것이 있다. 우리에게 잘 알려진 왕인이라는 인물이 『삼국사기』나 『삼국유사』 등 우리나라 사서에서는 찾을 수 없다는 사실이다. 그렇다면 교과서에 나오는 왕인은 무엇을 근거로 한 것일까? 왕인이라는 인물이 우리나라의 사서가 아닌 일본 사서에만 나오는 인물이라는 것을 아는 사람은 많지 않다. 『일본서기』에서는 왕인에 대해 다음과 같이 기록했다.

오우진 천황(應神天皇) 15년, 백제왕이 아직기(阿直伎)를 보내어 좋은 말 두 필을 바쳤다. 곧 가루(輕)라는 곳의 산비탈에 있는 마구간에서 길

백의암

상대포

구림리에는 왕인이 일본으로 떠날 때 배를 탔다는 상대포가 있고 마을 앞 논두렁에는 왕인이 배를 타고 가다가 옷을 벗어 던져 하얗게 변했다는 백의암이라는 바위가 있다. 하지만 이 모두 도선 국사의 설화와 맞물린다.

렀는데, 아직기로 하여금 사육하게 했다. 이 때문에 말 기르는 곳을 우마야 사카(廐坂)라고 한다. 아직기는 또 경전을 잘 읽었으므로 태자인 우지노와키이라쓰코(菟道稚郎子)의 스승으로 삼았다. 이때 천황이 아직기에게 "혹 너보다 뛰어난 박사가 또 있느냐"고 물으니, "왕인이라는 훌륭한 분이 있습니다"라고 대답했다. 그러자 가미쓰케노노키미(上毛野君)의 조상인 아라타와케(荒田別)와 가무나키와케(巫別)를 백제에 보내 왕인을 불렀다.

오우진 천황 16년, 왕인이 와서 태자 우지노와키이라쓰코의 스승이 되었는데, 태자는 왕인을 스승으로 모시고 여러 전적(典籍)을 배워 통달하지 않음이 없었다. 이른바 왕인은 후미노오비토(書首)의 시조다.

왕인이 아직기의 천거로 일본에 가서 태자의 스승이 되었다는 고사다. 『고사기』에서는 왕인을 화이길사(和邇吉師)라고 쓰고, 그가 논어 10권, 천자문 1권을 바쳤다고 기록했다. 반면, 우리나라 사서에는 왕인에 대한 기록이 보이지 않는다. 조선시대에 들어와서야 통신사들이 일본에서 사서를 보고는 왕인의 이야기를 실었다. 1655년 일본에 갔던 남용익은 그가 쓴 「문견별록(聞見別錄)」에서 "오우진 황(應神皇) 갑진년에 백제가 또 경전과 여러 박사들을 보냈으며, 을사년에 백제가 왕자 왕인을 보냈다"고 적었다. 1719년 제술관으로 간 신유한도 「문견잡록(聞見雜錄)」에서 "왜국은 옛적에 문자가 없었는데, 백제왕이 문사(文士) 왕인과 아직기 등을 보내어 비로소 문자를 가르쳐……"라고 썼다. 이후 이덕무 등 실학자들의 문집에 왕인에 대한 기술이 보인다. 이덕무의 『청비록(淸脾錄)』을 보면 다음과 같은 글이 나온다.

> 일본 오우진 천황 때에 백제에서 아직기를 보내어 『역경』, 『효경』, 『논어』, 『산해경』을 바치자, 황자 우지노와키(菟道雅)가 그를 스승으로 섬겼다. 오우진 천황이 아직기에게 "그대보다 나은 박사가 있는가" 하자, 아직기가 "왕인이라는 사람이 나보다 낫습니다" 하니, 천황이 백제에 사신을 보내어 왕인을 불러 백제의 구소왕(久素王)이 왕인을 보내자 왕인이 천가문(天家文)을 갖고 와 황자 우지노와키가 또 그를 스승으로 섬겨 유교가 비로소 행해졌다. 왕인은 본디 한 고제(漢高帝)의 후예로, 나니와쓰의 노래(難波津歌)를 짓고 닌토쿠의 왕위를 축하해 가부(歌父)라 이르고 무쓰 궁녀의 가쓰라기 노래(陸奧宋女奉葛城王歌)를 지어 가모(歌母)라 일컫었다.

한치윤도 『화한삼재도회(和漢三才圖會)』라는 일본의 사서를 보고 『해동역사(海東繹史)』에 기록했다.

왕인은 백제국 사람인데, 본래 한 고제의 말손(末孫)이다. 고제의 후손에 난(鸞)이라는 자가 있었고, 난의 후손에 왕구(王狗)라는 자가 있었는데, 구의 손자가 왕인이다. 왕인은 제반 경전을 통달했고, 또한 사람의 상(相)을 살피는 데도 능했다. 오우진 천황 15년, 백제의 구소왕이 아직기라는 사람을 보냈는데, 그가 경전을 잘 읽었으므로 황자 우지노와키이라쓰코의 스승이 되었다. 천황이 "너보다 더 나은 박사가 있느냐" 하고 묻자 "왕인이라는 자가 있는데 저보다 더 뛰어납니다"라고 해서 천황은 백제에 사신을 보내어 왕인을 불렀다. 다음 해 2월, 왕인이 천자문을 가지고 내조(來朝)해 황자 우지노와키이라쓰코에게 『효경』과 『논어』를 전했다. 황자가 가르침을 받아 여러 경전을 배워 통달하지 않는 바가 없었다. 이로부터 일본에 유교가 행해지기 시작했다. 왕인은 나니와쓰의 노래를 읊어 닌토쿠(仁德)의 왕위를 축하해 가부로 일컬어졌다. 왕인이 죽자 우두 천황(牛頭天皇)과 함께 제사를 지냈고, 후미노오비토 등의 시조가 되었다.

이렇듯 왕인의 고사는 일본 사서에만 등장하고, 우리나라 사서에는 조선 시대에 와서야 처음 등장한다. 하지만 어디에도 왕인이 영암에서 태어났다는 기록은 보이지 않는다. 그렇다면 정작 왕인이 영암에서 태어났다는 말은 무엇을 근거로 한 것일까?

왕인이 영암에서 태어났다는 것을 가장 처음으로 소개한 책은 『조선환여승람(朝鮮寰輿勝覽)』이다. 『조선환여승람』은 충남 공주의 유학자인 이병연이 1910년부터 12년 동안 나라 안 사정을 일일이 조사하고 나서 16년에 걸쳐 편찬한 책이다. 이 책의 영암군 성기동조를 보면 "백제 고이왕 때 박사 왕인이 이곳에서 태어났다"라고 적었다. 그러나 이병연은 어떤 근거로 영암에서 왕인이 태어났다고 했는지는 기록하지 않았다.

다만, 이와 비슷한 시기에 한 가지 주목할 만한 기록이 있다. 당시 나주 영산포의 본원사(本願寺)라는 절의 주지였던 아오키(靑木惠昇)라는 일본 승려가 쓴 문서가 그것이다. 그는 1932년 일본 계통의 본원사라는 절에서 「박사왕인동상건설목론견(博士王仁銅像建設目論見)」이란 글을 썼는데, 이는 왕인 박사의 동상 건립을 추진하는 내용이다. 여기에서 아오키는 "세월이 흘러감에 따라 왕인 박사의 구지(舊地)인 영암군 구림리의 유적은 문헌이 전혀 없고 구비로 전해져 진실로 애통스럽다", "구전으로는 배를 타고 떠난 석별의 자리와 옷을 벗어 두고 간 바위가 있어 이곳에 1만 원의 기금으로 기초석 2장 5척, 동상 1장 5척짜리 규모의 동상을 세우려 한다"며 모금 운동까지 벌인 것을 볼 수 있다.

이러한 사실을 종합해보면, 이병연이 『조선환여승람』을 쓴 때와 거의 비슷한 시기에 일본 승려 아오키가 왕인의 출생지로 영암을 언급했다는 사실이 주목을 끈다. 국내외 문헌 어느 곳에서도 왕인의 출생지가 영암이라는 기록이 나오지 않는 것으로 보아, 당시 어느 한 사람이 다른 사람의 영향을 받았다고 볼 수밖에 없다. 당시가 일제가 문화 침탈을 본격화하던 1930년 대였다는 점에서, 아오키가 다분히 일본 천황을 숭배한 왕인을 정치적으로 이용하려 했을 것이라는 추론이 가능하다.

해방이 된 뒤, 왕인에 대한 논의는 사그라졌다가 1970년대에 들어 다시 본격화되었다. 1972년 『영암군 향토지』에서 왕인 탄생 전설과 함께 『조선 환여승람』에 실린 왕인 출생지 내용을 언급한 것을 볼 수 있다. 1970년대 는 유신 정권이 이순신, 세종대왕 등에 대한 영웅화 작업을 벌이던 때이다. 왕인에 대한 성인화(聖人化) 작업도 당시의 상황과 무관하지 않은 듯하다.

이러한 사회 분위기에 편승한 일부는 과도한 갈망을 드러내기도 했다. 재야 사학자 김창수는 일본에서 왕인의 유적을 둘러보고 깊은 감명을 받았다. 그는 1972년 8월 『중앙일보』에 '일본에 심은 한국의 얼'이란 부제를 달아 왕인 박사의 일본 활동을 15회에 걸쳐 연재했다. 이 연재를 계기로 왕인의 국내 행적을 찾던 그는 마침 영암 주민의 제보를 받고 현지 조사에 나섰다. 1973년에 왕인박사현창협회가 발족되고, 1976년에는 「왕인유적문화재지정보고서」가 제출되자 급기야 왕인 유적지가 전라남도 지방기념물 20호로 지정되었다. 본격적으로 왕인 유적을 실제의 것으로 만드는 작업에 들어간 것이다. 이처럼 왕인 박사의 출생지에 대해 확실한 고증이 없는 상태에서, 짧은 기간에 성역화 작업이 이루어진 것이다. 물론 김창수 선생이 많은 노력을 기울였지만, 우리나라가 일본보다 우위라는 것을 보여주고픈 과도한 갈망으로 고증을 소홀히 한 것은 아닌가 싶다. 과도한 갈망이 때로는 역사 왜곡을 낳을 수도 있다는 교훈을 새삼스레 일깨워주는 대목이다.

왕인 유적지는 그 후 뒤늦게 여러 가지 문헌을 통해 고증을 시도했지만, 모두 어불성설에 그치고 말았다. 예를 들면, 『신증동국여지승람』의 영암군 산천조에 실린 김극기의 시를 보고 왕인을 영암 출신이라 주장하는 것이다. 김극기의 시를 보면 그 시문에 '상사(相師)'라는 인물이 나온다. 이를 한치윤이 『해동역사』에서 "왕인이 사람의 상(相)을 살피는 데 능했다"라고 쓴 것을 근거로 같은 인물로 보았다. 또 '이옹(邇翁)'을 『고사기』에 나오는 '화이길사'와 동일한 인물로 보아 왕인을 영암 출신으로 보았다. 그러나 김극기의 시를 자세히 들여다보면, 여기에 나오는 '상사'나 '이옹'을 왕인이라고 단정하기에는 무리가 있다. 『신증동국여지승람』에서 김극기가 월출산의 아름다움을 노래한 시의 한 구절을 보자.

상사(相師)는 신선이 되어 아득하고 편안하게 가버리고 삽상한 남은 바람 천고에 불어 상사는 지난날 외로이 갈 뜻이 있어 소나무 아래 돌문에서 날마다 놀았구나. (중략)

산에 올라 성인을 배알하고 드디어 집을 엮으려고 동구의 쑥과 띠를 다투어 베고서 종신토록 다시는 옛 마을 생각하지도 않았네. (중략)

이옹(邇翁)이 어릿어릿 갑자기 나를 맞는데, 온 목은 학발(鶴髮)이요, 몸뚱이는 닭의 가죽이었다. (중략)

과거의 사적을 찾으려는 이는 누구일까. 김막(金漠)은 생명을 경시하고 요염을 중히 여겨 꽃을 꺾고 돌아가지 않으니, 아, 슬프다.

옥소봉 아래 이징군(李徵君)은 처음에는 땅에 집을 짓고 사는 것 같더니 갑자기 학의 편지를 받고 높은 언덕으로 나간 뒤에는 아침에는 푸른 봉우리에서 자고 저녁에는 붉은 섬돌에서 자는구나.

슬프도다. 두 사람이 마침내 면치 못하였구나.(『국역 신증동국여지승람』)

김극기의 시 어느 곳을 봐도 '상사'나 '이옹'이 누구를 가리키는지 알 길이 없다. 만약 '이옹'을 왕인이라고 한다면, 왜 왕인이 "온 목은 학발이고 몸뚱이는 닭의 가죽"이었는지 알 수 없는 일이다. 누구를 의미하는지 전혀 알 수 없는 시를 갖고 왕인을 뜻한다고 한다면, 오히려 이를 근거로 상사가 도선 국사라고 하는 것이 더 타당할 듯싶다. 지금까지 이곳 영암의 구림촌은 문헌상 도선 국사 유적지로 알려져 있기 때문이다.

도선의 일대기는 서로 약간 다른 점이 있지만 월출산 도갑사의 「도선수미비비문(道詵守眉碑文)」과 옥룡사 도선비문, 『도선국사실록』 등에 기록이 남아 있다. 그중에서 구림 출신인 박지수(1686~1759)가 발문을 써 간행한

『도선국사실록』(1743)은 도갑사의 「도선수미비문」을 토대로 했는데, 영암의 성기동에서 태어난 도선 국사의 일생을 이렇게 적었다.

성기동 조암 밑에서 최 씨 처녀가 겨울에 빨래를 하다가 성천에서 내려오는 오이를 따먹었더니 임신이 되어 아들을 낳았다. 이때가 진덕왕 말년이다. 낳은 아이를 숲 속 반석 위에 버렸더니 여러 날이 지나도록 비둘기 떼가 모여들어 아이를 보호했다. 이 때문에 동네 이름을 구림(鳩林)이라 하고 반석을 국사암(國師岩)이라 부른다. 열세 살 때 초수동 월암사(月岩寺)로 출가했다. 이때 선황의 묘지를 잡으려던 당나라 황제의 꿈에 금인(金人)이 나타나 동국의 낭주 땅에 가면 도선이란 진인이 좋은 명당을 잡아 줄 것이라고 현몽하여 사신들을 보내 낭주 덕진(德津) 다리에 배를 대고 도갑사 북쪽의 월암사를 찾아갔다. 이곳 수륙제에서 숟갈 심부름 하는 아이의 이름이 도선이라 함으로 강제로 배에 태워 보름 만에 당나라 황도(皇都)에 닿을 수 있었다. 도선이 당나라로 가서 달리던 백마가 멈춰 서는 자리에 황제 선황의 묏자리를 정해주었고, 이를 인연으로 일행 선사(一行 禪師)를 만나 풍수비보설을 배웠다. 도선은 일행 선사에게서 한반도는 행주형국(行舟形局)이므로 사탑으로 안정을 구하는 비보법을 배우고, 귀국하는 길에 왕건의 집 자리를 정해주었으며, '옥룡자비결(玉龍子秘訣)'을 남겼다. 월출산 보제단(普濟壇) 단오절 풍습도 도선에 의해 비롯되었다고 하며 풍수설에 따라 비보사찰 500여 곳을 건립했다 한다.

『신증동국여지승람』영암군편 고적조에도『도선국사실록』과 비슷한 글이 실려 있다. 하지만 여기서 "최유청(崔惟淸)이 지은 옥룡사비를 상고하건대 도선의 어머니는 강 씨라 했는데 여기 최 씨라 하니 누가 옳은지 모르겠다"라고 적어, 도선에 대해서도 여러 가지 전승이 있음을 알 수 있다.

고려 때의 학자이자 문신인 최유청이 지은 「백계산 옥룡사 도선비문」은 현재 전해지지 않는다. 다만 서거정의 『동문선』에 그 비문의 내용이 실려 있다. 이 옥룡사 도선비문에 따르면, 도선은 영암 사람이자 신라 태종무열왕의 서계 자손(庶系子孫)으로 흥덕왕 2년(827)에 태어나 효공왕 2년(898)에 입적한 것으로 여타의 기록과는 다르다. 또한 도선이 월유산(月遊山) 화엄사(華嚴寺)에서 수행하다가 출가해 스무 살에 혜철(慧徹)에게 가서 선종으로 개종하고 남해 물가에서 한 도인에게 자생 풍수를 배우고 설파하다가 옥룡사에 입적한 것으로 되어 있다.

도선에 관한 기록은 이와 같이 도갑사 수미비문계와 옥룡사 도선비문계로 기록마다 엇갈리는 것이 사실이다. 도선이 살던 시기도 다르고, 행적도 그러하며 풍수지리의 술법도 중국에서 배운 것인지, 아니면 국내에서 익힌 것인지 정확하지 않다. 하지만 지금까지 도선에 관한 여러 가지 문헌을 살펴보면, 영암 사람으로서 구림리에서 태어났으며 풍수비보설을 전파한 승려임은 확실하다. 따라서 도선 국사 출생의 전설을 살펴보면, 왕인의 전설은 상당 부분 도선에서 차용된 것임을 알 수 있다.

실제로 왕인 유적지 안에 있는 바위에는 "옛 최씨원으로 지금 조가장이다(古崔氏園今曹家庄)"라는 글귀가 있는데, 『도선국사실록』에는 도선 국사의 어머니가 최 씨라는 기록이 있다. 또한 부근의 국사암이라는 암자도 도선 국사를 암시하고, 상대포라는 포구도 원래는 당나라로 향하던 도선 국사가 떠난 곳으로 알려졌다. 이처럼 영암의 왕인 유적지는 도선 국사의 유적지가 은근슬쩍 변한 것이다.

이외에도 왕인의 유적지로 만들기 위해 억지로 설명을 끌어다 붙인 흔적이 보인다. 왕인이 성기동 마을을 돌아보아서 이름 붙였다는 돌정고개는 아마 도자기의 '독'을 의미하는 독점고개가 변한 것으로 보인다. 부근에서 여러 도자기가 출토될 뿐만 아니라, 지금도 가마터가 여럿 있기 때문이다. 또한 문인석도 철종 14년(1863) 영암군수로 부임한 이규언(李奎彦)의

최씨원 조가장 | 구림리의 왕인 사당 근처에 큼지막한 돌이 있다. 돌에는 "옛 최씨원으로 지금 조가장이다(古崔氏園今曹家庄)"라는 글씨가 새겨져 있다. 영암 최 씨는 영암 지역의 최고 가문으로 도선 국사의 어머니도 최 씨로 기록되어 있다. 이는 다분히 도선 국사와 관련이 있는 유적이다.

꿈에 나타나 흙 속에 묻힌 것을 발굴해 세웠다고 하는데, 목에 삼도가 그려져 있는 것으로 미루어볼 때 미륵불로 보는 것이 타당할 듯싶다.

이처럼 영암은 도선 국사의 유적지가 왕인의 유적지로 바뀐 혐의가 짙다. 그런데도 1985년에 영암 출신 인사가 전남지사가 되면서 대대적으로 유적지 정화 작업을 벌였다. 안타깝게도 우리나라에서 왕인의 출생지에 대한 논의는 변화하는 시대에 따라 이데올로기의 도구로 이용되었다. 처음에는 일본인이 내선일체를 주장하기 위한 도구로 이용되다가, 1970년대에는 이순신, 세종과 더불어 박정희 정권이 내세운 국가주의의 도구로 이용되었

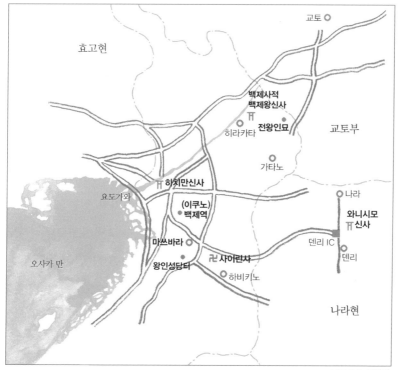

지도 6-2 오사카

다. 이후 1980년대에는 5·18항쟁 이후 소외된 전라도 민심을 돌리기 위해 정치적으로 이용되었다. 그리고 1990년대 이후 현재에는 지방자치단체의 돈벌이 수단으로 이용되기에 이르렀다.

왕인의 무덤이라 전해지는 곳

오사카 중심가에서 동쪽 히라노 역(平野驛) 부근으로 이동했다. 도중에 화물을 처리하는 큰 열차 정거장의 이름을 보고 흠칫 놀랐다. 바로 역 이름이 백제역(百濟驛, 구다라 역)이었기 때문이다. 일본말에 비슷한 한자가 있

(위) 오사카 구다라, (아래) 오사카 백제역 | 예전에는 여행객들이 이용하는 역이었지만, 지금은 화물역이다. 부근의 거리를 걷다 보면 백제라는 이름이 붙은 거리와 백제천이라는 시내도 보인다.

겠거니 하며 발길을 돌렸지만, 부근 거리의 이름에도 백제라는 명칭이 붙어 있다. 이뿐만 아니다. 그 앞을 흐르는 개울의 이름도 백제천이다. 백제천이 흐르고 백제역이 있는 오사카 시 이쿠노 구(生野區), 히라노 구(平野區) 일대는 과거 백제군 땅이었다. 그렇기 때문에 내게는 이 지역이 결코 낯설지 않았다. 풋풋하게 살아 숨 쉬는 우리의 아취(雅趣)와 더불어 아련한 애틋함마저 느껴지는 도시이기 때문이다.

오사카는 일본 제2의 도시로, 서일본 경제의 중심 도시일 뿐 아니라 문화예술의 터전으로 자리잡은 곳이다. 물론 최근 일본도 수도권 집중 현상이 짙어져 도쿄 인근 가나가와(神奈川) 현의 인구가 오사카 부의 인구를 제치고 둘째가 되었다고는 한다. 하지만 간토를 제외한 지역 중 오사카가 나고야와 더불어 인구 600만 이상인 6대 도시 안에 든다.

오사카를 현재와 같은 도시로 만든 사람은 임진왜란을 일으킨 도요토미 히데요시(豊臣秀吉)다. 그는 오사카성을 쌓으면서 시가지를 개발했다. 이후 하천 정비 작업을 통해 물자 수송이 활발해지면서 오사카는 상업의 중심지로 발달할 수 있었다. 하지만 오사카는 고대에도 야마토 정권이 해외로 나가는 관문으로 썼던 곳이다. 오사카는 오사카 만으로 흘러 들어가는 요도가와(淀川)와 야마토가와(大和川)에 의해 생긴 델타 지대에 발달한 도시로, 세토 내해를 통해 한반도와 연결되는 중요한 거점이었다. 그래서 663년 나당연합군에게 백제부흥군마저 완전히 진압되자 많은 유민들이 이곳으로 건너와 정착했다. 그러다가 결국 백제 도래인을 위해 백제군이라는 특별 행정 구역까지 개설한 것이다.

일본에는 한국에서 건너간 사람이 많이 살고 있다. 이들을 일본에서는 이른바 귀화인이라 부른다. 그러나 귀화인이란 자신의 국적을 버리고 지금 사는 나라에 영구히 정착한 사람을 말하는 것으로, 고대 번국관(蕃國觀)■에 따라 일본인화하려는 편견이 녹아든 표현이다. 그러나 지배층의 번국관이 녹아 있는 귀화라는 표현은 다양한 이유로 일본으로 건너간 한반도인들에게 붙이는 용어로는 부적절하다. 『고사기』 등 일본 옛 문헌을 보아도 귀화인이라는 표현보다는 도래인(渡來人)이라고 썼기 때문에, 오히려 지금도 도래인이라는 용어를 사용하는 것이 적절할 것 같다.

백제군이란 이름은 일본 정사 가운데 하나인 『속일본기』에서 간무(桓武) 천황 10년(791년)에 처음으로 나타난다. 그러나 이보다 앞서 고토쿠(孝德) 천황 2년(646년)에 전국에 국(國)과 군(郡)을 설치한 것으로 미루어볼 때, 7세기 중반부터 백제왕씨(百濟王氏)를 중심으로 백제군이 설치된 듯하다. 기록상 백제군의 명칭은 833년까지 유지된 것으로 보인다.

■ 귀화란 중국에서 군주의 덕하(德下)에 귀복한다는 의미로 쓰였다. 일본의 번국관도 이러한 왕화사상(王化思想)의 소산이다.

백제사적 | 백제왕씨의 씨사로 건립된 백제사가 지금은 황량한 벌판으로 바뀌었다. 백제사라는 절은 오사카와 나라, 오미 일대에도 있어 백제인의 정착지를 알려주는데, 이 사찰은 8세기 중엽 가타노로 이주한 백제왕씨가 세운 것이다.

원래 오사카는 하류로 밀려온 퇴적물이 쌓여 형성된 도시로서, 물의 흐름이 빨라 '낭속(浪速)의 국(國)'이란 이름이 와전되어 나니와(難波)라고 불렀다. 그래서 그런지 지금도 오사카에서는 나니와나 남바(難波)라는 표현을 자주 볼 수 있다. 이 때문에 과거에는 천변을 중심으로 침수가 자주 일어나 골치를 썩곤 했는데, 고대 도래인들의 선진 기술로 제방을 쌓아 홍수의 피해를 막았다는 기록도 있다. 하지만 일본열도는 항상 기후 변화가 무쌍한 곳이어서 당시 백제 도래인들도 완전히 치수하기에는 역부족이었던 듯하다. 백제왕 경복(百濟王敬福, 698~766)에 이르러서는 백제군의 땅이 홍수 피해를 자주 입어 가까운 가타노(交野)로 터전을 옮겼다.

오사카에서 교토로 가는 중간 지점에 히라카타(枚方) 시가 있다. 히라카타 시는 오사카 부에 있는 도시다. 이곳에는 일본에서 특별 사적으로 지정해놓은 백제사적(百濟寺跡, 백제사터)이 있다. 오사카에서 특별 사적으로 지정해놓은 것은 오사카성과 바로 이곳 백제사적 두 곳뿐이다. 그런데 특별 사적은 일본에서도 중요한 사적에 붙이는 표현이기에 귀가 솔깃해진다. 백제사적을 특별 사적으로 정한 이유라도 있는 것일까?

백제 의자왕의 왕자 선광(禪廣, 善光)은 나중에 백제부흥군을 이끈 부여

백제사적 가람 배치 │ 중문 양 옆으로 회랑이 뻗어나가 동서의 탑을 두르고 북쪽으로 금당을 다시 감아쥔 가람 배치다. 전체적으로 감은사의 가람 배치와 유사해서 도래인에 의한 문화 전파를 보여주는 유적이라고 할 수 있다.

풍 왕자와 같이 왜국에 건너갔다가 백제가 패망해 돌아갈 곳이 없어지자 일본에 정착했다. 일본에서는 선광을 중용해 백제 왕족으로 예우했다. 그의 후손들은 지토(持統) 천황 때에 백제왕(百濟王)이란 성을 얻었다. 이후 선광의 후손들은 오사카 지역에 살다가 증손자인 경복 때에 들어와 가타노로 터전을 옮겼는데, 이곳이 현재의 히라카타다.

의자왕-선광-창성(昌成)-낭우(郎虞)-경복으로 이어진 백제왕의 계보는 백제사와 함께 자리한 백제왕 신사의 족보에 기록되어 있다. 그중에서 특히 경복은 가장 화려한 경력을 쌓으며 종3위(從三位)에 올랐다. 그가 무쓰노카미(陸奧守)로 임명되었을 때 도다이 사의 대불을 주조하면서 황금 900량을 헌상하기도 했다.

백제사와 백제왕 신사는 이들 백제 왕씨가 가타노로 옮긴 8세기 중엽에 조영되었고, 이들의 씨사와 씨신사로 창건되었다. 백제사는 11∼12세기

백제왕 신사 현판 | 백제사적 서쪽 뒤편으로는 백제왕씨의
씨신사였던 백제왕 신사가 있다. 신사 배전 현판에 '백제국왕
(百濟國王) 우두천왕(牛頭天王)'이라는 글씨가 씌어 있다.

무렵에 불에 타 지금은 1932년에 발
굴한 주춧돌만이 남아 황량하기 그지
없다. 하지만 금당 왼쪽과 오른쪽을
회랑으로 둘러싼 그 규모로 짐작컨대
과거 웅건하고 아름다운 사찰이었음
을 알 수 있다. 160평방미터 절터에
남문, 중문, 동탑, 서탑, 금당, 강당
등의 흔적이 또렷이 남아 2탑 1금당
가람 배치를 보여준다. 이는 삼국을
통일한 후 그 웅대한 꿈을 싣고 비룡
(飛龍)이 되어 동해의 왜적을 막으려
던 경주 감은사터의 가람 배치를 떠

올리게 한다. 한반도와 교류한 결과, 2탑 1금당인 장려한 가람 배치를 이루
었을 법하다.

그런데 절 뒤편에 있는 백제왕 신사에 놀랍게도 '백제국왕(百濟國王) 우
두천왕(牛頭天王)'이라는 문구가 적혀 있었다. 히라카타 교육위원회의 자
료에서는 이 편액이 신사가 백제왕씨의 조상을 제사 지낸 곳임을 명확하게
해준다고 적었다. 하지만 우두천왕은 역병을 전파하는 신이며, 동시에 이
를 친절하게 맞이한 민중에게는 만병통치의 비법을 전파하는 신으로 알려
져 있다.

일본의 토착 신도와 외래 불교의 융합인 '신불습합'으로 대개 우두천왕
은 10세기 이후 스사노오노미코토와 동일시되었는데, 메이지 유신 이후 신
불분리 정책으로 우두천왕을 제신으로 하는 신사가 모조리 스사노오노미

코토를 모시는 신사로 바뀌었다. 그래서 규슈 미야자키의 히키(比木) 신사에서도 보았듯이, 백제와 관련 있는 신사의 제신이 스사노오노미코토로 되어 있는 것이다. 현재 백제왕 신사가 백제왕신과 스사노오노미코토를 제신으로 삼는 것도 이러한 역사적인 흐름에 연유한 것 같다. 하지만 백제에서 온 백제왕과 신라에서 온 스사노오노미코토를 함께 제신으로 삼는 것이 쉽게 납득되지는 않는다.

박사왕인지묘 | 왕인의 무덤이라 전해지는 곳이다. '박사왕인지묘(博士王仁之墓)'라고 쓴 비석 앞에는 과거부터 이 지방 사람들이 숭배해온 자연석이 놓여 있다.

　우두천왕에 대한 궁금증을 안고 백제사적을 떠나 동북쪽으로 발걸음을 옮겼다. 백제사적과 멀지 않은 후지사카(藤坂)에 가면 일본에 천자문과 논어를 전한 왕인의 묘가 있다는 말을 듣고 그곳을 톺아보기 위해서였다. 후지사카의 나가오(長尾) 역 부근을 서성이다 근처에서 주민들의 휴식 공간으로 조성된 '왕인 공원'을 찾았다. 하지만 왕인 묘역은 조금 후미진 곳에 있어서 물어물어 찾아가야만 했다. 집들이 빽빽이 들어차 있는 고샅길 주위를 한참 동안 헤맨 뒤에야 '전왕인묘(傳王仁墓)'라는 표지석을 발견할 수 있었다. 그리고 그 옆에는 최근에 세워진 듯 한옥 단청으로 울긋불긋하게 만든 '백제문(百濟門)'이 있었다. 그런데 왜 왕인묘가 아니라 '전왕인묘'일까? 왕인묘로 전(傳)해지는 곳이라 함은 단지 말 그대로 그렇게 전해질 뿐,

실제 왕인의 묘는 아닐 수도 있다는 의미일까?

'백제문' 너머 묘역을 둘러싼 돌담 안쪽 나무들이 뒤덮인 사이에 자연석 하나가 어색하게 서 있었다. 그리고 그 뒤에는 '박사왕인지묘(博士王仁之墓)'라고 쓴 비석 하나가 있었다. 자그마하게 툭 불거진 자연석이 왕인의 묘라고 부르는 것인 듯한데, 무척 초라하고 궁상스러웠다. 그리고 왕인묘에서 30미터 아래쪽 언덕 위에 '박사왕인분(博士王仁墳)'이라는 비석이 있었다. 이 비석에는 제법 운치 있는 필체가 새겨져 있다. 묘역 안내판에는 "일본 문화의 시조로 존경받으며 후세 사람들은 에도 시대부터 이 자리에서 재를 올리며 추모하고 있다"라고 씌어 있었다. 그 옆에는 논어의 첫 번째 구절인 '學而時習之(배우고 때때로 익히면)……' 일절이 적혀 있다.

그런데 왕인 묘역 전체를 돌아보면서 무언가 석연치 않은 구석이 있음을 느꼈다. 전반적으로 당시의 흔적이라기보다는 후대에 겉치레로 이것저것 갖다 붙인 모습이기 때문이었다.

우선, 왕인의 묘가 오사카에서 교토로 넘어가는 동북쪽 지역인 히라카타에 있다는 것부터 의문스럽다. 왕인에 관한 기록을 보면, 왕인이 전수한 학문이 일본 문화를 일깨우는 계기가 되어, 그의 후손은 대대로 학문에 관한 일을 맡아보고 일본의 아스카 문화를 꽃피우는 데 결정적으로 기여한 것으로 나타난다. 또한 그의 자손은 문필가로서 조정에서 일했고, 현재 오사카부의 남부 하비키노(羽曳野) 시 후루이치(古市)에 있는 사이린 사(西琳寺) 부근에 살았고, 지금도 그의 후손이 일본의 가와치(河內)■에 살고 있다고 한다. 그렇다면, 하필 왕인의 묘가 왜 가와치나 당시 정치의 중심인 나라 지역이 아닌, 이곳 북부 가타노라는 지역에 있는 것일까? 이 지역에 백제

■ 가와치(河內): 오사카의 옛 지명으로 대개 범위는 현재의 오사카 북부에서 남동부에 이른다.

인이 자리를 잡은 것은 일러도 백제왕 경복 때부터인데 말이다. 이보다도 훨씬 이전의 인물인 왕인의 묘가 이곳에 있는 것이 상식적으로 납득되지 않는다. 혹시 이곳은 왕인의 무덤이라기보다는 백제 도래인들이 터를 옮길 때 왕인의 신주를 모셔와 제사 지낸 곳은 아닐까?

박사왕인분

히라카타에 왕인의 묘가 처음 고증되어 묘역이 다듬어진 것은 1731년이다. 그리고 지금처럼 오사카 부 사적으로 지정된 것은 1938년이다. 그런데 그렇게 지

왕인 묘역 안내판

왕인 무덤 아래쪽 언덕에는 1827년에 건립된 '박사왕인분(博士王仁墳)'이라는 현창비가 있다. 『고사기』에는 왕인이 『논어』 10권과 『천자문』 1권을 바친 것으로 기록되어 있다. 그래서 묘역 앞마당에는 논어와 천자문을 새긴 안내판이 세워져 있다. 『논어』의 첫머리에 나오는 학이(學而)편이 보인다.

정되기까지 과정을 살펴보면 어처구니가 없다. 1616년 히라카타의 긴야(禁野) 정에 있는 와다 사(和田寺)의 니시무라 도슌(西村道俊)이라는 자가 자칭 왕인의 자손이라 주장하며 『왕인분묘내조기(王仁墳墓來朝記)』를 썼다. 그런데 이 기록을 보면, 후지사카 마을 오하카타니(御墓谷)에 있는 '귀신묘'는 왕인의 묘가 변한 것이라고 적혀 있다. 이후 1731년에 그것을 본 교토의 유학자 나미카와 세이쇼(並川誠所)가 후지사카 부근에서 왕인의 묘

를 찾던 중 현재의 자연 입석을 발견하고는 왕인의 묘로 삼았다.

일본에서는 왕인을 보통 '와니'라고 읽는다. 그런데 원래 이곳 후지사카 산중에는 기도를 하면 치통이 낫는다는 자연석이 있었는데, 그 자연 입석을 사람들은 '오니바카(鬼墓)', 즉 도깨비묘라 불렀다. 그러니까 오니바카로 부르던 도깨비묘가 어느새 와니바카로, 그리하여 왕인의 묘로 바뀌어버린 것이다. 이 지역에서 오래 산 주민들은 이곳을 아직도 '오니바카'라고 부른다고 하니 심하게 비약된 듯하다.

어쨌든 당시 이곳 영주였던 구가이이나바노카미세이준(久貝因幡守正順)은 왕인의 묘로 인정해 '왕인박사지묘(王仁博士之墓)'라고 쓴 비를 세웠다. 나미카와는 당시 막부의 권위를 배경으로 현지 조사를 한 것이었기 때문에 정황으로 보아 이곳의 영주는 왕인의 묘가 확실하지 않은데도 일단 비를 세웠을 가능성이 높다.

왕인의 무덤의 아래쪽 언덕에 '박사왕인분'이라고 새겨져 있는 것은 1827년에 황족인 아리스가와노미야(有栖川宮)가 쓴 친필이다. 당시 가신인 이에무라마고우에몬(家村孫右衛門)이 황실의 권위를 높이기 위해 왕인을 이용해 경내에 비를 건립한 것이다. 이후 메이지 시대에 들어와 1892년 오사카 부의 지사인 야마다 노부미치(山田信道)의 명령으로 주위 민간 소유의 땅을 거두어 1622평에 달하는 현재의 묘역으로 확장했으며, 1899년 닌토쿠(仁德) 천황 등극 1500주기 기념제에서 왕인에 대한 제전도 함께 진행했다. 당시 위정자들이 왕정복고로 인한 천황중심주의를 선창하기 위해 과거 천조를 섬겼다고 하는 왕인을 정치적으로 이용하려는 속셈이었던 것으로 보인다. 당시 왕인 박사 추모제가 거행되어 이토 히로부미 수상을 비롯해 많은 명사들이 희사금을 낸 것을 보면 이를 짐작하고도 남는다.

또한 일제시대에는 국가주의를 주장하는 자들에게 이용되어, 1938년 5월에 왕인의 묘가 오사카 부에서 사적 13호로 지정되었다. 그리고 제2차 세계대전 후에는 해마다 11월 3일에 왕인제를 열고 있다. 이제는 무궁화까지 심어놓고 우리와 친선 교류 활동을 전개한다. 물론 지금은 정치적 의도 없이 순수하게 왕인의 묘를 돌보며 친선을 도모하려는 사람들이 늘고 있다. 하지만 서글픈 과거 행적을 보면 이곳이 진짜 왕인의 무덤인지 좀더 철저하게 고증해야 할 것이다.

왕인의 묘라 부르는 곳이 이곳 히라카타 외에도 일본 전역에 여러 군데 있다. 먼저 오사카 시 오요도(大淀) 오닌 정(大仁町)에 있는 하치만(八坂) 신사를 들 수 있다. 하치만 신사 안에 있는 소나무를 '일본송명신(一本松明神)'이라 하는데, 이 소나무 밑에서 석관이 발굴되자 이를 왕인총이라 주장하게 되었다고 한다. 오닌은 원래 왕인이라는 글자가 변한 것이라고도 하

오사카 하치만 신사의 왕인 묘 │ 요도가와가 흐르는 오사카 중심부 오닌 정(大仁町)이라는 곳에 하치만 신사가 있다. 오닌이라는 이름이 왕인에서 나온 것이라 하여, 경내 소나무 밑에서 석관이 발굴되자 이것을 왕인총이라 주장하게 되었다고 한다.

니, 이 지역에 왕인의 자취가 남아 있을 법도 하다. 또한 왕인의 묘를 박사의 후예인 가와치노후미씨(西文氏)가 살던 하비키노 후루이치의 사이린 사 부근에 있는 것으로 추정하는 이도 있다. 마쓰바라(松原) 시 오카 정(岡町)에는 왕인이 학문을 가르치려고 세웠다는 왕인 성당(聖堂)이란 유적이 있는데, 이곳에 왕인의 무덤이 있을 것으로 보는 이도 있다.

이외에도 와니 씨족의 근거지였던 곳에 왕인의 무덤이 있을 것이라고 추측하는 이들도 있다. 와니씨는 화이(和爾), 화이(和珥), 화이(和邇), 왕인(王仁) 등으로 쓰기 때문에, 와니씨족은 백제에서 건너온 왕인 박사의 후손으로 여겨진다. 『고사기』에서도 왕인을 화이길사, 곧 와니키시(和邇吉師)라고 썼다. 나라 현 덴리 시 와니 정에도 와니시모(和爾下) 신사가 있으며, 주변에 고분이 1000여 기 있어 와니씨의 집단 정착지로도 추정된다. 와니씨족은 5~6세기 후반에 걸쳐 큰 세력을 떨친, 야마토의 대씨족으로, 6세기 무

왕인 성당터 | 오사카의 마쓰바라(松原)에 가면 자그마한 연못 가에 당(堂)이 하나 있다. 이곳이 왕인 성당(聖堂)이란 유적인데, 왕인이 사람들에게 학문을 가르치려고 세운 것이라고 한다. 마쓰바라에서는 일본에서 처음으로 세워진 학교이며 학문의 발상지로서 사랑받고 있다.

렵부터 가스가(春日), 오노(小野) 씨 등이 갈라져 나왔다.

이처럼 왕인의 묘라고 추정되는 곳은 오사카 남부와 나라 가까운 지역에 밀집해 있다. 이들 지역에서 왕인과 그의 후손들이 활동했다. 그런데도 히라카타에 왕인 묘가 있다는 것이 어딘지 모르게 어색하기만 하다. 왕인의 묘가 있었을 법한 곳은 오사카의 중심부이거나 야마토에 가까운 나라 지역이다.

우리나라에서는 왕인의 출생지가 시대의 흐름에 따라 이용되어 고증이 불확실하다는 비판을 받고, 일본에서도 역시 왕인의 묘가 정치적으로 이용되어 고증이 확실치 않다고 비판받고 있다. 어쩌면 그 모양새가 이리도 서로 닮았을까.

친일파가 세운 박사왕인비

일본은 동서로 길게 드리워져 있기 때문에 서쪽 규슈에서 혼슈의 간토 지방으로 가려면 오랜 시간이 걸린다. 일본의 주요 도시는 혼슈에 밀집해 있는데, 혼슈만 하더라도 우리나라 남북한을 합한 면적과 비슷할 정도로 대단히 크다.

간토는 대개 도쿄 도를 중앙에 두고 남쪽으로 가나가와(神奈川) 현, 동쪽으로 지바(千葉) 현, 북쪽으로 사이타마(埼玉) 현 및 군마(群馬) 현, 도치기(栃木) 현, 이바라키(茨城) 현까지를 말한다. 간토(關東)라는 명칭이 생긴 연유는 이른바 하코네(箱根, 가나가와 현 남서부에 있는 하코네 화산 지대) 관문 동쪽에 있는 지방이기 때문이라고 하는 설이 유력하다. 다만 헤이안 시대 초기까지는 도쿄에서 한참 서남쪽에 있는 기후 현 세키가하라(關ヶ原)의 동쪽을 간토라고 했지만, 이후 동쪽 땅을 개척하면서 간토 지방이라는 명칭이 점점 동쪽으로 이동해간 것 같다.

실제로 간토 지방이 정치의 중심이 된 것은 도쿠가와 이에야스가 에도로 막부를 옮기면서부터다. 대개 일본에서는 도쿄가 두 번에 걸쳐 현재와 같은 도쿄가 되었다고 한다. 첫 번째는 도쿠가와 이에야스가 광활한 황무지를 개간했을 때이고, 두 번째는 간토 대지진 이후 도쿄가 재건되었을 때다.

나리타 공항에 도착해서 도쿄 시내로 들어가려면 신주쿠로 들어가는 버스를 타도 되지만, 게이세이선(京成線)을 타는 것이 값도 싸고 마음이 편하다. 게이세이선 요금도 1000엔이나 되니 그리 싼 것도 아니지만 말이다. 게이세이선의 종착역은 우에노 역(上野驛)인데, 우리나라로 말하면 청량리 역처럼 동쪽에서 수도로 들어오는 관문으로 매우 분주한 곳이다. 우에노에는 도쿄 박물관을 품고 있는 우에노 공원이 있다. 우에노 공원 앞쪽에는 과거 정한론을 주장한 사이고 다카모리(西鄕隆盛)가 개를 데리고 있는 동상이 있다.

우에노 공원 한편에 시커먼 비석 2기가 있다. 가만히 들여다보니, 다름 아닌 왕인 비석이었다. 이곳 도쿄의 한복판인 우에노 공원에 왕인의 비가 있다

우에노 공원의 사이고 다카모리 동상 │ 메이지 유신의 공로자로 고향인 가고시마 현에서는 영웅이다. 하지만 그는 메이지 정권 수립에 공로가 많았던 무사들의 불만을 가라앉히려고 정한론을 주장하는 등 우리에게는 별로 달갑지 않은 인물이다.

는 사실이 기뻤다. 그런데 이 비를 이곳에 세운 연유를 살펴보고 나서는 기쁨이 금세 분노로 바뀌었다. 일제는 이 비를 침략 야욕을 가장 심하게 드러낼 때인 1940년과 1941년 두 차례에 걸쳐 세웠다. 창경궁에서 하사한 은자(恩賚)와 일본의 집권자 고노에(近衛) 수상을 비롯한 황족, 고관, 문학자, 승려, 정치가 등 각계 명사 230여 명의 도움으로 세웠는데, 비석 건립을 협찬한 사람들 중에는 친일파로 지탄을 받은 한국인이 13명이나 끼어 있었다. 이 자리에 왕인의 비석을 세운 것은 일본이 내선일체를 주장하고자 왕인을 추앙하는 정책의 일환이었던 것이다.

일본은 그동안 조선을 식민지로 삼으면서 일본 본토와 차별하는 정책을 취했는데, 태평양전쟁을 벌여

(위) 박사왕인비, (아래) 그 비문 | 우에노 공원의 청수관음당(清水觀音堂) 뒤편으로 가면 왕인을 기리는 비석이 서 있다. 내선일체를 주장하며 군국주의자들과 친일파가 함께 세운 비이다. 과거에는 이곳을 찾는 이가 별로 없었는데, 최근에 한국인 관광객들이 자주 찾고 있다. 아마 관광 책자에 나온 것을 보고 찾아온 모양이지만, 왕인비 앞에서 즐거이 사진을 찍는 모습이 안타깝다.

조선인을 징병하면서 내지인과 식민지인의 차별을 해소한다는 명분으로 내선일체를 주장했다. 이처럼 우에노 공원에 박사왕인비를 세운 것이나 히라카타의 왕인 묘를 현창한 것, 또한 나주 본원사의 아오키가 왕인의 동상 건

립 계획을 주창한 것 모두 그 배경은 크게 다르지 않다.

결국 한국에서나 일본에서나 정략적으로 이용만 당하는 왕인의 모습이 오늘날 우리의 모습과 함께 겹치면서 서글퍼졌다. 이러한 연유를 모르는 한국인 관광객들은 영암에서 왕인 축제로 흥겨워하고, 관광 안내서에 나온 내용만을 보고 우에노 공원의 왕인비 앞에서 좋다고 사진을 찍고 있으니, 이러한 현실을 무어라 표현해야 할까?

우리나라 고등학교 국사 교과서에서는 왕인과 아직기에 대해 서술하고, 그들을 대표로 해서 백제가 한반도의 문화를 전했다고 썼다.

4세기에 아직기는 일본의 태자에게 한자를 가르쳤고, 뒤이어 일본에 건너간 왕인은 천자문과 논어를 전하고 가르쳤다. 6세기에는 노리사치계가 불경과 불상을 전하였다. 이렇게 전래된 백제문화를 바탕으로 일본의 세계적 자랑인 고류 사 미륵보살 반가사유상과 호류 사 백제관음상이 만들어졌다.

그런데 인터넷 백과사전인 위키페디아(wikipedia) 일본어판에 나오는 왕인에 대한 일본인의 인식이 현재 우리가 한일 고대사를 어떻게 보아야 할지를 다시 한 번 일깨워준다.

한국에서는 『일본서기』에 나와 있는 왕인에 대한 기사는 칭송하면서 『일본서기』의 다른 곳에 나와 있는 임나는 부정하는 이중 구조가 흥미롭다.

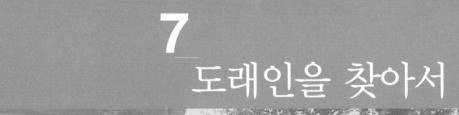

7
도래인을 찾아서

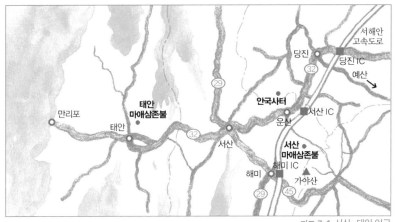

지도 7-1 서산·태안 인근

민중의 소망, 미륵불

충청남도를 돌아다니다 보면 길머리에 우뚝우뚝 돌부처가 서 있는 것을 자주 볼 수 있다. 미륵이라 부르는 석상이다. 사람들은 이곳에 지성을 드린다. 불교가 전해진 삼국시대부터 미륵은 우리 민중 사이에 깊게 뿌리를 내렸다.

지도에서 미륵불이 있는 지역을 살펴보면 충청남도에 가장 많이 분포하는 것을 알 수 있다. 남한 지역을 대상으로 한 미륵불 조사에서 지금까지 밝혀진 것만 371기라고 한다. 그중 단일 면적에서 최대 밀집 분포를 보이는 곳이 경기도 안성 땅이다. 하지만 시도별로 보면, 과거 백제 땅인 충청남도를 중심으로 집중 발견된다. 경기도 안성도 남쪽으로 충남 천안과 바로 맞닿아 있는 지역이기 때문에 과거 백제 땅과 연속선상에서 파악해도 될 듯싶다. 그렇다면, 백제와 미륵은 원래부터 어떤 연관이 있었던 것일까?

『택리지』를 쓴 이중환은 충청도에서 제일 좋은 곳으로 내포를 지목했다.

내포는 곧 가야산 앞뒤의 열 고을인데, 이처럼 태안, 서산, 예산, 홍성을 위시한 충남의 내포 일대는 예로부터 살기 좋은 고장으로 알려져왔다. 하지만 경부선이 천안과 대전을 통과하면서 내포 땅은 주목받지 못했다. 그러다가 최근에 서해안고속도로가 개통되면서 활기를 띠고 있다. 내포 땅은 수산자원이 풍부하고 농지가 비옥해 아직도 따뜻한 인정미가 넘치는 곳이기도 하다.

덕산미륵 | 충남 덕산에 가면 큰길가에 미륵이 다소곳이 서 있다. 머리 위 개석에는 돌 한 무더기가 얹혀 있다. 돌을 던져 미륵불의 갓에 올리면 아들을 낳는다는 속설이 있다고 한다.

또한 내포 지역은 서해안과 맞닿아서, 중국에서 뱃길로 불교문화가 들어와 전파된 곳이다. 특히 백제가 수도를 위례에서 충청권인 부여와 공주로 옮긴 뒤부터는 그 중요성이 더했을 것이다. 중국의 『북사』와 『수서』에서 백제라는 이름이 '백가제해(百家濟海)'에서 나온 말이라고도 했듯이, 당시 백제는 해상에서 탁월한 능력을 갖고 있었다. 이런 백제가 서해를 장악하면서 교역은 더욱 활기를 띠었을 것이고, 민중은 교역의 중심지에 미륵을 세우고 안녕을 빌었을 것이다. 가까운 곳에 있는 당진(唐津)이라는 지명에서 알 수 있듯이, 내포 지역은 당나라를 비롯한 중국 지역과 교섭 통로 역할을 했다.

이처럼 내포가 교역의 중심지가 되면서 자연스레 이 지역에 백제의 아름다운 문화가 만들어진 것이 아닌가 싶다. 서산에는 '백제의 미소'로 유명한 서산 마애삼존불이 지금도 고졸한 미소로 우리를 반긴다. 서산 마애삼존불

태안 마애삼존불상 │ 일반적인 삼존불상과는 달리 중앙에 보살상을 두고 좌우에 불상을 배치한 특이한 형태다. 서해바다가 바라보이는 백화산 바위에 새겨져 있어 중국과 한반도를 잇는 교역의 중심지에 미륵을 모셨던 것으로 짐작된다.

보다 더 오래된 것으로 확인되어 최근 보물에서 국보로 승격된 태안의 마애삼존불 또한 아름다운 자태를 자랑한다. 이들은 중국을 잇는 한반도의 들머리로서 교역의 통로에 자리잡은 내포 지역의 역사성을 다시금 일깨우는 산 증인이 되는 셈이다.

당진에서 서산으로 국도를 따라가면, 그 길목 어귀에서 미동도 없이 기다린 듯 떡 하니 버티고 서 있는 봉화산(烽火山)이 보인다. 꼭대기에 봉화대가 있었기 때문에 봉화산이라 불렀음직한 산봉우리 주위에는 야트막한 산들이 옹기종기 모여 있다. 그러나 『동국여도』 등 조선시대에 만든 고지도를 아무리 뒤져도 지금의 봉화산이라는 이름을 찾을 수 없다. 고지도에서는 부근에 있는 산봉우리를 하나하나 적지 않고, 이 일대에 있는 야트막한 산봉우리 전체를 안국산(安國山)이라고 적었다. 그래서 지금도 산자락 동

안국사터의 미륵불과 석탑   안국사터의 뒷모습

얼굴은 네모지고 코는 납작하며 턱은 짧아 그리 잘생긴 축에 들지는 않는 미륵이다. 협시보살들도 오른쪽은 아래쪽이 허리까지 묻혀
있고 왼쪽은 위쪽 머리가 없는 상태여서 서로 대조를 이룬다. 그래도 멀리 마을 앞 논두렁을 굽어보고 서 있는 모습은 자못 진지해
보인다.

편 끝에는 흔적만 남은 안국사 절터가 있고, 절터가 있는 마을의 이름도 안
국이라 한다. 안국산 깊은 기슭 안국사터로 짐작되는 곳에 미륵으로 보이
는 석불이 3개 있다. 그리고 바로 앞에는 5층이었던 것으로 추정되는 석탑
1기가 놓여 있다.

　『신증동국여지승람』 해미현조에 "안국산이 해미현 북쪽 38리 지점에 있
다. 안국사는 안국산에 있다"는 기록이 있기 때문에 일단은 조선중기까지
안국사가 남아 있었던 것으로 짐작된다. 하지만 안국사터로 알려진 곳이
또 있다. 이곳에서 약 500미터 정도 떨어진 안국산 중턱에도 절터가 있다.
『신증동국여지승람』의 기록만으로는 둘 가운데 어느 곳이 진짜 안국사터
인지 확실치 않다. 두 곳에서 모두 안국사(安國寺)라고 쓴 기와가 발견되어
모두 안국사로 불리지 않았나 싶다.

　안국사에 대해서는 자세하게 알려진 바가 없다. 백제 말엽에 창건되었다
고 전해지지만, 이곳에 나란히 서 있는 석불 입상 3개를 보면 고려시대 냄
새가 난다. 지방색이 강하고 조형성이 떨어지는 것으로 보아 고려시대에
조성된 것 같다. 넓적한 얼굴에 갓 모양을 한 커다란 보개를 쓴 형상이 불

안국사터 배바위 │ 배바위 위에서 돌을 던져 미륵의 갓 위에 올리면 아들을 낳는다는 속설이 있는데, 막상 시도를 하면 여간해서 올리기가 쉽지 않다. 배바위는 일종의 매향비인데, 배가 돌로 변했다는 애틋한 전설을 지니고 있다.

안정한 느낌을 준다. 이곳에서는 안국미륵이라고 부르며, 오랫동안 숭배해온 것으로 본다. 인근 운산면 여미리의 미륵불상과도 비슷해, 이와 같은 미륵불상이 내포 지방의

특색인 듯도 하다.

세 석불 입상 뒤로는 집채만 한 바위가 있다. 배처럼 길쭉하게 생겼다고 해서 배바위라고 부르는 바위다. 배바위는 바다에 대한 염원이 담긴 이름인 듯하다. 일종의 매향비(埋香碑)인 셈이다. 매향비는 옛 선조들이 미륵이 출현하기를 기원하며 향나무를 땅 속에 묻었음을 보여주는 증거다. 배바위에는 미륵이 이 땅에 내려와 극락을 이루어주길 기원하면서, 이곳에 향을 묻고 빌었다는 비문이 적혀 있다. 배바위 덕분에 이곳에 세워진 석불 입상이 미륵임을 알 수 있는 것이다. 과거에는 향나무나 소나무, 참나무 등을 바닷물에 담가두면 오랜 세월이 지나 아주 귀한 침향(沈香)이 된다고 여겼다. 그래서 이 향이 될 나무를 산곡수(山谷水)와 해수(海水)가 만나는 곳에 묻고 그 사실을 바위에 암각하거나, 비석으로 만들어 표시해두었다고 한다. 이곳뿐만이 아니라 덕산, 해미, 삼일포, 사천 등지에서도 매향비가 발견되어, 미륵 신앙이 전국에 분포했음을 알 수 있다. 사천 매향비에는 "행(行)과 원(願)을 함께 닦기 위한 불교 신앙 활동으로 매향한 결과 얻게 될 침향을 가지고 장래에 하생할 미륵불의 용화회(龍華會)에 참석해 공양하고

깨달음을 얻을 수 있기를 기원한다"라는 내용이 적혀 있다. 매향이 전란이나 재해, 질병 등으로 민심이 흉흉해졌을 때, 재앙을 물리치고 복을 기원하는 구복 기능을 했다는 증거이다.

안국사터의 매향비, 곧 배바위에는 이런 전설이 있다.

고려 시대 초 중국에서 목공으로 생업을 유지하던 가(賈) 씨라는 사람이 큰 난리가 일어나자 직접 만든 배를 타고 동쪽으로 피난을 떠났다. 갑자기 풍랑을 만나 지금 안국사 부근에 있는 수당리 앞바다에 도착했고, 어느 이름 모를 어민 부부의 도움으로 겨우 목숨을 건졌다. 가 씨는 어민 부부에게 보답으로 배를 만들어주었다. 이후 배를 잘 만든다는 소문이 나 곡식과 돈을 많이 모았다. 그러던 중 천둥과 벼락이 내리치던 어느 날, 주문을 받아 만들던 배에 갑자기 벼락이 떨어져 배가 돌로 변하고 말았다. 그래서 그때부터 돌로 변한 배를 배바위라 했다고 한다.(『당진군지』)

당진군에서 편찬한 『당진군지』를 보면, 배 모양 바위에 깃든 옛사람들의 관심이 이러한 소박한 전설로 남아 있는 것을 볼 수 있다. 하지만 배바위의 왼쪽과 오른쪽에 적힌 비문을 자세히 살펴보면, 이 바위가 단순히 전설이 얽힌 바위가 아니라 매향비 기능을 했음을 알 수 있다.

庚戌十月 日 / 鹽率西村出浦 / 木香埋
경술년 10월 염솔서촌 출포 마을에 목향을 묻었다.

庚午 二月 日 / 余美 北天口 / 浦東 際埋香 / 一丘化主寬先 / 結熊

(願?)香徒

경오년 2월에 여미 북쪽 천구라고 하는 포구 동쪽에 향을 묻었으며, 화주
와 주민들의 힘으로 향도를 묶어 세웠다.

예전에는 경술년의 비문을 '鹽率西村出由 / 木工合埋'로 판독해 목공
에 얽힌 전설과 연관이 있는 것으로 풀이한 적도 있다. 그러나 최근 出由는
出浦를 잘못 읽은 것으로 보아 출포는 매향을 한 장소로, 木工合埋는 木香
埋로 읽을 수 있다는 견해가 발표되었다. 하지만 비문이 워낙 흐릿해 어느
판독이 옳은지는 여간해서 분별하기가 어려운 상태다. 일단 경술년과 경오
년이 어느 시기를 가리키는 것인지는 알 수 없다. 하지만 대개 매향비가 고
려 말에 집중적으로 나타나는 것으로 보아, 여말 선초에 세워진 것으로 짐
작된다.

미륵은 범어로 마이트레야를 음역한 것으로 '자비에서 생긴 것'이라는
뜻이다. 따라서 미륵을 자씨(慈氏), 자존(慈尊)이라고도 하는 것이다. 전북
김제 금산사 미륵전에 대자보전(大慈寶殿)이라고 쓴 편액이 걸려 있는 것
을 보아도 예로부터 미륵을 자비의 상징으로 여겼음을 알 수 있다.

원래 미륵은 석가모니의 제자였다. 미륵은 석가모니불의 교화가 끝난 다
음 사바세계에 다시 출현해 부처가 될 인연이었기 때문에, 부처가 되기 위
해 도솔천에 남아서 수행하던 보살이었다. 석가모니는 출가 이후 긴 세월
동안 정성 들여 짠 금실 가사를 미륵에게 전했다. 그러면서 자신이 입멸하
고 56억 7000만 년이 지난 뒤 미륵은 부처가 되어 용화수 아래에 내려와
세 번에 걸쳐 인연 있는 사람들에게 설법을 하며(龍華三會. 彌勒三會), 석가
가 제도하지 못한 중생들을 모두 제도할 것이라고 예언한다. 미륵불은 미

래에 마땅히 와야 할 당래불(當來佛)로서 자리매김하게 된 것이다. 그래서 미륵은 부처가 되려고 수행하는 보살이지만, 다음 대에 어차피 부처가 될 것으로 정해져 있기 때문에 미륵 '보살'이라고도 하고 미륵 '불'이라고도 하는 것이다.

초기의 미륵 신앙은 사람이 죽은 뒤 미륵이 있는 도솔천에 상생해 그곳에서 56억 7000만 년을 보낸 뒤, 미륵이 하생할 때 미륵을 따라 지상에 돌아와 구원을 받는다는 신앙이었다. 이를 '미륵 상생 신앙'이라고 한다. 그러다가 이후 도솔천의 상생과는 관계없이 그냥 하생한 미륵의 설법으로 구원을 받는다는 미륵 신앙이 나타난다. 즉, 구세주 역할이 두드러진 '미륵 하생 신앙'이 나타난 것이다. 이처럼 미륵 하생 신앙은 상생 신앙보다 인간 활동의 의지를 더 강조해 자비와 공덕이 무량한 미륵이 아이를 낳게 해준다든지, 병을 치유한다든지 하는 민간 신앙의 형태로 전승되었다. 지금도 마을 곳곳에 남아 있는 마을 미륵은 전형적인 민간 신앙의 자취이다.

신라 말에 궁예가 나라를 세우고 스스로 미륵이라 자처한 것도 일차적으로는 당시 미륵을 주존으로 모시는 법상종의 영향력이 컸던 데서 그 이유를 찾을 수 있지만, 이에 더해 당시 메시아를 바라는 민중의 염원을 잘 간파했기 때문이었을 것이다. 이후 고려시대부터는 법상종이 선종과 화엄종에 밀려났지만, 미륵 신앙은 민중에게 소박하고 간절한 소망의 귀의처가 되었다. 특히 민생이 도탄에 빠져 새로운 메시아의 출현을 갈망할 때마다 미륵이 등장하곤 했다. 미륵 신앙이 나라가 어지러울 때마다 등장한 신흥 종교들에게까지 영향을 끼쳤다고 하는 것도 그리 지나친 말은 아니다.

금동반가사유상 추적

　서울의 용산은 꽤나 모진 동네이다. 고려 말 몽고의 병참기지를 시작으로 임진왜란 때는 명나라 군대가, 임오군란 때는 청나라 군대가, 그리고 일제시대에는 일본 군대가 주둔했을 뿐 아니라 해방 이후에는 미군이 터를 잡고 정착한 우여곡절이 있기 때문이다. 우리 땅이면서도 주권을 마음대로 행사할 수 없었던 서울 한복판의 절해도(絶海島)였다. 그나마 최근 미군부대 이전이 확정되고 미군이 일부 철수한 자리에 국립중앙박물관을 지은 것이 무척이나 다행이다.

　중앙박물관 전시장을 두리번거리다가 수려한 불상을 발견하고는 잠시 넋을 잃었다. 시야를 가득 채우며 너볏이 자리한 유물은 바로 국보 83호 금동반가사유상(金銅半跏思惟像)이었다. 아마 우리나라 불상 가운데 예술성과 의미 면에서 단연 으뜸으로 꼽을 만한 작품이다. 머리에 쓴 삼면관과 잘록한 허리 곡선, 턱을 괸 안정된 자세는 성긋이 웃는 고졸한 미소와 더불어 흠잡을 데 없는 성스러운 자태를 보여준다. 결가부좌 자세에서 왼쪽 다리를 풀어 아래로 내린 반가좌 자세를 하고 왼손으로는 왼쪽 무릎에 놓인 오른쪽 다리의 발목을 잡고 오른손으로는 팔꿈치를 무릎에 댄 채 약간 숙인 얼굴을 가볍게 받친 반가사유상은 고요히 명상에 잠긴 보살의 모습이다. 정적인 종교미를 독창적으로 표현한다.

　반가사유상은 반가부좌를 한 상태에서 한 손은 턱을 괴고 무언가 깊이 생각하는 보살의 모습이다. 반가사유상은 흔히 미륵보살의 독특한 도상으로, 삼국시대에 주로 만들어진 것으로 본다. 그래서 반가사유상을 도솔천에서 하생할 날을 기다리며 사유하는 부처의 모습이라고 한다. 그러나 반가사유상이 미륵불을 염두에 두고 만든 것인지에 대해서는 많은 논란이 있

국보 83호 금동미륵보살반가상 | 높이 약 94센티미터. 원래는 머리 뒤에 광배가 있었던 듯 뒤쪽에 긴 꼭지가 달려 있다. 안정감과 조형미, 얼굴의 미소는 지금까지 보아왔던 어떤 불상보다 아름답다.

야추 사 반가사유상 | 오사카에서 도래인의 유적으로 유명한 야추 사(野中寺)에서 발견된 반가사유상. 이 불상에는 미륵이라는 명문이 씌어 있다.

다. 반가사유상이 어떤 존격을 염두에 두고 만들어졌는지 알 수 있을 만한 문헌 기록이 우리나라에는 없기 때문이다.

이전까지 반가사유상을 미륵보살로 추정한 것은 일본 반가사유상의 명문을 근거로 해서이다. 666년(병인년)에 만들어진, 일본 오사카 부 하비키노(羽曳野) 시 야추 사(野中寺)의 반가사유상에는 '미륵어상야(彌勒御像也)'라는 명문이 있다. 야추 사는 쇼토쿠 태자(聖德太子)의 명을 받아 소가노우마코(蘇我馬子)가 창건했다고 전해지나, 실제로는 도래계 씨족인 후나씨(船氏)가 7세기 무렵에 창건한 것으로 알려져 있다. 야추 사는 한반도 도래인의 유적이 많은 곳이고, 이곳에 있는 반가사유상 또한 우리와 밀접한 연관이 있어

원강 석굴 9호굴 전실 동벽 교각미륵보살과 반가좌상 | 두 다리를 엇갈려 앉은 교각좌상은 상생미륵보살을, 반가좌상은 하생미륵보살을 표현한 것으로 보는 이들도 있다. 하지만 반가사유상이 곧 하생미륵을 나타내는 것이라는 분명한 근거는 없다. 출처: 『중국석굴과 문화예술』(溫玉成, 경인문화사, 1996)

보인다. 때문에 반가사유상을 미륵으로 보는 것도 크게 무리는 아닐 듯싶다.

하지만 야추 사 반가사유상의 명문은 이미 400년대에 제작된 중국의 반가사유상과는 시대적으로 차이가 클 뿐만 아니라, 아직까지 우리나라나 중국에서는 '반가사유상=미륵'이라는 명문이 발견되지 않았다. 그렇다면 우리나라와 중국에서는 반가사유상이 어떠한 존격으로 나타났던 것일까?

중국의 반가사유상은 남북조 시대에 많이 만들어졌다. 우선 460년대 무렵에 만들어진 원강(雲崗) 석불을 살펴보자. 조상기(彫像記)가 있는 불상 중 미륵불은 35구에 이르지만, 반가사유상은 교각미륵상의 좌우 협시보살로만 간혹 나타난다. 그래서 원강 석불을 갖고 반가사유상을 미륵과 연결하는 것은 무리다. 이후 490년대 조성되기 시작한 룽먼(龍門) 석굴에는 원강보다도 반가사유상이 많지 않다. 그렇다면 5세기 후반까지만 하더라도 반가사유상이 곧 미륵이라는 확실한 근거는 없었던 셈이다. 5세기 후반에서 6세기에 이르는 사이에 중국에서 만들어진 반가사유상이 처음부터 미

태화16년명 태자상 │ 중국의 태화16년명 태자상과 같은 조형물이 반가사유상이라는 것은 미륵이 널리 숭배되기 전에 태자상으로 제작되었음을 보여준다. 출처: 『增訂 中國仏敎彫刻 史研究(圖版)』(松原三郎, 吉川弘文館, 1966)

태화22년명 금동미륵입상 │ 이 불상을 만든 사람은 부모를 위해 미륵존상을 만들면서 죽은 이가 하늘에서 다시 태어나기를 기원하고 미륵의 용화수 아래 삼회설법에 참여하고 싶다는 바람을 썼다. 하지만 미륵의 특징이 없고 손은 시무외인 자세를 취했다. 출처: 『增訂 中國仏敎彫刻史研究(圖版)』(松原三郎, 吉川弘文館, 1966)

륵을 염두에 두었던 것은 아닌 모양이다. 오히려 초기의 반가사유상은 석가모니가 출가하기 전에 사유하는 모습을 조형한 태자상으로 보인다. 다리를 구부린 말과 함께 표현된 '태화16년명 태자상(太和16年銘 太子思惟龕像, 492)'에서 보이듯이, 불전 가운데 싯다르타 태자가 애마와 이별하는 장면에 기원을 둔 것으로 추측된다.

구체적으로 미륵의 명문이 나타나는 불상은 '태화22년명 금동미륵입상(太和22年銘 金銅彌勒立像, 498)'이지만, 특별히 미륵임을 알려주는 도상적 특징이 없다. 또한 518년에 만든 '원컨대 중생이 복을 받고 용화삼회(龍華三會)에 참여하기 바란다'는 발원문이 기록된 미륵좌상도 교각보살상이기 때문에 6세기 초까지도 미륵이 반가사유상을 나타냈다고 보기 어렵다.

북위 때에 제작된 '황흥5년명 여래입상(皇興5年銘 如來立像, 471)'이나 북제의 '천보3년명 오존불의상(天保3年銘 五尊佛倚像, 552)' 등은 의상이나 입상이지만, 광배나 뒷면에 반가상을 새겼다. 많은 이들이 이를 근거로 광배나 뒷면에 새겨진 반가상은 용화수 아래에서 사유하는 일생보처보살인 미륵보살이고, 정면의 불상은 이미 성불해 용화수 아래에서 세 번에 걸쳐 설법하는 미륵불의 모습으로 본다.

이처럼 남북조 시대에는 반가상에 직접 미륵이라고 기록한 명문은 나타나지 않는다. 다만, 천보8년명 반가사유상(天保8年銘 半跏思惟像, 557)에서와 같이 용화의 시기에 도를 깨우치기 바란다는 발원문이 나타나기 때문에 반가사유상이 미륵으로 숭배되지 않았을까 짐작할 뿐이다. 따라서 반가상이 초기에는 태자상으로 제작되었다가 시대가 흐르면서 미륵의 성격이 부여된 것으로 해석하는 것이 통설이다.

어쨌든 반가사유상은 중국을 통해 고구려, 백제, 신라에 전해지면서 점차 숭배의 대상이 되었다. 특히 우리나라에서는 반가사유상이 주로 6~7세기 삼국시대에 만들어진 것으로 본다. 6세기는 백제가 고구려에 패해 위례성을 잃고 공주와 부여에서 재기를 노렸으며, 신라의 발흥으로 한반도가 전쟁의 소용돌이에 휩싸인 때였다. 따라서 전쟁도 없고 가난도 없으며 풍요로 가득한 불국토를 염원하기 위해 반가사유상을 조영한 듯싶다.

국립중앙박물관에 있는 국보 83호 반가사유상은 삼국 가운데 어느 나라에서 만든 것인지 알려진 바가 없다. 반가사유상을 만든 나라를 알아내지 못한 까닭은 일제강점기에 발견된 반가사유상을 철저히 고증하지 못했기 때문이다. 금동반가사유상이 발견된 과정은 모든 이들을 안타깝게 만든다.

황흥5년명 여래입상(앞)　　　　　　　　　황흥5년명 여래입상(뒤)

황흥5년명 여래입상과 천보3년명 오존불의상 등은 반가사
유상은 아니지만, 그 광배나 뒷면에 반가상이 새겨져 있다.
그래서 광배나 뒷면에 새겨진 반가상은 미륵보살로, 정면
의 불상은 미륵불의 모습으로 본다. 이렇듯 중국에서는 반
가사유상 자체에 미륵을 나타내는 명문이 있는 예가 거의
없어 반가상을 미륵이라고 판단하기 어렵다. 출처:『增訂
中國仏教彫刻史硏究(圖版)』(松原三郎, 吉川弘文館, 1966)

천보3년명 오존불의상

원래 유물은 출토 장소가 확인되면, 이에 따라 제작한 왕조와 제작 연대를 파악한다. 그러나 이 불상은 출토 장소부터 분명하지 않기 때문에 제작 왕조와 제작 연대를 추정하기가 무척 어렵다.

이 반가사유상을 처음 대면한 사람은 일본인 고고미술학자 세키노 다다시(關野貞)였다. 세키노 다다시는 1910년 이후 조선총독부 사사고적조사(社寺古跡調査)를 촉탁받은 인물이었기에 거간꾼에게 사들인 반가사유상을 처음 볼 수 있었다. 그가 1933년에 쓴 『조선 삼국 시대의 조각(朝鮮三國時代の彫刻)』 중 「조선의 건축과 예술(朝鮮の建築と芸術)」이라는 부분에서 이 반가사유상에 대해 기술한 것을 볼 수 있는데, 그는 신라의 옛 도읍인 경주 남오릉 부근의 옛 절터(폐사지)에서 출토된 것이라 밝혔다.

그러나 한일병합 전에 우리나라에 와서 계룡산과 갑사에 머물면서 한국의 불교 문화와 유물을 조사, 연구하던 고고학자 이나다 요시스케(稻田義助)는 1915년에 발표한 논문 「조선에 있어서의 불교예술연구(朝鮮においての仏教芸術研究)」에서 "1910년에 충청도 벽촌에서 나온 것으로 높이 2척 9촌 7분이고 삼국시대 중 가장 미술이 발달한 말기의 대표적인 작품"으로 언급했다. 이로 인해 신라 왕조 제작설과 백제 왕조 제작설이 서로 양립하는 상황이 되었다.

발단은 일제시대에 처음으로 이왕가(李王家) 박물관■에 반입될 당시 일본인 거간꾼(실제로는 도굴꾼이거나 약탈자일 가능성이 크다)이 정확한 출토지를 밝히지 않았기 때문이다. 이것을 팔아넘긴 자가 '한국 문화재의 악덕 고물상일 것이라고 추정'되는 가지야마 요시히데(梶山義英)라는 인물이며,

그때 매입 가격은 2600원이라는 거액이었다고 당시 박물관 매입 대장에 기록되었다. 이처럼 신원이 확실하지 않은 인물에게 출토지를 물었을 때, 그는 자신의 죄를 감추기 위해서라도 전혀 다른 곳을 말했을 가능성을 배제할 수 없다. 그가 "경주 부근의 폐사지 출토"라고 했다 하더라도, 이를 곧이 듣기는 어려운 것이다. 그렇다고 해서 딱히 신라의 유물이 아니라고 반증할 만한 단서가 있는 것도 아니어서 답답한 상황이 되어버렸다. 여기에 또 다른 일본인이 '충청도 벽촌 부근 출토'라고 한 기록까지 있으니 정확하게 어디서 출토되었는지 더욱 알 수 없게 되었다.

이후 국보 83호를 추적 조사한 황수영 선생은 1992년, 일제시대에 국립경주박물관장을 지낸 오사카 긴타로(大坂金太郎)에게서 경주 남산 서쪽 산록 근처에서 출토되었다는 이야기를 듣고는 줄곧 신라설을 주장해왔다. 그는 여러 구전을 종합해, 원래 경주 남산 서쪽 선방골(禪房谷)의 보물 63호 삼존석불이 서 있는 장소에서 작은 개울 건너에 있는 망월사(亡月寺) 경내의 주지실 터에 봉안되었다가 구한말 일본인이 강탈해 간 불상으로 보았다. 최완수 선생은 아예 진평왕 때에 선덕여왕을 모태로 만들어졌다고 단정하며 신라설을 주장한다. 하지만 아직까지 이 반가상을 만든 나라를 알수 있는 확실한 증거는 없다. 따라서 국립중앙박물관에서도 모호하게 '삼국시대 불상'으로 분류했다.

그러나 출토지를 확실하게 안다고 해서 그것으로 제작 국가를 제대로 판별할 수 있을지도 의문이다. 『삼국유사』의 기록을 보면 7세기 중엽 아비지(阿非知)를 비롯한 백제의 장인들이 대거 신라에 초청되어 황룡사를 건설한 것에서도 알 수 있듯이, 당시 백제와 신라 사이에는 다양한 문화 교류가 이루어진 것 같다. 그렇다면 신라에서 백제인이 반가사유상을 만들었을 가

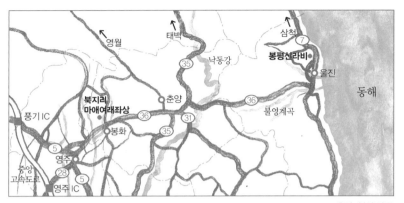

능성도 있고, 백제에서 만들어 신라로 가져갔을 가능성도 있기 때문이다. 또한 삼국시대에 제작된 뒤 1000여 년이 흐르는 동안 이동이 자유로운 반가사유상이 줄곧 한곳에 그대로 있었다고 보기도 어렵다. 결국 양식을 분석해서 제작 시기와 제작 국가를 판단하는 것이 옳은 것 같다.

국보 83호의 양식과 흡사한 석조 반가상이 경상북도 봉화군 물야면 북지리에서 발견되었다. 봉화는 강원도와 경상북도가 경계를 이루는 곳이며, 봉화, 춘양 등지에서 선사시대의 고인돌이 발견되기도 해서 예로부터 사람들이 밀집해 살던 곳으로 추측하기도 한다. 또한 죽령을 통해 고구려와 신라의 문물이 서로 넘나들던 접경 지역이었기에 문화 전파의 경계선이었을 듯하다. 봉화의 북지리는 원래 신라 시대에 창건된 지림사(智林寺) 터 호골산(虎骨山) 끝자락 암벽에 새겨진 마애불로 유명한 곳이다. 북지리 마애여래좌상은 높이 5미터 바위에 광배가 붙은, 균형 잡힌 불상이다. 부근 영주에 있는 부석사와도 연관이 있는 것이 아닌지 추측하기도 한다. 오랜 세월 비바람에 씻겨 상처투성이며, 팔뚝의 조각은 떨어져 나간 상태다. 하지만 마애불의 한옆에 부서진 채 뒹구는 일부 손가락과 손바닥 모양으로 짐작해

국보 201호 북지리 마애여래좌상

원통전 뒤의 마애불과 마애탑

북지리 마애여래좌상의 떨어진 손바닥

현재 북지리 마애여래좌상은 손도 팔도 떨어져 나간 상태이지만, 손바닥의 형상으로 짐작해볼 때 전체 손의 형상은 시무외 여원인이었을 듯싶다.

볼 때, 원래는 오른손을 어깨까지 들어 올리고 손바닥을 편 시무외(施無畏) 수인(手印)의 일부였을 듯싶다. 그렇다면 전체 손의 형상은 이른바 통인(通印)이라고 부르는 시무외 여원인(施無畏 與願印)으로서 이 마애불의 조성 시기를 6~7세기로 볼 수 있을 것 같다.

많은 이들은 북지리에 와서 국보 201호로 알려진 커다란 마애불만 보고 돌아간다. 하지만 난 이보다도 원통전 뒤 암벽에 조잡할 정도로 어수룩하게 조각된 마애불과 마애탑에 더욱 마음이 끌린다. 민중의 소박한 염원을 담은 듯한 희미한 자태가 오랫동안 눈길을 머물게 했다. 더욱이 이 마애탑은 경주에 남아 있는 몇 점을 제외하고, 신라 당대에 조성된 탑의 형태를 알 수 있는 희귀한 것이다.

서산 마애불의 시무외 여원인   서산 마애불의 협시보살 반가사유상

손을 어깨까지 들어 올리고 다섯 손가락을 모두 편 시무외인(施無畏印)은 중생의 두려움을 없애고 우환과 고난을 풀어주는 대자의 덕을 보이는 인(印)이고, 손바닥을 펴고 손 전체를 아래로 늘어뜨린 여원인(與願印)은 부처가 중생에게 사랑을 베풀고 중생이 원하는 바를 이루도록 하는 대자의 덕을 표시하는 인(印)이다. 시무외인과 여원인은 삼국시대 불상에서 많이 취하는 인으로 두 수인을 합해 통인(通印)이라 한다.

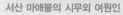

봉화 북지리 석조반가사유상 │ 우리 국토를 다니다 보면 상반신이나 불두(佛頭)가 없는 불상들을 흔히 본다. 아마 억불 정책 때문에 잘려 나간 듯하다.

1965년 북지리 마애불 부근을 추가 조사하다가 뜻하지 않게 1킬로미터쯤 떨어진 뒤쪽, 구산리라는 마을의 남쪽 구릉에서 석조 반가상 하나를 발견했다. 석조 반가상은 상반신이 잘려 나간 상태였다. 남아 있는 밑동만으로 불상의 형태를 짐작할 수밖에 없었다. 북지리에서 발견된 하반신 석조 반가상은 지금 보물 997호로 지정되어 경북대박물관에 있다. 허리 아래만이 덩그러니 남아 있지만, 자연스럽게 흐드러진 치맛자락과 치맛주름, 반가부좌를 한 자태는 흡사 국보 83호인 금동반가사유상을 그대로 옮겨놓은 형상이었다.

석조 반가상이 발견된 곳은 봉화의 산골로 고대에는 신라 영토였다. 그렇다면 이 불상과 양식이 흡사한 국보 83호 반가사유상은 신라에서 만든 것으로 볼 수 있을까? 현재 양식에 대해서도 논란이 많기 때문에 섣불리 예단할 수는 없다. 만약 이와 비슷한 반가상이 한반도가 아닌 다른 나라에서 발견된다면 그때는 어떤 결론을 내릴 수 있을까? 반가사유상을 찾아 떠나는 여정에서 새로운 호기심이 솟구친다.

교토의 단상

교토는 서기 794년 간무(桓武, 재위 781~806년) 천황 때에 새 도읍인 헤이안경(平安京)을 조성하면서부터 일본의 중심지로 부각된 곳이다. 이후 헤이안경은 메이지 유신 때까지 약 1000년 동안 조정이 있었고, 헤이안 천도부터 가마쿠라 막부의 성립까지 약 400년 동안 일본열도를 호령하던 정치의 중심지였다. 도쿄가 에도 시대(1603~1867년)부터 정치의 중심이 되었다가 1868년 메이지 유신 때에 수도가 되었으니, 오히려 일본 역사에서

지도 7-3 교토

는 교토가 더 오랜 기간 정치의 중심이었던 셈이다. 그러니 교토에 대한 이곳 주민들의 자부심을 헤아릴 만하다.

간무 천황 때 도읍을 나라에서 교토의 남부인 나가오카경(長岡京)으로 옮겼다.■ 그러나 당시 역모로 죽은 사와라친왕(早良親王)의 원령(怨靈) 때문에 역병이 일고 재해가 일어나는 등 불길한 징조가 나타나자, 당나라의 수도인 장안을 본보기로 삼아 지금의 교토 시내에 헤이안경을 조성했다. 당시 도시 전체를 직사각형으로 구획해 1조에서 9조까지 사방으로 교차하는 도로를 만들었다. 그래서 지금도 사방으로 뻗은 교토의 도로 이름을 과거와 같이 4조, 5조니 하고 부른다.

■ 간무 천황 때인 784년, 강력한 불교 세력을 피해 도읍을 나라에서 교토로 옮기기 시작했는데, 현재 교토 중심지에 정착하기 전에는 중심지에서 남서쪽으로 떨어진 나가오카경에 10여 년간 도읍이 있었다. 지금은 주택가 부근에 옛터의 일부만이 남아 있다.

교토는 오래된 도시가 그렇듯이, 번화가 곳곳에 사찰이나 목탑들이 눈에 차일 정도로 많다. 제2차 세계대전 당시 미국도 교토에 산재한 문화재가 아까워서 폭격하지 못했다고 할 정도였다. 현재 교토 전체가 유네스코 세계문화유산으로 등록되어 있다.

헤이안경으로 천도한 간무 천황은 나라 시대 최후의 왕인 고닌(光仁) 천황의 아들이다. 백제에서 건너왔다고 전해지는 야마토노오토쓰구(和乙繼)와 오에노마이모(大枝眞妹) 사이에서 다카노노니이가사라는 여인이 태어났는데, 이 여인이 바로 간무 천황의 어머니이다. 이는 나라 시대의 역사를 중심으로 기술한『속일본기』에 나오는 이야기다.『신찬성씨록』에서는 헤이안경에 본관을 둔 174성씨 중 백제계가 60씨, 고구려계가 24씨, 신라계가 4씨나 된다고 적었다. 아마 간무 천황이 정치적 후견 세력인 외가를 따라 도래인이 많은 교토로 수도를 옮기려 한 것은 아니었을까 싶다.

몇 년 전 일본의 아키히토가 한일 월드컵을 앞두고 일본 황족에게는 백제인의 피가 섞여 있다면서 "간무 천황의 생모가 백제 무령왕의 후손이라는 사실이『속일본기』에 씌어 있어 한국과 연(緣)을 느낀다"고 말해 화제가 된 적이 있다. 그러자 우리나라의 매스컴은 일제히 '일본 왕실의 뿌리가 백제 왕실에서 나온 것을 시인했다'라며 호들갑을 떨었다. 그렇다면 간무 천황의 생모가 무령왕의 후손이라는 사실로 일본의 천황가가 백제 왕실에 뿌리를 두었다고 확신해도 되는 것일까?

교토의 남쪽 나가오카경 유적 부근의 오에 산(大枝山)에 가면 간무 천황의 생모인 다카노노니이가사히메의 무덤이 있다. 택시 기사도 무덤의 위치를 모를 정도로 잘 알려져 있지 않았다. 도로가에 '간무천황어모어릉참도(桓武天皇御母御陵參道)'라고 쓰인 표지석을 겨우 발견하고서야 비로소 이

곳이 니이가사히메의 무덤임을 알 수 있
었다. 하염없이 비가 주룩주룩 내리는
날, 위태위태한 높은 계단을 올라가니 그
언덕마루에 그녀의 무덤이 있었다. 『속일
본기』에서는 황후에 대해 이렇게 적었다.

오에 산릉에 장사 지냈다. 황태후
의 성은 야마토씨(和氏)이고 이름은
니이가사(新笠)다. 정1위에 추증된 오
토쓰구(乙繼)의 딸이다. ……황태후
의 선조는 백제 무령왕의 아들인 순타
태자(純陁太子)에서 나왔다.……호

니이가사히메 무덤 표지석 | 다카노노니이가사히
메(高野新笠姬)의 무덤을 오르는 길에는 '간무천황어모
어릉참도(桓武天皇御母御陵参道)'라고 새겨진 표지석이
있다.

키(寶龜) 연간 성을 다카노노아손(高野朝臣)으로 고쳤다. 간무 천황이 즉위
해서 황태부인(皇太夫人)이라 했는데, 엔랴쿠(延曆) 9년에 존호를 고쳐 황
태후(皇太后)라 했다. 백제의 먼 조상인 도모왕(都慕王)이라는 사람은 하백
(河伯)의 딸이 태양의 정기에 감응해서 태어난 사람인데, 황태후는 그 후손
이다. 이로 말미암아 시호(諡號)를 받들었다.

다카노노니이가사히메가 야마토노오토쓰구의 딸로서 백제 무령왕의 아
들인 순타태자에서 나왔다는 것이다. 순타태자는 우리나라 사서에 보이지
않는다. 다만 『일본서기』의 「게이타이기(繼體紀)」에서 무령왕의 태자인 순
타(淳陀)가 죽었다고 기록되어 있어서 『속일본기』에 나오는 순타와 같은
인물로 본다.

니이가사히메 무덤

　여기서 다카노노니이가사의 아버지 성씨인 야마토씨, 즉 야마토노후비토(和史)에 대해 짚고 넘어가고자 한다. 야마토노후비토는 지금 나라 현 덴리 시 부근에 그 근거지를 둔 씨족으로 백제 도래계인 것만은 틀림없는 것 같다. 하지만 후비토(史)라는 가바네(姓)는 당시 문서, 기록, 출납을 맡은 문필이 뛰어난 씨족에게 주는 것으로서, 그 씨성(氏姓)을 지닌 사람은 지위가 높지 않았다. 고닌이 즉위한 뒤 니이가사가 야마토(和)에서 다카노(高野)로 씨성을 바꾸었다는 것도 이러한 사실을 반증해주는 것이라고 할 수 있다. 또한 고닌이 천황 자리에 등극하자마자 니이가사와 간무보다 나이가 젊고 신분이 높은 이노우에(井上)가 황후가 되고, 열한 살짜리 오사베(他戶)가 황태자가 된 것도 그런 이유 때문이었던 것이다.

　이노우에 황후가 역모 사건으로 쫓겨나고 간무가 즉위함으로써 니이가사의 집안은 아손(朝臣)이라는 최고 지위를 인정받았다. 하지만 원래 야마토노후비토는 신분이 낮은 가바네였던 것으로 보아 백제 계통이기는 하나

이들이 백제 왕족이었는지는 의문이다. 신분이 낮은 집안의 어머니를 둔 간무가 신분 콤플렉스를 극복하기 위해 모계 기록을 무령왕과 연결지으려 한 것이 아닐까 싶다. 간무가 백제 왕실의 후손이라는 사실을 강조하느라 의자왕의 직계 후손인 백제왕씨를 자신의 외척이라며 우대하고, 백제왕씨 가문의 여러 여자들과 결혼한 것도 이러한 사실을 반영해주는 것이 아닐까 싶다. 『신찬성씨록』에서 야마토노아손(和朝臣)이 백제 도모왕▪의 18세손으로 무령왕의 자손으로 되어 있는 것도, 야마토노후비토를 황태후로 만들려는 고도의 상징 조작으로 보인다. 더욱이 『속일본기』가 간무 천황 때에 편찬되었으면서, 「간무 천황기」를 함께 서술했기 때문에 이러한 조작을 했을 법하다.

밤 벚꽃 놀이로 친숙한 교토 시내 북쪽의 히라노(平野) 신사는 794년에 헤이안으로 천도했을 때 간무 천황의 명으로 만든 곳이다. 제신은 이마키신(今木神), 구도신(久度神), 후루아키신(古開神), 아이도노(相殿)의 히메신(比賣神)이다. 여기서 말하는 히메신은 고닌의 황후 다카노노니이가사를 가리킨다. 이마키신은 염직신(染織神)으로 당시 간무 천황의 외조신(外祖神)이었던 것으로 추측된다. 이마키는 금목(今木)이라고 쓰지만 금래(今來)라고도 표기한다. 곧, 나중에 온 사람(新來者)이라는 뜻으로 도래인을 의미한다.

■ 도모왕은 부여의 동명왕을 이야기하는 것으로 보아야 할 것이다. 중국의 사서인 『논형』, 『후한서』, 『위략』, 『수신기(搜神記)』 등에서는 부여의 시조가 동명왕이라 하고, 고주몽의 신화와 비슷한 내용을 담았다. 그러나 후대로 오면서 『위서』, 『수사』, 『북사』에서는 이 신화를 부여의 시조 신화가 아닌 고구려의 시조, 추모(주몽)의 것으로 기록했다. 백제는 부여의 별종이며 부여씨를 표방했으니 부여의 동명을 시조로 했으며, 따라서 고구려의 건국 시조인 추모와 부여의 건국 시조인 동명은 서로 다른 인물로 보아야 할 것이다. 『신찬성씨록』에서도 '백제 도모왕(百濟都慕王)' 외에 '고려국주 추모왕(高麗國主鄒牟王)'이 따로 나와 도모와 추모를 다르게 인식했음을 알 수 있다.

(왼쪽) 오미아시 신사, (오른쪽) 오미아시 신사 센카 천황궁 표지석 │ 나라 현 아스카의 히노쿠마에는 아치노오미가 제신인 오미아시 신사가 있다. 그런데 한쪽에 센카(宣化) 천황의 궁터였다는 표지석이 있다. 도래인의 발자취가 서려 있는 곳에 천황의 궁터가 있는 것이 이채롭다.

　　일본 문화의 출발점이며 도래인의 문화유산이 강하게 남은 나라 현 다케치(高市) 군 아스카(明日香) 촌에 가면 이른바 이마키(今來)라 부르는 이주민 집단의 씨사(氏寺)로 오미아시(於美阿志) 신사와 히노쿠마 사(檜隈寺) 터가 남아 있는 것을 볼 수 있다. 13층 석탑과 초석, 금당터가 있는 히노쿠마사 터에 오미아시 신사가 있다. 그리고 오미아시 신사의 제신은 아치노오미(阿知使主)이다. 『일본서기』를 보면, 오우진(應神) 시대■에 야마토노아야노아타이(倭漢直)의 선조인 아치노오미(阿知使主)가 그 일족 17현의 백성을 거느리고 야마토에 도착했다면서 고대의 유력한 도래인으로 그렸다. 『고사기』에도 백제에서 넘어온 아치키시(阿知吉師, 혹은 아직기)가 아치키노후비토(阿直史)의 선조로 나오는데, 아마 동일한 인물인지도 모른다. 어쨌든 아치노오미가 다케치 군을 근거로 한 이마키라는 이주민 집단의 수장으로, 현재까지 아

──────────

■ 『일본서기』에 따르면 재위 기간이 270~310년이지만, 2주갑 인상설에 따르면 4세기 말~5세기 초로 볼 수 있다.

치노오미가 와전된 오미아시라는 이름의 신사에서 숭배되는 것이다.

히라노 신사는 원래 도래신인 이마키신을 비롯해 구도신, 후루아키신을 모시는 곳이었다가 후에 다카노노니이가사를 뜻하는 히메신이 추가되었다. 그렇다면 히라노 신사에서 모시는 여러 신들은 원래 백제인인 다카노노니이가사히메의 씨족이 예전부터 모시던 신이었는데, 교토에 정착하면서 이들을 히라노 신사에다 모아놓은 것은 아닐까? 아무튼 니이가사가 무령왕의 후손인지는 분명하지 않지만 백제인인 것만은 확실하다.

간무가 백제인의 피를 받아 백제인을 중용하고 도래인에게 많은 배려를 한 것이 사실이라 하더라도, 그것으로 일본 왕실이 곧 백제 왕실과 일치한다고 말할 수는 없다. 아키히토가 '간무 천황의 생모가 백제 무령왕의 후손'이라고 한 것도 확실하지 않은 상황에서, 무턱대고 일본 왕실이 백제에서 나왔다고 단정하는 우리나라 언론의 무책임한 태도가 더욱 놀랍다. 이와 같은 잘못된 인식이 진실을 가로막고 있다. 문제는 혈통이 아니라, 각 집단이 형성해온 정체성이 아닐까 싶다. 고려 때 원나라 공주를 왕비로 삼았다고 해서 고려 왕조를 모두 몽골 왕조라 할 수 있을까? 오히려 이러한 인식은 또 다른 일선동조론(日鮮同祖論)이며, 역사 왜곡이다.

인간 존재의 정화

교토의 우쿄 구(右京區)에 가면 태진(太秦)이라고 써놓고 우즈마사라고 읽는 동네가 있다. 왜 우즈마사라고 읽는지 모르겠지만, 우즈마사를 물어 물어 찾아간 이유는 바로 이곳에 고류 사(廣隆寺)가 있기 때문이다. 전찻길 옆에 고류 사의 남대문(南大門)이 있었다.

고류 사 | 교토 시내를 횡단하는 전찻길 옆에 고류 사의 인왕문(仁王門)인 남대문이 있다.

　고류 사는 일본 33대 스이코(推古) 천황 11년(603)에 건립된 고찰이다. 금당벽화로 유명한 호류 사(法隆寺)와 마찬가지로 쇼토쿠 태자 섭정 때에 건립된 일본 7대 사찰 중 하나다. 호류 사보다 4년 먼저 세운 오래된 사찰이라고 하지만, 기록에 따르면 818년 4월 23일 큰 화재가 나서 모두 잿더미로 변했다고 하니, 지금의 사찰은 그 후에 다시 지은 것이다.

　옛날에는 고류 사를 하치오카 사(蜂岡寺), 하타노기미데라(秦公寺), 가도노하타데라(葛野秦寺) 등으로 불렀다. 이렇게 여러 가지 이름으로 부른 것은 창건자와 관련이 있다. 한반도계 도래인 하타노가와카쓰(秦河勝)가 축조한 사찰로 그의 별호를 따서 고류 사라고 했다. 하타씨족은 일본에 처음으로 술 빚는 법과 양잠법을 전수해 일본의 문화와 산업 발전에 지대한 공헌을 한 도래인 일족이다. 고류 사에서는 그를 기려 하타노가와카쓰어부처신상(秦河勝御夫妻神像)을 조각해 모셨다. 『일본서기』 스이코(推古) 11년조에 고류 사 건립에 관한 기록이 보인다.

고류 사 안내판 │ 일본에서는 현재 국보에 번호를 붙이지 않는다. 그런데 고류 사에는 소장되어 있는 반가사유상이 국보 1호임을 알리는 안내문이 있다.

> 쇼토쿠 황태자가 여러 대신에게 "나는 존귀한 불상을 갖고 있는데, 누가 이 불상에 공경할 것인가?" 하고 물었다. 그때 하타노가와카쓰가 나아가 "신이 하겠습니다"라고 대답해 불상을 받아서 하치오카 사(蜂岡寺)를 세웠다.

이 기록에 따르면, 고류 사는 쇼토쿠 황태자의 권유로 창건되었다. 쇼토쿠 황태자는 스이코 천황의 조카로 소가씨(蘇我氏) 등 호족과 협력해 당시 일본 조정을 섭정한 인물이다. 그는 독실한 불교 신자로 대륙에서 많은 문물을 받아들였으며, '17조 헌법'을 정하는 등 정치의 기초를 견고히 했다. 따라서 쇼토쿠 황태자는 고대뿐만 아니라 지금도 많은 일본인들에게 추앙받고 있다.

고류 사는 창건 당시에는 호화로운 7당 가람을 갖춘 대사원이었다. 그러나 전란으로 황폐해져 현재는 인왕문(仁王門)인 남대문과 약사당, 본당 등만이 남아 자리를 지키고 있다. 그런데 고류 사가 유명한 이유는 이곳에 반가사유상, 일명 '보관미륵보살상'이 있기 때문이다. 지금도 고류 사의 남대

고류 사 목조 보관미륵보살 반가상
│ 재질이 다를 뿐 우리나라의 국보 83호 금동반가사유상과 쌍둥이처럼 닮았다. 출처: 『金銅仏』(東北電力株式会社, 1999)

문 앞에 있는 안내판에는 '국보 제1호 미륵보살상'이라는 사진이 걸려 있다. 과거 국보에 번호를 붙인 것과는 달리, 지금 일본에서는 국보에 제1호, 제2호라는 번호를 붙이지 않는다. 단지 참고번호만이 있을 뿐이다. 하지만 과거에 쓰던 국보 제1호라는 안내판을 붙인 것을 보니 아직까지도 일본인들에게 국보 중에 국보라는 생각이 강하게 각인되어 있는 모양이다. 고류 사의 반가사유상은 조형미가 뛰어나 세계적인 명성을 얻었다. 게다가 우리나라의 국립중앙박물관에 소장되어 있는 국보 83호 금동반가사유상과 비슷해서 더욱 주목을 받는다.

본당 뒤편에는 새로 영보전(新靈寶殿)을 만들어 고류 사에 전해오는 유물을 전시해놓았다. 1층에 마련된 전시실에 들어서면 유물들이 빙 둘러 있어 엄숙한 분위기를 연출하는데, 그중 적송으로 만든 목조반가사유상이 눈에 띈다. 재질만 다를 뿐 우리나라 국보 83호 금동반가사유상과 쌍둥이라고 할 만큼 닮았다. 신영보전을 관리하는 노인은 이 불상이 "인도에서 대륙의 영향을 받아 만든 것으로 하타씨와 관련이 있는 유물"이라고 짧막하게 말했다. 여기서 '대륙의 영향'이라는 말이 남다르게 느껴진 것은 왜일까? '한반도'를 '대륙'이라는 단어로 위장한 듯한 느낌이 들었다. 어쨌든 이 불상의 연원을 제대로 안다면 우리 국보 83호의 비밀을 풀 수 있을 듯싶었다.

그렇다면 일본에서는 목조반가사유상을 어느 시대에 누가 만든 것으로 알고 있을까?『고류 사 내유기(內由記)』에는 이 반가사유상이 "좌상으로 2척 8촌이며, 스이코 천황 11년인 계해년(603)에 백제에서 쇼토쿠 태자에게 전해준 불상"이라고 기록했다. 이 기록에 따르면, 반가사유상은 백제에서 건너온 것이 된다. 곧, 목조반가사유상은 603년에 백제가 쇼토쿠 태자에게 주고 다시 쇼토쿠 태자가 하타노가와카쓰에게 준 것을 하타노가와카쓰가 고류 사에 봉안한 것이다.

우는 미륵 | 고류 사의 전시관에는 반가사유상이 2개 있는데, 하나는 국보 1호인 보관미륵이고, 하나는 우는 미륵이라고 부르는 불상이다. 침울한 표정으로 오른손을 뺨에 댄 모습이 마치 눈물을 흘리면서 우는 것처럼 보인다. 고류 사(廣隆寺) 소장·제공

그러나『일본서기』에는 스이코 24년인 616년에 신라가 나말 죽세사(奈末 竹世士)를 통해 불상을 보냈다는 기록이 있다. 또 스이코 31년인 623년에는 신라와 임나가 불상 1구, 금탑, 사리 등을 갖고 와서 불상은 가도노하타데라(葛野秦寺)에 모셨고, 나머지는 시텐노 사(四天王寺)에 모셨다는 기록이 있다. 그래서 이때 신라에서 보낸 불상이 바로 고류 사 반가사유상이라는 해석도 나왔다. 이는 15세기에 쓴『고류사 내유기』보다 앞서 8세기에 쓴『일본서기』의 가치를 더 높이 평가하는 데서 나온 견해일 것이다.

현재 고류 사에서는 목조반가사유상을 '보관미륵'으로 부르고, 그 오른쪽에 있는 체구가 약간 작은 불상을 '우는 미륵(泣き彌勒)'이라 부른다. 우는 미륵의 얼굴을 보면, 커다란 일자 눈에서 금방이라도 눈물이 뚝뚝 떨어

질 듯한 표정이다. 『일본서기』의 기록에 따라, 신라에서 616년과 623년에 온 불상을 각각 '보관미륵'과 '우는 미륵'으로 본 것이다.

이와 같이 목조반가사유상에 대해서는 『고류사 내유기』에만 백제불이라고 명시되어 있고, 『일본서기』나 『쇼토쿠태자보궐기(聖德太子補闕記)』, 『쇼토쿠태자전력(聖德太子伝曆)』 등에서는 모두 신라불이라고 보았다. 이 때문에 고류 사 목조반가사유상도 백제에서 온 것인지, 신라에서 온 것인지 논란이 있다.

고류 사의 목조반가사유상과 우리나라의 금동반가사유상은 형태와 양식의 유사성으로 보아 같은 사람 또는 같은 집단이 만들었을 가능성이 크다. 그래서 고류 사 반가사유상의 정확한 전래만이라도 알 수 있다면, 금동반가사유상의 비밀이 풀릴 가능성이 있다. 그러나 지금까지 살펴보았듯이 고류 사 반가사유상도 백제설, 신라설로 나뉘어 있는 실정이다.

고류 사 안내 책자에서는 목조반가사유상에 대해 "제작은 아스카 시대이지만 이 시대의 조각이 이처럼 인간적인 것이 없고, 동시에 인간의 순화가 이처럼 신적인 것에 가까운 것은 다른 종류에서도 볼 수 없다"라고 극찬했다. 또한 독일의 실존주의 철학자 야스퍼스는 이렇게 말했다.

> 이 고류 사의 불상에는 진실로 완성된 인간 실존의 최고 이념이 남김없이 표현되어 있다. 이것은 지구상에서 시간적인 것의 속박을 초월하고 도달한 인간 존재의 가장 청정하고, 가장 원만하고, 가장 영원한 모습의 상징이라 생각한다. 철학자의 생애 중 이처럼 인간 실존의 진실로 평화로운 모습을 구현한 예술품을 본 적이 없다.

그는 고대 그리스 신전의 조각상에서도, 기독교의 사랑을 표현한 로마 시대의 종교적 조각상에서도 인간 존재 정화의 기쁨이 이렇게 완전하게 표현된 것을 본 적이 없다고 했다. 실로 동서양을 망라한 세계 최고 예술품인 것만은 틀림없는 사실이다. 그 은은한 미소와 부드러운 자태는 어떤 말로 형용할 수 없는 아름다움이다.

원래 이 반가사유상은 일부 도금한 흔적이 남아 있다고 하지만, 지금 눈으로 보면 붉은 소나무 본체만 보일 뿐이다. 과거 반가상의 손가락 일부가 부러졌을 때 접합하려고 손가락 단면을 조사했는데, 나무의 재질이 적송인 것으로 밝혀져 모든 이들을 놀라게 했다. 적송은 일본에도 서식하지만, 주로 우리나라 강원도와 경북 북부 일대, 백두산 일대에 서식한다. 특히 당시 일본에서는 불상 제작에 적송을 별로 쓰지 않았고, 대부분 상록활엽수인 녹나무(樟木)를 썼다. 그렇다고 해서 재료가 적송이기 때문에 우리나라에서 만들었다거나, 우리나라에서 재료를 가져간 것으로 단정하는 것은 섣부른 생각일 수 있다. 다만 당시 아스카 문화의 주역이 한반도 도래인이었고, 일본 사료에서 백제인지 신라인지는 몰라도 한반도에서 온 것으로 기록했기 때문에 이 불상을 한반도인의 작품으로 추정할 수 있는 것이다.

그런데 우연의 일치인지 모르겠지만, 경북 봉화의 북지리에서는 밑동만 남은 석조반가사유상이 발견되었다. 이것이 우리나라의 금동반가사유상과 일본의 목조반가사유상과 모양새가 비슷한 것으로 보아, 지리적으로도 관련이 있을 듯하다. 봉화 지역이 과거 신라의 영역이었으니 이 불상들을 신라에서 만든 것으로 추정할 수 있을까?

하타씨 족의 내력

일본에 와서도 서로 상반되는 해석 때문에 반가사유상에 대한 의문이 풀리지 않은 채 머릿속이 더 복잡해졌다. 일단 마음을 가라앉히기 위해 고류사 주위를 둘러보기로 마음먹었다. 고류 사에서 나와, 육중한 용마루 장식을 인 고류 사 남대문의 동쪽 길로 조심스레 걸어 올라가니 도에이 우즈마사 영화촌(東映太秦映畵村)이 나왔다. 이곳에는 드라마나 영화를 촬영하기 위해 옛 도시의 모습을 재현한 세트가 있다고 했다. 이 때문인지 부근에는 긴 칼을 차고 사무라이 복장을 한 사람들이 왔다 갔다 하는 모습이 종종 눈에 띄었다. 아마 전통의 도시인 교토의 풍취와 어울릴 만한 장소로 고류 사 부근이 선택되어 이곳에 만든 듯하다.

고류 사에서 영화촌으로 가는 중간쯤 되는 곳에서 우연히 자그마한 신사 하나를 발견했다. 신사 수리를 하는지 기계 돌아가는 소리가 요란했다. 이 신사의 이름은 오사케(大酒) 신사였다. 오사케는 술을 뜻하는데, 그렇다면

244

교토 도에이 우즈마사 영화촌 | 도에이 우즈마사 영화촌은 전통의 도시인 교토 중에서도 특히 고즈넉한 고류 사 부근에 있는 테마 파크이다. 운이 좋으면 사극 촬영하는 모습을 볼 수 있다고 한다.

이곳은 술을 모신 신사라는 말인가. 호기심이 발동해 신사 앞으로 다가가 안내판을 보니 원래 고류 사 경내에 있던 신사로 하타씨를 모시는 신사라고 씌어 있었다. 오랫동안 고류 사의 경내사(境內寺)로 내려오다가 메이지 시대의 신불분리 정책으로 고류 사에서 분리되어 현재 자리로 옮겼다.

원래 유서 깊은 도시인 교토는 나라에서 도읍을 옮기기 전부터 하타씨 일족이 터를 잡은 곳이다. 교토에서 번영한 호족인 하타씨는 5세기 무렵 한반도에서 일본으로 건너온 일족으로 알려져 있는데, 쇼토쿠 태자 때 하타노가와카쓰가 그의 후견인이 된 후 일본 조정에서 하타씨 일족의 영향력이 점점 커졌다고 한다. 이 때문에 우즈마사 지역 일대에 걸쳐 그들의 씨족 사찰이라고 할 수 있는 고류 사를 만들 수 있었을 것이다. 또한 현재 오사케 신사나 우즈마사 영화촌이 있는 자리도 원래는 우즈마사를 포괄하는 고류 사의 경내에 해당되었을 것으로 짐작된다.

오사케 신사의 제신으로 진 시황제, 궁월군(弓月君, 유즈키노기미), 하타노사케노기미(秦酒公)를 봉안하고 있었다. 그런데 왜 오사케 신사에서 엉뚱하게도 진 시황제를 제신으로 한 것일까? 궁월군은 『일본서기』 「오우진기」에 백제에서 120현의 사람들을 이끌고 귀화했다고 전해지는 인물이다. 하타씨는 한반도 도래인으로 알려져 있는데, 오사케 신사와 중국의 진 시황은 무슨 연관이 있는 것일까?

신사의 안내판을 자세히 읽어보니 주아이(仲哀) 천황 8년, 진 시황제의 14세손 고만왕(功滿王)이라는 인물이 중국의 전란을 피해 일본 영토로 넘어와서 신사를 만든 것이 오사케 신사의 시작이며, 궁월군과 하타씨는 그의 후손이라고 적혀 있었다. 이는 내가 아는 사실과는 다른 내용이었기에 무척 놀라웠다. 특히 궁월군에 대한 내용이 그러했다. 『일본서기』에서는 궁월군이 백

오사케 신사 | 고류 사의 바로 옆에 오사케 신사가 있다. 과거에는 오사케 신사로 인해 부근에 고류 사를 세웠을 정도로 하타씨의 중요한 신사 중 하나였다.

제에서 건너왔다고 분명히 기록했다. 하지만 오사케 신사에서는 궁월군이 고만왕의 아들로서 진 시황의 후손이라 한다. 그렇다면 백제의 도래인으로 알려진 궁월군이 진 시황의 자손이며, 하타씨는 중국인이었단 말인가?

오사케 신사에 기록된 계보는 아마 『신찬성씨록』에 의거한 것으로 보인다. 『신찬성씨록』에 "우즈마사노기미노스쿠네(太秦公宿禰)라는 씨족은 진 시황제의 3세손인 효무왕(孝武王)으로부터 나왔으며, 고만왕은 주아이 천황 때 귀화했고, 궁월군이라 부르는 유즈왕(融通王)은 오우진 14년 127현의 백성을 데리고 귀화한 것"으로 기록되어 있기 때문이다. 따라서 815년에 편찬된 『신찬성씨록』에 따르면 하타씨는 진 시황의 자손이요, 또한 중국인이 되는 것이다.

그러나 이는 하타 일족이 진(秦)나라의 '秦'과 같은 성을 썼기 때문에

『신찬성씨록』이 쓰인 후대에 가서 그렇게 갖다 붙인 것이리라. 이 때문에 요즈음 일본에서도 하타씨를 중국계라고 보는 견해만큼은 눈에 띄게 후퇴했다. 일단 『신찬성씨록』에서 하타를 성으로 하는 하타노이미키(波多忌寸), 하타노미야쓰코(波多造) 등을 모두 백제계 씨족으로 기록한 것도 하타씨의 선조인 궁월군이 원래는 백제계였음을 간접으로 증명해주는 것이라고 할 수 있다. 이러한 사실은 본래 도래인으로 일본에서 큰 영향력을 지녔던 아야씨(漢氏), 즉 야마토노아야씨(倭漢氏)가 한반도계인데도 한(漢)나라의 후예로 가공되어버린 것과 비슷한 상황이다.

안내판에는 오사케 신사라고 이름을 붙인 내역에 대해서도 적혀 있었다. 과거 고만왕이 전란을 피해서 왔기 때문에 원래는 오사케의 한자 표기가 현재의 주(酒)가 아닌 피(避)로 쓰여 오사케(大避) 신사가 되었다고 한다. 무언가 석연치 않은 해석이다. 어쨌든 이러한 연유로 오사케 신사는 재난을 없애는 데 큰 효험이 있는 것으로 알려져 이를 토대로 한 신앙이 발전하게 되었다고 한다.

오사케 신사의 도리이 옆에 '누에 치고 베를 짜는 일, 관현악과 춤의 신(蠶養機織管絃樂舞之祖神)'이라고 쓰인 돌기둥이 있다. 과거 이 지역에 토착한 하타씨가 일본에서 처음으로 양잠을 하고, 술을 빚고, 직물을 짜고, 관현을 연주했다고 하는 사서의 기록을 다시금 떠올리게 했다.

교토 시내에서 고류 사와 오사케 신사로 가려면 게이후쿠(京福) 전철을 타고 '가이코노야시로(蚕ノ社) 역'에서 내려야 한다. 그런데 역 이름이 분명 신사나 사찰을 가리키고 있다. 유명한 신사가 있는 모양인데, 주변 사람

■ 『신찬성씨록』은 고대 도읍을 중심으로 헤이안경(平安京), 야마시로(山城), 야마토(大和), 세쓰(攝津), 가와치(河內), 이즈미(和泉) 등의 씨족 계보를 집성한 책으로 1182개 씨족의 계보를 황별(皇別), 신별(神別), 제번(諸番)으로 분류했다.

들에게 물어보니 가이코노야시로는 부근에 있는 고노시마(木島) 신사를 일컫는 말이라고 한다. 마침 고노시마 신사는 고류 사 건너 주택이 밀집한 곳에 있어서 쉽게 찾을 수 있었다.

고노시마 신사는 『속일본기』 701년에도 등장하는 오래된 신사이다. 이 때문인지 마을 사람들이 어린아이들을 데리고 와서 경배하는 모습이 자주 눈에 띄었다. 그런데 역 이름 가이코노야시로와 고노시마 신사는 단순히 명칭만 보면 연관성을 찾기 어렵다. 대체 고노시마 신사와 가이코노야시로는 무슨 관계가 있는 것일까?

고노시마 신사를 찬찬히 둘러보니, 신사 안에 고가이(蠶養)라고 하는 신사가 또 있었다. 지금은 볼품이 없지만 역 이름으로 붙일 정도이면 예전에 고가이 신사가 이 동네를 대표할 정도로 영향력이 있었다는 말이다. 세월이 흐르면서 현재처럼 신사의 규모가 줄어들어 고노시마 신사에 더부살이하게 된 것임을 알 수 있다. 언뜻 가이코노야시로라는 이름에서 오래전부터 이 지방에 하타씨가 전수한 가이코(蠶) 신앙 곧 양잠 신앙의 강한 영향을 느낄 수 있었다. 따라서 직물의 조신(祖神)을 제사 지내는 고가이 신사는 이 지역에 정착해 양잠과 직조 기술을 발전시킨 하타씨와 떼려야 뗄 수 없는 관련이 있다. 『일본서기』의 기록을 통해서도 5세기 후반 무렵 하타씨에 의해 양잠 기술이 발전했음을 알 수 있다.

천황이 하타노사케노기미(秦酒公)를 총애해 하타의 백성을 주니 공은 이에 스구리(勝) 180종을 거느리고 질이 좋은 비단(絹縑)을 바쳐 조정에 가득 쌓았다.(『일본서기』 유랴쿠雄略 15년조)

하타노사케노기미가 질이 좋은 비단을 바치자 뽕 재배에 알맞은 국현

고가이 신사 | 고노시마 신사 본전의 동쪽에 있는 조그마한 동본전이 양잠의 신을 제사 지내는 고가이 신사이다. 이 지역에 양잠을 전파했던 하타씨의 숨결이 느껴진다.

(國縣)에 뽕나무를 심게 장려하였다.(『일본서기』 유랴쿠 16년조)

고가이 신사 본전 서쪽에는 기둥이 세 개 달린 도리이가 보였다. 모토타다스노이케(元糺の池)라고 하는 연못 위에 있는 것이라고 하는데, 내가 방문했을 때는 물이 차지 않아 바닥이 드러나 있었다. 보통 도리이라고 하면 기둥이 두 개로 되어 있는 것만을 생각하다가 이곳에서 기둥이 세 개 달린 것을 보니 의아했다. 삼각형을 중시했던 경교(景敎)의 영향을 받아 하타씨의 성지를 의미하여 기둥이 세 개라는 둥 여러 가지 설이 있지만 대부분 설득력이 없다. 기둥이 세 개인 도리이는 이곳 말고도 도쿄의 미메구리(三圍) 신사, 쓰시마의 와타즈미(和多都美) 신사, 기후 지방의 신사 등 현재까지 8곳 정도 있는 것으로 알려져 있다. 그렇다면 왜 이렇듯 기둥이 세 개인 도리이가 발견되는 것일까? 나름대로 추측해보건대, 실제 기둥이 세 개 달린 도리이 가운데에는 우물이 있는 것도 있고, 바다 부근에 있는 것도 있고,

기둥이 세 개인 도리이 │ 하타씨가 전수한 양잠 신앙을 이어받은 고가이 신사에는 기둥 세 개짜리 도리이가 서 있다. 우물 정 자와 비슷하게 생긴 이 도리이는 하타씨와 어떤 관련이 있는 것일까.

또 이곳 고노시마 신사와 같이 연못에 놓여 있는 것도 있기 때문에 '물'과 관련이 있는 듯하다. 도리이가 본래 하늘과 땅을 연결하는 솟대에서 비롯된 것으로 본다면, '우물 정(井)' 자와 비슷한 기둥 세 개짜리 도리이 형상은 하늘과 통하는 지상의 우물을 의미하는 것은 아닐까? 하늘과 땅과 물. 그렇다면 하타씨는 물과도 관련이 있어야 할 것이다.

도래인의 추억

가이코노야시로 역에서 졸막졸막한 골목길을 따라 서쪽으로 약 500여 미터를 가다보면 성긴 철조망 안에 덩그러니 놓인 돌무더기를 발견할 수 있다. 앞트임이 시원스럽기도 하고, 10톤 내지 15톤쯤 되는 큰 바위 30개 정도가 쌓여 있다. 특별히 돌쌓기에 세심한 주의를 기울인 흔적으로 보아 단순한 돌무지는 아니고 무덤의 용도로 쓰였을 것 같다. 마을 사람들은 이 무덤을 헤비즈카(蛇塚)라 부른다. 지금은 주변에 집들이 빽빽이 들어서 있고 봉토마저 벗겨져 단순한 돌덩이일 뿐이지만, 이전에는 광활한 평지에 놓인 커다란 돌방무덤이었기에 아마 풀밭으로 모여드는 뱀들의 소굴이었을 듯싶다. 현재의 이름도 '뱀무덤'이란 뜻인 헤비즈카이니 말이다.

부근 주민들은 동네 자랑이라도 되는 듯 헤비즈카에 관해 간략하게 적은 자료를 내게 건네주며 친절하게 설명까지 해주었다. 이곳 사람들은 대체로 5~6세기에 걸쳐 만든, 고분시대 중기에 속하는 굴식돌방무덤(橫穴式石室墳)으로 알고 있었다. 흔히 세력가들이 이렇게 거대한 무덤을 축조한다고 생각한다. 그렇다면 당시 교토의 최대 세력가는 더 말할 필요도 없이 하타씨밖에는 없지 않은가. 그 일족 중에서도 특히 영웅시되었던 인물은 역시 하타노가와카쓰이며, 그가 세운 고류 사가 바로 곁에 있다. 따라서 무덤의 축조 시기가 5~6세기인 것으로 보아 헤비즈카가 그의 무덤은 아닌가 싶다.

자료를 들여다보면, 무덤방 전체 길이가 17.8미터, 면적은 25.8평방미터, 폭은 3.9미터로 무덤방의 규모만으로 볼 때 일본에서 넷째로 큰 고분이

헤비즈카 | 주택가 한가운데 덩그러니 놓여 있는 돌덩이는 고류 사에서 멀지 않은 데 있어 하타노가와카쓰의 무덤은 아닐까 추정된다. 주민에게 들은 바로는 과거 봉분이 덮여 있었던 헤비즈카의 원래 모습은 전방후원분이었다고 하지만 확실하지 않다.

마쓰오 대사 │ 헤이안 시대 이후에 귀족들의 행락지였던 가쓰라가와를 건너면 바로 마쓰오 대사라고 쓰인 커다란 표지판과 붉은 도리이가 눈에 들어온다.

다. 이렇게 거대한 고분이 한반도에서 건너온 무덤 양식이라고 할 수 있는 굴식돌방무덤 양식으로 축조되었으니, 아무래도 한반도와 관련 있는 하타씨 생각을 더욱 짙게 해준다.

공터 하나 없는 골목을 나와 서쪽으로 발길을 옮기면, 갑자기 탁 트인 공간이 나온다. 교토의 외곽을 흐르는 가쓰라가와(桂川)라는 하천이다. 실개천이지만 오밀조밀한 공간에 있다가 보니 순간 아주 넓게 보였다. 가쓰라가와를 건너자마자 소나무 숲으로 덮여 있는 마쓰오 산(松尾山) 자락에 붉은색 커다란 도리이가 보였다. 멀리서도 제일 먼저 눈에 띄었기에 분명 격이 높은 신사일 듯싶었는데, '마쓰오 대사(松尾大社)'라고 쓰인 큰 표지판이 서 있다. 원래 신사를 나타낼 때에는 그냥 '신사'라고 쓰는 것이 대부분이지만, 신궁(神宮)과 같이 특별한 신을 모실 때 부르는 명칭도 있다. 이 가운데 대사(大社)가 붙은 신사는 옛 시대에 신사의 격을 대, 중, 소로 나누었을 때 가장 높은 격의 신사를 뜻한다. 마쓰오 신사도 과거 일본에서 권위가 있었던 시마네(島根) 현의 이즈모 대사(出雲大社)와 같이 격이 높은 신사였을 듯하다. 실제로 마쓰오 대사는 현재 일본 전국에 총 11만 개나 있는 신사 중에서 네 번째로 격식을 갖춘 신사라고 한다.

마쓰오 대사에 들어서자마자 가장 먼저 눈에 띈 것은 여기저기 쌓아놓은

마쓰오 대사의 술통 | 마쓰오 대사는 일본 전국 양조가들의 신앙이 집결하는 곳이라 신사 여기저기에 술통이 쌓여 있다. 마쓰오 대사는 오래전부터 신성한 물로 빚은 술로 유명하다.

술통이었다. 전국의 양조가들이 이곳에 술통을 진열해놓고 좋은 술을 빚게 해달라고 기원한다고 한다. 이처럼 마쓰오 대사가 일본 양조업자들에게 인기가 있는 이유는 오래전부터 일본 제일의 양조조신(釀造祖神)을 모시는 주조(酒造) 신사로 알려졌기 때문이다. 이뿐만 아니라 주류 제조업자들에게는 신사 뒤 마쓰오 산 계곡의 물이 신수(神水)로 알려져 있어서 새해가 되면 많은 사람들이 그 물을 뜨러 멀리서 이곳까지 찾아온다고 한다. 마쓰오 대사는 701년에 하타노이미키도리(秦忌寸都理)가 창건했다고 하는 신사이기에, 하타씨족이 무언가 물과 관련이 있음을 암시하는 듯하다. 또한 가쓰라가와 상류 아라시야마(嵐山)에도 5세기 무렵 하타씨족이 치수를 하기 위해 둑을 건축했다는 전설이 전해지니 이래저래 물과 관련이 깊은 인상이다.

마쓰오 대사의 제신은 일본의 건국 신화에 등장하는 스사노오노미코토의 자손인 오야마쿠이노카미(大山咋神)와 이치키시마히메노미코토(市杵島姬命)라는 신이다. 또한 모시는 여러 제신 중 하타노가와카쓰도 포함되어 있는데, 이는 원래 하타씨족이 계속해서 마쓰오 대사를 관리하며 받들어왔기 때문일 것이다.

일찍이 교토 일대는 하타노가와카쓰의 영지였던 야마시로국(山城國)이 있던 곳이다. 하타씨족은 원래 교토의 동부인 후카쿠사(深草)에 정착했다가 5세기 무렵부터 점점 교토의 전 지역에 걸쳐 자리잡았는데, 간무 천황이 도읍을 교토로 옮기기 전까지 교토 전체를 지배한, 세력이 큰 씨족이었다. 하타씨가 처음으로 정착했다는 후카쿠사에는 현재 하타씨가 세웠다는 후시미이나리 대사(伏見稻荷大社)가 있다. 이 신사는 전국에서 이나리신(稻荷神)을 제사 지내는 4만여 이나리 신사의 총본산이다.

하타씨족과 관련이 있다는 신사에는 스사노오노미코토와 연관되는 신을 모시는 것이 흥미롭다. 스사노오노미코토는 학업, 질병, 출산 등에 효험이 있는 만능 신으로 알려져 있기 때문에 일본 각지에서 제신으로 모시는 곳이 많다. 일본 사서에 따르면, 스사노오노미코토는 천상인 다카마가하라(高天原)에서 추방되어 시라기국(新羅國)으로 내려와 소시모리(曾尸茂梨)라는 곳에 있다가 일본열도로 넘어간 것으로 되어 있다. 분명 스사노오노미코토는 신라와 관련이 있는 신일 것이다. 그렇다면 신라의 신을 모셨던 하타씨는 한반도계 중에서도 신라인으로 보아야 할까?

일본에서는 일반적으로 스사노오노미코토를 이른바 우두천왕과 동일하게 여기는 경향이 있다. 아마 10세기 무렵부터 신불습합에 따라 그렇게 된 것 같다. 그러나 스사노오노미코토와 우두천왕을 같은 신으로 볼 수 없는 것만은 분명하다. 하지만 우두천왕의 '우두'라는 표현은 한반도와 관련이 있는 이름으로 한반도의 영향을 받았다고 볼 수 있다. 우두라는 표현을 보면 우리나라에서 과거 춘천을 중심으로 한 행정구역 명칭이 우두주(牛頭

州)였음을 떠올릴 수 있다. 지금도 춘천 시내에는 우두산이라는 자그마한 야산이 있다. 이 때문에 우두와 한반도 관련설은 충분히 설득력이 있는 듯하다. 또한 우두천왕이라는 이름은 교토의 우즈마사라는 지명과 연관성이 있음을 짐작할 수 있다. 고류 사가 있는 지역을 비롯해 교토의 서부 일대를 우즈마사라고 한다. 우즈마사(太秦)의 한자 표기에 진(秦) 자가 들어간 것은 예로부터 이 지역에서 터줏대감 노릇을 한 하타씨(秦氏)의 이름에서 나온 듯하다. 그렇다면 지명에도 하타라는 음을 썼을 법한데 하필이면 왜 우즈마사라고 읽는 것일까?

『일본서기』 유랴쿠(雄略) 천황 15년조를 보면, 당시 천황이 하타씨족의 일족인 하타노사케노기미(秦酒公)라는 사람을 총애해 백성을 주고 성(姓)을 하사했다고 한다. 이때 받은 성을 우즈마사(禹豆麻佐)라 기록했다. 일설에는 우즈모리마사(禹豆母利麻佐)라고도 했다는데, 이는 '가득 쌓은 모양'을 의미하는 것이라고 한다. 결국 우즈마사라는 성씨에서 현재 교토의 우즈마사라는 지명이 나온 것인데, 기록에서처럼 단지 우즈마사를 '가득 쌓은 모양'쯤으로 여기고 이러한 성씨를 내렸던 것일까? '우즈모리마사(禹豆母利麻佐)'에서는 '우두머리'라는 말이 연상된다. 유랴쿠 천황은 당시 각지에 분산되어 있던 하타씨족을 모아 '우두머리' 격이었던 하타노사케노기미에게 일임하면서 우즈마사라는 성을 내린 것은 아닐까? 그래도 이것만으로 우즈마사의 연원을 속 시원히 해결한 느낌은 아니다. 이는 하타씨족과 우두천왕, 우즈마사를 통틀어 한반도와 일본이라는 좀더 큰 틀에서 조망해보아야 확실할 것 같다.

울진에 가면

강원도에서 남으로 바다를 따라 난 길을 가다 보면 두근거리는 가슴을 몰래 안은 불영계곡의 산세를 타고 푸른 적송의 품위를 마주하는 울진에 다다르게 된다. 울진에 도착하자 멀리 옛 신라 병사들의 영토 가르는 발소리가 들려오는 듯하다. 김유신이 영토를 확장하며 동해안을 따라 북상하다가 삼림이 울창하고 아름다운 이곳을 보고 '울진(鬱津)'이라 불렀다고 한다. 원래 실직국(悉直國)의 영역이던 이 지역은 5세기 말에 고구려에 편입되었고, 지증왕 6년인 505년에 와서 실직(悉直)에 주(州)를 설치했다고 한 것으로 보아 이리저리 강대국에 끌려다닌 흔적이 드러난다. 그러다가 6세기에 들어와서는 신라 북쪽 전략의 거점이 되었을 듯싶다.

당시의 정황을 알려주는 유물이 1988년 3월, 울진의 죽변면 봉평리에서 발견되었다. 마치 어깨를 감싸면서 툭툭 두드려주고 싶을 정도로 의젓하게 봉평리 천변에 서 있는 울진 봉평비가 바로 그날의 현장을 생생하게 증언해준다. 원래 이 비석은 오랜 세월 논바닥에 거꾸로 처박혀 있다가 객토 작업을 하던 중 우연히 발견해 국보 242호로 지정되었다. 그래서 그런지 반듯하지 못하고 한쪽이 떨어져 나간 듯 엉거주춤한 모양새다. 신라시대의 것으로 알려진 여느 비석과 달리 높이 2미터가량 되는 울퉁불퉁한 자연석을 그대로 이용한 봉평비는 한 면만을 다듬어서 글자를 새겼다. 이 비석의 내용을 통해 신라가 영토를 확장하면서 이곳 울진에 실시했던 지방 통치의 한 단면을 알 수 있게 되었다. 일단 신라는 영토를 확장하면서 높다란 태백산맥의 동쪽 해변을 따라 북쪽으로 이동한 것 같다. 동해안 함경도 황초령과 마운령의 진흥왕 순수비를 통해 간략하게나마 영토 확장의 경로를 파악할 수 있으니 말이다.

울진 봉평비는 비문의 1행에 '甲辰年正月十五日喙部牟卽智寐錦王'이라는 글자가 씌어 있어 신라 법흥왕 11년인 524년에 세운 것으로 파악된다. 비문의 내용은 이 지역에 신라가 지방관을 파견했는데도 신라에 반대하는 봉기가 일어나서 이에 대해 징계와 응징을 한다는 것이다. 이에 따라 법흥왕은 영(令)에 의거해 조처를 취하면서 얼룩소를 죽여 의식을 거행하고, 율(律)을 적용해 징계했다고 한다. 간략한 내용만을 알 수 있는 비문이지만, 결국 이 비를 발견해 신라 왕이 이곳을 순행한 사실, 그리고 법흥왕 때에 율령이 반포된 사실이 확실하게 입증되었다. 신라시대 당시의 구체적인 면모를 알 수 있는 귀중한 유물인 셈이다.

중국 남북조 시대 북조풍 해서체로 씌어 있는 400여 글자는 심하게 마모돼 제대로 판독할 수는 없었다. 한참을 들여다보다가 '波

울진 봉평마을 │ 동해의 파도가 몰아치는 곳에 울진 봉평마을이 자리하고 있다.

울진 봉평비각

울진 봉평비 │ 울진 봉평리 천변에 봉평비가 서 있다. 한쪽이 떨어져 나간 듯 과거 논바닥에 박혀 있었을 때의 상처가 남아 있다.

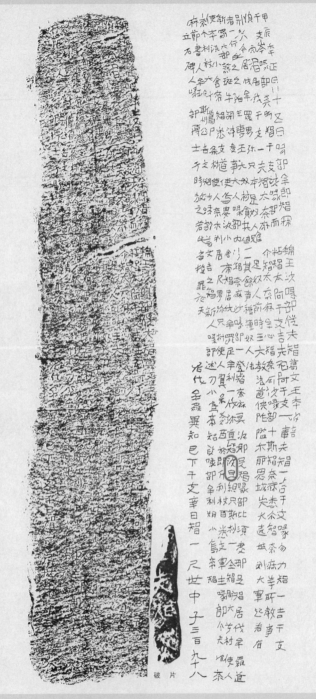

울진 봉평비 탁본 │ 탁본으로 보면 더욱 확실하게 波旦이라는 글자를 확인할 수 있다. 'ㅂ' 자와 'ㅡ' 자 사이에 점이 찍혀 있는 것도 보인다. 출처: 『한국고대사연구2』(한국고대사연구회 편, 지식산업사, 1989)

'旦'이라는 글자에 눈길이 갔다. 발견 당시부터 이 파단(波旦)이라는 글자에 대해서 이것이 관등 명칭인지 아니면 지명인지 논란이 많았다. 우선, '旦'이라고 새겨져 있는 글자를 자세히 보면, 그냥 '旦' 자로 보이지 않는다. '날 일(日)' 자에다가 점을 찍은 뒤에 '한 일(一)' 자를 붙인 것으로 판독된다. 이 글자는 중국의 지안(集安)에 있는 광개토왕릉비에서도 나타나는 글자로 고대에 자주 쓰던 글자인 듯하다. 그런데 중국의 『당석경춘추좌전(唐石經春秋左傳)』 등에서 '且'가 '旦'으로 표기되어 있는 것을 참고로 하면 '且'와 '旦'은 원래 같은 글자로 쓰인 것 같다. 이는 아단산성과 아차산성을 같은 지명으로 보는 용례와도 같다.

『삼국사기』「지리지」 울진군(蔚珍郡)조에는, "울진군은 고구려 때에 우진야현(于珍也縣)이었고, 그 영현으로 해곡현(海曲縣)을 두었는데 이곳이 본래 고구려의 파차현(波且縣)"이라고 나와 있다. 그렇다면 『삼국사기』「지리지」에 나오는 고구려의 波且와 울진 봉평비에서 나오는 '波旦'은 같은 지역을 얘기하는 것은 아닐까 싶다.

일부에서는 이 '波旦'이라는 글자가 과거 일본 교토에서 양잠, 베짜기, 농경, 주조, 양조, 토목, 건축뿐만 아니라 음악, 미술에 이르기까지 신흥 문화의 선도자 노릇을 한 대호족 하타씨족과 관련이 있을 것이라고 추정한다. 원래 이곳 강원도와 경상북도를 아우르는 동해안 지역에 뿌리를 내렸던 이들 씨족이 일본으로 건너가 하타씨족으로 정착했을 것이라는 추측이다.

'波旦'을 일본어로 발음하면 '하타'라고 읽을 수 있다. 원래 일본에서는 한자로 진(秦)이라 하고는 '하타'로 읽고 이에 파타(波陀), 파다(波多) 등으로 독음을 단다. 일본의 고서인 『신찬성씨록』에는 하타의 유래가 나온다. 『신찬성씨록』 우즈마사노기미노스쿠네(太秦公宿禰)조에 하타씨가 닌토쿠 천황 때 비단(絲綿絹帛)을 바치자 부드럽고 따뜻한 것이 하다(肌膚, 피부)와 같다고 해서 하타(波多)라는 성을 내린 것으로 되어 있다. 하지만 하타의 유래에 대해서는 『신찬성씨록』에 나오는 내용보다, 하타씨가 한반도에서 건너간 도래인이었기 때문에 도래인의 맥락에서 생겼을 것이라는 추측이 더 마음에 와 닿는다. 울진 봉평비에 나오는 '波旦', 『삼국사기』의 '波旦', 또한 동해를 의미하는 '바다'에서 하타라는 말이 왔다고 보는 것은 단지 억측에 불과한 것인가.

하타씨가 교토를 중심으로 자리잡은 데다가 교토는 동해를 사이에 두고 신라와 마주하고 있기 때문에 일본에서는 일찍부터 하타를 신라계로 보는 설이 유력했다. 또한 『삼국지』 「위지·동이전」에서 진(秦)나라에서 망명한 사람들이 마한 동쪽 경계에 진한이라는 나라를 세웠다고 한 기록에 따라 진한을 거쳐 일본으로 건너간 씨족이 하타가 아닌가 추측하기도 했다.

울진 지역에는 신라가 지배하기 전의 흔적을 알려주는 유적이 있다. 울진 읍내에 과거 토착 세력의 무덤이 있다. 울진읍에서 멀지 않은 서쪽 토일 마을 뒷산에 고분이 20여 기 산재해 있다. 산을 깎다가 발견한 이곳 읍남리 고분을 통해 울진 일대에 제법 세력을 갖춘 토착 세력이 있었음을 알 수 있다. 산 정상에 남은 몇 기 중에는 봉분 밑으로 도굴된 흔적이 남아 있기도 해서 이곳에 화려한 껴묻거리가 있었을 듯도 싶다.

옛 지도를 보면 울진은 본래 경상북도가 아닌 강원도에 속했던 것을 알 수 있다. 1963년에 와서야 강원도 관할에서 경상북도로 바뀐 것이다. 따라서 울진과 인접한 강원도 지역에서도 여러 가지 단서를 찾아볼 수 있을 듯하다. 원래 춘천을 우두주라고 했고, 우두라는 이름이 일본 신사에서 많이 발견되는 우두천왕과 관련이 있을 것 같기 때문이다. 이뿐만 아니라 하타

울진 읍남리 고분 │ 울진 읍내에서 멀지 않은 곳에 있는 읍남리 토일마을 산 정상에 고분이 몇 기 남아 있다. 그 중에는 봉분 밑에 도굴된 흔적도 있다. 고분이 있는 산 정상에서 바라다보면 울진 읍내 뒤로 멀리 동해의 푸른 바다가 보인다.

씨와 관련이 깊은 도래인의 고장도 우즈마사라는 곳이어서 지명이 유사한 것이 특히 주목된다. 우즈마사와 관련해서는 울진의 옛 이름인 우진(于珍)과도 연결될 수 있기에 이래저래 강원도 지역 관련성을 주목해볼 만하다.

최근에 강원도 강릉시 강문동 건물 터에서 나온 4세기 무렵의 일본식 하지키(土師器) 토기 가운데 가장 완전한 형태인 둥근바닥입큰단지(圓低廣口壺) 1점이 발견되었다고 한다.■ 또한 초당동 강릉고교 신축 부지에서도 오수전(五銖錢)이 발굴되어 과거 동해안 지역을 중심으로 한, 중, 일 삼국의 해상 활동이 활발했다는 것을 미루어 짐작할 수 있다. 따라서 동해에 접한 강원도와 경상북도 일대의 많은 사람들이 일본으로 건너갔다는 것이 단순

■ 하지키(土師器) 토기란 일본 고분시대에 출현해 나라, 헤이안 시대에 이르기까지 장기간에 걸쳐 제작, 사용된 적갈색 연질 토기를 말한다. 하지키란 이름은 10세기에 편찬된 일본 법령집인 『엔기시키(延喜式)』에 기재되어 있는 명칭을 그대로 사용한 것이다. 이 토기는 5세기 무렵 한반도에서 전래되었다는 경질 토기인 스에키(須惠器)와는 전혀 계통이 다른 것으로 야요이 시대 토기의 전통을 잇는다.

한 추측만은 아닌 듯하다.

울진은 동해안에 있으면서 서쪽으로는 봉화 지역과 바로 연이어 있다. 울진 지방은 예나 지금이나 불영계곡을 통해 봉화와 자주 소통하고 있다. 이는 봉화 지역을 비롯해 경북 북부에서 주로 자생하는 적송과 관련하여 주목되는 대목이다. 만약에 울진 봉평비에 나오는 글자를 하타로 판독할 수 있다면 이것은 적송으로 만들어진 일본 고류 사의 목조반가사유상과 하타씨족을 중심으로 한 교토와 연결할 수 있는 중요한 단서가 될 것이다.

지리의 근접성에 중점을 두어 하타씨족을 신라계로 보는 사람들은 『일본서기』 스이닌(垂仁) 3년조에 일본으로 왔다고 하는 신라 왕자 아메노히보코 집단을 하타씨족과 밀접한 관계가 있는 것으로 보기도 한다. 하지만 『일본서기』에는 하타씨족의 선조인 궁월군이 '백제'에서 건너왔다는 기록이 있으며, 『신찬성씨록』에서 하타를 성으로 하는 하타노이미키(波多忌寸), 하타노미야쓰코(波多造) 등의 씨족을 모두 백제계로 기록한 것으로 보아 실은 신라계라기보다는 백제계로 볼 수 있는 여지가 더 많다.

현재 일본의 신사에서는 우두천왕을 스사노오노미코토와 동일시하는 경향을 보인다. 하지만 이는 10세기 이후 신불습합 때문에 기온(祇園) 신앙■으로 바뀌어 나타난 현상일 뿐이다. 오히려 백제왕 신사 등 백제와 관련이 있는 신사에서 우두천왕을 제신으로 삼은 것을 볼 때, 단지 현재 하타씨를 모시는 신사에서 스사노오노미코토를 함께 모신다고 해서 하타씨를 신라 출신이라고 하는 것은 섣부른 생각이다. 만약 하타씨족이 강원도를 통해

■ 원래 인도의 신인 우두천왕이 일본에 와서 스사노오노미코토와 습합된 것이 기온(祇園) 신앙이다. 헤이안 시대에 역병을 방지하는 신앙에서 시작해 기온 사(祇園社), 현재의 야사카(八坂) 신사를 중심으로 일어났다. 지금도 해마다 7월에 열리는 기온 마쓰리(祇園祭)는 일본의 3대 마쓰리에 꼽힌다.

일본으로 건너갔다면, 필시 백제에서부터 이동했고 그 과정에서 백제인이 만든 반가사유상의 기법이 울진과 봉화 지역에 전해진 것 같다. 그리고 이후 신라가 이 지역을 통합하면서 이들 백제인이 신라인으로 둔갑된 것은 아닐까?

지리적으로 가깝지만 오히려 이 때문에 한일 고대사는 수수께끼로 가득하다. 무한한 상상의 나래를 펴며 한국과 일본을 종횡무진 다녀보았지만, 앞으로 갈 길이 멀었다.

8
백제의 온전한
복원을 바라며

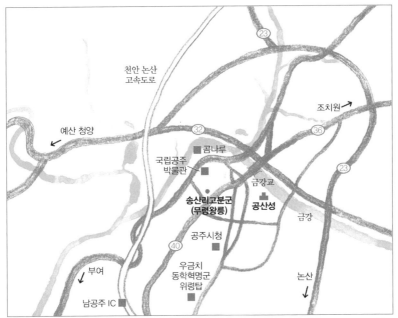

지도 8-1 공주

무령왕릉

서기 475년, 백제는 고구려 장수왕의 공격을 받아 개로왕이 목숨을 잃고 위례가 함락되면서 풍전등화와 같은 상황에 놓였다. 이에 문주왕은 목리만치(木刕滿致)를 따라 백제의 옛 터전인 위례에서 남하해 웅진에 새로운 도읍을 정하고 백제의 중흥을 모색했다.

웅진(熊津), 지금의 공주로 다가가려면 금강을 건너야 한다. 차령을 넘어 23번 국도를 따라 남쪽으로 내려가면 금강이 보이고, 금강교 너머로 멀리 백제의 옛 성으로 짐작되는 공산성이 보인다. 공주라는 지명은 곰을 뜻하는 곰주에서 나왔으며, 금강도 원래는 곰강이었는데 후대로 내려오면서 완만하게 굽이치며 흐르는 강의 모습이 마치 비단과 같다고 해서 비단 금(錦)

자를 붙여 금강이라 부르게 되었다고 한다. 백제 때의 이름인 웅진도 곰의 나루를 의미하는 것이며, 『일본서기』에서도 웅진을 구마나리(久麻那利)로 표기한다. 현재 일본 규슈의 구마모토라는 지명을 한자어로 웅본(熊本)이라 쓰는데, 이러한 사실에서도 구마, 고마, 곰으로 음이 변한 듯하다.

"백제, 옛부터 이곳은 모여 썩는 곳, 망하고, 대신 거름을 남기는 곳"■이라는 신동엽 선생의 시를 굳이 언급하지 않더라도 금강은 한(恨)을 대변한다. 이곳에서 하류로 노를 젓다 보면 부여의 사비성에 도달한다. 사비성은 백제 멸망의 한이 서린 공간이며, 공주 일대는 근대 들어 동학군이 마지막 항전을 거듭하여 농민들의 송장이 골마다 쌓여 감탕밭으로 뒤섞인 한의 격전지였다. 이뿐만이 아니다. 전북 장수 신무산의 '뜬봉샘'에서 발원한 금강의 물줄기는 충북에서 대변곡점을 지나는 동안 남에서 북으로 치올라 역류하다가 공주와 북쪽을 휘감아 도는 반궁수(反弓水)의 모습이어서 풍수지리적으로 배역의 강이라 이름 붙어 그 이남 지역이 한동안 핍박을 많이 받았다. 차가운 금강을 바라보노라면 눈시울이 뜨거워져 회상에 잠기곤 한다.

공주 시내에서 금강을 따라 서쪽으로 발걸음을 옮기니 강이 바로 굽어보이는 고운 모래사장 앞에 곰나루가 보인다. 곰나루에서 바라본 금강은 건너편에서 완만한 곡선을 그리며 쳐다보는 여미산 자락과 더불어 오늘의 한을 대변하듯 유유히 배회하고 있다. 소나무 숲을 지나 마을 어귀로 들어서자 웅진사(熊津祠)라는 자그마한 사당이 우두커니 서 있다. 웅진사는 금강이 훤히 내려다보이는 곳에 있는데, 이곳 공주 사람들은 웅진사 바로 앞 나루를 곰나루라고 부른다. 『신증동국여지승람』 공주목 사묘조에 "웅진사가

■ 신동엽, 『금강』 23장.

웅진사

웅진사 돌곰

'웅신단(熊神壇)'이라는 현판이 걸린 사당 안에
는, 귀엽게 생긴 돌곰상 하나가 당장이라도 튀어
나올 듯 웅크리고 있다. 곰나루에서 발견된 돌곰
상의 모조품으로, 실물은 국립공주박물관에 전
시되어 있다.

웅진 남쪽 기슭에 있다. 신라 때는 서독(西瀆, 제사를 지내던 서쪽의 큰 강),
조선시대에는 남독으로 삼아 봄과 가을에 향과 축문을 내려 제사를 지낸
다"라고 기술해놓았다. 이것으로 보아 예전부터 오랫동안 이곳에서 제를
지낸 모양이다. 독신에게 제사를 지내는 것은 곧 강신(江神)에게 제사를 지
낸다는 뜻이다. 이렇듯 국가가 주관해 강신제(瀆神祭)를 지낸 것으로 보아
예전에는 웅진사의 규모가 웅장했을 것이다. 그러나 지금은 조그마한 당집
에 불과했다. 이곳 사당은 1982년 공주라이온스클럽이 창립 14주년을 기
념해 복원했다. 사당 정면에는 웅신단(熊神壇)이라고 쓴 현판이 하나 걸려
있다. 지역의 옛 문화를 되살리고자 민간단체가 복원한 것은 가상하지만,
원래 옛 기록에 남아 있는 대로라면 웅진사(熊津祠)나 최소한 웅진단(熊津
壇)으로 써야 하는데 고증이 철저하지 않은 것이 아쉽기만 하다.

　웅진사 사당 안에는 돌로 만든 곰상을 모셔놓았다. 웅크리고 앉은 자세
가 마치 나루 건너의 하늘과 여미산 자락을 응시하면서 금세 뛰어오를 듯
하다. 곰나루 일대에서 발견된 돌곰상인데, 실물은 1972년 6월 28일 이후

국립공주박물관이 보관하고 있고 웅진사 사당 안에 있는 것은 그것과 비슷하게 만든 모조품이다. 이 일대에서 돌곰상이 발견됐듯이, 곰나루에는 오래전부터 곰과 관련된 전설이 전해져온다. 웅진사 앞마당의 비석에 그 내력이 적혀 있다.

아득한 옛날 한 남자가 큰 암곰에게 사로잡혀 어느덧 곰과 아이까지 낳게 된다. 하지만 남자는 강을 건너 달아나버렸고, 하늘이 무너져버린 암곰은 두 자식과 함께 강에 몸을 던져버렸다.

곰나루에 깃든 애틋한 전설이다. 원래 곰나루 부근은 강의 물살과 흐름이 달라지는 곳이어서 예전부터 배가 자주 엎어지곤 했다. 이곳에서 강을 건너려는 자들이 여럿 세상을 달리한 곳이었기 때문에 이러한 전설이 생겨난 것일까? 곰이 빠져 죽은 강이라고 해서 이 강을 곰강이라 부르고, 나루터는 곰나루가 되었다고 하니 말이다. 하지만 이는 후대에 내려오면서 덧붙여진 것으로 추측할 수 있다. 예전부터 곰 토템을 지닌 백제 사람들이 위례의 난을 피해 이곳에 정착하면서 곰을 숭배한 흔적이 곰나루의 비극으로 아련하게 남게 된 것이리라.

곰나루에서 남동쪽으로 약 1킬로미터 떨어진 나지막한 송산 자락 경사면에는 백제시대의 무덤인 송산리 고분군이 있다. 일제시대까지만 해도 이곳에는 고분 30여 기가 밀집해 있었다고 한다. 현재는 동북쪽에 4기와 서쪽으로 5호분, 6호분, 무령왕릉 등 모두 7기만이 남아 있다. 1971년 7월 5일, 그 전까지만 해도 무령왕릉은 세상에 알려지지 않았다. 무령왕릉을 제외한 고분 6기만이 누구의 무덤인지 밝혀지지 않은 채 송산리 언덕에 덩그러니 남겨져 있을 때였다. 당시 장마철을 앞두고 5호분과 6호분이 침수되지 않도록 배수로 공사가 한창이었다. 그러던 중 우연히 인부의 삽 끝에 벽돌이 걸려 발견된 것이 무령왕릉이었다. 어느 누구도 고분이 있을 것이라고는 생각하지 못한 지점에서 뜻하지 않게 발견되었다.

웅진으로 도읍을 옮긴 백제는 초기에 왕권이 불안해 문주왕과 동성왕이 시해를 당하는 시련을 겪었다. 이런 혼돈의 시기를 마감하고 왕위에 오른 이가 바로 백제 무령왕이다. 백제의 중흥을 이끌었다고 하는 무령왕에 대해 중국의 『양서』에서도 "여러 번 고구려를 무찌르며 이제 비로소 우호 관계를 맺게 되었으니 백제가 다시 강국이 되었다(累破句驪始與通好而百濟更爲彊國)"라고 했으니 이때 들어서 백제가 국가의 위용을 다시 찾은 것으로 보인다. 『삼국사기』에 따르면, 무령왕의 재위는 서기 501년에서 523년까지 6세기 초기에 해당한다. 따라서 백제는 475년에 위례가 함락된 후 한 세대가 지나고 나서야 비로소 제 모습을 찾은 셈이다. 백제 중흥의 왕인 무령왕의 능이 베일을 벗는 순간이다.

무령왕릉에 물이 차서 1997년부터 입구를 자물쇠로 굳게 잠갔다. 아쉽게도 내부를 보지 못한 채 발길을 돌려야 했지만, 그 앞에 무령왕릉의 내부와 똑같이 만든 모형관이 있어서 그 모습을 어렴풋하게 더듬어보았다. 내부 크기는 길이가 4.2미터, 너비가 2.72미터, 바닥에서 천장 중앙까지 높이가 2.93미터로 그다지 크지 않은 아담한 무덤이다. 하지만 무덤방 내벽에는 동쪽, 서쪽, 북쪽으로 보주형(寶珠形) 등자리(燈龕)를 만들고, 그 안에 백자로 만든 등잔을 놓는 등 정성을 기울인 흔적을 볼 수 있다. 또한 등자리 주위에는 붉은색으로 불꽃무늬를, 그 위에 푸른색으로 덩굴무늬(唐草文)를 그려 화려하게 장식해놓은 것도 특징이라 할 수 있다. 무령왕릉은 벽

무령왕릉 입구 | 송산리 5호분과 6호분 뒤쪽으로 입구가 비스듬히 나 있다. 봉분에 완전히 파묻혀 우연히 발견되기 전에는 그곳에 고분이 있는 줄 아무도 모르고 있었다.

무령왕릉 모형관 | 송산리 고분군 모형관에 재현되어 있는 무령왕릉 출토 당시의 모습이다. 머리에 베는 침목 아래로 금 관장식이 떨어져 있는 모습이 보이고, 흩어진 유물 사이로 쪼개진 널도 보인다.

돌무덤(塼築墳)인데, 이는 중국 남조에서 유행한 묘제이다. 현재 중국 난징의 부귀산(富貴山)에도 이와 비슷한 동진시대의 벽돌무덤이 남아 있다.

특히 이 무덤에서는 금 관장식, 청동거울, 금동신발 등 108종 2906점에 이르는 어마어마한 유물이 출토되어 세간의 이목을 집중시켰다. 이처럼 많은 유물이 도굴되지 않고 온전하게 남은 것은 순전히 아무도 이곳에 무덤이 있는 줄 몰랐기 때문에 생긴 행운이다. 실로 무령왕릉의 발견은 세기적인 사건이었다. 그동안 변변한 유물이 없어서 백제의 문화를 문자로만 보고 짐작만 하던 터에 무령왕릉에서 당대의 유물이 온전한 채로 발견되어 백제의 찬란한 문화를 살펴볼 기회를 얻었다.

현재까지도 삼국시대의 고분 중 무덤의 주인공을 정확하게 알 수 있는 곳은 몇 안 된다. 고구려의 수도였던 중국 지린 성의 지안이나 신라의 도읍이었던 경주에 가보아도 태종무열왕릉 정도밖에는 주인공을 알 수 없고, 모두 추정 내지는 전해오는 말에 따라 무덤의 주인을 짐작할 뿐이다. 그러나 무령왕릉은 주인을 확실하게 알 수 있는 드문 예다. 무령왕릉이라는 것을 알 수 있게 된 것은 무덤 안에서 무령왕과 왕비의 죽음을 알리는 지석(誌石)이 출토되었기 때문이다.

발굴 당시 무덤방으로 들어가는 널길 머리에는 돌판 두 개가 나란히 놓여 있었는데, 하나는 무령왕의 지석이고, 또 하나는 매지권(買地券)이었다. 매지권이란 이곳에 있는 지신(地神)들에게 무덤을 쓸 땅을 사겠다고 적은 증서를 말한다. 매지권에는 "돈 일만 문(文) 이상의 건(件), 을사년 8월 12일 영동대장군 백제 사마왕은 앞에 든 돈으로 토지 신인 토왕, 토백, 토부모와 연봉 이천 석 이상의 상하 중관(衆官)에게 나가서 서남방의 땅(申地)을 사서 묘를 만들었다"라는 내용이 적혀 있다.

무령왕릉 발굴 당시의 모습 | 무덤을 열자마자 무덤을 지키는 돌짐승이 버티고 서 있었고, 지석 위에 오수전 꾸러미가 놓여 있었다.

이를 통해 우리는 당시 백제인들이 지닌 땅에 대한 소박한 사랑과 숭배 의식을 짐작할 수 있다. 과거에는 왕의 무덤을 쓰면서도 산천의 신들에게 지극한 예의를 갖춘 것이다. 실제로 매지권 위에는 중국 돈 오수전(五銖錢) 90여 개 한 꾸러미도 놓여 있었다. 오수전은 한 무제 원수(元狩) 4년(서기전 119)에 동전으로 처음 만들어졌고, 이후 광무제 건무(建武) 6년(서기 30)에 동전을 없애고 철전으로 바꾸었던 화폐인데, 양나라 보통(普通) 4년(523)에도 다시 주조되었다. 이러한 것으로 미루어볼 때 당시 백제와 양나라가 활발히 교류했음을 짐작할 수 있다. 매지권 뒤편은 왕비의 지석으로 쓰였다. 이를 보아 무령왕이 먼저 안치된 뒤에 추가로 왕비를 안장하면서 매지권에다 왕비의 지석을 쓴 것 같다.

寧東大將軍 百濟 斯麻王年六十二歲癸卯年五月丙戌朔七日壬辰 ◇崩到乙巳年八月癸酉朔十二日甲申 安厝登冠大墓 立志如左

영동대장군 백제 사마왕이 62세가 되는 계묘년(523) 5월 7일에 돌아가시니 을사년(525) 8월 12일 대묘에 편안하게 안장하고 묘지를 좌(左)와 같이 기록한다.

사마왕(斯麻王)은 『삼국사기』에도 나오고 『일본서기』에도 등장하는 무령왕의 이름이다. 그러므로 이 무덤은 무령왕의 능이 확실하다. 또한 이 지석에서 눈길을 끄는 것은 무령왕의 죽음에 대해 붕(崩)이라는 한자를 쓴 것이다. 일찍이 공자는 『예기』에서 같은 죽음이라도 신분과 계층 및 대의명분에 따라 다르게 써야 한다고 했다. 즉, 천자의 죽음은 붕(崩), 제후의 죽음은 훙(薨), 선비나 고관(高官)의 죽음은 졸(卒), 평민은 사(死), 역적(逆賊)은 폐(斃)로 표현한다. 무령왕릉의 지석에는 '붕'이라는 한자를 쓴 것이다. 고려 때 김부식이 편찬한 『삼국사기』에는 고구려, 백제, 신라 삼국의 왕이 죽었을 때 모두 제후의 죽음을 표현한 '훙'을 쓴 것을 볼 수 있다. 그러나 무령왕릉에서 발견된 지석으로 『삼국사기』의 표현은 당대의 인식이 아닌, 후대의 모화사상으로 윤색된 것임을 알게 되었다. 붕이라고 쓴 것은 백제의 독립적이고 주체적인 모습을 볼 수 있는 단적인 사례일 것이다. 무령왕릉에서 많은 중국계 유물이 출토된 것은 중국을 비롯한 여러 강국들과 어깨를 나란히 하며 교류해왔음을 알려주는 일이다.

벽돌무덤인 무령왕릉은 당시 중국 남조에서 유행하던 연꽃무늬 벽돌로 만들었고, 중국 화폐인 오수전과 중국식 청자를 비롯해 6세기 양나라 양식 물건이 많이 출토되었다. 그래서 만약 무령왕을 알리는 지석이 출토되지 않았더라면 중국에서 귀화한 사람의 무덤으로 추정했을지 모를 정도로 중국의 양식을 따른 부분이 너무 많다. 또한 지석에는 양나라에서 내린 영동대장군(寧東大將軍)이라는 시호까지 등장한다. 하지만 무령왕릉의 지석에 쓴 '붕'이라는 표현만으로도 무령왕릉에서 출토된 여러 유물들은 당시 백제의 대담한 개방성과 자신감을 드러내는 사례로 여겨진다. 이러한 개방적인 문화 교류와 외교 의식은 중국과 일본에 이르는 다양한 문화 참여 의식과 곧바로 연결된다.

무령왕릉에서 출토된 유물은 국립공주박물관에 있는데, 이를 통해 당시 백제의 대외 관계를 짐작할 수 있다. 출토된 유물 중 먼저 왕의 널(棺)이 눈에 띤다. 발굴 당시의 모습을 보면, 시신이 안치되어 있던 위쪽 여기저기에 쪼개진 널 조각들이 널려 있는 것을 볼 수 있다. 1991년에 경북대 박상진 선생은 무령왕릉의 널 조각 견본을 조사해 그 재질이 금송(金松)임을 밝혀 냈다. 1971년 무령왕릉 발굴 당시 보고서에서는 관의 재질을 밤나무라고 추정했지만, 이는 발굴 당시의 졸속 연구가 낳은 결과였다. 이후 과학적 조사를 통해 관의 재질을 분석한 결과, 밤나무 성분은 조금도 검출되지 않았다. 아마 전문가가 아닌 사람이 단순히 눈으로 판단한 것을 조사 보고서에 써 넣은 것 같다.

금송은 정원수로 많이 심는 일본의 특산종이다. 금송이라는 한자어에 소나무 송자가 쓰여 소나무라고 생각하기 쉽지만, 실은 소나무가 아니고 소나무와는 먼 친척뻘 되는 품종이다. 일본에서 잘못 붙인 한자 이름에서 비롯된 것이다. 금송은 상록침엽교목(常綠針葉喬木)으로 세계에 단 한 종류만 서식하는데, 일본 혼슈의 남부 지방과 시코쿠 등 대체로 해발 600~1200미터 고지대의 강수량이 풍부하고 습도가 높은 곳에서 자생한다. 일본의 5대 특산 식물 중 하나로서 특히 일본 긴키 와카야마(和歌山)현에 있는 고야산(高野山)의 해발 800~1000미터에 밀집해 있다. 그래서 일본 사람들은 이 나무를 고야마키(高野まき)라고 부르는데, 조상의 제당에 바치는 신목(神木)으로 여기는 신성한 나무다. 또한 일본에서는 일부 사람만 사용할 수 있었던 목재여서 에도 시대에는 무단으로 나무를 베면 참수까지 했다. 이렇듯 금송은 일본에서 아주 귀한 나무다.

현재 이 나무는 일본 말고는 자연 분포 지역이 알려지지 않은 일본의 특산 수종이다. 이 때문에 무령왕의 널을 금송으로 만들었다는 것은 백제와 일본의 밀접한 관계를 말해주는 단적인 물증이라고 할 수 있다. 그렇지 않

무령왕릉 출토 금동신발 국립공주박물관 소장·제공

의성 탑리 출토 신라 금동신발

무령왕릉에서 출토된 금동신발은 당시 장례용으로 부장했던 것으로 멀리 일본에까지 유행이 전파되었음을 알 수 있다. 형태만
보면 무령왕릉의 금동신발은 신라보다는 한반도 서남부와 일본의 것과 유사하다.

다면, 예전에는 금송이 우리나라에서도 자라다가 언제부턴가 사라졌다는
말이 되는데, 무령왕의 널에서 보듯 길쭉한 널빤지를 수십 개 만들려면 곧
고 잘 자란 큰 나무들을 골라 벌채해야만 한다. 그러려면 적어도 금송이 상
당히 넓은 면적에 걸쳐 산림을 형성해야만 한다. 하지만 조경수에 적합한
것으로 알려진 금송에 대해 과거 우리나라 사료에는 단 한 줄도 나와 있지
않다. 이러한 점만으로도 과거 금송이 한반도에 분포하지 않은 것은 확실
한 듯하다.

널의 재료에 대한 2차 조사에서는 함께 보관된 나무 파편 중 삼(杉, 스
기)나무가 발견되기도 했다. 삼나무도 일제시대 남부 지역에 조림을 목적
으로 일부 들여와 심기는 했지만, 그전까지는 일본에서만 자생하던 수종으
로 건축선과 목선을 만드는 데 널리 사용한 목재였다. 따라서 이 또한 백제
와 일본의 밀접한 관련성을 알려주는 것이라고 할 수 있다.

왕의 금동신발도 눈에 띈다. 금동신발은 경주를 비롯한 신라 지역에서도
출토되기 때문에 아마 고대부터 왕들의 무덤에 장송 의례용으로 시신과 같
이 껴묻었을 것이다. 하지만 무령왕릉에서 출토된 금동신발의 형태는 신라

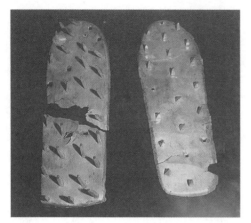

고구려 신발 밑창의 징 | 고구려 지안 세칸무덤의 벽화 속 무사는 징이 박혀 있는 신발을 신고 있다. 지안 박물관에 전시된, 고구려 무덤에서 나온 신발 밑창. 출처: 『고구려의 고고문물』(이형구, 한국정신문화연구원, 1996)

쪽보다 오히려 한반도 서남부와 일본에서 발견된 금동신발과 유사하다. 무령왕릉에서 출토된 금동신발은 내측판, 외측판, 바닥판, 세 장으로 구성되어 있다. 특히 육각형 거북등무늬(龜甲文)로 된 안쪽에 꽃무늬(花文)와 봉황무늬가 있는 것이 두드러진다. 거북등무늬로 장식된 금동 신발은 일본 나라의 호류 사 부근에 있는 후지노키 고분(藤／木古墳)이나 규슈 구마모토의 에타 후나야마 고분(江田船山古墳, 1장 참조)에서 출토된 것과 흡사한 형태다. 백제 지역과 일본 지역에서 출토된 금동신발은 제작 형식이 거의 동일하다.

금동신발을 자세히 보면 바닥에 징이 박혀 있는 것을 볼 수 있다. 징이 달린 신발은 고구려 고분에서도 출토되어 중국의 박물관에 전시되어 있다. 고구려 세칸무덤(三室塚)의 벽화에 등장하는 철갑옷을 입은 무사도 징 박은 신발을 신고 있다. 갑옷을 입고 고리자루큰칼을 든 무사가 신은 징 달린 신발은 치열했던 고대의 전쟁 상황을 잘 나타내주는데, 권위를 상징하기 위해 껴묻은 것이 아닌가 싶다. 일단 금동신발은 의례용으로 껴묻었다고 하더라도 금동신발에 박힌 징은 전쟁을 하는 고위층의 신발에 달려 있었던 것으로 추정된다.

공주를 떠나 남쪽 부여 방면으로 가는 국도 40번 길목에는 근대 들어 동학군이 마지막 항전을 하며 처절하게 투쟁한 우금치 고개가 있다. 동학농

동학혁명군위령탑

동학농민군의 마지막 전투 장소인 우금치 고개에는 '동학혁명군위령탑'이 높이 솟아 있다. 위령탑의 연원을 새긴 새김돌에서 이런 문구가 눈에 띈다. "……님들이 가신 지 80년, 5.16혁명 이래의 신생 조국이 새삼 동학혁명군의 순국 정신을 오늘에 되살리면서 빛나는 10월유신의 한 돐을 보내게 된 만큼 우리 모두가 피어린 이 언덕에 잠든 그 님들의 넋을 달래기 위하여 이 탑을 세우노니……" 누가 언제 그랬는지 알 수 없지만, 뒤편 천도교에서 새긴 감사문과 함께 몇몇 글자가 뭉개져 있는 것을 발견할 수 있다. 돌로 쪼아 뭉개버린 글자는 '박정희 대통령 각하' '10월 유신' '5.16'이다.

민군이 벌인 전투 가운데 가장 규모가 컸지만, 강력한 무기로 무장한 관군과 일본군에게 크게 패해 동학농민운동이 실패로 끝난 바로 그 전투다. 우금치 고갯마루에는 동학혁명군위령탑이 있다. 1973년, 유신정권에 민중이 처절히 유린당하던 시절에 박정희가 만들었다고 한다. 쿠데타를 일으켜 민중을 유린하고 정권을 잡은 이가 정권의 폭정을 견디다 못해 분연히 항거한 동학농민군을 추모하면서 만들었다니 역사의 아이러니가 아닐 수 없다. 이뿐만이 아니다. 갑오농민전쟁 당시 관군을 맞아 처음으로 큰 승리를 거두어 불꽃을 피운 곳이 전라북도 정읍에 있는 황토재다. 황토재에 세운 갑오동학혁명기념탑도 1963년에 박정희가 세운 것이라고 한다. 또한 황토재 전적지에 기념관을 만든 이는 전봉준과 같은 전 씨라고 자랑삼아 떠벌리고 다닌 전두환이다. 이는 갑오농민전쟁의 의미를 훼손하고 동학농민군을 폄하하는 처사임이 분명하다. 더욱이 전적비에 새긴 글에서처럼 만약 이들이 5.16이나 5.17, 10월 유신이 동학혁명군의 전통을 이은 것이라고 굳게 믿으면서 전적지를 정비했다면, 황토재와 우금치 마루가 오히려 측은하게만 느껴진다.

사마왕의 탄생

우리나라 삼한시대 상황을 설명할 때 자주 인용되는 중국의 사서가 『삼국지』이다. 흔히 『삼국지』라고 하면 나관중이 쓴 소설을 떠올리는데, 나관중이 원(元) 말에 쓴 것은 『삼국지연의』이다. 『삼국지』는 진(晉)나라의 학자 진수(陳壽)가 위, 촉, 오 삼국의 역사를 쓴 정사를 말한다. 진수의 『삼국지』 「위지·동이전」에는 고구려를 비롯해 삼한, 왜 등 동북아시아의 많은 나라들에 대해 적었기 때문에 당시 현황을 파악하는 주요한 자료로 쓰인다. 그중 「동이전」의 왜인조를 보면 당시 한반도에서 왜국으로 가는 뱃길이 자세하게 표현되어 있다. 그 길을 대략 살펴보면, 먼저 대방군에서 해안을 따라 한국(韓國)을 지나 남쪽으로 갔다가 동쪽으로 가서 구야한국(狗邪韓國)에 이른다. 여기서 바다를 건너 대마국(對馬國), 또 바다를 건너 일대국(一大國), 또 바다를 건너 말로국(末盧國)에 이르는 여정이다.

이 기록에 나오는 대방군을 지금의 황해도 일원으로 본다면, 일단 서해안을 따라 가다가 전라남도를 지나, 구야한국으로 보는 지금의 김해 부근에 이르러 대한해협을 건너는 길로 추정된다. 그리고 현재의 쓰시마 섬과 이키 섬을 지나 규슈의 북부 마쓰우라(松浦) 지역인 가라쓰(唐津)에 이르는 행로로 보인다. 이 경로는 현재도 한반도에서 규슈로 가는 가장 짧은 거리로 알려져 있기 때문에 인천에서 후쿠오카로 가는 비행기도 이 항로를 따라 이동한다. 이 비행기 안에서 창 밖을 내려다보면, 부산을 지나자마자 남섬의 비행장만이 산지 위에 평평하게 닦여 있는 것 외에는 온통 산으로 둘러싸인 쓰시마가 보인다. 이후 규슈 서쪽의 마쓰우라 반도를 스칠 무렵 다시 좌현으로 기수를 돌려 후쿠오카에 도착한다. 하늘에서 보면 마치 섬들이 대한해협과 현해탄에 놓인 징검다리 같다. 생각한 것보다도 훨씬 가깝기 때문에 고대나 현재도 대륙에서 일본을 갈 때 부산-마쓰우라 항로를 애용했을 것 같다.

일본으로 넘어가면 해로의 종착점이 마쓰우라 반도의 가라쓰 지역이다. 일본에서는 가라쓰를 한자로 당진(唐津)이라고 적는다. 이는 물론 한국을 의미하는 '가라'를 당(唐)이라는 한자로 바꾸어놓은 것이지만, 충청남도 서해안의 당진을 생각하게 한다. 서해안의 당진은 예로부터 중국으로 가는

지도 8-2 서북규슈

길목에 있어 중국 교역의 디딤돌이 된 지방이다. 『신증동국여지승람』에서
는 신라시대부터 '당진'이라는 이름을 썼다고 하니 오래전부터 중국과 교
역을 할 때 중심지였던 듯하다. 당진군과 잇닿은 지점인 서산과 태안에 있
는 마애불상이 교류의 흔적으로 남아 있다. 특히 백제가 한강 유역을 빼앗
긴 후로는 당진이 중국의 산둥 반도와 가장 가까운 곳이기에 교역의 제1항
으로 삼았을 것이 분명하다. 교역을 하면서 바닷길을 왕래하던 선원들의
안녕을 빌기 위해 사찰을 세우고 불상을 만들었을 것이다.

한반도가 전쟁의 소용돌이에 휩싸였던 4~5세기 무렵의 백제는 특히 고
구려와 많은 혈전을 벌였다. 이 과정에서 백제는 당시 왜와 외교를 통해 자

구책을 마련해나갔다. 『삼국사기』에서도 나타나듯, 고구려의 광개토대왕에게 계속 공격을 받던 아신왕 6년(397)에 백제는 왜국과 우호를 맺고 태자인 전지(腆支)를 인질(質)로 보내면서까지 군사 지원을 받았다. 당대의 기록이라고 할 수 있는 광개토왕릉비의 "영락 9년(399) 백제가 맹세를 깨고 왜와 화통했다(九年己亥 百殘違誓 與倭和通)"라는 문장에서 이를 입증해 준다. 아마 백제에서 많은 사람들이 일본으로 건너가 선진 문물을 전해주고, 이에 대한 대가로 왜국에서는 군대를 파견한 것으로 보인다.

고구려 때문에 어려움을 겪던 개로왕 때에도 백제는 왜국에 왕의 동생인 곤지(昆支)를 파견함으로써 왜국과 돈독히 관계를 유지하려고 했다. 당시 곤지가 왜국으로 이동하는 항로도 바로 『삼국지』에 나오는 항로이며, 지금의 마쓰우라 가라쓰 지역이었을 것이다. 그런데 뜻밖에도 이 항로에 백제 무령왕의 전설이 숨 쉬고 있다.

『삼국사기』를 보면, 백제 무령왕의 이름은 융(隆) 또는 사마(斯摩)로 되어 있다. 1971년 공주 송산리에 있는 무령왕릉을 발굴했을 때, 그 안에서 사마왕(斯麻王)이라는 이름이 드러난 지석이 출토되었다. 이뿐만 아니라 『일본서기』에서도 무령왕을 사마라고 표현한다. 그렇다면 왜 무령왕의 이름이 사마일까? 이에 대해서는 무령왕의 출생과 관련된 전설 같은 이야기가 『일본서기』에 등장한다. 『삼국사기』에는 무령왕이 언제 태어났는지 적혀 있지 않은 반면에, 『일본서기』에는 미스터리 같은 무령왕의 출생 이야기가 나와 있다.

백제의 개로왕(加須利君)은 아우 곤지(軍君)에게 "너는 일본으로 가서 천황을 섬겨라"하니 곤지는 "원컨대 왕의 부인을 주시고 그런 후에 나

가카라시마 전경 │ 마쓰우라 반도의 요부코 항에서 떠나는 배를 타고 20여 분 가면 가카라시마에 도착한다. 남북 약 3킬로미터, 동서 약 1킬로미터 되는 섬으로 인구는 약 250명이다.

를 보내주십시오"라고 했다. 개로왕은 임신한 부인을 곤지에 장가들여 "내 임신한 부인은 이미 산월이 되었다. 만일 도중에 출산하면 부디 같은 배에 태워 어디에 있든지 조속히 나라로 돌려보내도록 하라"고 일렀다.

284

임신한 부인은 과연 개로왕의 말대로 쓰쿠시(筑紫)의 가카라시마(各羅島)에서 출산했다. 그래서 아이의 이름을 도군(島君)이라 했다. 그래서 곤지는 배 한 척을 마련해 도군을 그 어머니와 같이 백제로 돌려보냈다. 이를 무령왕이라 한다. 백제인은 이 섬을 니리무세마(主島)라고 한다.

여기서 말하는 '도군'은 곧 '사마'다. 지금도 섬(島)의 일본어 발음이 시마(しま)이며, 일본에서는 사마(斯麻)라고 쓴 한자도 시마로 읽는다. 하지만 왕이 임신한 부인을 동생과 결혼시킨다든지, 부인을 데리고 가던 중 무령왕을 낳고 다시 돌려보냈다는 이야기는 이해하기 힘든 대목이다.

『일본서기』에서 무령왕을 낳았다는 가카라시마는 한반도에서 대한해협을 건너 쓰시마를 거쳐 사가 현(佐賀縣)의 마쓰우라 반도로 들어가는 초입에 있는 섬이다. 한자어로는 가당도(加唐島)라고 쓰고, 가카라시마라 읽는다. 가카라시마는 규슈의 서북쪽 해안에 있으며, 이키 섬과 쓰시마가 멀리 바라다보이는 마쓰우라 반도 북쪽에 있다. 한반도에서 일본을 잇는 직선거리가 가장 가까운 곳인 셈이다. 가카라시마는 일본으로 넘어오는 관문으로서 간혹 폭풍을 피하러 들르는 섬이었을 것으로 보인다.

가카라시마로 가려면 보통 마쓰우라 반도의 요부코(呼子) 항에서 떠나는 배를 타야만 한다. 그래서 후쿠오카에서 묵던 나는 아침 일찍 길을 나서 사가 현의 북쪽 중심지인 가라쓰를 지나 바닷가로 향했다. 요부코 항으로 가는 길에는 안내판에 서툴게 쓴 한글을 자주 볼 수 있었다. 최근 한류 돌풍이 불고 있는 일본에서는 우리나라 관광객이 부쩍 늘어 거리 간판에도 한국어를 병기해놓았다. 처음에는 요부코 항도 가카라시마로 인해 우리나

가카라시마 항 │ 가카라시마 항에는, 월드컵대회를 계기로 한일 간의 교류를 상징하는 그림이 그려졌다. 요부코에서 가카라시마까지 타고 온 배의 선주도 한국에 대해 잘 알고 있었으며, 이곳 주민들도 한글을 배우는 등 열성을 보이고 있다 한다.

나고야성 | 박물관도 만들어놓고, 세심하게 정비해놓은 나고야성은 왜란 당시 히데요시가 군대를 주둔하고 영(營)을 설치한 곳이다. 지금은 다 무너져 성벽의 흔적만이 남아 있는데, 멀리 바다 너머로 가카라시마가 보인다.

라 관광객이 많이 찾아오기에 그러려니 싶었다. 그러나 한글로 쓴 안내판을 찬찬히 보면 이는 가카라시마에 가려는 사람을 위한 것이 아니라 실은 '나고야성(名護屋城)'으로 가려는 사람을 위한 것임을 알 수 있다. 요부코 항 부근 하토미사키(波戸岬)에는 과거 임진왜란 때 도요토미 히데요시가 조선으로 출병하는 거점으로 삼은 나고야성이 있기 때문이다. 도요토미 히데요시가 이곳을 조선 출병의 거점으로 삼은 까닭도 당시 이곳이 한반도로 가기에 가장 가까운 곳이었기 때문이었으리라.

　요부코 항에서 하루에 네 차례 운행하는 배를 타고 가카라시마로 가는 길목에서 몹시도 거센 바닷바람이 온몸을 휘감았다. 마쓰우라 반도 서북단에 있는 하토미사키를 떠나 좁은 바다 한가운데에 당도하니 북쪽으로 가카라시마와 마쓰시마(松島)가 보이고, 멀리 이키 섬까지 손에 잡힐 듯하다. 다시 돌아보니 나고야성이 붙잡힐 듯이 한눈에 들어온다.

　가카라시마의 조그마한 어항에 도착할 즈음, 눈앞에 '백제 제25대, 무령

무령왕 탄생지 안내문 | 가카라시마 항구에는 '백제 제25대 무령왕 탄생 전승지'라는 한글 안내판이 있었다.

왕 탄생 전승지'라고 커다랗게 쓴 글자가 보였다. 또한 2006년에 세운 '무령왕생탄기념비'도 멀찍이 보였다. 가카라시마는 남북으로 3킬로미터, 동서로 1킬로미터밖에 되지 않는 조그마한 섬으로 주민은 250명 정도 살고 있다. 배에서 내려서 만난 한 노파가 이야기를 들려주었다. 원래 가카라시마에서는 오래전부터 지금 섬의 서남쪽 귀퉁이 절벽 부근에 있는 오비야포(オビヤ浦)에서 아이가 태어났다는 고사가 전해온다고 한다. 오비야는 가카라시마의 어항에서 걸어서 약 15분 정도 떨어진 곳에 있다고 했다.

비스듬한 콘크리트길을 따라 오르며 서쪽 해안을 바라보니 깎아지른 듯한 절벽 아래로 아름다운 풍광이 펼쳐졌다. 올라가는 길섶에 무령왕의 탄생지로 가는 길이 새로 나 있어서 오비야를 찾는 데 그리 어렵지 않았다. 동백꽃이 핀 비탈길을 내려가니 곧바로 절벽 밑에 닿았다. 해안 낭떠러지 아래에는 지나가는 짐승들이 잠시 비를 긋고 지나갈 것 같은 얕은 동굴이 있었다. 이 동굴이 백제에서 왜국으로 가다가 갑자기 산기를 느낀 산모가

가카라시마 항 기슭

무령왕생탄기념비

오비야로 넘어가는 길목에는 '무령왕생탄기념비'가 있다. 2006년 우리나라의 '공주시 무령왕 국제네트워크협의회'와 일본의 '무령왕 교류 가라쓰(唐津) 시 실행위원회'가 무령왕 탄신일인 6월 25일(음력 6월 1일)을 기념해 세웠다고 한다. 위 사진에 보이는 고개 너머에 오비야가 있다.

무령왕을 낳았다는 곳이다. 누가 갖다 놓았는지 동굴 한가운데 위패가 놓여 있고 금줄까지 쳐놓았다.

절벽에서 내려오는 길옆으로는 무령왕을 낳은 뒤에 씻겼다는 우물터도 있다. 쓰레기가 많아 우물터인지 쓰레기통인지 분간하기 어려울 정도로 관리가 되어 있지 않았다. 게다가 해안에 널려 있는 각종 부유물까지 눈살을 찌푸리게 만들었다. 그런데 해안에 버려진 페트병 중 한글이 표기된 것이 간혹 눈에 띄었다. 우리나라에서 버린 페트병이 해류를 따라 이곳까지 내려왔다는 것은 실로 가카라시마가 우리나라 남해안과 가깝고, 한반도에서 해류를 따라 흘러가다 보면 이곳에 다다르게 된다는 것을 그대로 증명해준다. 과거 배를 타고 왜국으로 가다가 진통이 온 여인이 급하게 이곳에서 무령왕을 낳았으리라고 생각할 만하다.

하지만 오비야에 대해 조심스럽게 접근해야 한다. 그것은 오비야가 무령왕의 고사와 더불어 진구 황후의 고사가 전해지는 곳이기도 하기 때문이다. 원래 진구와 관련된 고사들은 특히 규슈의 북쪽 지방에 많이 남아 있다. 일본 사서에서는 진구가 산달이 가까운데도 신라 정벌을 감행했다고 한다. 출산일을 늦추려고 허리춤에 돌을 감았고, 돌아와서 쓰쿠시에서 오우진(應神)을 낳았다고 한다. 그런데 오비야 포(ォビヤの浦)라는 이름은 진구가 아들 오우진을 임신했을 때 마쓰우라 지방에 들어와 정벌할 준비를 하다가 가카라시마의 서쪽 해안인 이곳에서 착대식(着帶式)을 했다는 데서 연유했다고 한다. 곧 임신부가 복대하는 날을 축하하는 행사인 오비이와이(おびいわい, 帶祝)가 변해서 된 말이라고 전한다.

규슈 북단에서 진구의 전설이 무령왕의 탄생지와 겹치는 것은 무엇을 의미할까? 혹 진구의 전설도 무령왕이 생존한 5, 6세기의 상황을 모티프로

가카라시마 오비야 | 서쪽 해안 비탈진 산길 아래로 무령왕의 탄생지라고 하는 동굴이 푸른 바다를 마주하고 있다. 동굴 한가운데는 무령왕 탄생 위패가 놓여 있고 금줄까지 쳐놓았다.

가카라시마 오비야의 우물 | 갓난 무령왕을 씻겼다고 하는 우물터인데, 관리가 허술해 우물터인지 구분하기 힘들다.

만들어진 것은 아닐까? 이 시점에서 갑자기 6세기 게이타이(繼體) 천황 때 신라와 내통한 규슈 이와이(磐井) 세력의 반란을 잠재운 역사가 연상된다. 『일본서기』에 따르면, 527년 신라에게 멸망당한 남가라와 탁기탄 등을 구하고자 야마토 정권이 군대를 파견하려 했다. 이때 신라가 북규슈의 이와이와 연합해 이를 저지하려 하자 야마토 정권이 이와이를 쳐서 평정했다고 한다. 그런데 진구의 전설을 찬찬히 뜯어보면 이야기 전개 구조가 이와 비슷하다. 진구가 규슈 남부의 구마소를 정복하려고 구마소와 내통하던 신라를 먼저 친 것이 신라를 침공한 이유라고 기술되어 있다. 이처럼 게이타이의 5, 6세기 상황과 엇비슷한 모티프가 진구의 신라 정벌이라는 전설 속에 등장한다.

오비야의 산기슭 한쪽 길모퉁이에 금송 묘목을 여럿 심어놓았다. 최근 들어 심어놓은 듯한데, 그동안 잘 자라지 않아 죽은 것도 많았다고 한다. 무령왕릉의 널이 일본에서만 자생하는 금송으로 만든 것임이 밝혀졌기 때문에 양국의 우호를 기념할 목적으로 심었다고 한다. 금송을 옛 공주박물관 앞에 심은 것도 무령왕을 기념하기 위해서일 것이다. 무령왕을 통해 한

가카라시마 바닷가의 페트병 | 오비야 해안에는 한국산 페트병이 떠
밀려오기도 한다. 한반도에서 해류를 따라 내려온 것이다.

오비야 금송 | 무령왕의 관 재료로 쓰였던
나무이다. 한일 우호를 상징하기 위해 무령왕의
탄생지인 이곳에 최근 묘목을 심었다고 한다.

일 양국의 우호를 돈독히 하려는 태도가 보인다. 무령왕은 가카라시마에서
태어나자마자 곧바로 백제로 보내진 것으로 되어 있다. 그렇다면 무령왕은
일본과 어떤 관련이 있는 것일까?

곤지의 계보

  일본인의 마음의 고향은 아스카이다. 일본에서는 보통 아스카를 도부도
리(飛鳥)라고 쓴다. 일본의 옛 문헌에서는 아스카를 비조(飛鳥), 명일향(明
日香), 안숙(安宿), 아수가(阿須可)로 기록한다. 아스카라는 지명을 안숙(安
宿)이 전화된 것으로 보는 견해가 있다. 이는 일본 문화 발전에 기여한 도래
인이 한반도에서 현해탄을 건너 북규슈, 세토 내해를 거쳐 현재의 오사카에
도착한 뒤 이후 육로로 아스카까지 와서 비로소 안숙할 수 있었다는 해석을
근거로 한다. 더욱이 아스카 지역에는 삼국시대 한반도풍의 유적이 즐비해,
한반도에서 멀리 날아온 새가 이곳에서 쉴 곳을 마련했기 때문에 비조(飛

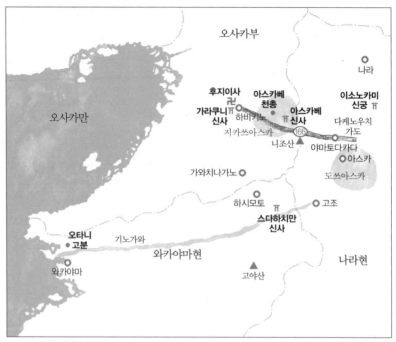

지도 8-3 긴키 일대

鳥)라는 이름이 붙었다는 설명이 자못 그럴듯하게 느껴지기도 한다.

흔히들 일본 국내에서 아스카라고 하면 나라 현 아스카 촌(明日香村)의 야마토 아스카(大和飛鳥)를 일컫는 것이 보통이다. 그런데 간사이의 지도를 보면, 오사카 부의 하비키노 시(羽曳野市)와 가난 정(河南町) 쪽으로 또 다른 아스카가 있는 것을 발견할 수 있다. 이른바 지카쓰아스카(近つ飛鳥)라고 하는 곳이다. 『고사기』에 따르면, 한제이(反正) 천황이 나니와(難波)에서 야마토의 이소노카미(石上) 신궁으로 참배하러 가는 도중에 가까운 곳은 지카쓰아스카라고 이름을 짓고, 먼 곳은 도쓰아스카(遠つ飛鳥)로 이름을 지었다고 한다. 오사카 부근에서 육로로 가장 가까운 하비키노 시를 '가까운 아스카', 곧 지카쓰아스카 또는 가와치아스카(河內飛鳥)라 이름을 짓고, 이곳

다케노우치 가도 │ 오사카 부에서 나라 현의 가시하라까지 이어지는 다케노우치 가도는 일본의 국도라고 하기에 너무 좁은 길이지만 옛 정이 듬뿍 묻어나는 곳이다. 천천히 걸으면서 둘러볼 만한 명소가 많다.

에서 동쪽으로 니조 산(二上山)을 넘어 일본 제1의 국도인 다케노우치 가도 (竹內街道)를 따라 찾아간 곳을 '먼 아스카(遠つ飛鳥)'라 부른 것이다. 그런 데 원래 아스카라는 곳은 지카쓰아스카나 도쓰아스카나 모두 한반도에서 건너온 도래인들의 수준 높은 문화가 뿌리내린 곳이었기 때문에 도래인의 이동 경로를 기준으로 삼아 멀고 가깝다는 이름을 정한 것은 아니었을까?

하비키노 시에서 다케노우치 가도를 따라 나라 현 쪽으로 가다 보면 쇼토 쿠 태자의 무덤이 있는 다이시 정(太子町) 못미처 주택가가 밀집한 지역이 나온다. 일본의 국도라고 하기에는 너무 좁은 길이지만, 오히려 길을 넓히 지 않고 옛것을 그대로 살려 더욱 운치가 묻어나는 곳이다. 버스는 물론이 거니와 차 두 대도 지나가기 어려울 정도로 조붓한 길을 걸어가다 보면 골 목길 주택가 한편으로 도리이 하나가 우뚝 서 있는 것이 보인다. 현판에는 아스카베(飛鳥戶) 신사라고 씌어 있다. 도리이를 지나 오른쪽 계단 위를 보 면 신사 하나가 아담하게 자리를 틀고 있다. 마치 높은 곳에서 남쪽으로 향

아스카베 신사 │ 최근에 만든 듯한 아스카베 신사라는 표지 뒤로 언덕 위에 신사의 배전과 본전이 언뜻 보인다.

해 마을을 굽어보면서 동네 전체를 수호하는 듯한 인상이다.

안내문에 따르면, 이 신사는 백제계 아스카베노미야쓰코(飛鳥戸造) 일족의 조신으로 아스카 대신(飛鳥大神) 즉, 백제왕 곤지(昆支, 琨支)를 제신으로 삼는 신사라고 한다. 백제왕 곤지라면 『일본서기』에서 개로왕이 왜국으로 파견한 동생 곤지를 말하는 것이다. 과거에는 곤지왕 신사라 불렀다고 한다. 기존 사서에서는 왕이 된 적이 없는 곤지가 이곳 일본에서는 신으로까지 격상된 것이 놀라울 따름이다. 이곳 말고 하비키노 시의 북단 가시와라(柏原) 시에 있는 고쿠부(國分) 신사에서도 곤지왕을 제사 지낸다고 한다.

아스카베 신사는 헤이안 시대 초기, 곤지의 자손인 구다라노스쿠네(百濟宿禰)와 미하루노아손(御春朝臣)의 도움으로 조간(貞觀) 원년(859) 8월에 무위(無位)에서 정4위의 지위를 수여받고 다음 해 10월에 '관사(官社)'가 되었다.▪ 하지만 지금은 아주 초라한 작은 사당으로 옛날의 영화를 많이 잊은 듯했다. 메이지 시대에 제신을 스사노오노미코토로 바꾸었다가 최근에

아스카베 신사 배전 | 계단을 오르면 아담하고 소박한 배전이 보인다. 금줄을 단 모습이 우리네 당집을 떠올리게 한다.

와서야 원래대로 아스카 토착신의 신앙처가 되었다.

그런데 아스카베 신사에서 모시는 곤지에 대해서는 역사책마다 그 계보가 다르게 나타난다. 『삼국사기』에 따르면 곤지는 개로왕의 아들이며 문주왕의 동생이고, 477년 내신좌평에 임명된 뒤 그해 7월에 죽었다. 반면에 『일본서기』와 『일본서기』에 인용된 『백제신찬』에 따르면 곤지와 개로왕은 형제 관계이다. 또한 『신찬성씨록』에서도 곤지왕을 비유왕(개로왕의 아버지)의 아들로 기술했다. 이처럼 『일본서기』와 『삼국사기』에 모두 등장하는 곤지에 대해 계보와 행적이 다르게 기술된 것은 의문이다. 게다가 곤지가 백제에서 죽지 않고 일본에서 자손을 번성하면서 살았다는 아스카베 신사가 나타났으니 좀체 종잡을 수가 없다. 그렇다면 어느 쪽 기록이 맞을까? 이에 대해서는 『백제신찬』에 믿음이 간다. 편찬 연대가 『삼국사기』보다 앞

■ 과거 신사는 정치적 지위에 따라 사격(社格), 신계(神階), 신위(神位) 등을 받았다. 신궁(神宮), 대사(大社) 등은 사격(社格)을 이르는 말이며, 신계(神階)는 신의 지위를 말하는 것으로서 정1위 등 31등급으로 구분되었다.

선 데다 백제인이 쓴 것으로 여겨지는 『백제신찬』은 『일본서기』의 본문에 드러나는 편찬자의 작위도 상대적으로 덜하기 때문이다.

『삼국사기』에서는 무령왕이 동성왕의 둘째아들로 나와 무령왕을 곤지의 손자로 본다. 하지만 『백제신찬』은 무령왕과 동성왕을 다 같이 곤지의 아들로 본다. 무령왕릉 지석에 따르면 무령왕은 462년에 태어나 523년에 죽었다. 그렇게 보면 무령왕은 475년 한성의 백제가 멸망했을 때 열네 살이었으며, 마흔 살 늦은 나이에 즉위를 했다. 『일본서기』 「유랴쿠기」에서는 무령왕보다 앞서 즉위한 동성왕에 대해, "곤지의 아들로 479년 왜에서 귀국해 즉위할 때의 연령이 유년"이라 적었다. 어디까지 유년으로 봐야 할지 모르겠지만, 대략 열세 살에서 열다섯 살을 기준으로 하면, 동성왕은 465년 이후에나 출생한 것으로 볼 수 있다. 동성왕이 462년에 출생한 무령왕보다 나이가 어렸다는 것이다. 또한 동성왕은 『삼국사기』와 『일본서기』에서 공통으로 말하는 것처럼 곤지의 아들로서, 461년에 곤지가 왜국으로 파견된 이후에 태어났다고 짐작되기 때문에 나이는 무령왕보다 아래일 가능성이 크다. 이러한 상황을 바탕으로 보면 무령왕이 동성왕의 둘째아들이라는 『삼국사기』의 기록은 타당성이 없다. 『일본서기』 속 『백제신찬』의 계보가 『삼국사기』보다 더 정확하다고 판단된다.

『일본서기』에서는 곤지가 일본으로 갈 때 개로왕의 아이를 임신한 여인과 동행했고, 그 여인이 가카라시마에서 낳은 아이를 무령왕이라고 하면서, 무령왕을 개로왕의 아들로 그린다. 반면에 『백제신찬』에서는 무령왕과 동성왕을 곤지의 아들로 본다. 이러한 차이는 왜 생긴 것일까? 아마 무령왕의 혈통을 한성 시대의 마지막 왕으로 설정해, 직계 혈통이 단절된 개로왕과 연결함으로써 여러 차례 정변을 거친 뒤 즉위한 무령왕의 왕위 계승을 정당화하기 위한 것은 아닐까 하고 조심스럽게 점쳐본다.

그렇다면, 곤지가 왜국으로 간 뒤의 행적은 어땠을까? 『일본서기』에서는 461년에 곤지가 왜국으로 가다가 개로왕의 아들인 사마를 낳았다고 기록했다. 하지만 정작 왜국으로 간 뒤의 행적에 대해서는 자세한 기록이 없다. 곤지의 다섯 아들 중 둘째아들인 말다(末多)가 백제의 왕이 되기 위해 귀국했다는 기록만이 보일 뿐이다. 다만 아스카베 신사가 있는 지카쓰아스카 지역에서는 곤지의 자손이 대대로 살았다는 전승이 남아 있다.

이와 달리 『삼국사기』에서는 곤지가 백제에서 내신좌평에 임명되고 나서 사망한 것으로 기술되었다. 아마 백제가 왜국과 우호를 맺으려고 곤지를 왜국에 보낸 것일 테지만, 전지왕이나 동성왕도 유년기에 일본에 있다가 백제로 돌아와 왕이 된 사실로 미루어볼 때 곤지도 백제로 다시 돌아왔을 가능성이 있다.

특히 곤지는 458년 당시 송나라로부터, 왕족을 포함한 백제 귀족 11명 가운데 가장 높은 정로장군좌현왕(征虜將軍左賢王)을 제수받았다. 이는 문주왕이 받은 보국장군(輔國將軍)보다도 상위 관품이다. 그렇다면 곤지는 개로왕에 이은 제2의 실력자였다. 이는 곤지가 문주보다 연장자였을 것이라고 추정하는 근거가 되기도 하겠지만, 실제로 백제에서 곤지의 영향력이 상당했음을 알려주는 것으로 볼 수 있다. 『일본서기』나 『신찬성씨록』 등에는 곤지가 곤지왕 또는 곤기왕(琨伎王)으로 기록되어 있다. 이는 곤지가 도래인 집단의 우두머리로서 지위를 보장받은 것을 우회적으로 표현한 것이 아닌가 싶다.

『일본서기』에서는 곤지가 다섯 아들을 두었는데, 그 중 둘째인 동성이 백제로 돌아와 왕이 되었다고 기록했다. 그렇다면 곤지의 나머지 자손들은

아스카베 천총 | 아스카베 신사 옆으로는 '가와치 포도'로 유명한 포도밭이 펼쳐져 있다. 이곳에는 아스카 지역의 니자와 천총(新澤千塚)에 버금갈 정도로 도래인의 무덤이 많다고 하여 그 이름도 아스카베 천총(飛鳥戶千塚)이라고 한다.

일본에 남아서 대를 이어 번성했을 가능성이 있다. 따라서 일본의 곤지 전승은 그가 왜국에서 계속 살았다기보다는 왜국에 있었을 때 그의 위상을 보여주는 것이며, 왜국에 뿌리를 내린 후손에 의해 전래되었을 법하다.『신찬성씨록』에도 아스카베씨족에 대해 백제 곤지왕의 후손이라고 적은 부분도 있지만, 개로왕의 아버지인 비유왕의 후손이라고 적은 부분도 있기 때문에 저간의 사정을 판단할 수 있을 것 같다.

어쨌든 가와치아스카는 백제인의 체취가 물씬 풍기는 동네다. 일본에서 아스카는 한반도 도래인의 역사 무대이며 일본 역사의 산실인 셈이다. 온통 포도밭으로 둘러싸인 하치부세 산(鉢伏山)의 남쪽 비탈 일대에는 이 지방 문화 전수에 공헌한 도래인의 것으로 보이는 아스카베 천총(飛鳥戶千塚)이 산재해 있다. 백제와 관련이 깊은 굴식돌방무덤이 1000여 개가 있다고 해서 천총이라고 불린 듯하다. 그러나 지금은 포도밭으로 변해 50여 개밖

간논즈카 고분 | 도래인의 것으로 보이는 굴식돌방무덤이다. 포도밭 때문에 많이 망가진 상태지만 원래의 모습을 대략 짐작할 수 있다.

에 남지 않았다. 대개 이 고분들은 6세기에서 7세기에 걸쳐 만든 것으로 추정한다. 그렇기 때문에 부근 아스카베 신사를 아우르던 곤지의 후예 아스카베노미야쓰코가 조성한 것으로 본다.

아스카베 천총 중에서도 족장의 무덤으로 추정되는 간논즈카(觀音塚) 고분은 툭 터져 있는 무덤방 입구부터 규모에 이르기까지 만만치 않은 형색이어서, 곤지의 직계 후손의 무덤은 아닐까 싶기도 했다. 하비키노 일대에는 곤지의 후손인 아스카베씨뿐만 아니라 백제 왕족의 것이라 전해지는 유적이 곳곳에 보인다. 백제 왕족의 후예라고 전하는 후나씨(船氏)의 씨신사인 오쓰(大津) 신사도 있고, 후지이씨(葛井氏)의 씨신사로 한국의 신을 모시는 가라쿠니(辛國, 韓國) 신사도 있다. 이처럼 과거 지카쓰아스카는 도래인의 고장이었다.

그렇다면 일본에 곤지의 아들인 무령왕과 직접 관련된 유적은 없을까?

일단 사서에서는 무령왕이 가카라시마에서 백제로 돌아갔다고 한다. 하지
만 한성백제가 멸망한 뒤 백제가 위급한 상황에서 어느 시점엔가 왕족이었
던 사마가 왜국에 파견되었을 가능성 또한 전혀 배제할 수 없다. 그런데 만
약 무령왕의 행적이 일본에 나타난다면 이를 어떻게 봐야 할까? 이제 일본
에서 무령왕의 행적을 찾아보아야 했다.

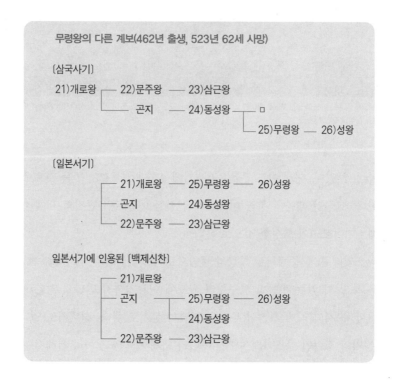

300

청동거울의 비밀

날카롭게 곧추선 모습은 온데간데없이 산세가 살갑다. 앞서거니 뒤서거

니 하면서 도망하는 주위 풍광도 며칠 전 우리 땅에서 본 모습과 닮았다. 남쪽으로 해안을 따라 와카야마(和歌山) 현에 이르는 길은 완만한 굴곡을 따라 산을 만들고 길을 닦아놓은 듯 도타운 정이 묻어난다.

와카야마 현은 일본의 가장 큰 반도인 기이(紀伊) 반도의 남부에 있기 때문에 흡사 동쪽에 있는 나라 현을 빙 둘러 감싼 모습이다. 남쪽과 서쪽은 해안과 맞닿아 있으나, 북쪽과 동쪽은 산지와 맞닿아 현 전체의 무게중심이 대체로 현도(縣都)인 와카야마 시를 중심으로 한 서쪽에 치우쳐 있다.

16세기 후반 도요토미 히데요시가 도라후쓰야마(虎伏山)에 와카야마성을 만들면서 도시가 들어섰다고는 하지만, 그보다도 오래전 세토 내해를 통해 한반도에서 건너온 도래인들로 인해 해안 부근이 정치 문화의 중심지가 되었을 것 같다. 오타니(大谷) 고분이나 이와세센즈카(岩橋千塚) 고분 같은 유적지에서, 말갖춤과 금은 장신구 등 유물과 굴식돌방무덤 등 한반도 관련 유적들이 많이 발견되었기 때문이다. 특히 도래인으로 알려진 기(紀, 木) 씨족이 기노가와(紀ノ川)를 중심으로 한 평야 일대에 본거지를 두었다고 한다. 이처럼 예전부터 수많은 도래인이 기이 반도의 강안을 따라 내륙으로 이동해서인지 주위의 풍광이 정겹다.

와카야마 현 하시모토(橋本) 시의 스다(隅田)라는 곳을 찾아가는 길이다. 이 지역은 행정구역으로는 와카야마 현에 속하지만, 지리적으로는 야마토 쪽에 가깝다. 그렇기에 오사카 쪽에서 하시모토 시의 스다로 가려면 내륙을 통해 들어가는 것이 훨씬 수월하다. 더욱이 나라 현의 고조(五條) 시, 오사카 부의 가와치나가노(河內長野) 시와 마주한 곳이어서, 에도 시대에는 교토와 오사카에서 고야산에 이르는 가도(街道)와 와카야마 방면에서 이세(伊勢)로 가는 참배로의 교차점이었다. 그래서 스다는 가와치와 야마

스다 하치만 신사 | 국도변에 세워진 도리이를 지나면 높은 계단으로 이루어진 스다 하치만 신사를 만날 수 있다.

토를 이어주는 교통의 요지로서 그 역할을 톡톡히 한 곳이다.

스다에 가면 하치만(八幡)이라는 신사가 있는데, 진구와 오우진 신앙이
전해지는 신사로 알려져 있다. 진구가 신라 원정을 끝내고 돌아올 때에 주
아이의 배다른 아들인 가고사카(麛坂)와 오시쿠마(忍熊)가 왕위 계승권을
다투느라 군사를 일으켰다. 이때 이들과 대적하러 야마토로 들어가던 중
진구가 잠시 머무른 신사가 바로 이곳이다. 전승의 사실 여부를 떠나서 어
쨌든 가는 행보마다 진구의 전설이 계속 나타나니 반갑지만은 않았다.

그러나 하치만 신사를 하루아침에 유명하게 만든 것은 진구도, 오우진도
아니다. 그것은 이곳에 보관되어 있던 지름 20센티미터 크기에 인물상 아홉
과 기마상이 그려진 청동거울이다. 에도 시대에 하시모토 시 부근에 있는
쓰마무라(妻村)의 고분에서 발굴되어 하치만 신사에 안치되었다고 전한다.

스다 하치만궁 청동인물화상경 모형 │ 신사 안에는 최근 청동인물화상경의 모습을 본뜬 기념비가 세워졌다.

청동거울 둘레에 빙 둘러서 명문이 48자 새겨져 있는데, 이것이 현재까지 일본에서 가장 오래된 금석문으로 인정되어 국보가 되었다. 지금은 국립도쿄박물관에 소장되어 실물을 직접 볼 수는 없었지만, 최근 신사 뜰에 그 모습을 본뜬 기념비를 세워놓아 청동거울의 모습을 대강 살필 수 있었다.

놀라운 사실은 청동거울의 명문에 사마(斯麻)라는 이름이 등장한다는 것이다. 사마는 백제 무령왕의 이름이다. 그렇다면 청동거울은 백제 것이란 말인가? 그러나 아직까지 우리나라에서는 이와 비슷한 청동거울이 발견된 적이 없기 때문에 정확하게 판단하기는 어렵다. 하치만의 청동거울은 낙랑 말기에 보이는 한나라식 거울(漢式鏡) 계통으로 보이기는 하나 확실치 않고, 백제 무령왕릉에서 청동거울(獸帶鏡, 方格規矩神獸紋鏡)이 나오기는 했지만 하치만 신사의 인물화상경과는 그 양식이 달라 계통을 밝히기가 쉽지 않다. 어쨌든 하치만 신사의 안내판에서는 현재 오사카의 야오(八尾)시에 있는 니시쓰카(西塚)에서 출토된 수입 청동거울이라고 한다. 청동거울 명문의 내용을 살펴보면 대체로 다음과 같다.

癸未年八月日十大王年男(?)弟王 在意柴沙加宮時 斯麻念長奉(壽)

遺開中費直穢人今州利二人等 所白上銅二百旱 作(取)此竟

무령왕릉 방격규구신수문경 국립공주박물관 소장·제공   **낙랑 한식경** 경희대학교중앙박물관 소장·제공

계미년 8월 일십대왕(日十大王)의 치세에 남제왕(男弟王)이 오시사카(忍坂) 궁에 있을 때, 사마는 그의 장수를 생각하며 개중비직과 예인 금주리 등 두 사람을 파견하여, 최고급 구리쇠 200한으로 이 거울을 만들게 했다.

48자 짧은 명문이라고는 하지만 획이 생략된 글자, 알아보기 어려운 글자, 판정하기 힘든 글자들이 있어서 이렇게 소개한 것도 정확히 바른 해석인지는 모른다. 일찍부터 일본에서 국보로 지정되어 많은 연구를 해 왔지만, 아직까지 보는 이들에 따라 청동거울의 명문에 대해서는 설이 가지각색이다.

의문은 몇 가지로 요약할 수 있다.

① 명문에 등장하는 계미년은 언제인가?

② 日十대왕은 누구인가?

③ 男弟王이라 읽을 수 있는 것인가?

④男弟王과 斯麻는 누구인가?

우선 ‘男弟王’이라 읽는 명문을 보자. 해석하는 사람마다 다르기는 해도 학자들은 대개 ‘男’자로 본다. 그런데 명문을 직접 들여다보면 명확하지 않다. 사람에 따라서는 ‘孚’로 보기도 하고 ‘子’로 보기도 한다. 그렇지만 대다수는 ‘男弟王’으로 읽고 이를 게이타이 천황(재위 507~531년)이라고 본다.

스다 하치만 신사 청동인물화상경 | 무령왕릉에서 발견된 방격규구신수문경과도 달라 그 계통을 낙랑의 한식경에서 찾고 있다.

게이타이 천황은 일본 사서에서 6세기 초반의 천황으로 나오는 인물이다. 무도하고 흉포한 부레쓰(武烈)가 후사 없이 죽자 오우진의 5세손인 오호토노미코토(男大迹尊)가 게이타이 천황이 되었다고 한다. 일본 사서에서 다른 천황들의 계보는 자세하게 기록한 반면, 게이타이의 계보는 자세하게 기록하지 않아서 수수께끼의 정점에 서 있는 인물이다. 어쨌든 사서에서는 게이타이의 이름을 男大迹(오호토, ヲホト)로 전하니, 청동거울의 명문이 ‘男弟王’이라면 오오토(ヲォト)라고 읽을 수 있으므로 게이타이 천황으로 볼 수 있을 듯싶다.

일십대왕에 대해서는 그 내용이 모호한 만큼이나 해설이 구구하다. 곤지왕(?~477)이라는 설, 동성왕(?~501)이라는 설, 닌켄(仁賢) 천황(재위 488~498년)이라는 설, 겐조(顯宗) 천황(재위 450~487년)이라는 설 등 다양하다. 그러나 어느 사서에도 '일십대왕'은 보이지 않고, 일본의 어떤 훈과 음으로 읽어도 사료를 통해서는 일십대왕이 누구인지 알 수 없다. 그렇다면 일십대왕은 야마토가 아닌 다른 왕국의 왕을 의미하거나, 백제의 왕을 나타내는 것일까?

명문에 나오는 계미년에 대해서도 서기 503년 혹은 443년이라고 주장하는 사람이 있는가 하면, 서기 383년설을 내세우는 사람도 있다. 서기 383년설을 주장한 사람 중 대표적인 사람이 다카하시 겐지(高橋健自, 1871~1929)이다. 그는 소문을 듣고 하치만 신사에 찾아와, 일부 명문을 판독하고 1914년 청동거울을 세상에 처음 알렸다. 아마 그는 『기이국명소도회(紀伊國名所圖繪)』에서 진구가 한반도 정벌을 통해 청동거울을 들여왔다 했기 때문에 383년설을 제시한 모양이다. 하지만 최근에 청동거울의 성분을 분석한 결과, 443년이나 503년설에 힘이 실리고 있다. 그중에서도 계미년이 503년일 가능성이 높은 것은 이 명문에 '사마'라는 글자가 뚜렷이 드러나기 때문이다. 사마라면 무령왕릉 지석이나 『삼국사기』, 『일본서기』에 등장하는 사마왕, 곧 무령왕을 의미하는 것으로 짐작되기 때문이다.

그러나 이에 대해서도 이견이 많다. 사마를 『일본서기』의 「진구기」에 나오는 왜국의 호족 시마노스쿠네(斯摩宿禰)로 보는 이들도 있기 때문이다. 이들은 진구 때의 기록과 이 청동거울을 연결하려는 의도가 있는 것 같다. 『일본서기』에서는 진구에게 백제 초고왕이 칠지도와 칠자경(七子鏡)을 바쳤다고 했기 때문에, 이를 근거로 스다의 청동거울을 칠자경으로 보는 것이다. 그러나 칠지도의 명문에도 왜에 헌상했다고 보기 어려운 문구가 남아 있을 뿐 아니라 『일본서기』의 「진구기」도 문제가 있기 때문에, 하치만 신사의 청동거울이 곧 『일본서기』의 칠자경과 일치한다고 보기는 어렵다.

멀리 보이는 고야산 | 스다 하치만 신사 입구에서 서쪽을 바라보면 멀리 고야산이 보인다. 금송의 주산지인 고야산 부근에서 '사마'라는 명문이 있는 청동거울이 나타난 것이 예사롭지 않다.

또한 명문에 등장하는 사마가 「진구기」에 나오는 시마노스쿠네라고 한다면, 그는 왕의 신하로서 명문에 '신(臣)'이나 비직(費直) 같은 칭호를 사용했어야 하는데, 청동거울의 명문에는 아무런 칭호도 없다.

한편 계미년을 503년으로 본다면, 이때는 무령왕이 즉위한 다음일 텐데 왕이라는 칭호를 붙이지 않고 단지 사마라고 썼는지 의문이다. 무령왕이 즉위한 해에 대해서는 논란이 있어 만약 선왕이 사망한 해에 즉위했다면 501년, 다음 해에 즉위했다면 502년이 된다. 『삼국사기』에는 501년, 『일본서기』에서는 502년에 즉위한 것으로 되어 있다. 『삼국사기』에서는 백제가 선왕이 사망한 해에 즉위하는 방식(卽位年稱元法)이었던 것으로 나타난다. 하지만 부여의 능산리에서 발견된 사리감의 명문에서 백제 창왕(昌王) 13년이 정해년(丁亥年)이라는 것이 밝혀져, 당시 백제에서는 선왕이 사망한 다음 해에 즉위하는 방식(踰年稱元法)이었음이 확인되었다. 그렇다고 하더

스다하치만신사 卍
고야산 ▲
곤고부사 卍
고헤치
기이지
나카헤치
오헤치
이세지
구마노 ○
이세신궁 卍

지도 8-4 구마노 고도

라도 503년이면 무령왕이 즉위한 다음일 텐데, 왜 왕이라는 칭호를 붙이지 않았을까? 그때까지는 대외적으로 백제왕이라는 칭호를 쓰지 않았기 때문일까? 만약 그렇다고 하더라도 칠지도에서 '백제 왕세자'라는 표현이 나왔듯 백제 왕자라는 표현을 썼음직도 한데 아무런 칭호가 없는 것은 의문이다. 만약 앞서 나온 일십대왕이 무령왕을 가리키는 것이라면, 그 뒤의 표기는 그냥 사마라고 쓸 수 있는 여지가 있지만 말이다.

마흔 살에 즉위한 무령왕의 즉위 전 행적에 대해서는 알려진 바가 없다. 『삼국사기』에는 동성왕이 피살되자 즉위한 것으로 되어 있으며, 『일본서기』에는 가카라시마에서 태어난 뒤 본국으로 보내졌다가 무도한 동성왕이 나라 사람들에 의해 제거되자 즉위한 것으로 되어 있다.

청동거울에 나온 사마가 무령왕이라면 그는 왜와 어떤 관계가 있었을까? 혹 즉위 전에 오랫동안 왜에 있었기 때문에 사마라는 표현을 쓸 정도로 왜국의 왕과 친밀한 관계를 갖고 있었던 것은 아닐까? 아직까지도 우리나라에서는 하치만 신사의 청동거울에 대해 제대로 된 해석을 내놓지 못했다. 청동거울의 명문에 사마가 나오는 것 등으로 보아 좀더 깊이 있게 연구해야 할 듯싶다.

스다 하치만 신사가 있는 곳에서 남서쪽으로 고야산(高野山)이 있다. 일본식으로 다카노야마로 읽지 않고 우리식 한자 독음으로 고야산이라고 읽어서

구마노 고도 | 기이 반도에 있는 구마노 고도는 2000년에 국가사적으로 지정되고 2004년에 유네스코 세계문화유산으로 지정되었다. 이 지역은 삼림이 울창하고 강수량이 많은 곳이어서 보행자들을 위해 길마다 돌다다미(石疊)를 설치해놓은 것이 눈에 띈다. 출처: 미상(인터넷)

더욱 친밀감이 생긴다. 일본에서 고야산은 9세기 무렵 정토(淨土)를 이야기한 고보 대사(弘法大師) 구카이(空海)가 활동한 일본 불교의 성지로 알려진 곳이다. 곤고부 사(金剛峰寺)를 중심으로 여러 절이 몰려 있어 흡사 종교도시 같다. 고야산에서 구마노(熊野) ―이세에 이르는 길 또한 중세 이래 지금까지 참배의 장소이다. 특히 참배도(參拜道)인 구마노 고도(熊野古道)를 포함한 이 일대는 2004년에 세계문화유산으로 지정되었다. 지금도 그대로 남아 있는 자연환경에다 사원 117개가 산재하기 때문에 심신 수행처로 이름이 난 곳이다.

고야산에는 일본에서 신성시하는 나무 고야마키(高野まき), 곧 금송(金松)이 자란다. 무령왕의 널 재료로 쓰인 것도 바로 이 고야마키였다. 고야

산과 부근의 스다 하치만 신사에 이르기까지 한반도와 밀접한 관련이 있어 보인다. 실제로 이곳이 무령왕과 모종의 연관이 있는 곳은 아닐까? 또한 '男弟王'으로 보이는 일본 천황 게이타이와 무령왕은 어떤 관계였을까? 무령왕도 백성에게 포악하고 무도했다는 동성왕 이후에 등극했으며, 게이타이도 악명으로 이름이 높은 부레쓰 다음에 왕위에 올랐다.

동시대 인물인 무령왕과 게이타이가 청동거울에서 사마와 남제왕으로 나란히 나타나는 것이 흥미롭기만 하다.

9

게이타이 천황

어느 쪽이 천황의 무덤인가

오사카 북부를 흐르는 요도가와(淀川)는 일본의 제일 큰 호수인 비와 호에서 출발해 세토 내해로 흐르는, 지류가 많은 강이다. 하지만 그 길이는 겨우 75킬로미터에 지나지 않아 상당히 짧다. 예로부터 수심도 그리 깊지 않고 범람도 심한 곳이어서, 제2차 세계대전 이후에 치수 목적으로 댐을 설치했다. 오사카를 말할 때 요도가와를 빼놓을 수 없는 것은 에도 시대에 들어와 교토로 이어지는 수운 교통의 중심지 역할을 했기 때문이다. 조선의 통신사로 일본에 왔던 이들도 줄곧 바다를 항해하다가 요도가와 하구에

요도가와 | 사행(蛇行)으로 굴곡이 심했던 요도가와는 10년에 한 번 꼴로 홍수가 났기에 메이지 시대에 들어와 강의 길을 직선으로 내어 경로를 바꾸었다. 과거에는 오사카와 교토에 이르는 수운 교통의 중심이었다.

서 작은 배로 갈아타고 오사카와 교토로 강을 거슬러 올라 이동했기에 요도가와는 우리와도 인연이 깊은 곳이라고 할 수 있다. 당시 요도가와의 수심이 얕아 14~15명 정도가 탈 수 있는 금루선(金樓船)을 여러 사람이 양쪽 언덕에서 뱃줄을 당겨 끌었다. 1763년 통신정사로 간 조엄(趙曮)도『해사일기』에서 당시 요도가와 운항을 이렇게 묘사했다.

배를 끄는 군사가 양쪽 언덕에 둘러서 있는데, 배 한 척을 끄는 사람이 혹 백여 명이 되기도 하고, 혹 70~80명이 되기도 하여 배가 왼쪽 언덕으로 가까이 가면 또한 거기서 끌어당긴다. 그리고 한쪽 군인은 쉬었는데, 지나는 마을마다 당기는 군사가 교체되었으니 그 수를 따지자면 반드시 수천 명이 넘을 것이다.

요도가와 북쪽은 오사카 부에 속하는 이바라키(茨木) 시다. 이바라키는 부근에 너른 평야를 등지고 교토와 고베를 연결하는 길목에 있어 오래전부터 교통의 요지다. 헤이안 시대부터 교토와 시모노세키를 동서로 가로지르는 서국가도(西國街道)가 만들어졌고, 에도 시대에는 다이묘(大名)들이 숙박한 장소로 유명했다. 이러한 이유 때문인지 평야 지대를 중심으로 한 이바라키 일대에 오래된 무덤이 여럿 있다. 고대에도 이곳에 많은 사람들이 살았을 것이다.

가장 눈에 띄는 고분이 오다차우스야마(太田茶臼山)다. 이 고분은 서국가도의 바로 옆에 있고, 전체 길이가 226미터나 되는 거대한 고분이다. 이 지역에서 세력 있던 인물이 묻혔을 가능성이 높다. 일본 궁내청에서는 이 무덤을 게이타이(繼體) 천황의 무덤으로 본다. 그래서 커다란 도리이를 세우고 정비를 잘해놓았다. 고분이 무너지는 것을 막으려고 무덤 둘레 공사를 하던 중 주위에서 원통형 토기인 하니와와 껴묻거리가 발굴되었다. 궁내청에서 5세기 중엽의 것으로 추정된다고 발표했다. 궁내청에서 천황의 능으로 추정해 관리하는 무덤에 대해서는 발굴조차 허락하지 않지만, 간혹 보수하다가 유물이 발견되는 일은 종종 있었다. 하지만 이전까지 천황의 무덤을 조사하고 상세하게 연대까지 제시한 적은 없었기 때문에 극히 드문 일이었다. 더욱 놀라운 것은 궁내청에서, 출토된 하니와의 제작 연대를 5세기 중엽으로 발표했다는 사실이다.

『일본서기』에 따르면 게이타이 천황은 507년에 즉위해서 531년, 곧 6세기 초엽에 사망한 인물이다. 따라서 고분에서 나온 출토품이 5세기 중엽의 것이라면, 오다차우스야마 고분은 게이타이의 능이 아닐 것이다. 이는 궁내청 스스로 왕릉이 아님을 발표한 셈이다. 능 안내판에 게이타이 천황

오다차우스야마 고분 │ 그동안 게이타이 천황의 무덤으로 알려졌다. 궁내청에서 능묘 참고지로 지정해 정비가 잘 되어 있다. 출처:『日本の古代 第5巻 前方後円墳の世紀』(中央公論社, 1986)

오다차우스야마 고분 도리이 │ 게이타이의 능이라고 하여 전방부 앞에 도리이를 세워놓았다.

릉이라는 명칭보다 오다차우스야마 고분이라는 말을 먼저 써놓은 것도, 아마 많은 사람들이 이곳을 게이타이의 능이라고 생각하지 않기 때문일지도 모른다.

일본의 고분에는 '오우진 천황릉', '닌토쿠(仁德) 천황릉' 등 천황릉이라 이름 붙은 것들이 있는데, 우리나라의 무령왕릉에서와 같이 무덤의 주인을 알 수 있는 지석이나 명문이 출토되지 않았기 때문에, 실제로 왕릉인지 아니면 단순한 세력가의 무덤인지 알 수 없는 경우가 많다. 하지만 『고사기』에서는 게이타이의 능이 시즈오카 현 미시마(三島)의 아이노미사자키(藍陵)에 있다고 기록했다. 그리고 17세기에 들어와서도 오다차우스야마 고분이 게이타이 능이라고 한 기록이 있기 때문에, 궁내청에서 이곳을 게이타이 천황릉으로 지정한 것 같다.

그런데 헤이안 시대에 쓴 다른 책 중에는 게이타이 천황의 능이 셋쓰(攝津)의 시마가미(島上) 군에 있다는 기록도 있다. 만약 이 기록이 맞는다면, 게이타이 천황릉이 있는 곳은 현재의 이바라키 시보다 좀더 동쪽에 있는 다카쓰키(高槻) 시 방면이 될 것이다. 그런데 우연인지는 몰라도, 이바라키 시에서 그리 멀지 않은 다카쓰키에는 몇 년 전 발굴로 세상을 떠들썩하게 한 이마시로즈카(今城塚) 고분이 있다.

분구의 길이가 190미터나 되는 거대한 이마시로즈카 고분은 오래전부터 도굴을 당해 부서지고 파괴된 데다가, 전국시대에 들어서는 오다 노부나가(織田信長) 등 무사들이 산성으로 개조했기 때문에 무덤이라고 볼 수 없을 정도로 황폐한 상태다. 여기저기 잡초가 무성하고, 붕괴된 능선에 황소만 한 개를 끌고 산책하는 사람들의 모습도 보이고, 한쪽에는 채소밭도 보인다. 아예 굴토 작업을 해서 운동장으로 사용하는 곳도 있다.

이마시로즈카 고분 │ 궁내청에서 능묘 참고지로 지정하지 않았기 때문에 일반인들도 들어올 수 있다. 분구까지 산책할 수 있는 길이 나 있다. 사진은 전방부의 주구로 보이는 도랑인데, 이곳에서 낚시를 하는 모습도 종종 볼 수 있다.

이마시로즈카 고분 전경 │ 이마시로즈카 고분은 하늘에서 보아야 전방후원분임을 알 수 있다. 최근 일본에서는 이 고분을 게이타이의 능으로 지정해야 한다는 목소리가 높다. 출처: 『日本の古代 第5巻 前方後円墳の世紀』(中央公論社, 1986)

발굴 조사 결과, 이 고분의 무덤방이 굴식돌방무덤임을 밝혀냈다. 고분에서 원통형, 사람 모양, 집 모양 하니와 등 많은 유물이 발굴되었다. 특히 가장 큰 것의 높이가 1.7미터나 되는 하니와는 그동안 일본에서 발견된 하니와 중에서도 최대급이라고 한다. 이러한 사실만으로도 무덤 주인이 대단한 사람이었음을 알 수 있다. 더욱이 이마시로즈카 고분에서 나온 하니와의 제작 연대가 6세기 무렵인 것으로 밝혀져 고분이 축조된 연대를 추정할 수 있었다. 이 시기가 게이타이 사망 즈음과 일치하니 이 무덤의 주인이 게이타이일 가능성이 높아졌다.

발굴 조사 뒤 현장 설명회에 약 4300명에 이르는 고대사 애호가들이 운집했다고 한다. 이마시로즈카 고분에 쏠린 일본인들의 열정을 가히 짐작할 만하다. 이마시로즈카 고분을 게이타이 천황의 무덤으로 볼 수 있을지에 관심이 집중되었다.

현재 일본에서는 이마시로즈카 고분을 게이타이 천황의 무덤으로 인정해야 한다는 목소리가 높아지고 있다. 그런데도 궁내청에서는 결정적 증거가 없다며 기존의 견해를 굽히지 않고 있다. 실제로 일본에서 메이지 시대 이후에 능묘를 변경한 것은 1881년에 덴무, 지토의 능을 서로 바꾼 것밖에 없기 때문에 그리 쉽지 않을 것이다. 또한 궁내청에서는 오다차우스야마 고분이 상대적으로 보존이 양호하고 격조가 높아 보여 게이타이의 능으로 고집하는 듯하다.

게이타이 천황은 무덤뿐만 아니라 그 출신과 행보도 의문의 여지가 많은 인물이다. 도대체 어떠한 인물이었기에 그럴까?

수수께끼의 인물, 게이타이 천황

후쿠이 시 한복판에 있는 아스와야마(足羽山) 공원에 도착했을 때는 해가 저물지 않았는데도 옅은 어둠이 깔려 있었다. 후쿠이의 정경이 한눈에 내려다보이는 공원이라지만, 실상은 둔덕을 좌우에 끼고 굽이굽이 올라가는 야트막한 야산이었다. 높이 116미터로 그리 높지 않은 산 정상에는 마치 도인인 양 너른 후쿠이 평야를 응시하는 석상이 있었다. 조심스럽게 다가가보니 바로 게이타이 천황의 석상이었다. 왜 이곳 후쿠이에 게이타이 석상이 있는 것일까? 게이타이가 초기에 에치젠(越前, 후쿠이 현의 동북부) 지방을 중심으로 기반을 잡은 것으로 알려졌기 때문일 것이다.

일단 게이타이가 태어난 곳은 오미(近江) 지방의 다카시마(高島)이고, 자라난 곳은 현재의 후쿠이 현 사카이(坂井) 곧 에치젠의 다카무코(高向)라고 알려져 있다. 그런데 흥미로운 것은 게이타이에 대해서 사뭇 다른 이야기가 전해진다는 것이다. 첫째는 게이타이가 천황에 즉위하는 과정이 다른 천황들과는 다르다는 것이다. 곧, 무도하고 흉포한 부레쓰 천황이 후사 없이 죽자, 오우진의 5세손인 오호토노미코토(男大迹尊)를 게이타이 천황으로 삼았다. 그런데 그가 옹립되는 과정을 찬찬히 들여다보면 오우진에서부터 게이타이의 아버지라고 하는 히코우시노오키미(彦主人王) 사이에 계보가 전혀 기록되어 있지 않다. 『일본서기』 등 일본의 역사서에서 다른 천황들의 계보는 자세하게 기록되어 있는데, 게이타이에 대해서는 자세히 기록되지 않은 이유가 무엇일까? 이 때문에 항간에는 계보를 조작했을 것이라는 의문이 제기되기도 한다. 비정상적으로 왕위에 오른 게이타이가 자신의 정통성을 세우고자 야마토 정권의 후예를 자처한 것으로 볼 여지가 있기 때문이다.

320

게이타이의 즉위가 비정상적이었다는 것은 다음과 같은 사실을 통해서도 가늠해볼 수 있다. 에치젠에서 조신(朝臣)들이 그를 받들어 507년 가와치(河內)의 구스하(樟葉) 궁에서 즉위한 것을 시작으로, 즉위 5년에 수도를 현재 교토의 남부 교타나베(京田邊) 시 부근인 야마시로(山城)의 쓰쓰키(筒城) 궁으로 옮겼다. 그리고 즉위 12년에는 오토쿠니(弟國) 궁, 곧 현재 교토의 남서부에 있는 나가오카쿄(長岡京) 시 일대로 옮겼다가, 즉위 20

게이타이 천황상 │ 후쿠이 시 아스와야마 공원 정상에는 게이타이 천황의 석상이 있다. 주위에는 과거 에치젠 일대 세력가들의 무덤이 산재해 있어 후쿠이 지방에서는 이를 게이타이 일족의 것으로 추정한다.

년에는 이와레(磐余)의 다마호(玉穗) 궁, 곧 현재의 나라 현 사쿠라이(櫻井) 시로 환도했다. 게이타이가 야마토 지방에 곧바로 입성하지 못하고 20년 동안 야마토 주위를 전전했다는 사실은 왕위 계승이 평탄하지 않았음을 증명한다. 그렇다면 게이타이는 일본 사서에 기록된 것처럼 왕위 계승자가 없어서 천황이 된 인물이 아니라, 오랜 동안 이전 왕조의 세력을 제거하면서 야마토에 정착한 인물이 아닐까?

최근 이마시로즈카 고분을 발굴했을 때 돌방(石室) 안에서 돌널(石棺)로 추정되는 암석이 규슈 아소산(阿蘇山)의 응회암인 것으로 밝혀져 더욱 의문이 든다.

아스와야마 공원이 있는 야산은 고분 여러 기가 둘러싸고 있는 것으로 알려져 있다. 게이타이 석상이 있는 정상도 원래는 지름 60미터인 무덤이 있던 자리라고 한다. 산 정상에 무덤이 있다면 묻힌 이는 아마 당대에 영향력이 큰 세력가였을 듯한데, 그 자리에 게이타이 석상을 만들어놓은 것도 어쩌면 이 지방을 상징하는 게이타이 천황과 그의 일족을 위해서인 것 같다. 안내판에는 메이지 시대에 이 지방의 석공들이 당시에 수많은 전설로 회자되는 게이타이를 기리기 위해 석상을 만들었다고 적혀 있다. 무덤의 주인을 확실히 밝히지 못한 상황이었는데, 천황 중심주의를 부르짖기 시작한 당시 19세기 말 일본의 시대상과 다분히 관계가 있을 법하다.

그런데 게이타이는 출생뿐만이 아니라 사망에 관해서도 수수께끼를 남겼다. 『고사기』에서는 게이타이가 527년에 마흔세 살로 죽었다고 전하는 데 반해, 『일본서기』에서는 『백제본기』에 의거해 게이타이 25년 신해(辛亥,

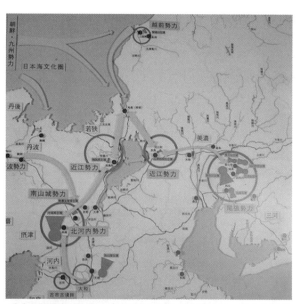

게이타이 세력 이동 지도 | 게이타이 세력의 이동을 보여주는 지도가 아이치 현 (愛知縣) 아지요시후타고야마(味姜二子山) 고분전시관에 걸려 있다. 한반도와 규슈에서 들어온 문화권과 결합해 한쪽은 나고야 지방으로, 한쪽은 오사카를 거쳐 나라의 야마토로 이어지는 것을 알 수 있다.

531년)에 여든두 살로 죽었다고 한다. 그러면서 분주(分註)에서는 또다시 534년에 죽었다고 다르게 전한다.

> 게이타이 25년 (531) 봄 2월 정미(丁未, 7일), 천황이 이와레(磐余)의 다마호(玉穗) 궁에서 붕(崩)하였다.【혹본(或本)에 천황이 28년 갑인(甲寅)에 붕하였다고 하는데, 여기서 25년 신해(辛亥)에 붕하였다고 한 것은 백제본기를 인용했기 때문이다. 신해 3월에 군사가 안라에 가서 걸탁성(乞乇城)에 주둔했다. 이 달에 고구려가 그 왕 안(安)을 죽였다. 또 들으니 일본의 천황 및 태자, 황자가 모두 다 죽었다고 했다. 이에 따라 말하면 신해년은 25년에 해당한다.】

더군다나 『일본서기』는 게이타이 다음 천황이라고 하는 안칸(安閑)이 534년에 즉위했다고 적었다. 그렇다면 531년에 게이타이가 죽은 뒤 3년 동안 공백이 생긴다. 이뿐만 아니라 게이타이가 신해년에 죽었다고 전하는 『백제본기』에서는 그해에 일본의 천황 및 태자, 황자가 모두 죽었다고 기록하여, 정변이 일어나 게이타이와 안칸, 센카(宣化)가 다 같이 죽었음을 짐작케 하는 대목까지 보인다. 일본 사서에서 이처럼 서로 혼란한 계보를 보이는 것은 혹시 이 시기에 숨겨진 역사가 있기 때문은 아닐까?

불교의 전래를 『일본서기』에서는 긴메이(欽明) 13년 임신년(552년)의 일로 기록했지만, 『법왕제설(法王帝說)』과▪『간고사연기(元興寺緣起)』▪▪에서는 무오년(538년)이라고 기록했다. 특히 후자는 '긴메이 7년 무오년'이라

▪ 쇼토쿠 태자의 전기라고 하는, 일본에서 가장 오래된 기록이다.
▪▪ 간고 사(元興寺)는 아스카 사(飛鳥寺)의 전신으로, 『간고사연기(元興寺緣起)』는 일본에서 가장 오래된 사찰 연기이다.

명기했다. 또한 『법왕제설』에는 긴메이가 재위 41년인 571년에 죽었다고 되어 있어, 재위 31년인 571년에 사망했다는 『일본서기』의 기사와는 다르다. 만약 『간고사연기』와 『법왕제설』의 불교 전래에 대한 기록이 옳아서 긴메이 7년 무오설이 성립되려면, 긴메이의 즉위는 임자년(532)이 되어 게이타이가 사망한 신해년(531) 다음 해가 되는 셈이다. 이러한 해석이 맞다면, 그 경우 안칸과 센카의 치세는 사라지고 게이타이 다음에 긴메이가 바로 즉위한 것이 된다.

이처럼 혼란스러운 기록 때문에 게이타이에 대해서는 현재까지 여러 설이 난무한다. 6세기 초에 게이타이가 새로운 왕조를 세워 기존과는 다른 왕조로 교체됐다는 설도 있고, 일본열도가 게이타이 이후 안칸과 센카 등 역사가 짧은 왕조를 지나 긴메이 왕조에 대항하는 내란 상태에 있다가 이후 긴메이에 흡수되었다고 보는 설 등 다양하다. 이처럼 게이타이 즉위와 사망과 관련해서는 정설이 없기 때문에 이른바 게이타이 신왕조설(繼體新王朝說)이 나타난 것이다. 이는 만세일계로 진무 천황부터 현재의 아키히토까지 왕조가 바뀌지 않고 천황가가 내려왔다는 일본의 기존 관념에 도전하는 의미도 내포한다.

일본 고대 최대의 전쟁 이와이의 난

후쿠오카의 남부 지방으로 내려가다 보면 한자로 '팔녀'라고 쓰는 야메(八女)라는 시가 있다. 『일본서기』의 게이코(景行) 천황조를 보면, 게이코가 이 부근을 행차하다가 멀리 있는 산을 보고 "이 산의 봉우리는 여러 겹으로 겹쳐 매우 아름답다. 아마 그 산에 신이 있을 것이다" 하니, 이곳 현주

이와토야마 고분 | 이와토야마 고분에 도착했을 때는 신사밖에 보이지 않아 무덤을 찾느라 한참 헤맸다. 신사 주위에 있는 도랑(周溝)을 발견하고 나서야 비로소 무덤 위에 신사가 세워져 있는 것을 알 수 있었다. 출처: 『日本の古代 第5巻 前方後円墳の世紀』(中央公論社, 1986)

(縣主)가 "이곳에는 팔녀진원(八女津媛)이라는 신이 있는데 항상 산속에 있습니다"라고 말했다는 데서 야메라는 이름이 생겼다. 물론 서기 1세기 인물이라고 하는 게이코 천황이 일본열도를 행차했다는 것부터 믿을 수 없는 이야기이기는 하지만, 이렇듯 야메 시는 지쿠고국(筑後國)▪ 내에서도 전설과 역사의 고향으로 이름 난 곳이다.

야메 시가 보이는 야트막한 구릉에 올라가면 국가 지정 사적인 이와토야마(岩戸山) 고분이 있다. 겉모습은 평범한 신사인데, 전체 길이 135미터로 북규슈 지역에서는 가장 큰 전방후원분이다. 신사 주위를 둘러보니 주구가

▪ 현재 후쿠오카 현 남부에 해당하는 지역이다.

이와토야마 고분 출토 석물

이와토야마 고분 주변에서 돌사람(石人), 돌말(石馬) 등 돌로 만든 상들이 많이 출토되어 자료관에서 전시하고 있다. 하니와와 비슷한 용도였을 것으로 추정하지만, 이 같은 석상이 나타나는 지역은 부근에 있는 세키진산 고분(石人山古墳) 등 북부 규슈 일부뿐이다.

이와토야마 고분 출토 돌사람

둘러쳐져 있고, 둥그스름한 봉분도 있었다. 찬찬히 살펴보니 신사가 있는 곳이 바로 후원부 구릉 위였다.

그런데 발굴 결과, 특이하게도 고분 주위에서 수많은 돌사람(石人)과 석물(石物)들이 나왔다. 당시에 발굴한 것을 지금은 신사 뒤뜰에 몇 개 복원해놓았다. 발굴된 석물의 실제 모습은 무덤 바로 앞에 있는 '이와토야마 역사자료관'에서 자세하게 살펴볼 수 있었다. 이와 같은 석물은 다른 지역에서는 좀체 나타나지 않는 것으로 유독 북부 규슈의 일부에서만 보인다. 아마 다른 전방후원분 주위에서 나오는 하니와의 대용으로 쓰였을 듯한데, 이러한 유풍이 생긴 이유에 대해서는 아직 알려진 바 없다. 어쨌든 돌로 만든 인물상이 나타남으로써 이와토야마 고분은 이와이(磐井)의 무덤으로 추정할 수 있는 근거가 생긴 셈이다. 지쿠고국의 『풍토기(風土記)』내용 중 후대에 전해진 것을 모은 일문(逸文)에는 이와이의 무덤에 대해 다음과 같은 기록이 나온다.

가미쓰야메(上妻) 현 남쪽 2리에 쓰쿠시노키미이와이(筑紫君磐井)의 분묘가 있는데, 높이는 7장(丈, 약 21미터), 둘레는 60장(약 180미터), 묘 구역은 남쪽과 북쪽이 각각 60장, 동쪽과 서쪽이 각각 40장(약 120미터)이다. 돌로 만든 사람과 방패 각 60매가 엇갈려 나열되며, 열을 지어 사방으로 둘러싸고 있다.

가미쓰야메 현은 야메 시 동북부 지역을 일컫기 때문에 대략 현재 이와 토야마 고분에 대한 묘사로 보인다. 이처럼 지쿠고국의 『풍토기』 일문에 고분의 위치, 규모와 특색 등이 간략하게 나와 있어 이 인용문을 근거로 이와이의 무덤이라고 추정한 것이다. 그렇다면 이곳에 잠들었다고 하는 이와이는 어떤 인물인가?

『일본서기』에 따르면, 게이타이가 즉위한 지 21년이 되는 서기 527년 어느 날, 당시 야마토 정권은 신라에게 빼앗긴 남가라와 탁기탄(啄己呑) 등 임나 영토를 탈환하고자 오우미노케나노오미(近江毛野臣)를 비롯해 6만 군사를 파견하려고 했다. 그러자 당시 쓰쿠시의 구니노미야쓰코(國造)■였던 이와이가 신라에게 뇌물을 받고 해로를 차단했다. 이 때문에 야마토 정권은 모노노베노아라카이(物部麁鹿火)를 선봉장으로 세워 1년 반 동안 싸웠다. 마침내 528년 11월, 지금의 후쿠오카 오고리(小郡) 시, 미이(三井) 군 부근에서 벌인 전투에서 이와이의 군을 패퇴시켰다. 이것이 그 유명한 이와이의 난이다.

『일본서기』에서는 이와이가 모노노베노아라카이에게 참수된 것으로 기록했는데, 어찌 반역자가 이와 같이 커다란 분묘를 남길 수 있었는지 의아

■ 고대 야마토에 속한 지방의 수장을 의미한다.

할 뿐이다. 더욱이 반역자의 무덤이 북부 규슈에서 가장 큰 전방후원분이라는 사실이 뭔가 석연치 않다.

이러한 의문에 대한 해답은 지쿠고국의 『풍토기』 일문에서 찾을 수 있다. 『풍토기』에서는 이와이가 살아 있는 동안에 미리 묘를 만들었고, 자신이 이길 승산이 없는 것을 알고는 혈혈단신으로 부젠국(豊前國)의 가미쓰미케(上膳) 지방으로 도망해 산중에서 죽었다고 기록했다. 또한 관군이 추적했지만 놓치자 분을 참지 못해 돌사람(石人)의 손을 자르고 돌말(石馬)의 머리를 떨어뜨렸으며, "이 지방 노인들이 중병에 걸린 사람이 많은 것은 아마도 이 때문이 아닐까"라고 적었다.

그런데 6세기 무렵, 게이타이 때 일어난 이와이의 난은 여러 가지로 시사하는 바가 크다. 사서에서 이와이를 북부 규슈의 유력자로 본 것과 난이 일어난 원인을 신라의 영역 확장과 관련해서 파악한 점이 그렇다. 물론 이와이를 북부 규슈 쓰쿠시 지방의 유력자로 보는 것은 무리가 없다고 하더라도, 『일본서기』에 나온 대로 쓰쿠시의 구니노미야쓰코(國造)로 본 것은 문제가 있다. 아직까지 목간에 의해 판명된 바로는 구니노미야쓰코는 7세기 후반 다이카(大化) 개신 이후에나 나타나는 데다가, 6세기 무렵에는 규슈가 아직 야마토 정권의 지배를 받지 않았기 때문에 『일본서기』의 찬자가 윤색했을 가능성이 높다.

또한 임나를 구원하러 야마토 정권이 군대를 파견하자 신라가 이와이에게 뇌물을 주어 야마토 정권의 군대를 물리치려고 했다는 내용도 그 시기나 경위를 따져보면 앞뒤가 엇갈려 온전히 신뢰할 수 있을지 의문이다.

어쨌든 이와이의 난을 진압하고 이와이의 아들인 쓰쿠시노키미구즈코(筑紫君葛子)는 아버지의 죄에 연좌될까 봐 두려워서 후쿠오카 가쓰야(糟

屋)의 미야케(屯倉)를 야마토 정권에 바치고 속죄했다고 한다. 미야케란 야마토 정권이 직접 지배한 토지를 가리키는데, 이를 통해 보면 이와이의 난이 진압되고 나서 6세기 중반에 들어서야 야마토 정권이 직접 지배한 것을 알 수 있다. 『일본서기』 안칸 천황 원년조(534년)에도 무사시국(武藏國)■의 가사하라노아타이(笠原直)가 오키(小杵) 등과 싸우는 것을 조정에서 도와 미야케를 삼았다는 기록이 있다. 따라서, 대개 6세기 중반에 이르러서야 규슈와 더불어 간토 지방도 야마토 정권의 지배를 받은 것으로 추측된다.

이와이의 난은 『일본서기』의 기록으로만 보면 5세기 말에서 6세기 초엽에 걸쳐 야마토 정권과 지방 수장 간에 일어난 분쟁이다. 규슈가 원래 야마토 정권의 지배를 받고 있었는데 이와이가 반란을 일으켜 진압한 것으로 표현되었다. 하지만 기록을 찬찬히 살펴보면 모순이 있음을 알 수 있다. 미야케가 설치되기 전에 이와이가 쓰쿠시의 실질적인 지배자였고, 이와이의 난은 왕권과 왕권 간의 싸움으로 볼 수도 있는 것이다.

5~6세기 왜국의 상황은 좀체 알 수 없는 미스터리이다. 이른바 수수께끼의 5세기라고도 부르는 시점부터 많은 문제를 안고 있다. 일본 사서 외에 왜국의 상황을 알 수 있는 중국의 문헌으로는 『한서(漢書)』 「지리지」, 『삼국지』, 『진서(晉書)』 등이 있는데, 모두 야마타이국(邪馬臺國) 시대 이래 중국과 통교한 것을 보여주는 266년의 기사를 마지막으로 150여 년간 공백기가 있다. 그러다가 『송서』에서부터 『남제서(南齊書)』, 『양서(梁書)』 등에서 5세기 왜국의 상황을 단편적으로 알 수 있게 된다. 이들 사서에는 왜의 5왕에 관한 기사가 등장하지만, 일본과 중국의 사서에 나오는 왕의 계보가 일치하지 않아 혼란스럽다. 즉, 『일본서기』에 나와 있는 닌토쿠(仁德,

---

■ 대개 현재 간토 지방의 도쿄와 사이타마 현에 해당하는 지역이다.

재위 313~399년)─아들 리추(履中, 재위 400~405년)─동생 한제이(反正, 재위 406~410년)─동생 인교(允恭, 재위 412~453년)─아들 안코(安康, 재위 454~456년)─동생 유랴쿠(雄略, 재위 457~479년)─아들 세이네이(清寧, 재위 480~484년)의 계보는『송서』421년, 425년에 등장하는 찬(讚)─438년의 동생 진(珍)─443년, 451년의 제(濟)─462년의 아들 흥(興)─478년의 동생 무(武)의 계보와 전혀 일치하지 않는다.

지금까지 일본에서는 중국 사서에 나오는 왜 5왕과 야마토 정권의 천황을 일치시키려고 음운상의 상이점, 왕위 계승 관계,『일본서기』의 기년 조정 등 다양한 측면에서 연구하고 있지만,『송서』에 나타난 당시의 정치적 상황이『일본서기』의 리추에서 유랴쿠까지의 기사 내용과 부합하는지에 대해서 아직까지 의문이 제기되고 있다. 그래서 당시 5세기만 하더라도 일본열도에는 강력한 통일 왕국 없이 여러 왕국이 공존했던 것으로 볼 여지가 다분히 있다. 특히 정치적 격변기인 게이타이 왕조 때 이와이의 난(527~528년)이 일어났고, 그 후에야 미야케를 두었다는 사실, 게이타이의 혼란스러운 계보와 왕위 계승 등으로 보아 게이타이 즈음에도 일본 전체가 야마토 정권의 지배 아래 있었던 것으로 보기 어려운 것이 사실이다.

실제로『백제본기』에서는 531년에 게이타이를 비롯해 태자와 황자가 모두 죽었다고 기록한 것으로 보아, 당시 왜국에서 모종의 정변이 일어났던 것으로 짐작할 수 있다. 따라서 이와이의 난을 야마토 정권에 대한 반란으로 보고 난이 평정된 뒤 야마토 정권의 규슈 지배가 강화되었다고 생각하기보다는, 야마토 정권과는 상대적으로 독자성을 유지하던 북부 규슈의 세력이 일본열도의 기존 세력과 벌인 전쟁으로 보는 것이 맞지 않을까? 전방후원분 등 고고학적인 요소를 통해 규슈 지역을 야마토 정권의 연장선상에서 보려고 한 기존 기나이 중심 사상(史象)과는 다른 생각이다.

진구에 대한 상념

지나쳐 가는 이정표의 알림으로 아직 시가 현 비와 호의 동부 지방에 머물고 있음을 알게 되었다. 비와 호를 둘러싼 지역을 남부에서 동쪽으로 올라가다 보면 아메노히보코와 관련된 유적들이 많은 것을 알 수 있는데, 게이타이와 관련된 유적을 찾는 동안에도 비슷한 경로를 지나게 되었다.

『일본서기』에 따르면 게이타이는 507년 닌켄 천황의 딸인 다시라카(手白香) 황녀를 황후로 세운 뒤 왕비를 8명 더 두었다. 그중 오키나가씨(息長氏) 등 4명은 오미(近江) 호족이었고, 나머지는 현재 나고야 지방인 오와리(尾張)나 기나이 등지의 호족 출신이었다. 이러한 정황으로 보면, 게이타이는 출신지나 지지 호족이 대체로 기나이 동북부의 오미와 에치젠, 그리고 오와리 주변에 분포했던 것으로 추정된다. 또한 비와 호와 가까운 이 지역들은 아메노히보코씨족의 이동 경로에 근접해 있다. 인접한 지역들끼리 대외무역을 통해 부를 축적하면서 나름대로 세력권을 형성해서, 야마토에 있던 왕권을 찬탈하고 게이타이를 옹립한 것은 아닐까?

게이타이가 다른 지역을 전전하다가 야마토에 들어올 때 도와준 씨족 중 오키나가씨족이 있다. 아메노히보코의 고장인 시가 현에도 오키나가(息長)라는 지명이 남아 있다. 특히 오키나가 고분군이 버티고 있어서 대개 약 1500년 전에 이 지역에 뿌리를 내린 오키나가씨의 본거지로 알려져 있다. 마이바라(米原) 시 오미(近江) 정에 속하는 이곳은 오키나가 고분군에서 출토된 하니와 전시관까지 있다. 공공도서관 일부를 확장해 만든 곳으로 고분에서 나온 하니와를 직접 체험할 수 있도록 했다. 이처럼 오키나가씨는 시가 현을 비롯해 교토 남부부터 나라 북부, 오사카 동부에 걸쳐 넓은 세력을 떨친 호족이었다. 그런데 『고사기』와 『일본서기』에 따르면 진구 황후의 이름이 오키나가타라시히메노미코토(息長帶比賣命, 氣長足姬尊)이다. 그녀가 오키나가씨족이었던 것이다. 게이타이가 섭렵한 지방과 오키나가씨가 번성했던 지역, 그리고 진구의 모계 조상이라고 하는 아메노히보코가 활동한 지방이 서로 겹치는 것이다. 백제의 무령왕이 태어났다는 가카라시마 전설과 게이타이의 시대 배경인 5세기 말~6세기 초에 4세기 때 진구의 모습이 나타나는 것이 심상치 않다.

이와 동시에 게이타이가 신라의 지원을 받은 규슈의 이와이 세력을 잠재운 사실과 진구가 신라를 침공한 이유로 내세운 규슈 남부의 구마소 정복이 대비되는 이유는 무엇일까? 진구의 기사에는 무령왕과 게이타이 시기인 5, 6세기의 사건이 상당 부분 윤색되어 있는 것으로 짐작된다. 신라와 내통한 규슈 세력의 반란을 잠재운 6세기 게이타이 때의 상황이 4세기의 진구 전설로서 전화되어 규슈 남부와 내통한 신라를 정복한 것으로 과장되어 나타난 것은 아닐까? 수수께끼로 가득한 일본 고대사에 관한 의문은 시가 현의 비와 호를 떠날 때까지 풀리지 않았다.

10
야마타이국을 찾아서

지도 10-1 나라 현 마키무쿠 일대

마키무쿠 고분군의 수수께끼

해가 지기 전에 목적지에 도착할 요량으로 나라 시에서 남쪽 사쿠라이 (櫻井) 시까지 약 26킬로미터에 이르는 169번 국도 야마노베노미치(山辺の 道)를 속도를 내어 달렸다. 원래 이 길은 북으로 교토, 나라와 남으로 아스 카까지 연결되는 길이어서, 고대부터 왕족을 비롯해 고위 귀족들의 왕래가 잦은 주요 교통로였다. 그래서 지금도 지나는 곳마다 '역사가도(歷史街道)' 라는 팻말이 세워져 있다.

169번 역사가도 | 덴리 시를 중심으로 나라에서 아스카까지 이어진 야마노베노미치는 일본에서 가장 오래된 길이다. 일본인들이 걷고 싶어하는 길 중 하나로 '역사가도'라고 쓴 표지판이 보인다.

덴리 시를 지나 야마노베노미치를 따라 남쪽으로 5킬로미터 정도 내려가면 마키무쿠(纏向)라는 지역이 나온다. 마키무쿠는 일본에서 가장 오래된 고분군이 밀집해 있다고 알려진 곳이기 때문에 먼 길을 마다 않고 단숨에 달려왔다. 그중에서도 가쓰야마(勝山) 고분을 찾아가는 길이다.

마키무쿠 소학교 북단을 돌아가자, 마른 연못 사이로 둥그런 뒷동산이 얼굴을 내밀고 있었다. 거무스름하고 큼지막한 이 무덤은 일본의 전방후원분 중에 가장 오래된 무덤이다. 그런데 최초라서 규모가 그리 크지 않을 것이라고 지레짐작했는데, 분구의 길이가 110미터나 되는 큰 무덤이었다. 그러나 기존에 알던 전방후원분과는 그 형태가 조금 달랐다. 사각형으로 모난 앞부분이 전형적인 전방후원분보다 아주 짧게 나와 있었다. 일반적인 전방후원분은 네모난 전방부가 크게 돌출되어 사다리꼴 모양으로 펼쳐져 있다. 그러나 가쓰야마 고분은 전방부를 완성하지 못한 듯한 모습이어서

가쓰야마 고분 | 원형분으로 착각할 정도로 전방부가 아주 짧고 좁았다. 조성 연대는 3세기 초엽으로 밝혀져 전방후원분의 시원으로 추정하고 있다.

전방후원분의 시원으로 추정하고 있다.

2001년에 가쓰야마 고분을 발굴 조사하면서, 전방부와 후원부 사이의 도랑에서 많은 목재가 출토되었다. 보통 목관(木棺) 재료로 사용되는 금송, 곧 고야마키를 비롯한 노송류가 대부분이었다. 출토된 목제품을 나라문화재연구소에서 가져다 나무의 나이테연대측정법■으로 벌채 연도를 측정했다. 그 결과 나무는 서기 199+4~12년, 즉 서기 203년~211년 무렵에 벌채된 것이라는 놀라운 결과가 나왔다. 그러자 곧바로 일본의 전방후원분의 조성 시기에 대한 논란이 일었다. 지금까지 일본 전방후원분이 만들어진 시기를 가장 빠르게는 3세기 중엽, 늦게는 4세기 초로 보고 있었다. 그런데 가쓰야마 고분이 발굴되어 조성 시기가 이보다 최소한 30~40년은 앞당겨

■ 나이테연대측정법이란 수목의 나이테 폭이 기후 변화로 해마다 다르게 나타나는 것에 주목한 측정 방법이다. 1914년 미국의 천문학자인 더글러스(A. E. Douglas)가 처음 만들었다. 나이테가 해마다 넓고 좁게 나타나는 것을 데이터로 축적해 일치하는 나이테를 찾아냄으로써 정확한 연대를 알아내는 기술이다. 현재는 기상학뿐만 아니라 고고학 연구에까지 이용되고 있다.

호케노야마 고분 | 마키무쿠 고분군에 속하며 전체 길이가 80미터이다. 조성 시기는 3세기 중엽으로 추정되며, 가쓰야마 고분이 발굴되기 전까지 가장 오래된 전방후원분이었다. 전방부는 도로가 생기면서 파괴되었지만, 현재 이음돌의 일부를 복원한 상태이다.

진 것이다. 그동안 가장 오래된 전방후원분으로 부근에 있는 호케노야마 (ホケ/山) 고분을 주목해왔지만, 그것도 대개 3세기 중엽에 만들어진 것으로 보았기 때문에 가쓰야마 고분은 더욱 세간의 이목을 집중시키기에 충분했다.

그러나 가쓰야마 고분이 조성된 연대가 3세기 초라는 데 논란이 전혀 없는 것은 아니다. 나이테연대측정법을 통계학적으로 신뢰할 수 있는지에 대한 문제와 더불어, 이를 인정한다고 하더라도 고분을 만들기 이전에 이미 목제품을 별도로 만들었을 수도 있고, 또 벌채하고 여러 해가 지난 뒤에 만들었을 수도 있기 때문이다. 즉 고분 조성 연대를 곧 목재를 벌채한 연도와 똑같이 볼 수 없다는 말이다. 또한 학자들에 따라 차이가 있기는 하지만, 부근 덴리의 후루(布留) 유적에서 나온 토기를 기준으로 삼으면 가쓰야마 고분에서 3세기 후반의 것으로 추정할 수 있는 후루식 토기가 출토되었기 때문에 확실히 가쓰야마 고분이 3세기 초엽에 만든 무덤이라고 단언할 수 없다고 한다.

야마타이국 논쟁

전방후원분의 원조가 마키무쿠 고분군에 있을지도 모른다는 발표가 나오자 그동안 일본에서 잠잠했던 야마타이국(邪馬臺國) 논쟁에 불이 붙기 시작했다.

야마타이국이란 중국의 진수가 쓴 『삼국지』 「동이전」 왜인조(倭人條)에서 3세기 초반 왜인국을 아울렀다는 여왕국을 말한다. 『후한서』에도 이러한 사실이 기록되어 있지만, 실상 『후한서』는 『삼국지』보다 늦게 씌었기 때문에 『후한서』의 기록은 『삼국지』 「동이전」 왜인조에 나온 기록을 간략하게 전한 것으로 볼 수 있다. 『삼국지』에 따르면, 왜인의 나라는 소국 30여 개로 나뉘어 있었는데, 그중 여왕 히미코(卑彌呼, 비미호)의 야마타이국이 가장 강성한 국가였다. 특히 히미코는 3세기 초에 중국의 위나라에 조공을 바쳐 친위왜왕(親魏倭王)이라는 칭호를 받았다고 한다.

여왕국은 본래부터 남자를 왕으로 삼았는데, 70~80년이 지난 뒤에 전란이 일어나 몇 해에 걸쳐 공격하고 싸워서 공동으로 여자 한 명을 세워 왕으로 삼아 히미코라고 불렀다. (중략) 경초 2년(238) 6월 왜국 여왕은 대부 나시메(難升米) 등을 대방군으로 보내 천자를 알현해 헌상물을 바치기를 원했다. 그해 12월 천자가 조서를 써서 친위왜왕 히미코에게 내렸다.

지금까지『일본서기』를 비롯한 일본 고대 기록이 너무 일본 중심으로 씌어 왜곡이 심하기 때문에, 고대 중국 사서를 통해 일본 고대사를 살펴볼 필요가 있다. 그럼에도『삼국지』가 왜국에 대한 의문을 시원스럽게 해결해주지 못하고 더욱 어렵게 만들기도 한다. 우선 야마타이국의 위치가 불분명하게 기술되어 있어, 지금껏 일본에서조차 야마타이국의 소재지에 대해서 여러 가지 추측이 난무한다.

『삼국지』를 보면 고대에는 중국에서 일본으로 가는 행로가 한반도를 지나갔던 것 같다.『삼국지』왜인전에는 중국에서 출발해 왜국으로 가는 길이 자세히 나오는데, 뱃길로 대방군에서 시작해 바다를 건너 말로국에 이르는 여정이다. 대개 현해탄을 건너 규슈의 마쓰우라에 있는 가라쓰에 이르는 것에는 이견이 없다. 그러나 그 다음 일본열도에 들어서서 나타나는 여정이 문제가 된다. 말로국 이후에 대해서는 해석하는 사람마다 달라서 여왕국으로 가는 길을 찾는 데 지금까지도 혼란이 있다.

현재 일본인에게 '일본 고대사 최대의 미스터리가 무엇인가'라고 물으면, 열에 아홉은 아마 '야마타이국 논쟁'을 꼽을 것이다. 중국 사서인『삼국지』와『후한서』에 등장하는 여왕국 야마타이국의 소재지와 히미코에 대해서 일본 고대사를 조금이라도 아는 사람이면 누구나 궁금해한다. 일본에 있는 대형 서점 고대사 코너의 절반가량이 야마타이국과 히미코에 관한 책일 정도이다. 일본 사서에는 등장하지도 않는 야마타이국에 대해 이처럼 관심이 큰 것이다.

대방군(帶方郡)에서 바다로 해안을 따라 이동하다가 한국을 돌아 남에서 동으로 가면 그 북안인 구야한국(狗邪韓國)에 도달하는데 총 7000여

리다. 바다를 건너 1000여 리를 가면 대마국(對海國)에 이른다. (중략) 또 남으로 바다를 건너 1000여 리 (중략) 일대국(一大國)에 도달한다. (중략) 또 바다를 건너 1000여 리를 가면 말로국(末盧國)에 이른다. (중략) 말로국

에서 동남쪽 육로로 500 리를 가면 이도국(伊都國)에 도달한다. (중략) 대대로 왕이 있으며 여왕국에 속해 있다. (중략) 동남쪽 노국(奴國)까지는 100리다. (중략) 동쪽으로 불미국(不彌國)까지 100리. (중략) 남쪽 투마국(投馬國)까지는 수로로 20일을 간다. (중략) 남쪽으로 여왕이 도읍을 삼은 야마타이국까지는 바다로 10일을 가고 육지로 한 달을 가야(水行十日 陸行一月) 도달한다. (중략) 그 남쪽으로는 구노국(狗奴國)이 있는데, 남자가 왕으로 있고 이들은 여왕에게 속하지 않는

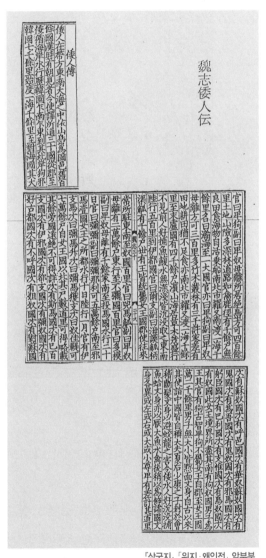

「삼국지」 「위지·왜인전」 앞부분

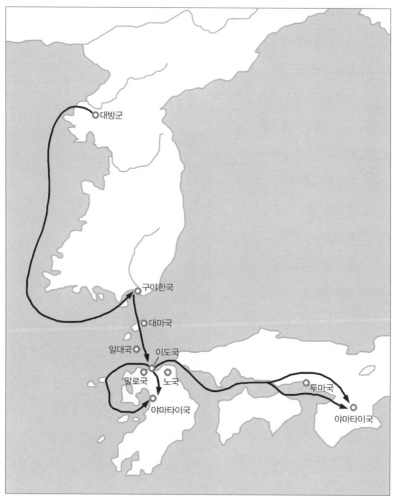

야마타이국의 위치

다. 대방군에서 여왕국까지는 1만 2000여 리나 된다.

『삼국지』의 '왜국으로 가는 경로'를 현재의 지도와 비교해보면 명쾌하게

떨어지지가 않는다. 우선 불미국에서 투마국, 야마타이국까지 계속 남쪽

방향으로 가는 이동 경로가 문제다. 『삼국지』에서 말한 노정대로 남으로 내려가면 결국 규슈 지방을 넘어 태평양 한가운데로 갈 수밖에 없기 때문이다. 그렇기 때문에 혹자는 『삼국지』에서 '남쪽'이라고 기술한 것이 원래는 '동쪽'을 잘못 표기한 것이라고 주장한다. 곧 불미국에서 동쪽으로 가면 투마국, 또 동쪽으로 야마타이국 순서로 가면 결국 여왕국은 기나이 지방의 야마토국으로 해석할 수 있다는 것이다. 이것이 야마타이국을 지금의 나라 현 근방에 있다고 하는 야마토와 일치시키는 이른바 '기나이설'이다. 이러한 해석이 그럴듯하게 느껴지는 것은 여왕이 도읍으로 삼은 야마타이국까지 '바다로 10일을 가고 육지로 한 달을 가야 도달한다'는 구절과 상응하기 때문이다. 그러나 실제 야마타이국이 기나이에 있었는지에 대해서는 좀더 생각해봐야 한다.

또 앞서 보았듯이 왜국으로 가는 노정에서 기술하는 '거리'에 관한 문제가 있다. 『삼국지』에서는 김해로 볼 수 있는 구야한국에서 대마도까지를 1000리, 또 일대국인 이키(壹岐) 섬까지 1000리, 말로국인 규슈의 북단 가라쓰까지 1000리라고 기록했다. 그런데 이는 지금 우리가 '10리는 4킬로미터'라고 하는 리의 개념으로 보면 좀 얼토당토않은 수치다. 한반도 남쪽의 일부분에 불과한 삼한을 방 4000리로 적은 것으로 보아, 당시 리의 개념과 현재 리의 개념은 확실히 차이가 있는 것으로 보인다.

『삼국지』에는 대방군에서 여왕국까지의 거리가 1만 2000리라고 나와 있다. 구체적으로 대방군에서 구야한국까지 7000리, 구야한국에서 여왕국까지 5000리(대마국까지 1000리, 일대국까지 1000리, 말로국까지 1000리, 말로국에서 여왕국까지 2000리)로 나누어볼 수 있다. 따라서 이 거리의 비율대로 장소를 추정해보면 결국 야마타이국의 위치는 규슈의 중부 지방이라는 결론이 나온다. 이런 식으로 야마타이국의 위치를 추정하는 것이 이른바 '규슈설'이다. 이렇게 일본에서는 대체로 기나이설과 규슈설이 양대 축을 형성하지만, 아직까지 정설은 없다.

그렇다면 야마타이국을 통치했다는 히미코라는 여왕은 일본 사서에 등장할까? 엄밀히 말해서 일본 사서에는 히미코라는 인물이 등장하지 않는다. 다만 『일본서기』의 편찬자가 진구 황후를 히미코와 동일시했을 뿐이다. 『일본서기』 진구기를 보면 진구의 재위 기간 중간에 "위지(魏志)에서 말했다"라고 표현하며 「위지」의 기록을 직접 인용한다. 이는 『일본서기』의 편찬자가 의도적으로 넣은 문구인데, 중국 사서인 『삼국지』에 나오는 히미코를 『일본서기』에 나오는 진구와 동일시하기 위해서 쓴 것이다. 이는 『일본서기』의 편찬자가 진구에 대한 이야기를 기재하면서 「위지」에 기록된 무녀 여왕 히미코 이야기를 차용했음이 분명하다. 그렇다면 『일본서기』가 편찬된 8세기에 저자가 진수의 『삼국지』 「위지」를 보고 기술했다는 것이 된다. 아마 『일본서기』의 편찬자들이 수집한 사료 중 히미코에 해당하는 여제(女帝)로서 진구 외에 마땅히 설정할 인물이 없었기 때문인 것 같다. 이로써 중세 이래 일본에서는 '진구=히미코'라는 설을 주장하는 사람이 많았다. 그렇다면 『일본서기』에서 말한 대로 진구와 히미코는 동일 인물일까?

『일본서기』에서는 진구의 재위를 201년부터 269년으로 설정한다. 하지만 「진구기」에 등장하는 백제 왕들의 내력을 통해 볼 때는 2주갑 인상설에 따라 진구의 재위 기간이 321년부터 389년까지로 바뀔 수 있다. 이에 따르면 진구는 4세기의 인물이기 때문에 『삼국지』에 나오는 3세기의 인물인 히미코와 동일 인물이 아니다. 그렇다면 『일본서기』의 기년 문제도, 결국 「위지」에 나오는 히미코가 서기 230년대와 240년대에 활동했으므로, 『일본서

하시바카 고분 | 전체 길이 278미터, 후원부 지름 150미터, 높이 30미터이다. 후원부의 규모가 『삼국지』 「위지·왜인전」에 나오는 '백여 보'와 일치하기 때문에 야마타이국의 기나이설을 주장하는 사람들은 이 고분을 히미코의 묘라고 한다.

기』의 편찬자가 「위지」와 완전히 일치시키기 위해 진구의 재위 기간을 서기 201년에서 269년으로 기록했다고 생각할 수 있다. 2주갑 인상설 등이 나오는 것도 『일본서기』의 편찬자가 진구를 『삼국지』에 나오는 히미코로 페어 맞추어 기술했기 때문이다. 이러한 이유로 현재 많은 학자들은 진구와 히미코를 같은 인물로 보지 않는다.

가쓰야마 고분과 호케노야마 고분이 있는 마키무쿠 고분군 안에서 야마노베노미치의 길가를 걷다 보면 하시바카(箸墓)라는 거대한 고분과 마주하게 된다. 이 고분 또한 전방후원분으로 마치 야트막한 야산 같은 모습이다. 전하는 바에 따르면, 『일본서기』에 나오는 야마토도토비모모소히메노미코토(倭迹迹日百襲姬命)의 무덤이다. 그녀는 스진 천황의 증조할아버지의 딸인 동시에 오모노누시노카미(大物主神)라는 신의 아내로 알려져 있다. 이 때문에 현재 일본에서는 황실을 담당하는 궁내청이 관리한다.

그녀에 대해서는 전설과 같은 이야기가 전해온다. "어느 날 야마토도토

비모모소히메노미코토는 남편인 오모노누시노카미가 실은 인간이 아니라 뱀이라는 사실을 알게 되어, 놀라 소리를 질렀다. 이에 남편은 미모로노야마(御諸山)로 사라져버렸다. 그녀는 자신의 처지가 너무도 부끄러워 스스로 음부를 젓가락으로 마구 찔러 죽었다"는 망측한 전설이다. 그래서 사람들은 그녀의 무덤을 젓가락무덤, 곧 하시바카라고 불렀다. 이 묘는 낮에는 사람이 만들고 밤에는 신이 만들었다고 전한다. 이 전설은 지렁이의 아들이라는 견훤의 고사와 흡사한 점이 있다. 처녀와 몰래 자고 간 남자가 인간이 아니라 지렁이였다는 전설과 같은 부류로 보인다.

하시바카 고분에 관해서는 이러한 전설과는 별도로 떠오르는 논쟁이 있다. 야마타이국의 기나이설을 주장하는 사람들 중 일부가 이곳 하시바카 고분을 『삼국지』「위지·동이전」에 나오는 히미코의 무덤이라고 주장한다. 하시바카 고분을 히미코의 무덤으로 추정하는 가장 큰 이유는 하시바카 고분이 일본에서 가장 오래된 마키무쿠 고분군 안에 있으며, 길이 278미터, 후원부만도 지름이 150미터나 되는 거대한 전방후원분이기 때문이다. 더욱이 부근 가쓰야마 고분에서 출토된 목제품의 벌채 연도가 203~211년으로 나오는 등 이곳 일대에서 나온 유물들이 보통 3세기 초엽에 만들어졌다는 분석까지 나왔다. 이 지역이 야마타이국이었을 가능성도 있는 것이다. 또한 중국 기록에 나오는 야마타이국과 일본의 야마토라는 명칭은 그 음이 비슷하다.

그러나 하시바카 고분 주변과 주구(周溝)를 부분적으로 조사한 자료에 따르면, 이곳에서 출토된 원통형 토기와 생활 토기의 조성 시기가 대개 3세기 후반에서 4세기 무렵이다. 대략 280~300년 정도의 것으로 추정되는데, 이는 『삼국지』에서 히미코가 살았던 시대보다는 약간 후대이다. 하시바카 고분에서는 엄청나게 많은 토기류가 나왔는데, 출토된 토기 가운데 야마토 지방 밖에서 만든 것도 있었다. 가까이는 오사카에서 멀리는 동쪽으로 가나가와 현, 북으로는 시마네 현, 서쪽으로는 오카야마에 이르기까지 꽤 넓은 지역에 분포한 토기임이 밝혀졌다. 따라서 3세기 말과 4세기 초엽에 야마토 정권이 이 지역까지 세력을 뻗친 사실을 알려주는 것이라고 볼 수도 있다. 하지만 그보다는 단지 야마토를 중심으로 한 당시 교류의 한 단면을 보여주는 것으로 파악하는 편이 타당할 것이다.

또한 하시바카 고분에 대해서는 하시바카라는 명칭이 하지(土師) 씨족에서 유래했다는 주장도 있다. 하지씨족은 하지키(土師器)라는 토기가 있을 정도로 토기 제작과 고분 축조, 제사 의식 등에 관여했던 고대의 유력한 씨족이다. 노미노스쿠네(野見宿禰)가 하지베(土師部)에 임명된 뒤부터 그의 후손이 대대로 천황의 장례를 맡은 데서 씨족의 이름이 나왔다고 한다. 흥미로운 것은 하지씨족의 조상으로 알려진 노미노스쿠네씨족이 지금의 시마네(島根) 현인 이즈모국(出雲國) 사람으로 되어 있고, 하지씨족은 오사카에 있는 모즈(百舌鳥) 고분이나 하비키노 등지에서도 다수 발견되는 씨족으로 조상이 백제계 도래인이라는 설이 있다는 것이다. 하시바카 전설에 나오는 오모노누시노카미도 시마네 현 이즈모 신사의 제신으로 되어 있다. 『고사기』에 따르면, 그는 가와치의 스에쓰미미노미코토(陶津耳命)의 딸과 혼인했다. 스에쓰미미노미코토의 후손이 거주한 가와치의 스에무라(陶邑) 지역은 지금도 한반도에서 건너온 스에키(須惠器) 토기의 대군락으로 알려져 도래인과 밀접한 관련이 있기 때문에 이즈모국과 도래인의 관련성이 주목되는 대목이다.

이렇듯 『삼국지』에 나오는 야마타이국의 소재지를 나라로 단정하기에는 아직 시기상조인 듯하다. 이 지역에서 야마타이국으로 추정할 만한 확정적인 유물이 나오지 않았고, 『삼국지』 왜인전에 나오는 궁실, 누각과 같은 유적도 발견되지 않았기 때문이다. 하지만 많은 토기류를 비롯해 생활 유적이 발굴되어 이곳이 3세기 무렵에 많은 사람들이 거주하는 중심지였으며, 교역을 통해 세력을 키웠던 지역이었던 것만은 틀림없다.

전방후원분을 추적하다 보면 기나이 지역 고분들이 처음부터 규모가 크고 정형화된 형태를 이루고 있음을 볼 수 있다. 이 때문에 이 지역에서 고분이 발생했다고 보기는 다소 근거가 미약하다. 어떤 조형물이나 축조물이든지 초기에는 소규모였다가 점차 규모가 커지고 정형화되어가는 것이 일반적이기 때문이다. 또한 나라 분지나 오사카 평야의 야요이(彌生) 취락 유적에 관한 연구 결과에서도 이 지역은 철기가 늦게 제작되었으므로 다른 지역보다 먼저 발달하지 않았다는 견해가 나온다. 그렇다면 야마토 조정의

스에키박물관 | 오사카 사카이(堺) 시 부근에 뉴타운을 만들면서 일본 최대 스에키 유적지가 발굴되었다. 사카이 시에 있는 센보쿠고고자료관(泉北考古資料館)에서는 당시 스에무라 유적지에서 발굴된 스에키를 중심으로 일반인에게 전시하고 있다.

권력 기반은 야요이 사회의 발전 과정에서 만들어진 것이 아니라 다른 곳에서 이주한 것이다. 어쨌든 논란이 많은 야마타이국은 아직까지 수수께끼임에 틀림없다.

야마타이국은 규슈에 있었는가

나라 시대부터 줄곧 하카타(博多)라고 불린 규슈의 후쿠오카. 신칸센의 종착역 이름이 하카타 역이며, 한반도에서 현해탄을 건너오면 악어처럼 입을 쫙 벌려 만입한 곳도 하카타 만이고, 깊숙이 들어온 선박의 종착지도 하카타 항이다.

우리나라의 옛 문헌을 보면 패가대(覇家臺) 또는 박가대(朴加大)라고 쓴 지명을 볼 수 있는데, 이는 하카타를 발음대로 쓴 것이다. 조선 세종 때 쓰시마를 정벌한 목적이 해적 소탕임을 알리기 위해 1420년 일본에 회례사(回禮使)로 파견된 송희경(宋希璟)은 『노송당일본행록(老松堂日本行錄)』에서 당시 하카타의 실상을 다음과 같이 묘사했다.

박가대는 본래 성문이 없으므로 밤이면 도적이 날뛰고 살인도 일어나지만, 체포하지 못한다. 내가 이곳에 오자 탐제(探題)가 대관(大官)인 이토(伊東)를 시켜 거리에 문을 만들게 하고 밤이면 이를 닫는다. 여기 왜인들은 남녀노소 그리고 중까지도 우리 일행을 보려고 날마다 마당이 가득차게 모여든다. 그러나 이들은 모두 칼을 차거나 쥐고 있었기 때문에 나는 내심 두려움을 금치 못했다.

지도 10-2 사가현 일대

350

　당시 무로마치 시대에 치안이 불안했던 일본의 상황을 잘 묘사해놓았다. 하카타 항으로 막 들어오는 초입에는 문지기 구실을 하는 조그마한 섬, 시카노시마(志賀島)가 있다. 송희경도 후쿠오카에 들어오기 전, 시카노시마에서 머무르다가 혼슈로 건너갔다. 임진왜란 이후 통신사들 대부분은 후쿠오카에 들르지 않고 부근 아이노시마(相ノ島)에 머무르다가 혼슈로 넘어가곤 했는데, 만약 후쿠오카로 가는 경우에는 반드시 시카노시마를 언급했다. 아마 하카타 항의 수심이 얕아서 큰 배가 들어올 수 없었기 때문에 시카노시마에 정박했다가 거룻배를 타고 하카타로 들어온 듯하다.

　이렇듯 시카노시마는 예전만 하더라도 바다를 통해 넘나든 섬이었다. 하지만 지금은 우미노나카미치(海の中道) 해변 공원이 있는 모래톱과 바로

연결되어 배가 아닌 자동차로도 건너갈 수 있다. 그래서 하카타 역에서 동북쪽으로 하카타 만을 낀 채로 시계 반대 방향으로 반 바퀴 정도를 돌아가면 시카노시마에 갈 수 있다. 온 길 쪽으로 돌아보니 멀리 하카타

시카노시마 │ 후쿠오카의 수문장인 시카노시마는 한반도와 규슈를 잇는 해상교통의 요지였다. 모래톱으로 연결된 육계도(陸繫島, 목섬)로서 멀리 후쿠오카 동편의 뭍과 연결되어 있다.

항이 아스라이 보인다.

고대 일본의 시가집인 『만엽집』에서는 시카노시마를 '志珂, 之可, 思可, 資珂' 등으로 표기하고, 이와 관련된 시 23수를 실었다. 『만엽집』 자체가 원래부터 기나이 정권을 위한 노래집이라고는 하지만, 총 4500여 수 중 600여 수가 쓰쿠시에 관한 것이다. 오래전부터 대륙 문화 수입의 기점이 된 곳이었기 때문에 이 섬을 중심으로 한 시가가 많이 전해진다. 더욱이 신라에 파견된 견신라사(遣新羅使)가 하카타 부근에 머물면서 시카노시마에 대해 읊었다고 하는 노래는 당시 이 섬이 대륙과 이어주는 출발지 겸 종착지였음을 여실히 보여준다.

之可能宇良爾 伊射里須流安麻 安氣久禮婆 宇良未許具良之 可治能於等伎許由

시카의 포구에 고기 잡는 어부, 날이 밝아오면 포구 향해 노 젓는 소리 들리네.

1784년에 시카노시마에서 배수로 공사를 하던 한 농부가 고인돌 밑에서 이상한 물건을 발견했다. 고인돌의 덮개 바윗덩이를 치우고 흙을 파보니 안에서 누런색 인장(印章)이 나왔는데, 바로 금인(金印)이었다. 출토된 금인은 약 2센티미터 정사각형 순금으로 손잡이는 뱀 모양이었다. 그리고 인장에는 한나라 때에 유행한 예서체로 '한위노국왕(漢委奴國王)'이라는 글씨가 새겨져 있었다. 오른쪽에 '한'이라는 글자가 크게, 그 옆에는 두 줄로 '위노국왕'이라는 글자가 음각되어 있었다.

『후한서』를 보면, 서기 57년인 "건무(建武) 중원(中元) 2년 광무제(光武帝)가 왜 노국왕의 조공을 받고 사신들에게 인수(印綬)를 주었다"라는 기록이 있다. 따라서 시카노시마에서 발견된 금인은 당시 한나라가 노국왕에게 준 금인과 동일한 것으로 여겨진다. 만약 이것이 맞다면, 이는 『후한서』 왜인전의 기록을 고고학 유물이 실증해주는 것으로서 일본 역사에서 중대한 사건이다.

보통 노국은 야요이 시대에 후쿠오카의 남쪽 가스가 시(春日市) 부근에 있었던 나라로 추정한다. 특히 '한위노국왕'이라는 명문을 '한에 속한 왜 노국의 왕' 쯤으로 해석할 수 있기 때문에, 더욱 중요한 의미가 있다.

연결된 모래톱을 건너 시카노시마에 진입하자마자 '한위노국왕금인발견지'라고 쓴 비석을 발견했다. 중국 사서의 기록을 실증할 수 있는 유물이 나왔기 때문에 현재 일본인들은 이를 기념하려고 '금인공원'을 조성하고 금인의 모형까지 만들어 전시했다. 하지만 이러한 법석이 단지 시카노시마에서 금인이 발견되었기 때문만은 아니다. 『후한서』 왜인전에는 그 첫머리에 "왜는 한의 동남 대해 중에 있고, 산도(山島)에 의거해서 살고 있으며, 100여 국으로 이루어져 있다. 무제가 조선을 멸하고 통역으로 한과 통하는

시카노시마 금인공원

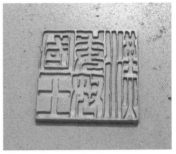

공원에 있는 금인 모형

금인공원에는 '한위노국왕(漢委奴國王)'이라고 새긴 인장의 복제품이 있다. 공원길을 더 올라가면 넓은 터에 지도를 그리고 그 한복판에 금인의 모형을 얹어놓아, 시카노시마가 대륙과 일본을 연결하는 중요한 지점이었다는 것을 보여주고 있다.

나라가 30여 국에 이른다. 나라는 모두 왕을 칭하고 세세로 이어오고 있으며 그 대왜왕(大倭王)은 야마타이국에 있다"라고 기록했다. 따라서 시카노시마 금인은 곧바로 중국 사서에 나오는 야마타이국에 대한 문제로까지 연결된다. 일본 고대사 최대의 수수께끼인 야마타이국 논란에 불을 질렀기 때문에 시카노시마는 더 큰 비중을 지니게 된 셈이다.

야마타이국과 요시노가리

야마타이국이 규슈 지역에 있었을 것이라고 일본 신문들이 대서특필한 때는 1989년이었다. 후쿠오카와 남서쪽으로 경계를 둔 사가 현의 한 지역에서 공업 단지 개발을 위해 매장 문화재 조사를 실시하던 중 뜻밖에 거대한 유적이 발견되었다. 요시노가리(吉野ヶ里) 유적지라고 부르는 이곳은 산지가 많은 규슈 지역에서 유독 너른 평야가 펼쳐진 곳이다. 일본에서 가장 큰 규모이며, 야요이 시대의 대표적인 환호취락(둘레에 도랑을 두른 마을) 유적이 이곳에서 발굴되었다. 이로써 벼농사 문화를 바탕으로 국가 형태로까지 발전한 당시의 모습을 살펴볼 수 있는 귀중한 유적이 되었다.

현재 사가 현 간자키(神埼) 군의 구릉지에 있는 요시노가리 유적지는 유적을 보존하고 역사 문화를 잘 이해할 수 있도록 국영 역사 공원으로 정비되어 있다. 이곳에서 발견된 수혈 주거지만 해도 350동 이상이나 되고, 창고나 망루였을 것으로 추정되는 높은 건물(高床式) 유적도 다수 발굴되었다. 공원 한편에는 야요이 시대의 취락을 살펴볼 수 있도록 복원을 해놓았다. 안쪽에 있는 대형 움집으로 다가가니 제일 먼저 나무 기둥 위에 올라 있는 새가 눈에 띄었다. 그것은 바로 솟대였다. 북방에서 전래되어 우리나라를 거쳐 일본에까지 전해진, 신성불가침 지역을 상징하는 솟대가 있었다. 도리이 모양 위에 새 모양 조각이 여럿 보였다. 결국 이 솟대가 후에 일본 신사의 상징인 도리이로 바뀌어 현재까지 전해진 것이리라.

그런데 요시노가리 유적지에서 특히 눈길이 가는 것은 대형 무덤 떼다. 무덤은 대부분 독무덤으로 2600기나 발굴되었으며, 주구가 둘린 무덤도 발견되었다. 일부는 발굴 당시를 볼 수 있도록 전시해놓았는데, 대형 독널을 사용한 매장 방법은 야요이 시대에 북부 규슈에서만 볼 수 있는 특이한 것으로 우리나라 영산강 유역에서만 나타나는 독무덤과 유사하다. 독무덤 안에서는 대형 인골도 출토되었는데, 머리가 없거나 부상당한 흔적들도 보여 당시 이곳에서 벌어진 비극적인 상황을 짐작하게 했다.

독무덤 떼가 복원되어 있는 전시장에서 멀리 북쪽으로 커다란 직사각형 분구묘가 보였다. 발굴 당시 묘 안에는 독무덤과 널무덤이 있었고, 동검과 가라쓰 옥(玉)이 출토되었다. 아마 이 지역에 살았던 세력가의 묘인 듯하다. 이 무덤 역시 봉분 주위에 주구가 있었다. 주구묘를 비롯해 야요이 시기의 분구묘는 전방후원분으로 변하는 흐름에서 중요한 단계를 보여준다.

이뿐만 아니라 3세기 무렵의 것으로 추정되는, 앞과 뒤가 네모진 전방후

복원된 요시노가리 유적지에는 환호취락의 흔적이 남아 있다. 요시노가리의 세력가 무덤으로 추정되는 대형 분구묘 주위에는 독무덤을 복원해놓았다.

1 2
3 4

1. 요시노가리 유적지 전경
2. 복원된 망루
3. 전시된 독무덤
4. 요시노가리 직사각형 분구묘

방분(前方後方墳)이 발견된 것도 흥미로운 일이다. 기나이 지방을 중심으로 나타났다는 전방후원분 세력과는 다른 전방후방분 세력이 일본의 서쪽 끝이라고 할 수 있는 규슈 지방에 있었다는 말이다. 전방후원분과 어떤 관련이 있었는지 궁금하기만 하다. 이렇게 수많은 무덤 떼와 거대한 취락이 발굴된 요시노가리 유적은 여러 가지 상황을 종합해볼 때, 『삼국지』 왜인전에 나오는 야마타이국과 부합하는 측면이 많은 것이 사실이다.

히미코 여왕은 귀신을 섬겨 온 나라 백성들을 미혹하게 만들었다. 나이가 찼건만 남편을 맞지 않고 남동생이 여왕을 도와 나라를 다스렸다. 왕위에 즉위한 이래 그녀의 얼굴을 본 자는 몇 사람 없었다. 계집 종 천명이 그녀를 모시는 중에 남자 한 명이 음식을 갖다 올리고 말을 전하면서 출입한다. 그녀가 거처하는 궁실과 누각, 성책은 모두 높고 거창하게 만들어졌고, 병기를 가지고 있는 자들이 언제나 경계를 했다.

요시노가리 전방후방분 │ 요시노가리에서는 그동안 기나이 동쪽 지방에서만 나타났던 전방후방분(前方後方墳)도 발견되어 조성 경위에 대한 관심을 집중시키고 있다. 일본 사가현교육위원회(佐賀県教育委員会) 제공

당시 히미코의 거처에 궁실이나 누각, 성책(성에 둘러친 목책)이 건설되었다는 기록처럼, 요시노가리 유적지에서 높은 건물과 거대한 취락이 발견되었다. 왜국에 대란이 있었다는『삼국지』의 기술에 걸맞게 독무덤에서 머리가 없거나 부상당한 인골이 출토되기도 했다.

그러나 이곳에서는 히미코의 시대보다 앞선 시기의 유물들, 곧 서기 1~2세기의 동검과 가라쓰 옥, 토기류 등이 발굴되었다. 그리고 신(新)의 왕망 시대에 주조된 화천이라는 화폐도 출토되었다. 이 때문에 당시 중국과 한반도와 활발하게 교류한 사실을 짐작할 수 있지만, 3세기의 야마타이국이라고 판단하기에는 아직까지 미심쩍다.

이처럼 야마타이국에 대해 여러 가지 설이 있는 까닭은, 『삼국지』등 중국 사서가 전언(傳言)을 통해 기록했기 때문이다. 현재 일본에서는 각 지방

의 전승과 지역색, 그리고 애향심과 결부해 야마타이국을 해석하는 경향이 짙다. 도쿄대를 중심으로 한 간토 지역 대학에서는 규슈설에, 교토대를 중심으로 한 간사이 지역 대학에서는 기나이설에 무게를 싣는다. 대개 규슈 출신은 규슈설을, 기나이 출신은 기나이설을 지지한다.

하지만 같은 규슈설이라고 하더라도 야마타이국으로 보는 곳이 여러 군데이다. 규슈 지역에서도 후쿠오카 현의 야마토(山門), 아마기(甘木), 지쿠고(筑後) 일대, 구마모토 현의 아소(阿蘇), 나가사키 현의 시마바라(島原), 사가 현의 요시노가리 유적 등 무려 30여 개 지역에 이른다. 특히 북부 규슈 지역은 야마타이국의 이미지와 걸맞은 유적이 발견되기도 하고 왜왕의 금인이 출토되기도 하는 등 야마타이국일 확률이 높은 곳이다. 또한 북부 규슈에도 야마토라는 지명이 있기 때문에 야마타이의 명칭을 꼭 기나이의 야마토(大和)에만 한정할 수도 없다.

규슈설에 입각해 그 위치를 후쿠오카 남부나 구마모토 현으로 보면, 하카타가 있는 바닷가에서 약 50~70킬로미터 정도 떨어져 있기 때문에 『삼국지』에 기록된 '바다로 10일, 육지로 한 달'이라는 내용과 맞지 않는 것이 큰 약점이었다. 그런데 최근에 『삼국지』의 야마타이국 경로에 대한 새로운 해석이 나와 관심을 끈다. 그동안에는 이 경로를 말로국에서 동남쪽 육로로 500리를 가면 이도국, 동남쪽 노국까지 100리, 동쪽으로 불미국까지 100리, 남쪽 투마국까지는 수로로 20일, 남쪽으로 야마타이국까지는 바다로 10일, 육지로 한 달이라는 식으로 순차적으로 읽어왔다. 그러나 새로운 해석은 이처럼 순차적이 아니라, 이도국을 기점으로 방사식(放射式)으로 읽는다. 곧, 이도국을 중심으로 동남 노국까지 100리, 이도국에서 동쪽으로 불미국까지 100리, 이도국에서 남쪽으로 투마국까지 바다로 20일, 이도

와니 신사 | 바다를 건너는 이들의 안전을 기원한 신사로서 안쪽에 '와니덴만궁(王仁天満宮)'이라고 쓴 석비가 있다.

국 남쪽으로 야마타이국까지 바다로 10일, 육지로 한 달 등으로 읽는 것이다. 이런 식이라면 후쿠오카 현 야마토 설까지도 힘을 받을 수 있다.

그러나 이곳 규슈 지역을 야마타이국이라고 보기에는 아직까지 넘어야할 산이 많다. 우선 출토된 유물의 제작 시기를 분석해보면, 기나이 지역에서 나오는 유물들이 야마타이국이 있었다는 3세기 초에 더 근접해 있다.

와니 신사 와니덴만궁 석비

뿐만 아니라 규슈 지역에서는 상대적으로 기나이 지역보다 일본 고분시대의 유물이 많이 나오지 않는다. 그래서 꼭 규슈 지역이 야마타이국이었을 것이라고 단언할 수 없는 것이다.

그런 가운데 최근 규슈 동남쪽 미야자키에 있는 사이토바루(西都原) 고분군 81호 고분이 3세기 초반의 전방후원분으로 추정되어 일본 고분시대를 새롭게 써야 할지도 모르는 상황이 되었다. 야마토의 마키무쿠 고분군이 전방후원분의 시원으로 인식되면서 가장 이른 무덤이 3세기 초엽의 것으로 알려져 있었는데, 규슈의 미야자키에서 이와 비슷한 시기의 전방후원분이 나타난 것은 놀라운 일이다. 현재 벌어지는 야마타이국 논쟁에 새로운 출발을 예고하는 듯하다.

요시노가리 유적에서 멀지 않은 곳에 와니 신사(鰐神社)가 있다. 와니 신사는 이름의 유사성 때문에 백제의 왕인을 모시는 신사로 알려져 있다. 흔히들 왕인이 기나이로 들어가기 전에 머무른 곳이라 한다. 와니 신사에서는 최근에 복원한 요시노가리의 망루가 멀리 바라다보인다. 만약 간자키 부근이 실제 왕인이 머문 지역이라면, 이는 요시노가리와 관련이 있을 듯하다. 이 지역에 와니 신사가 있는 것은 요시노가리 유적이 도래인과 관련이 있다는 것을 암시하는 중요한 증거는 아닐까? 일본 고대 최대의 수수께끼 중 하나인 야마타이국에서도 불현듯 도래인의 흔적이 느껴진다.

와니 신사에서 본 요시노가리 │ 와니 신사 앞에 서면 요시노가리의 망루가 멀리 바라다보인다. 도래인과 요시노가리 유적의 연관성을 말해주는 것 같다.

11

무덤을 찾아서

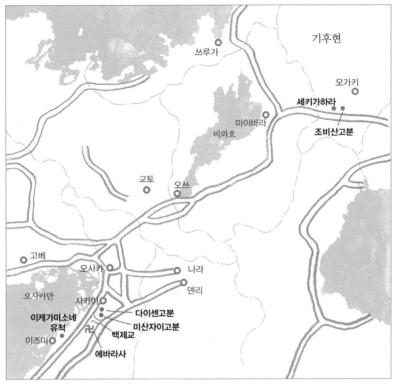

지도 11-1 오사카·기후의 고분군

거 대 한 고 분

거대한 무덤이다. 곁에서 보기에는 이곳이 무덤인 줄 모르겠다. 상상할 수 없을 정도로 거대한 무덤들이 있는 사카이(堺)는 행정구역으로 오사카부에 있다. 가마쿠라 시대부터 어항으로서 해운교통의 중심지가 된 사카이는 전국시대가 되면서 황금 시대를 누렸다. 무역항으로 해외무역의 거점이 되어 자유도시로 번성했기 때문이다. 지금은 작고 소박한 도시이지만, 한때는 오사카 남서부와 나라 현까지 아우르는 큰 도시였다. 훨씬 이전인 고

모즈 고분군 | 바다에 가까운 사카이 인근에 모즈 고분군이 자리하고 있다. 가까이 있는 고분은 니산자이 고분이고, 왼쪽 위가 미산자이 고분 그리고 오른쪽 위에 있는 고분이 세계에서 가장 크다는 다이센 고분이다. 출처: 『日本の古代 第5卷 前方後円墳の 世紀』(中央公論社, 1986)

분시대에는 더 큰 세력을 떨친 듯하다. 바닷가가 보이는 거리에 모즈(百舌鳥) 고분군이 있기 때문이다.

4킬로미터 사방의 광활한 대지에 자리잡은 대형 고분군에서 규모가 가장 큰 무덤이 다이센(大仙) 고분이다. 전체 길이 486미터, 전방부 폭 305미터, 후원부 지름 245미터, 후원부 높이 35미터이다. 아마 이 정도면 전 세계에 있는 무덤 중 가장 클 듯싶다. 이집트의 피라미드보다도 크다고 하니 더 할 말이 없다. 다이센 고분의 안내판에는 '하루 2000명을 동원할 경우 15년 8개월의 시간이 걸리고, 비용으로 따지면 800억 엔이 든다'고 되어 있다. 하늘에서 내려다보아야 그 규모와 모양을 가늠할 수 있다고 하니 곁

다이센 고분 │ 닌토쿠 천황릉이라고는 하지만, 이는 전해진 말에 따른 것뿐이다. 궁내청에서 관리하고 있어 아직 발굴을 통해 정확한 연대를 밝혀내지 못하고 있다.

에서 보면 실감이 안 난다. 무덤이 아니라 큰 산이라는 생각밖에 들지 않는다. 걸어서 무덤 주위를 도는 데만도 반나절은 족히 걸리고, 전방후원분의 주구는 왜가리가 노닐며 새들이 지저귀는 거대한 인공 호수 같다.

일본에서 제일 큰 고분인 다이센 고분은 일본인들에게는 닌토쿠(仁德) 천황릉으로 알려져 있다. 고분이 있는 지역이 다이센 정이기 때문에 다이센 고분이라고 부르는 편이 낫겠지만, 일본 현지에서는 『일본서기』와 전해오는 말에 따라 닌토쿠 천황릉이라 부른다. 그러나 묘지석이나 명문 등이 출토되지 않았기 때문에 누구의 무덤인지는 알 수 없다. 그런데도 학자들까지 나서서 닌토쿠 천황릉으로 단정하는 것은 다분히 문제가 있다. 더욱이 기년 기록에 문제가 있는 『일본서기』를 좇아 닌토쿠 천황릉을 5세기 무렵의 고분이라고 추정하는 것은 옳지 않다. 다만 규모로 보아 이 거대한 무

다이센 고분 주구 | 거대한 다이센 고분의 주구는 마치 하천 같다. 전체 길이만도 500미터가 되니 주택가 사이사이 골목을 지나며 전체를 둘러보려면 족히 반나절은 걸린다.

덤을 조성하는 데는 엄청난 노동력이 필요하므로 절대 권력을 가진 군주의 무덤이었을 것으로 추정할 수 있을 뿐이다.

현재 다이센 고분 북쪽으로 한제이(反正) 천황의 능이라고 하는 다데이야마(田出井山) 고분과 남쪽으로 리추(履中) 천황의 능이라고 하는 미산자이(ミサンザイ) 고분이 버티고 있다. 모두 궁내청이 관리하고 있다. 이처럼 궁내청이 보호하는 고분은 애당초 발굴이 금지되기 때문에, 과학적인 방법을 동원해 조성 시기를 추정해보는 것이 거의 불가능하다. 그런데 다이센 고분은 전국시대 말기에 갑옷과 투구, 돌널들이 노출되어 내부 출토품에 대한 정보가 일부 공개되었다. 이후 1872년 9월에 난 산사태 때문에 전방부의 일부가 무너져 내려 구덩식돌방에서 각종 껴묻거리가 발견되기도 했다. 그때 청동거울인 수대경(獸帶鏡)과 고리자루큰칼(環頭大刀)이 출토되

었다고 한다. 지금은 미국 보스턴 미술관에 보관되어 있는데, 아마 암거래로 몰래 반출된 것으로 보인다. 출토된 청동거울은 돌기가 7개 있는 칠자경으로, 한때 무령왕릉에서 출토된 의자손수대경(宜子孫獸帶鏡, 지름 23.2센티미터)과 흡사하다고 해서 언론의 이목을 끈 적도 있다. 무령왕릉에서 출토된 청동거울은 다이센 고분의 청동거울(지름 23.5센티미터)과 지름이 엇비슷하며, 주조된 주작, 청룡, 백호 문양까지 정확히 일치하는 것을 컴퓨터 그래픽으로 밝혀냈다. 무령왕릉은 출토된 지석을 통해 무덤의 주인을 확실히 알 수 있는 고분이다. 따라서 무령왕릉에서 출토된 청동거울이 다이센 고분에서 출토된 청동거울과 비슷한 형식을 보인다면, 두 고분이 6세기 초에 조성되었다는 것을 의미하는 것은 아닐까 싶다.

한편, 일본에서는 닌토쿠 천황의 능으로 알려져 있어서 닌토쿠의 치세인 5세기 전반에 조성된 것으로 보지만, 유물을 분석한 결과는 전혀 그렇지 않은 듯하다. 고분 주위에서 수습한 스에키도 형식상 5세기 말에서 6세기 초의 것으로 보일 뿐만 아니라, 출토된 하니와도 닌토쿠 다음 대의 분묘라

무령왕릉 의자손수대경

다이센 고분 출토 수대경

다이센 고분에서 출토된 청동거울은 무령왕릉에서 출토된 의자손수대경(宜子孫獸帶鏡)과 흡사하다. 때문에 다이센 고분은 6세기에 만든 무덤으로 닌토쿠 천황릉이 아니라는 견해가 제시되고 있다.

고 하는 미산자이 고분의 하니와보다도 시기가 늦은 것으로 추정된다. 그래서 다이센 고분의 조성 시기가 5세기 후반을 넘어갈 가능성이 조심스레 제시되기도 한다. 그렇다면 다이센 고분에는 닌토쿠가 아닌 다른 사람이 묻혀 있을 가능성이 높은 것이다. 결국 문제의 초점은 이처럼 이곳에 거대한 고분군을 조성한 집단이 누구이며, 그동안 일본에 고유한 고분으로 알려진 전방후원분은 어디에서 비롯되었는가 하는 것으로 모일 수밖에 없다.

전방후원분은 기나이 지방에 집중 분포되어 있으며, 일본열도에 3000기가 넘는 것으로 알려져 있다. 1970년대까지만 하더라도 중국과 한반도에서는 발견되지 않아 일본 고유의 전형적인 무덤 양식으로 알려졌다. 또한 그 규모도 일반적인 무덤과 달라 일본에서는 천황을 비롯한 고대 사회 수장급의 무덤으로 알려진 양식이다. 하늘에서 보면 열쇠구멍 모양으로 보이는 고분을 전방후원분이라고 이름 붙인 것은 에도 시대에 가모 군페이(蒲生君平)에서 비롯된 것이다. 앞이 네모지고 뒤가 둥글다고 해서 붙은 이름이었다.

그런데 일본인들은 전방후원분에 대해서 미리 획일적인 발전 과정을 상정하고, 그 내용을 일본 사서들과 꿰어 맞추는 등 일종의 정치사 복원 작업에 이용하고 있다. 먼저 전방후원분은 왕의 능이며 천황과 같은 지위에 해당하는 대왕의 묘라고 가정한다. 곧, 가장 규모가 큰 대왕묘는 항상 나라 분지나 오사카 평야에 있기 때문에 나라 조정이 고대 국가로 발전해 야마토 정권이 이를 계승했다는 것이다. 따라서 당연히 기나이 지역의 전방후원분을 시초로 점차 일본 전 지역으로 전방후원분이 퍼져나갔다고 전제한다. 이러한 전제가 일본 고대사의 정설이 되었다.

일본의 거대한 고분 상당수가 오사카와 나라를 비롯한 기나이 지방에 밀집해 있다. 그렇다면 애당초 기나이 지방에서 생겨났다는 전방후원분은 작은 무덤에서 시작한 것이 아니라 처음부터 거대한 고분이었다는 것이다. 과연 이러한 결과를 두고 전방후원분의 시원이 기나이 지방에 있다고 단정할 수 있을까?

모즈 고분군을 둘러보고 나오는데, 부근에 구다라, 곧 백제라는 지명이 보였다. 본래 모즈(百舌鳥)는 일본에서 1889년 행정구역을 시정촌(市町村)제로 개편하면서 붙인 것으로, 이전까지는 구다라(百濟) 또는 하지(土師)라고 불린 지역이다. 이러한 사실을 보면, 바닷가와 가까운 사카이 지역이 과거 한반도에서 건너와 정착한 백제인의 마을이었을 듯하다. 현재도 구다라 천(百濟川)이 사카이 시 한가운데를 흐르며, 그 위로 구다라 교(百濟橋)가 놓인 것을 볼 수 있다.

또한 사카이 시 부근에는 일본의 대승정 교키(行基)가 태어났다는 에바라 사(家原寺)가 있다. 교키는 백제계인 다카시씨족으로 알려져 있다. 외가인 에바라에서 자란 교키는 일본에서 민중 구제에 힘을 쓴 승려로 잘 알려진 인물이다. 그는 몸소 다리도 만들고 제방을 쌓으며 민중 교화 사업을 통해 불교의 교리를 실천했다. 지금도 오사카 남부 구메다 사(久米田寺) 앞에는 치수 사업을 위해 그가 만들었다는 커다란 연못이 있다.

최인호 선생은 『제4의 제국』에서 진구, 오우진과 닌토쿠가 대성동 고분을 축조한 가야계 도래인으로서 일본열도를 정복하고 일본에 새로운 왕국을 세운 것으로 그렸다. 또한 그는 이곳 모즈 고분군의 조성 주체도 고구려 광개토왕의 침략을 받아 일본열도에 대규모로 건너온 김해 가야인으로 추정했다. 하지만 광개토왕 때문에 멸망한 여러 가야국이 4세기 말에서 5세기 초엽에 왜와 한 나라였다는 증거는 어디에도 없다. 또한 한반도에서도 통일된 주체가 아니던 가야제국이 일본으로 건너가 왜와 연합해 새로운 통일 왕국을 만들었다는 것도 타당성이 없다.

또한 파형 동기(巴形銅器, 바람개비 모양 방패 장식)처럼 당시 가야와 왜에 몇 가지 유물이 공통으로 나타난다 해서 왜의 지배 세력이 교체되었다고 보는 것도 문제가 있고, 실제 4~5세기의 무덤 양식만을 보아도 가야는 덧널무덤인 데 반해 일본은 전방후원분으로 전혀 다른 양식을 보인다. 이 이야기는 에가미 나미오(江上波夫)가 주장한 한왜(韓倭)연합왕국론에 기초를 둔다. 북방 기마 민족에 뿌리를 둔 세력이 일본에 진출해 고대 왕권을 수립한 뒤 원래의 근거였던 한반도 남부 지역에서 영향력을 유지했다는 것이 소설 『제4의 제국』의 줄거리다. 하지만 이것을 섣불리 건드리면 오히려 임나일본부설을 인정하게 되는 위험이 있다.

사카이 시 부근에는 백제인 정착촌이 밀집해 있었고 오바데라(大庭寺), 스에무라(陶邑) 유적지에서는 4세기 말~5세기 초의 스에키가 나왔기 때문에 이 일대에 도래인이 둥지를 틀고 정착한 것만은 틀림없다. 그렇다고 해서 당시 도래인이 새로운 왕조를 세웠다는 증거도 없으며, 전방후원분의 기원도 제대로 파악하지 못한 상태에서 일본열도의 전방후원분을 가야인의 무덤으로 단정할 수는 없다. 물론 소설이라고 치부해버리면 할 말이 없지만, 역사소설이라도 제대로 고증을 해야 할 것이다. 그렇지 않다면 일본이 한반도 남부를 점유했다는 임나일본부설을 주장하는 것과 무엇이 다른가?

기비 지역의 세력

오사카에서 서일본 교통의 중심지인 오카야마(岡山)까지는 신칸센으로 약 40분 정도 달리면 도착할 수 있다. 오카야마는 히로시마와 규슈로 가는

지도 11-2 주고쿠(中国) 일대

육상교통의 중간 지대에 있는 중심 도시로, 특히 세토 대교(瀨戸大橋)를 통해 시코쿠와 연결되는 지역으로 잘 알려져 있다. 또한 북쪽에 있는 시마네 현이나 돗토리 현으로 가는 분기점이기도 해서 신칸센이 달리지 않는 북쪽으로 가려면 오카야마에서 열차를 타야만 한다.

오카야마가 현재의 모습을 갖춘 것은 에도 시대 이후 이케다(池田) 가문이 통치하면서부터다. 원래는 5~6세기에 기비국(吉備國)이 있던 곳으로 히로시마 동부, 효고 현 서부 지역까지 포괄하고 있었다. 당시 일본열도의 중심부는 기나이 지방이었지만, 서쪽 규슈와 기나이의 중간 지대에도 기비라고 하는 나름대로 독자적인 문화를 가진 정권이 있었다.

고라쿠엔 | 일본 3대 정원 중 하나로 1700년 무렵에 완성된 오카야마성의 후원이다. 넓은 정원과 연못, 인공산 등은 전형적인 일본 정원의 모습을 보여주고 있다. 멀리 까마귀성인 오카야마성도 보인다.

오카야마에 도착해서 가장 먼저 눈에 띤 것은 오카야마의 상징이랄 수 있는 오카야마성(岡山城)과 고라쿠엔(後樂園)이다. 고라쿠엔은 오카야마성의 후원에 해당하는 곳으로 미토(水戶)의 가이라쿠엔(偕樂園)과 가나자와(金澤)의 겐로쿠엔(兼六園)과 더불어 일본 3대 정원의 하나로 유명하다. 지금부터 약 300년 전에 14년이라는 긴 세월에 걸쳐 13만 평방미터의 광대한 대지에 조성한 정원이다. 오카야마 시를 가르는 아사히가와(旭川) 한가운데 있는 섬을 정원으로 꾸며놓았다. 정원과 연못, 그리고 멀리 보이는 일명 까마귀 성인 오카야마성과 조화를 이루어 아름다운 장관을 연출한다.

오카야마 현에서 고대의 문화 행적을 살펴볼 수 있는 곳은 서쪽의 구라시키(倉敷)라는 지역이다. 이곳은 야요이 시대 말기의 유적으로 추정되는 대형 분구묘가 있다. 다테쓰키(楯築) 유적으로 알려진 대형 무덤은 양식상

다테쓰키 유적

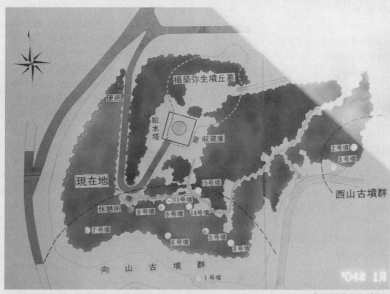

유적 안내판의 전경도

쌍방중원분이라고도 하는 다테쓰키 분구묘 정상에는 요상한 거석이 빙 둘러 서 있다. 그중 하나는 신사로 쓰이고 있다. 현재 쌍방 중 한쪽 돌출부는 절단되어 없는데, 안내판 전경도에는 점선으로 쌍방중원분임을 표시해놓았다.

야요이 시대에서 고분시대로 넘어가는 시기의 대표적인 유적이다. 껴묻거리도 야요이 시대의 색채가 짙다. 정형화된 전방후원분이 나타나기 전 짧은 기간에 한정된 무덤으로 본다.

다테쓰키 유적은 오보(王墓) 산 사적 공원 안에 있고, 일반인에게 유적지 정상까지 공개했다. 작은 구릉 하나에 올라보니 구릉 전체가 다테쓰키 분구묘였다. 구릉의 정상이 무덤의 분구 꼭대기였다. 돌아보니 그동안 정상에 오기 위해 무덤 위로 난 길을 밟아온 것이었다.

일본에서는 고분과 분구묘라는 용어를 확실히 구분한다. 전방후원분이 나타나는 고분시대의 무덤은 고분으로, 그 전 야요이 시대의 무덤은 분구묘라 부른다. 따라서 다테쓰키 분구묘가 상당히 거대한 분묘라 하더라도 고분이라 부르지 않는 것은 야요이 시대의 무덤이기 때문이다. 그래서 우리나라에서 말하는 고분과는 의미가 다르다.

다테쓰키 분구묘의 원형 분구 지름은 약 43미터 정도지만, 남북으로 설치된 돌출부의 길이를 합하면 80미터에 달해 분구묘로 치면 일본 최대 규모라고 한다. 조성 시기는 야요이 시대 후기인 3세기로 추정한다. 현재는 단지 조성 공사와 급수탑 건설 공사로 절단되어 동북쪽의 돌출부 일부만 복원되었지만, 원래 모습은 둥근 봉분 양쪽에 네모난 돌출부를 2개 갖춘 쌍방중원분(双方中圓墳)이었다고 한다. 1976~1986년까지 실시한 발굴 조사에 따르면, 분구묘 중심에서 지하 1.5미터쯤에 무덤구덩이가 있고 나무널이 안치되어 있었다. 주위로 덧널을 설치했는데, 껴묻거리로는 비취, 곱은옥 등의 목걸이와 철검이 발견되었으며, 나무널 안은 붉은색으로 두텁게 칠해져 있었다. 무덤방에 붉은 칠을 한 채색 고분이 떠오른다. 어떤 이는 붉은색이 불

로장수를 기원하거나
액운을 물리치는 것과
관련이 있다고도 한다.
그러나 아직까지 그것
이 무엇을 의미하는지
정확하게 알 수 없다.

이 밖에 다테쓰키 분
구묘에서는 특수그릇받

쌍방중원분 │ 나라의 169번 도로를 따라가면 스진 천황의 능으로 전해지는 무덤 뒤편에 쌍방중원분인 구시야마 고분이 있다. 고분 앞 안내판의 사진으로 쌍방임을 알 수 있다.

침형 토기가 출토되었다. 몸통은 길고 배가 약간 불룩한 원통형이고, 바닥
부분과 그릇을 받치는 윗부분은 조금 넓적한 원반 모양이다. 이는 전방후원
분에서 나오는 하니와의 이전 단계로서 하니와의 발달 과정을 잘 보여주는
사례이다. 더욱이 이곳에서 출토된 특수그릇받침형 토기와 유사한 것이 나
라의 마키무쿠 지역에서도 나타나기 때문에 주목된다. 이로써 다테쓰키가
전방후원분의 전단계일 개연성이 높다고 한다. 하지만 이를 단순히 문화의
흐름으로만 치부하기에는 많은 어려움이 있다. 마키무쿠 유적과 가까운 곳
에 있는 야마노베노미치의 구시야마(櫛山) 고분이 다테쓰키 분구묘보다 약
100년 정도 늦기는 하지만, 쌍방중원분으로 알려져 있기 때문이다. 단순한
중간 형태라기보다는 어떤 특정한 목적에 따라 조성되었을 가능성도 있는
것이다.

전방후원분이나 쌍방중원분에서 나타나는 돌출된 부분에 대해서 그동안
많은 학자들이 연구했으나 현재까지는 제단이라는 설이 유력하다. 전방부
에서 의식 때 쓰인 제기 조각이 발견된 것으로 보아 그럴 개연성이 충분히
있기 때문이다.

다테쓰키 신사 귀석 | 거북 모양인 귀석은 원래 다테쓰키 분구묘 정상에 있는 신사 안에 신체로 모셨던 것이다. 출처: 『日本の古代 第5卷 前方後円墳の世紀』(中央公論社, 1986)

매장할 때 무덤 주인을 위한 진혼 의식을 치른 것으로 보이는 분구 정상은 넓고 평탄하다. 그런데 다테쓰키 분구묘는 여느 고분과는 달리 분구 정상에 특이한 환상 거석이 있다. 그중에서도 다른 것보다 더 커 보이는 거석 하나가 바로 다테쓰키 신사였다. 거석의 움푹 팬 안쪽에 거북 모양 돌이 신체로 모셔져 있었는데, 지금은 창고에 보관하고 있다 한다.

전설에 따르면, 기비쓰히코노미코토(吉備津彦命)가 백제 왕자인 온라(溫羅)와 전투를 하면서 진지를 구성할 때 화살을 막기 위해 이 거석을 세웠고, 방패를 의미하는 다테쓰키라는 명칭도 이로 인해서 생겼다고 한다. 기비쓰히코노미코토는 『고사기』나 『일본서기』에 따르면, 고레이(孝靈) 천황에서 스진 천황에 걸쳐 등장하기 때문에 당시에 이곳 기비 지방을 지배한 수장으로 본다.

스진 천황 때 이 지방에 백제 왕자라는 온라가 들어왔다고 한다. 그는 덩치도 크고 성격도 아주 난폭해서 모든 사람들이 공포에 떨었다. 지금도 부근 소자(總社) 시의 산 위에는 그가 머물렀다는 기노성(鬼ノ城)이 남아 있다. 어쨌든 조정에서는 토벌군을 보냈지만 전부 온라에게 패하고 말았다. 기비쓰히코노미코토가 화살을 쏘아 맞히려고 해도 온라가 바위를 던져 맞추지 못하다가, 결국은 둔갑술로 온라를 제압해 목을 베어 땅속에 묻었다고 한다. 이때부터 그가 울부짖는 소리가 수십 년 동안 계속 들려 성의 이

름을 기노성, 즉 '귀신의
성'이라고 했다고 한다. 그
런데 이것이 단순히 전설
에 그치는 것만은 아닌 것
같다. 기노성을 발굴 조사
한 결과, 이른바 '조선식
산성'으로 알려진 백제식
산성으로 밝혀졌기 때문이다.

기노성

    그렇다면 기비 지방에 백제 왕자 온라 전설이 전해지는 것은 무슨 이유
에서일까? 여러 가지 정황으로 보면 역사적 사실과 부합하지 않는 전설이
기는 해도 그 안에 의미가 담겨 있을 듯하다. 아마 이 지역의 백제계 도래
인이 동쪽에서 온 야마토 정권에게 정복당한 역사적 사실이 이러한 고사로
남은 것은 아닐까 싶기도 하다.

    오카야마를 중심으로 한 기비 지역에 기나이 세력과는 다른 강력한 세력
이 있었음을 알려주는 또 다른 유적이 있다. 바로 일본에서 네 번째로 큰
전방후원분으로 알려진 쓰쿠리야마(造山) 고분이다. 5세기의 고분으로 추
정한다. 『일본서기』에서는 5세기 당시 기비 지방에서 반란이 일어난 것으
로 기록했다. 하지만 반란이라기보다는 기비 지방이 줄곧 기나이 정권과는
다른 왕국으로 존재하다가 유랴쿠와 세이네이 천황 때에 와서 기나이 지방
에 병합된 것을 의미하는 것은 아닐까 싶다.

    무덤의 모습으로 상관관계를 알아보려면, 이와 관련된 지역의 전승을 함
께 살펴보아야 한다. 그러면 이러한 변화와 전승을 통해서 그들의 신화 안
에 묻어 있는 한반도 관련성에 치중하지 않을 수 없게 된다.

멀리 보이는 기노성 │ 오카야마의 소자 나들목으로 나오면 멀리 산 위에 기노성이 보인다. 산 정상부 약 3킬로미터에 걸쳐 둘려 있는 성은 판축 기법으로 쌓은 백제식 산성이다.

기노성에서 바라본 세토 내해 │ 기노성에서 남쪽을 바라보면 멀리 세토 내해뿐만 아니라 세토 대교를 건너 시코쿠까지 눈에 들어온다. 육로과 해로를 통해 이동하는 세력을 탐색하는 데 안성맞춤인 곳이다.

쓰쿠리야마 고분 | 기비 정권의 수장 무덤으로 추정하고 있다. 일본에서 네 번째로 큰 고분의 규모로 볼 때 5세기에는 독자적인 세력을 형성했을 듯싶다.

기노성에서 아래쪽으로 구라시키 일대를 보면, 멀리 세토 내해와 시코쿠까지 한눈에 들어온다. 아마 세토 내해를 건너온 도래인들이 이곳에 자리 잡고 오래도록 살았을 것이다.

푸른 동해의 진실 ― 네 귀퉁이가 돌출된 무덤

끝없이 펼쳐진 모랫더미가 바람에 넘실거리며 물결치고 있다. 마치 광활한 내륙의 모래사막처럼 한 걸음 들여놓으면 발목까지 쑥쑥 삼켜버릴 기세로 버티고 있다. 혼슈 서북부 지역에 해당하는 돗토리(鳥取) 현은 동해 바닷가에 연해 있다. 일본에서 유일하게 사막을 볼 수 있는 곳이라고 한다. 장구한 세월에 걸쳐 형성된 돗토리 바닷가의 사구(砂丘)는 바람의 손길에 따라 쉼 없이 모양새를 바꾼다. 폭 2킬로미터 해안을 따라 길이 16킬로미터에 이르는 광활한 지역을 차지하는 사구에서는 일반 해변과는 달리 바다가 보이지 않는다. 말 그대로 사막이다.

돗토리 사구에서, 해안을 따라 서쪽으로 이동하면 아오야가미(靑谷上)라는 곳에 다다르게 된다. 아오야가미는 서쪽과 동쪽에서 흐르는 하천이 합류해 동해로 나가는 중간 평야 지대에 있다. 오래전 이곳에 있던 절터 유적을 발굴하다가 약 2200년 전 야요이 시대의 유적이 발견되었다. 이 지역은 약 500년 동안 인간이 텃밭을 일구며 생활하다가 약 1700년 전부터 습지대로 변했다. 따라서 진공 상태가 가능한 낮은 습지대와 두터운 토양의 중간 지대에 많은 토기와 유골 등이 고스란히 보존되었다가 출토되었다. 바다와 근접한 마을 아오야가미에는 유적을 전시한 작은 전시관이 있는데, 아직도 발굴을 계속하는 듯 곳곳이 어수선해 보였다. 전시관 안에 야요이 시대의 생활상을 짐작할 수 있는 유물을 전시해놓았지만 휴일이어서 문이 닫혀 있었다. 전시관 앞에 있는 안내문에 발굴 당시의 상황을 자세히 설명해놓았다.

돗토리 사구 | 주고쿠 산인(山陰) 지방의 중심인 시마네 현 바로 동쪽에 있는 돗토리는 바다가 보이지 않는 사구와 더불어 예전부터 소박한 풍속과 신화가 넘쳐나는 곳이다.

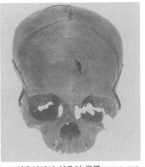

아오야가미 유적   아오야가미 야요이 유골(안내판 사진)

아오야가미 전시관에는 발굴 당시의 사진이 있어서 여러 가지로 참고가 될 만한 것이 많았다. 당시 야요이인의 뇌와 두개골이 훼손된 인골, 그리고 고도의 기술로 만든 공예품 등 주목할 만한 유물들이 발굴되었다.

이곳에서는 과거 2000여 년쯤 전에 유행한 규슈나 기나이 지역의 토기류, 그리고 중국 화폐인 화천도 출토되었다. 일찍부터 일본의 다른 지역뿐만 아니라 한반도 및 중국 대륙과 교류한 흔적이다. 특히 발굴 과정에서 주목받은 것은 인골이다. 유적의 동쪽 지역에서 인골 5500여 점이 발굴되었는데, 이중 100여 점에는 창에 찔리거나 상처를 입은 흔적들이 있었다. 지역의 주도권을 놓고 치열하게 전투를 벌인 현장이었음을 잘 보여준다. 비옥한 이 지역을 차지하기 위해 텃밭을 일구며 살던 선주민과 바다를 건너온 이민족이 서로 전투를 벌였을지도 모른다.

지난 2003년 6월 돗토리 대학 의학부 이노우에 다카오(井上貴央) 교수의 연구진은 절터에서 출토된 야요이인 유골의 미토콘드리아 DNA 염기서열을 분석해 의미 있는 연구 결과를 내놓았다. 연구 결과는 벼농사 도입과 청동기 전래로 상징되는 야요이 시대 아오야가미 지역 사람들의 DNA가 현대 한국인의 DNA와 일치한다는 내용이다. 연구진은 야요이인 유골 29점 가운데 7점에서 DNA를 추출한 뒤 이 가운데 4점에서 미토콘드리아 DNA 염기서열을 확인하는 과정을 거쳐 이들이 현대 한국인 및 혼슈의 일

아오야가미 절터 유적(안내판 사진)　　　　　아오야가미 유적 발굴 당시(안내판 사진)

본인과 동일한 집단이라는 사실을 밝혀냈다.

　아오야가미 부근에는 악어를 속여 바다를 건넜다는 흰 토끼의 설화로 유명한 하쿠토(白兎) 해안이 있다. 옛날 오키(淤岐) 섬에 살던 흰 토끼가 돗토리 현인 이나바국(因幡國)으로 건너오려고 할 적에 바다에 사는 악어를 속여 "너와 내가 견줘 어느 쪽의 종족이 많고 적은지 헤아리고 싶다. 너의 종족을 모두 데리고 와서 나란히 엎드려 있으면 내가 그 위를 밟고 뛰어가 헤아려 보겠다" 하고는 바다를 건넜다. 속은 것을 알아챈 악어가 토끼의 껍질을 모두 벗겼지만, 울고 있는 토끼를 본 오쿠니누시노카미(大國主神)의 도움으로 토끼는 깨끗이 나았다는 전설이다. 이를 '이나바의 흰 토끼(因幡の白兎)'라고 한다. 별주부전과 비슷한 데가 있다. 고구려 주몽이 엄리대수를 건넌 상황과도 비슷해 북방 신화의 산물이라 여겨진다. 지금은 이나바의 흰 토끼 전설이 서린 곳에 하쿠토 신사가 있다.

　하쿠토 해안을 뒤로 하고 서쪽으로 발길을 옮겨 한 시간여를 달렸다. 동해의 푸른 바다 물결을 품안에 두고 장구한 세월을 신화와 함께 성장해온 시마네 현이 보이기 시작했다. 이곳이 시마네 현이라는 것을 직감할 수 있었던 것은 현청 소재지인 마쓰에(松江) 부근에서 신지호(宍道湖)라는 유명한 호수가 눈에 띄었기 때문이다. 멀리서 바라보니 흡사 마쓰에가 호반 위에 둥실 떠 있는 듯한 모습이다. 유명한 일본 작가 시바 료타로(司馬遼太郎)가 비에 어울리는 일본의 경치 중 하나로 "한여름 빛을 발하는 듯한 은빛 구름에서 팔랑팔랑 떨어져 내리는 신지 호반, 마쓰에에 내리는 비"라고 이

신지 호 │ 시마네 현의 마쓰에 시와 이즈모 시 사이에 있는 신지 호는 일본에서 일곱 번째로 큰 호수라고 한다.

야기한 것처럼 호반을 지날 때에도 는개가 흩날리고 있었다. 재첩이 특히 많이 난다고 하는데, 신지 호의 재첩은 일본에서도 비싸기로 유명하다.

돗토리 현에 있는 모래사막이나 시마네 현의 신지 호는 우리나라 동해안의 사취나 석호와 비슷해, 강원도와 경상북도가 잇닿은 해안선을 생각나게 한다. 옛날 옛적에 우리나라와 일본이 서로 붙어 있었는데, 지각 변동으로 동해를 사이에 두고 점점 갈라졌기 때문에 지형이 비슷한 것은 아닐까? 『이즈모국 풍토기(風土記)』 오우군(意宇郡) 조를 보면 한반도와 일본열도의 지형에 관련된 내용이 있다. 구니비키(國引き), 곧 국토를 끌어당긴다는 유명한 사장(詞章)으로 옛 시대의 구전을 잘 보여주는 사례이기도 하다.

이즈모국의 오우라는 이름이 생긴 연유에 대해서 나라를 끌어온 야쓰카미즈오미쓰노노미코토(八束水臣津野命)가 말하기를 "구름이 사방으로 퍼지는 이즈모라는 나라는 폭이 좁은 천처럼 작은 나라구나. 처음이기 때문에 작게 만들었다. 그러니 앞으로 더 넓게 만들겠다"하고는 "고금지라

(栲衾志羅, 신라)의 곳을 여분의 토지로 이으니 국토가 넉넉하구나"라고 했다. 처녀의 가슴처럼 풍만한 커다란 쟁기를 손에 들고서 생선의 내장을 빼내는 것과 같이 잘게 썰어 나부끼는 갈대를 헤쳐 세 줄로 꼰 새끼줄로 서리 맞아 마른 검은 풀을 당겨 오듯이 슬슬 조용히 끌어왔다. "나라여 와라, 나라여 와라" 하고 끌어당겨 온 나라는 고즈(去豆)의 절벽에서 야호니키즈키(八穗爾支豆支)의 곳까지다. 이렇게 해서 끌어들인 나라를 잇기 위해 굳게 박은 못은 이와미국(石見國) 국과 이즈모국의 경계에 있는 사히메 산(佐比賣山, 三瓶山)이 되었고, 또 손으로 끈 망은 소노(薗)의 긴 모래밭이 되었다.

고금지라의 곳이라고 했지만 이는 곧 신라로 볼 수 있기 때문에 신라의 땅을 끌어당겨 일본열도와 연결했다는 당시의 구전을 잘 나타내주는 전설이다. 또한 나라를 끌어오는 과정에서 신라에 대한 막연한 동경을 읽을 수 있다. 꼭 진구 설화에 나타나는 신라에 대한 외경 의식과 상당히 닮았음을 알 수 있다. 진구 황후에게 신라 침공을 계시한 신은 서방에 금은보화가 가득한 나라가 있으니 그 나라를 복속시키라 했다 한다. 한편, 국토를 끌어온다는 것은 현실적으로 있을 수 없는 일이기 때문에 어쩌면 신라에 살던 사람들이 대규모로 이주한 것을 은유적으로 표현한 것도 같다. 신라와는 해류를 따라 이동할 수 있는 가까운 곳에 있을 뿐 아니라 일본의 기나이 지방이나 북부 규슈와도 문화적 전통이 다른 것으로 보아, 아주 옛날 이 일대에 신라에서 건너온 사람들이 많았기에 형성된 신화일지도 모른다.

1984년 시마네 현의 히카와(簸川) 군 히카와(斐川) 정에서는 도로 공사를 할 예정이었다. 공사하기 전에 발굴 조사를 했는데, 땅을 파자 작은 구

고진다니 유적 | 간바 산기슭에 출토 당시를 재현해놓았다. 한쪽에는 동검 358개가 놓여 있고, 한쪽에는 동모 16개와 동탁 6개가 나란히 있다.

리 조각들이 쏟아져 나왔다. 그러나 그때까지만 하더라도 히카와 지역의 간바(神庭) 구릉에서 동검이 358개나 출토되고, 동모(銅矛, 銅鉾)■ 16개, 동탁(銅鐸)■■ 6개가 나와 고대사 수수께끼의 1번지로 부상하리라고는 꿈에도 생각하지 못했다. 그때까지 일본 전역에서 발견된 동검이 대략 300개인데, 간바 구릉에 있는 고진다니(荒神谷) 유적에서 전체 일본에서 발견한 것보다 더 많은 동검이 나온 것이다. 지금은 유적지를 공원으로 조성하고 청동기군(群)이 출토된 산기슭 경사면에 발굴 당시의 상황을 재현해놓았다. 이를 건너편 전망대에서 볼 수 있다.

그동안 일본열도 동쪽은 동탁을 중심으로 한 청동기가, 서쪽은 동모를 중심으로 한 청동기가 분포하므로 양 지역의 문화권이 서로 다르다고 생각했다. 그런데 시마네 현에서 동탁과 동모를 아우른 유물이 집중 출토되어 이곳이 당시 서일본과 동일본의 접점이었다는 사실을 알려준다. 특히 고진

■ 끝을 뾰족하게 만든 청동제 창.
■■ 종 모양으로 생긴 청동제 방울.

고진다니 발굴 유물 | 제사 도구인 것으로 보인다. 동탁이 신을 부르는 역할을 한 데 비해 동검과 동모는 악령을 물리치는 역할을 했던 것으로 추정된다. 고진다니 유적 안내판 사진이다.

다니 유적은 대개 야요이 시대 중기 후반에서 후기(서기 1세기~2세기)에 이르는 동안에 매장된 것으로 추정된다. 이는 기나이 지역에 야마타이국이 나타난 3세기보다도 앞선 시기이다. 어쨌든 이 또한 고대 이즈모(出雲) 지방에도 기나이 지방과 동등한 세력이 있었음을 증명해주는 것이라고 할 수 있다.

이뿐만 아니라 부근 가모(加茂) 정에 있는 가모이와쿠라(加茂岩倉) 유적에서도 동탁 39개가 발견되어 비상한 관심을 불러일으킨 적이 있다. 이곳도 고진다니 유적과 마찬가지로 무덤에 껴묻은 것이 아니라, 동탁이 독자적으로 매장되어 있었다. 또한 그 전까지 단일 지역에서 가장 많은 동탁이 발견된 것은 시가 현 야스(野洲) 정 오이와(大岩) 산 유적의 24개였는데, 가모이와쿠라 유적에서 그보다 더 많이 나온 것이다. 이처럼 시마네 현에서는 유물이 한번 출토되기만 하면 일본열도의 순위를 바꾸어놓는다. 그만큼 시마

가모이와쿠라와 고진다니 | 가장 많은 동탁이 발견된 가모이와쿠라 유적은 고진다니 유적과 산길로 이어진 곳에 있어서 동일 집단이 만들었을 가능성이 있다. 가모이와쿠라 유적지 앞 안내판 사진이다.

가모이와쿠라 | 가모이와쿠라 유적지에도 출토 당시의 동탁을 재해놓았다.

네 현은 그동안 역사학적으로 소외되어 있었다.

더욱이 시마네 현을 비롯한 산인(山陰) 지방에는 전방후원분이 나타나기 전에 조성된 것으로 보이는 특이한 무덤 양식이 산재해 눈길을 끈다. 이른바 사우돌출형(四隅突出形) 분구묘인데, 네 귀퉁이가 특이하게 튀어나온 것이 특징이다. 현재 이즈모 지방의 청동기와 관련 있는 집단의 수장급 무덤으로 추정한다.

이즈모 지방에서 가장 유명한 니시다니(西谷) 구릉의 분구묘군을 찾았다. 돌널무덤과 네모꼴무덤이 군데군데 보이지만 사우돌출형 분구묘 6기가 이곳을 대표한다. 대개 돌출 부분을 포함해 전체 길이가 50미터가량 되는 방대한 분구묘인데, 돌로 무덤 주위와 네 귀퉁이를 보강하면서 만든 형태다. 기원은 명확하지 않지만, 야요이 시대에서 고분시대로 넘어가는

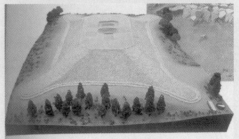

(위) 니시다니, (가운데) 니시다니 조감도(안내판 사진), (아래) 니시다니3호 복원 모형 | 방대형 분구묘에 네 귀퉁이가 돌출한 무덤은 좀체 보기 힘들다. 니시다니 유적은 최근 이즈모 야요이 삼림공원(出雲彌生の森公園)으로 새롭게 조성되었다. 전체 분구묘를 새롭게 정비했지만, 비가 오면 흙이 쓸려 내려가는 경우가 많아 오히려 네 귀퉁이의 모습이 잘 나타나지 않는다.

시기에 나타난 당시 최고 수장묘일 듯하다.

또한 산인 동부와 호쿠리쿠(北陸) 지방의 토기가 주로 나오기 때문에 사우돌출형 분구묘를 만들 때 호쿠리쿠 지역 사람이 참여하지 않았을까 추정하기도 한다. 문화적으로는 지금의 오카야마 지방인 기비 지방과 연관이 있는 것으로 보기도 하고, 점차 기나이 지방에서 영향을 받은 것으로도 본다. 한편으로는 거꾸로 기나이 쪽에 영향을 준 것이 인정되기도 한다. 즉, 무덤의 매장 시설 구조나 출토 유물의 껴묻힌 상황을 정리한 결과, 사우돌출형 분구묘에 매장된 계층이 오히려 전방후원분보다 상위였을 가능성까지 있기 때문이다. 더욱이 네 귀퉁이가 돌출된 모양을 보면 전방후원분의 튀어나온 전방부와 관계가 있는 것은 아닌가 하는 상상을 하게 된다. 사실을 밝혀내기는 어렵겠지만, 오랫동안 독자적인 문화를 꽃피운 산인 지방의 묘제가 일본열도 전반에 영향을 준 것은 아닌가 싶다.

사우돌출형 분구묘는 산인 지방이나 호쿠리쿠 지방에 많이 있다. 그런데 최근에는 히로시마에서도 발견되기 때문에 넓게 전파되었던 것으로 보인다. 흥미로운 것은 북한에서도 압록강 중류 자강도 초산군 봉무리와 운평리의 돌무지무덤 중에 네 귀퉁이가 돌출된 무덤이 있다는 것이다. 만일 서기전 3세기나 2세기에 만든 것으로 추정되는 자강도의 무덤이 사우돌출형 분구묘의 기원이라고 밝혀진다면, 이는 고구려 지방에서 일본의 산인 지방으로 전파된 문화 교류의 상황을 알려주는 중대한 사건일 수도 있다.

예전부터 이즈모 지역에는 독특한 문화 전승이 있다. 구전과 민담을 살펴보면, 당시 일본의 중심지였던 기나이 지방과는 상당히 다른 문화유산이 있으며, 또한 기나이 지방에 버금가는 고대 문명의 발상지였을 것으로 추측된다. 그래서 혹자는 『삼국지』 왜인전에서 말하는 왜국으로 가는 행로가 한반

히노미사키 가는 길

히노미사키 언덕 위에는 동양에서 제일 크다는 등대가 있다.

히노미사키 등대

도 남부에서 북부 규슈나 기나이로 향한 것이 아니라, 동해안을 따라 시마네, 돗토리에 이르는 행로였다고 추정하기도 한다. 바로 이즈모의 야마타이국 가설이다.

이즈모의 독특한 문화

너울거리며 밀려오는 파도를 모질게 부수고 있는 깎아지른 절벽 위를 달리고 있다. 강원도의 동해안을 따라 돌아가는 듯한 절경이 눈앞에 펼쳐지더니 얼마 후 바닷가 절벽 위 한 귀퉁이에 하얀 등대가 보인다. 이즈모 시 히노미사키(日御崎) 곶 언덕 위에 있는 등대는 높이가 44미터로 1903년 만든, 동양에서 제일 높은 등대다.

시마네 현 청사 전광판

오다 합동지방청사 입간판

시마네현 청사의 전광판과 오다 시 합동지방청사 앞 입간판에는 독도가 일본 땅이라고 주장하는 글귀가 쓰여 있었다.

이 등대에서 보이는 바다를 일본에서는 일본해라 부른다. 일본에서는 이 바다가 '동쪽 바다'일 수 없으므로 '동해'라는 명칭을 받아들이기 어려울 것이다. 그러나 한국인으로서는 연안 바다에 일본이라는 국적을 허용할 수도 없는 노릇이다. 그렇다면 차라리 '동북아해'나 '청해' 또는 '평화의 바다'라고 하는 것이 어떨까?

등대 위에서 어렴풋이 우리 땅이 있는 곳을 응시했다. 히노미사키 해안에서 북서쪽으로 208킬로미터 지점에 독도가 있다고 하는데, 물론 이곳에서는 보이지 않았다. 시마네 현 청사 앞에 서 있는 전광판이나 오다(大田)시 합동지방청사 앞의 입간판에는 "다케시마는 우리나라 고유의 영토다", "돌아오라! 다케시마, 주권 조기 확립과 어업 안전 조업 확보" 같은 문구가 요란하다. 말로만 듣던 모습을 직접 보니 진정 한일 관계가 과거를 덮은 채 미래로 갈 수 있을

후미시마 | 해마다 괭이갈매기 5000여 마리가 날아와 산란을 한다. 천연기념물로 지정되어 연간 10만 명이 방문한다고 한다.

지 의문이 들었다.

히노미사키 등대는 마치 포항의 장기곶 등대를 보는 듯했다. 포항 앞바다에서 해류를 따라 내려오면 아마 시마네에 당도할 수 있을 것이다. 연오랑과 세오녀의 고사에서도 포항 앞바다에서 출발해 일본 왕이 된 것으로 되어 있으니, 아마 시마네 현에 도착해 일가를 이룬 것은 아닐까?

등대에 올라가서 보면 바로 앞에 연오랑과 세오녀를 데리고 온 돌인 듯 작은 섬 하나가 보인다. 천연기념물로 지정된 후미시마(經島)라는 섬이다. 또 절벽 밑으로 히노미사키 신사가 보인다. 주황색으로 칠한 누문이 바다를 마주하고 있다. 언덕 위에 있는 신궁에서는 스사노오노미코토를, 아래 신궁에서는 아마테라스오미카미를 제사 지낸다. 원래 이 신사는 이 지역 최대 신사인 이즈모 대사의 말사였다가 무로

히노미사키 신사 | 히노미사키 신사의 누문은 주황색으로 칠을 해 곱게 단장한 듯한 모습이다. 언덕 위 스사노오노미코토를 제사 지내는 신사가 아래쪽 아마테라스오미카미의 신사를 지그시 내려다보고 있다.

히노미사키 한국(韓國) 신사 | 예전에는 신사를 알리는 안내판이 있었으나(위 사진) 지금은 온데간데없다(아래 사진). 예전 안내판에는 뒷산이 한국산이고 신사가 그곳에 있었다고 했는데, 이것은 도래인과 밀접한 관련이 있다는 설명이다.

이즈모 대사 배전 │ 이즈모 대사의 배전에는 오시메나와(大注連繩)를 걸어놓아 신성한 지역과 바깥 세상을 격리한다.

마치 시대에 독립해 스사노오노미코토와 아마테라스오미카미가 양립하는 구조가 되었다.

　히노미사키 신사의 본전을 지나쳐 야산 밑에 웅크린 가라쿠니(韓國)라는 조그마한 신사 앞으로 달려갔다. 예전에는 이곳에 가라쿠니 신사를 알리는 희미한 표지판이 있었지만, 어찌된 일인지 지금은 사라져버렸다. 이전 표지판에는 '신사 뒤꼍에 있는 산이 가라쿠니(韓國) 산으로 메이지 시대 초기까지는 신사가 가라쿠니 산 중턱에 있었다'고 쓰어 있었다. 히노미사키 신사의 제신이 스사노오노미코토이고, 뒷산의 이름이 한국산인 것으로 미루어 짐작할 때 이곳이 고대에 한반도와 교류한 중요한 거점은 아니었을까 싶다. 항해의 안전을 빌면서 떠나온 고향 땅을 그리워한 도래인들이 그들의 마음을 담아 신사에서 제를 올리지는 않았을까?

이즈모 대사 본전 지붕의 치기 | 배전 뒤에 멀리 본전 지붕 위로 X자형으로 걸린 치기가 보인다.

히노미사키의 해안을 뒤로 하고 이즈모 시 쪽으로 가다보면, 이즈모 대사가 나온다. 대사란 신사의 격을 대, 중, 소로 나누었을 때 첫째로 구분된 신사를 의미한다. 본래는 이즈모 대사만을 가리킬 때 사용했지만, 지금은 스미요시(住吉) 대사, 마쓰오(松尾) 대사 등 여러 신사에서 쓴다. 예로부터 이즈모 신사는 전국에서 격이 높은 중요한 신사였으며, 해마다 전국의 신들이 회의를 하기 위해 이곳으로 모여든다고 한다. 일본 고대 설화에서 800만 신이 모인다는 이즈모 지방은 신으로 둘러싸인 신의 나라, 신화의 나라로 수천 년을 흘러왔다. 신들이 모이는 곳이란 다시 말하면 고대 교역의 중심지였기 때문에 생겨난 전설은 아닐까. 비록 지금은 여러 면에서 다른 지역보다 낙후되었지만, 고대에는 오히려 우월한 문명을 자랑하는 곳이었을 것이다.

이즈모 대사의 커다란 도리이를 지나 신사 안으로 들어서면 소나무로 빽빽이 둘러싸인 오모테산도(表參道)를 거치게 된다. 입구부터 대사의 경내

이즈모 대사 기둥 밑동

이즈모 대사 상상도

발굴 조사 때 신사 본전 앞에서 커다란 기둥 밑동이 발견되었
다. 이로 인해 헤이안 시대에는 48미터 높이의 거대한 신전이
었음이 밝혀졌다. 이즈모 대사 상상도는 본전 앞에 걸려 있다.

를 지나 뒷산까지 온통 소나무 천지
다. 시마네 현은 워낙 산림이 울창한
데, 육림 사업을 벌여 산림을 보전하
려고 애쓴 흔적이 이곳에도 보이는
듯하다.

이즈모 대사의 경내에서 가장 먼
저 만난 것은 신사의 배전이다. 배전
처마에 새끼줄 꼬듯이 볏짚을 말아놓
은 것을 볼 수 있다. 오시메나와(大注
連繩)라는 것으로 우리나라의 금줄과
같다. 길이 13미터, 폭 9미터로 일본
에서 가장 큰 것이라고 한다. 또한 본
전 지붕 위에 걸린 치기(千木)도 화려

하다. 치기는 고대 건축양식 가운데 하나로, 지붕을 만들 때 서로 교차시킨
것이다. 자연스러운 지붕 양식 중 하나인데, 현재는 치기 끝이 수직으로 잘
려 있으면 남신을, 수평으로 잘려 있으면 여신을 모시는 것을 상징한다.

이즈모 대사는 신사의 격이 말해주듯이 건물들이 웅장하다. 이즈모 대사
본전은 다이샤쓰쿠리(大社造り)라고 부르는, 일본에서 가장 오래된 건축양
식으로 지어져, 일본의 국보로 지정되었다. 그러나 이것도 가마쿠라 시대
에 화재를 입어 1744년에 절반 규모로 다시 지었다. 헤이안 시대인 970년
에 저술된 『구치즈사미(口遊)』에 따르면, 이즈모 대사의 규모가 나라 도다
이 사 대불전의 15척보다 1척이 더 큰 16척(약 48미터)에 달했다고 한다.
과거에는 이즈모 대사의 신전이 지금보다도 훨씬 높은 곳에 있었다는 상상

도가 본전 앞에 걸려 있어, 당시 하늘을 숭배하던 천신(天神) 사상의 흔적을 보여주는 것 같다.

『고사기』에서는 오쿠니누시노카미(大國主神)가 나라를 양보한 뒤, 큰 궁전을 지어달라고 요구한 것이 이 신사의 유래라고 한다. 하지만 이 내용은 아마 이곳에 살던 막강한 이즈모족이 기나이 지방에 편입되는 과정을, 신화를 통해 은유적으로 표현한 것 같다.

이즈모 대사의 제신은 오쿠니누시노카미이며, 한자 그대로 큰 나라의 주인인 일본 국토 개발의 신이다. 오쿠니누시노카미는 『고사기』와 『일본서기』에 따르면, 복잡한 성격을 지닌 신이다. 『고사기』에서는 오아나무치노카미(大穴牟遲(大穴持)神), 아시하라시코노오노카미(葦原色許男神), 야치호코노카미(八千矛神), 우쓰시쿠니타마노카미(宇都志國玉神) 등 다섯 가지 다른 이름으로 부른다. 『일본서기』에서도 오모노누시(大物主)와 오쿠니타마(大國玉)의 신격이 추가되어 여러 별칭으로 부르는 신이다. 이와 같이 이즈모 대사의 제신이 여러 이름으로 불리는 것은 아마 여러 부족을 통합하면서 여러 신격이 합쳐졌기 때문인 것으로 짐작된다. 이즈모 대사의 제신은 원래 아마테라스의 남동생인 스사노오노미코토였는데, 메이지 시대 이후에 오쿠니누시노카미로 바뀌었다고 한다. 그렇다면 이즈모 지방도 스사노오노미코토 신화와 연관지어 파악할 수 있다. 스사노오노미코토에 특히 관심이 가는 이유는 이 신이 신라와 밀접한 관련이 있기 때문이다.

스사노오노미코토에 관해 좀더 자세히 알아보자. 『고사기』나 『일본서기』의 시작은 신대(神代)라는 신들의 이야기에서 시작한다. 이는 모두 일본의 생성과 건국을 설명하기 위해 설정된 것이다. 스사노오노미코토는 아마테라스오미카미의 남동생이며, 악행을 일삼는 부정적인 신으로 표현된다.

스사노오노미코토는 다카마가하라에서 추방당하자 아들 이소타케루노카미(五十猛尊)를 데리고 시라기(新羅) 국에 내려와 소시모리(曾尸茂梨)라는 곳에 머물렀다. 그런데 얼마 안 있어 "나는 이 땅에서 살고 싶지 않다"라며 진흙으로 만든 배를 타고 동쪽으로 이동해서 이즈모국의 히노가와(簸之川) 상류에 있는 도리카미 봉(鳥上峯)으로 갔다. 즉, 신라에서 일본의 산인 지방에 있는 이즈모국으로 건너가서 그곳을 개척한 신으로 나타나는 것이다.

시라기국의 소시모리라는 곳에 대해서는 의견이 여러 가지이다. 언뜻 생각할 수 있는 것은 신라시대의 행정구역 중 하나인 삭주(朔州), 곧 우두주(牛頭州)인 지금의 춘천이다. 소시모리를 '소의 머리', 곧 우두(牛頭)로 볼 수 있고, 춘천 시내에 우두산이 있다. 하지만 경상도의 합천과 거창, 예천에도 우두산이 있고, 황해도 김천에도 우두산성이 있다. 어쨌든 한반도에서 소의 머리, 곧 소시모리 고장에 살던 사람들이 이즈모 지방으로 건너간 것을 의미하는 것 같다.

이즈모의 히노가와 상류로 올라가니 어떤 노부부가 예쁜 딸을 사이에 두고 울고 있었다. 이유를 물으니, "그동안 야마타노오로치(八岐大蛇)라는, 머리와 꼬리가 여덟인 큰 뱀이 해마다 나타나서 딸들을 차례로 잡아먹었는데, 올해도 그때가 되어 어린 딸을 잃게 되었기 때문에 울고 있다"고 했다. 이 뱀을 물리치기로 결심한 스사노오는 집 주위에 울타리를 치고, 문을 여덟 개 내고, 술동이 여덟 개를 놓아둔 뒤 뱀이 나타나기를 기다렸다. 이윽고 뱀이 나타나 여덟 문에 놓인 술동이에 여덟 머리를 집어넣고 술을 마시더니 취해서 잠이 들어버렸다. 이 틈을 놓치지 않고 스사노오는 큰 칼로 뱀의 머리를 모조리 잘라버렸다. 그러고는 뱀의 꼬리에서 신검 구사나

기노쓰루기(草薙劍)를 꺼내어 하늘에 바쳤다. 이 검은 야마토타케루노미코토(日本武尊)가 동정(東征) 때에 야마토히메노미코토(倭姫命)에게서 받아 풀을 베어 적의 화공을 물리쳤다는 검이다. 이렇게 뱀을 퇴치한 스사노오는 노부부의 딸과 결혼해 이즈모국의 스가(淸地)라는 곳에 이르러 궁을 짓고 나라를 세웠다. 그들의 아들이 오아나무치노카미(大己貴神)으로, 이즈모에서 가장 존경받는 오쿠니누시노카미(大國主神)이다.

이 신화에 따르면, 일본의 주류라고 할 수 있는 니니기노미코토가 내려오기 전에 이미 스사노오노미코토의 자손들이 일본열도에 살았다는 이야기다.

원래 『일본서기』에 나오는 신대라는 항목은 일본의 최초 천황인 진무 천황이 다카미무스비노카미(高皇産靈神)와 아마테라스오미카미의 후손임을 내세우기 위해 설정한 것이다. 이 신화는 북방의 수렵 유목 문화가 일본의 규슈 지방으로 건너가서 결국엔 기나이 지방으로 옮아가는 과정을 표현했다는 시각이 지배적이다. 니니기노미코토의 천손 강림 신화에 앞서 스사노오노미코토의 기사가 나온 것은 아마도 원래 일본열도에는 스사노오노미코토를 조상신으로 받드는 집단이 살다가 그 후에 바다를 건너온 아마테라스오미카미를 숭배하는 집단에 의해 통합되는 과정을 나타내는 것은 아닐까 싶다. 그러나 통합된 스사노오노미코토 세력도 무시할 수 없을 정도로 강력한 세력으로 남아 있었기 때문에 후대에도 그 흔적이 전승된 것으로 보인다. 따라서 기나이 세력을 중심으로 저술한 『고사기』와 『일본서기』에도 그들이 남긴 이야기를 넣을 수밖에 없었던 것은 아닐까.

서쪽과 다른 동일본의 세계

교토에서 동쪽으로 가다 보면 나고야에 도착하기 전에 기후(岐阜) 현이 나온다. 기후 현은 사방이 7개 현으로 둘러싸인, 바다가 없는 현이다. 가장 서쪽으로 시가 현과 경계를 이루는 지방이 우리에게도 잘 알려진 세키가하라(關ヶ原)이다. 동서 4킬로미터, 남북 2킬로미터인 작은 분지로 형성된 세키가하라에서는 일본 역사에서 가장 큰 전투가 벌어졌다. 현재는 인구 만여 명이 살고 있는 조용한 동네이지만, 과거 이곳은 도요토미 히데요시가 죽자마자 동군, 서군으로 나뉘어 17만 대군이 치열한 전쟁을 치른 싸움터였다. 지금은 여기저기 유적지를 알리는 간판으로 가득 찬 관광지로 깨끗하게 정비되어 있는데, 예전 전쟁이 벌어졌을 때 곳곳이 온통 피로 물들었을 것이라 생각하니 실감이 나지 않는다. 세키가하라가 기나이 지방에서 동일본으로 가는 출발점인 동시에 정치의 중심이었던 기나이로 들어가는 관문 역할을 했기 때문에 전국시대를 마무리하는 최종 결전장이 되었던 듯하다.

398

도요토미 히데요시가 죽은 뒤 기회만 엿보던 간토 최대의 다이묘, 도쿠가와 이에야스는 슬슬 야심을 드러내기 시작했다. 이시다 미쓰나리(石田三成)의 선동으로 친(親) 도요토미계가 집결하자 때를 기다렸다는 듯 거병했다. 나라를 가르고 혼란에 빠뜨린 무리를 토벌한다는 명분이었다. 결국 동군과 서군으로 나뉘어 싸우다가 1600년 9월 15일 세키가하라에서 결판이 났다. 도요토미 히데요시의 통일 이후 지루하게 이어진 불완전한 권력 분점이 막을 내리고, 결국엔 모든 공이 세키가하라 전투의 승리자인 도쿠가와 이에야스에게로 돌아갔다. 이로써 일본열도는 도쿠가와 이에야스의 손아귀에 들어가고, 도쿠가와의 본거지인 에도에 막부가 세워졌다. 그리고

조비 산 고분에서 바라본 정경 │ 조비 산 1호분 앞에서 바라본 광활한 노비 평야. 멀리 남동쪽으로 나고야까지 바라다보인다.

에도는 1868년 메이지 유신으로 공식 수도가 될 때까지 일본의 실질적인 수도 역할을 했다.

　메이신(名神) 고속도로의 세키가하라 나들목에서 내리니 멀지 않은 곳에 조비 산(象鼻山)이 보인다. 높이 140미터가량 되어 보이는 야트막한 산봉우리들이었다. 우선은 조비 산이라는 이름부터 신기했다. 코끼리 코와 같은 능선이 펼쳐져 있어서 조비 산이라 이름 붙은 것일까? 산 정상에 오르니 오가키(大垣) 방면의 노비(濃尾, 美濃+尾長) 평야가 눈에 훤히 들어왔다. 세키가하라 전투 때에도 전체를 조망할 수 있는 이점 때문에 무사들이 이곳에 진을 쳤을 법하다.

　정상 위 양지바른 곳에는 군데군데 고분이 여럿 있었다. 안내판에는 현재까지 확인된 고분만도 62기나 된다고 하는데, 전체를 한눈에 볼 수 없어

조비 산 안내도 | 조비 산에 올라가면 원형과 방형 등 여러 형태의 고분이 있지만, 산 정상부에 있는 전방후방분은 그 크기나 위치로 보아 수장급의 무덤으로 추정된다.

서인지 10여 기 정도밖에 눈에 띄지 않았다. 대개 3세기 말에서 6세기 무렵의 것으로 추정된다고 한다. 이 시기라면 일본에서는 야요이 시대 말엽에서 고분시대에 해당하는 시기다. 그렇다면 조비 산의 무덤 떼는 본격적인 고분시대에 조성되었다는 말이다.

그런데 조비 산 북쪽의 높은 지대로 발걸음을 옮기니 요상하게 생긴 고분 하나가 시선을 끌었다. 고분인지, 자연히 생긴 둔덕인지 분별하기 어려울 정도였으나 안내판을 보니 이 지방에 있는 독특한 전방후방분(前方後方墳)이었다. 앞의 돌출부도 사각형이고 뒤쪽 봉분도 사각형이라면 앞서 요시노가리 유적에서도 잠깐 보았지만 보기 드문 양식이다. 하지만 봉분이 사각형인지 구별하기 어려웠다. 몇 번이고 무덤 주위를 둘러보고 나서야 겨우 네모진 형태인 것 같다는 느낌이 올 뿐이다. 전체 길이는 약 40미터 정도로 아담한 모습이다. 이곳에서 출토된 토기류와 철제품을 살펴보면, 3

조비 산 1호분

전체 길이가 40미터 정도 되는 무덤이 산 정상부에 납작하게 엎드려 있었다. 안내판 그림에서는 전방후방분이라고 하지만, 전방부도 확실하게 뻗어 있지 않고 후방부도 사각인 듯은 한데, 그 모습이 온전하지 않았다. 출토된 토기류와 철제품(안내판 사진)을 통해 3세기에 조성된 것으로 보고 있다. 이 때는 야마타이국이 있던 시기와 일치한다.

세기 말을 전후로 한 시기에 축조된 오래된 고분으로 추정된다고 한다. 조비 산 1호분으로 이름 붙인 고분에서는 중국 후한시대에서 서진시대에 걸쳐 생산된 거울이 깨진 상태로 출토되었다. 일본에서 대개 이러한 유물은 야요이 시대 후반에서 고분시대 전반의 유적지에서 주로 출토된다. 이로써 조비 산 고분의 조성 시기를 가늠할 수 있게 되었다.

보통 전방후방분은 기후 지방에서 시작해 동일본 지역에서 나타나는 무덤 양식으로 알려져 있다. 이는 고대에 서쪽 전방후원분의 세계와는 다른 동쪽의 전방후방분 세계가 존재했음을 암시한다. 동일본 나름대로 독자적인 정치체제가 있었음을 알려주기 때문에 전방후방분은 고대 사회를 판단할 때 중요한 유적이 된다.

안내판에서는 대략 3세기의 무덤이기 때문에 진수의 『삼국지』에 나오는 구노국(狗奴國)의 왕이나 왕족의 무덤이 아닐까 조심스레 추정했다. 아마 야마타이국이 나오는 『삼국지』 왜인전에서 남쪽의 구노국은 야마타이국에 속하지 않는다고 기록했기 때문일 것이다. 『삼국지』의 "야마타이국 남쪽의 구노국"이라는 기록을 기나이설로 설명하면 '야마타이국 동쪽의 구노국'으로 재해석할 수 있기 때문에 기나이 동쪽인 도카이(東海) 지방을 구노국으로 본 것이리라. 그렇다면 긴키에는 서쪽에 영향력을 지닌 야마타이국이 있었고, 노비 평야를 중심으로 한 도카이에는 동쪽의 영향력을 가진 구노국이 있어서 서로 대립한 것일까?

조비 산 고분군이 조성되기 시작한 것은 나라의 마키무쿠 고분군이 생기기 시작한 시기보다는 조금 늦은 3세기 후반으로 추정된다. 정형화된 전방후원분이 막 나타나기 시작했을 무렵에 전방후방분이 조성되기 시작했다. 그렇다면 전방후원분과 전방후방분은 원래 같은 뿌리였는데, 지역적 차이에 따라 서로 영향을 주고받으면서 각기 다르게 발전한 것일까? 아니면 전혀 다른 원류를 통해 각자 별개로 발전해온 것일까?

물론 규슈의 요시노가리에서도 전방후방분이 나타났다. 하지만 일본의 동쪽 지방에서도 기존의 양식과는 다른 전방후방분이 발견된 것은 일본의 고분시대에 전방후원분만이 조성된 것이 아니라 각 지방마다 다른 양식의 고분이 만들어졌던 것을 알려준다. 야마토와는 또 다른 세계인 셈이다.

방형주구묘

오사카 시에서 간사이 공항으로 가기 위해 남쪽으로 국도 26번 도로를 따라 이동하던 중 오른쪽 길가에 억새 띠로 지붕을 인 큰 건물이 보였다. 얼핏 '야요이'라고 쓰인 팻말이 보여 길을 멈추었다. 이케가미소네(池上曾根) 유적이다. 이 유적은 야요이 시대 전·후기(서기전 300~서기 200)의 생활 문화를 알려주는 중요한 유적으로, 특히 규슈의 요시노가리 유적지와 같이 대규모 환호취락이 조성되었던 곳이다.

이케가미소네 유적을 발굴하자 야요이 시대의 생활상을 한눈에 알 수 있는 토기, 농기구, 무기 등 각종 생활 용구가 출토되었다. 그중에서도 새 모양 목제품이 발견되었다는 설명에 이르러서는 귀가 쫑긋해졌다. 새 모양 목제품이 신성한 지역을 나타내는 상징은 아니었는지, 또는 신사에 나타나

이케가미소네 사적 공원 | 야요이 시대의 높은 건물(다락식)을 복원해놓았다. 이 건물이 신전이었는지 곡물 창고였는지는 학자들마다 의견이 다르다.

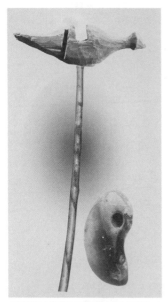

이케가미소네에서 나온 새 모양 목제품 │
아마 이것이 도리이(鳥居)의 기원일지도 모른
다. 안내판에서 찍은 사진이다.

는 도리이의 원형은 아니었는지 호기심이 생겼기 때문이다.

1995년의 조사에서 지름 70센티미터짜리 기둥으로 지은 대형 건물 유적과 지름 2미터인 우물 유적이 발견되어 지금은 그 일부를 복원해놓은 상태다. 높은 건물의 기둥 일부를 나이테연대측정법으로 추정한 결과, 서기전 52년에 벌채된 것으로 판명이 났다. 야요이 시대 중기 초반의 흔적이다. 그런데 학자들마다 의견이 달라 이 건물을 두고 신전이라고도 하고, 창고라고도 한다. 어쨌든 신전이었으면 풍요를 기원했을 테고, 창고였으면 곡식을 넣어둔 것으로 볼 수 있기 때문에 어느 쪽으로나 오사카 만을 통해 들어온 농경문화를 상징하는 듯하다.

지금은 오사카 부 이즈미(和泉) 시 이케가미(池上) 정부터 이즈미오쓰(泉大津) 시 소네(曾根) 정에 걸쳐 있는 유적이기 때문에 '이케가미소네 유적지'로 부른다. 이젠 길이 나고 개발이 되어 그 흔적을 찾아볼 수 없지만, 이 유적지에는 야요이 시대의 것으로 알려진 방형주구묘(方形周溝墓)가 있었다.

방형주구묘란 무덤 모양을 네모꼴로 만들고 그 주위에 폭 1~2미터로 도랑을 판 것으로, 주구가 있으면서 사각형으로 생긴 묘제이다. 주구묘에는 완전히 주구로 빙 둘린 것도 있지만, 일부가 다른 분구와 연결되기도 하여, 주구묘라 하더라도 그 모습이 다양하다. 이 때문에 일본에서는 방형주구묘가 변해 전방후원분 내지 전방후방분이 되었다는 것이 정설이다. 야요이 시대의 방형주구묘에서 전방후원분의 기원을 찾으려는 경향이 강한 셈

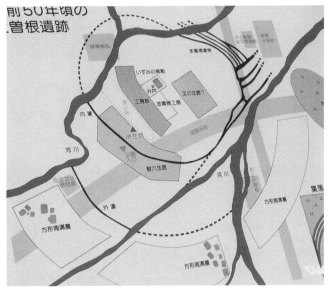

이케가미소네 유적 단면도 │ 안내판의 설명 그림을 보면, 한가운데에 생활공간이 있고, 그 주 위로 방형주구묘 양식을 한 무덤들이 조성되어 있다.

이다. 방형주구묘에서 시작해 야요이 시대의 사우돌출형 분구묘로 바뀌고, 고분시대의 전방후원분이 들어서게 되었다는 설이 지지를 얻고 있다.

그런데 일본에서 주구묘는 야요이 시대 긴키 지방에서 시작되었다고 한다. 그래서 방형주구묘 중 가장 오래된 것으로 야요이 시대 전기의 이케가미 유적을 비롯해 우리와리(瓜破) 유적, 요쓰이케(四ツ池) 유적, 가미(加美) 유적 등이 오사카 안에서 인정되고 있다. 이것이 야요이 시대 중기에 이르러서는 일본열도 각지로 퍼져나가다가 야요이 시대 말기부터 고분시대 초기에는 동일본과 규슈 지방에 집중되고 기나이 지방에서는 급격하게 줄어든다. 간토 지방에서는 5~6세기까지 나타난 것으로 본다.

그런데 놀라운 사실은 최근 한반도에서도 주구묘가 발견된다는 사실이다. 지난 1994~1995년 충남 보령군 관창리 유적에서 99기나 발굴된 것을 시작으로, 충남 서천군 당정리 유적, 전북 익산 영등동 유적에 이어 고창—

군산 간 서해안 고속도로 건설 구간에서도 43기가 발견되었다. 또한 북쪽으로는 서산의 부장리, 천안의 청당동, 청주의 송절동 유적에서도 발견되었다. 대개 한반도 중서부 지방에서 보령, 서천, 익산을 따라 함평까지 주구묘가 나타나는 영역으로 본다. 전남 나주 반남면에 있는 대다수 무덤 주위에서도 불규칙하게 배치된 주구를 발견할 수 있는데, 이것도 주구묘의 흐름과 맥을 같이 하는 것이다.

주구의 용도에 대해서는 아직까지 확실하게 밝혀진 바가 없다. 현재는 무덤의 봉분을 쌓아 올리기 위해 흙을 파내는 과정에서 생긴 흔적으로 추정하는 정도이다. 그런데 그동안 주구가 일본 고분에서 자주 발견되었기 때문에 영산강 유역이나 서해안에서 나타나는 주구를 두고 일본 양식이라는 견해가 있었던 것이 사실이다. 하지만 지금은 주구묘가 한반도에서도

가미 유적(주구묘) │ 가미 유적은 오사카에서 야요이 시대 중기의 것으로 추정되는 대형 방형주구묘이다. 길이는 남북 27미터, 동서 15미터로 무덤 주위에 주구가 있다. 오사카 히라노(平野) 구민센터에 가면 발굴 당시의 사진과 모형을 볼 수 있다.

관창리 주구묘 │ 충남 보령군 관창리 유적은 관창공단을 조성하면서 발견되었다. 우리나라에서 서기전에 방형주구묘가 조성되었음을 알려준다. 부근에 고인돌도 보여 오래전부터 많은 사람들이 터를 잡고 살았던 곳임을 알 수 있다.

많이 발견되기 때문에 단순히 주구 때문에 일본의 영향을 받았다고 보는 것은 성급하다. 현재 한반도에서 발견되는 주구묘의 축조 시기는 빠르게는 서기전 4세기까지 올라가는 것으로 추정하며, 그 중심 연대를 서기 2~3세기로 보기 때문이다. 한반도에서 발견된 주구묘는 대부분 이른 시기에 조성된 것이다.

일본의 경우, 주구묘는 지난 1964년 도쿄 근처 우쓰기무코하라(宇津木向原) 유적에서 최초로 발견된 이래 긴키 지방을 중심으로 일본열도 곳곳에서 발견되었다. 조성 연대는 야요이 시대 전기 후반부터 고분시대 초기,

즉 서기전 1세기에서 서기 3세기로 추정한다. 이런 결과는 그동안 일본에 고유한 묘제 양식으로 알려졌던 주구묘의 기원이 한반도가 될 수도 있다는 강력한 증거인 셈이다.

주구묘라는 용어 자체도 일본에서 들여온 말로, 그동안 한반도에서는 나오지 않고 일본에서만 집중해서 발견됐기 때문에 전형적인 일본계 고분 양식으로 여겨 일본식 용어를 그대로 쓰고 있다. 주구묘란 사실 주위에 주구를 두른 묘라는 뜻이다. 실제 우리나라에서는 독무덤에도 주구가 있고, 널무덤에 주구가 있기도 해서 단순히 주구묘라고 부르는 것이 묘제를 나타내는 적당한 표현은 아닌 것 같다. 주구묘는 매장 주체부(시신을 묻는, 무덤의 주요 부분)에 분구가 남아 있는 것도 있고 없는 것도 있다. 매장 주체부가 사라진 경우는 원래 분구 위에 있었던 매장 주체부가 세월이 흐름에 따라 없어진 것으로 보기도 한다. 그래서 우리 학계 일각에서는 분구묘라고 표현하지만, 이것도 아직 확실하게 정립된 용어는 아니다. 실제 주구묘에 분구가 없을 수도 있는 데다가, 분구가 있는 모든 묘제를 말할 때도 사용할 수 있어 더 정확한 용어가 필요하다.

영산강 유역 등 일부 남부 지방에서는 주구 안에서도 대형 독널 조각이 출토되었고, 한 분구 안에 구덩이와 독널로 여러 명의 시신을 묻은 것이 보통이어서 영산강 유역 대형 독무덤 양식으로 이어진 듯하다. 이는 영산강 유역에 대한 많은 궁금증을 풀 수 있는 실마리를 제공해준다.

주구묘가 전방후원분의 전신이라면, 전방후원분의 기원이 한반도라는 쪽에 무게를 두는 학자들도 있다. 물론 한반도에서 넘어간 주구묘 세력이 일본에서 전방후원분을 만들고 다시 한반도로 넘어온 것으로 볼 수도 있다. 즉 주구묘를 묘제로 삼은 마한의 토착 세력이 왜국으로 넘어갔다가 전방후원분을 발전시키고 다시 돌아왔을 가능성이 있는 것이다. 어쨌든 일본에서는 주구묘가 서기 4~5세기를 지나면서 이른바 전방후원분이라는 대형 고분으로 발전했고, 한반도 남서부 지방에서도 한반도식 전방후원형 고분과 대형 독무덤이 영산강 유역을 중심으로 활발히 조성된 점에서 한반도 주구묘의 의미가 크게 부각될 수 있다.

그러나 그동안 일본열도에서 살펴본 묘제의 변천은 수세기에 걸쳐 각 지역의 특성과 연결된 것이다. 따라서 단순히 일본에 갔던 주구묘 세력이 다시 전방후원형 고분을 갖고 한반도로 넘어왔다고 단정하기에는 난관이 많다. 또한 일본에서는 아직까지 이른 시기의 주구묘가 규슈가 아닌 기나이를 중심으로 발견되고 있다. 지리적으로 한반도와 연속선상에서 파악하기 어려운 것이다. 또한 규슈에 건너갔다가 되돌아온 사람들이 전방후원형 고분을 가져와 남겼다면, 이 지역에 어떤 연고와 기반으로 거대한 고분을 축조하게 되었는지 밝혀내야 할 것이다. 그보다 더 중요한 것은 방형주구묘의 주구를 통해 전방후원분의 전방 돌출 부분이 생성된 까닭을 아직까지 확실하게 밝혀내지 못했다는 것이다. 전방후원분의 생성부터 수수께끼인 셈이다. 전방후원분이 방형주구묘에서 만들어졌다는 설도 단순한 추측일 뿐이다.

2005년 서울 강동구에서 일본의 전방후원분보다 더 큰 전방후원분이 발견되었다고 KBS가 9시 톱뉴스로 보도한 적이 있었다. 텔레비전 뉴스를 보면서 마음이 착잡했다. 아나운서는 일본의 전방후원분보다 더 큰 전방후원분이기 때문에 그 원류는 한국이라고 설명했다. 하지만 나는 이 보도가 사실이라면 큰 문제라는 생각이 들었다. 우선 전방후원분일 가능성도 없지만, 일본에 3000여 기가 있는 전방후원분이 한반도에는 고작 10여 개밖에

KBS 오보 전방후원분 | 2005년 KBS의 최대 오보로 꼽힌 전방후원분 방송은 전방후원분에 대한 우리의 콤플렉스를 보여주는 단적인 사례였다.

없다. 그런데 한강 유역에서 일본보다 더 큰 무덤 몇 기가 나왔다는 것만으로 원류를 판단한다는 것 자체가 위험한 생각이기 때문이다. 또 일본에서는 전방후원분의 태동 연대를 3세기 전반으로 보는데, 무덤 조성 연대에 대해서는 전혀 언급도 하지 않은 채 전방후원분의 원류를 이야기할 수는 없다. 고분이 발견되면 그 태동부터 단계적으로 묘제의 변천을 고찰해야 한다. 결국 이 사건은 전방후원분이 아닌 단순한 야산으로 판명되면서 오보로 마무리되었다. 이는 전방후원분에 대한 우리의 콤플렉스를 보여주는 단적인 사례이다.

현재 우리나라의 전방후원형 고분은 영산강 유역에서만 발견되며, 대개 5세기 말에서 6세기 초, 중엽에 조성된 것으로 국한된다. 그런데 일본의 전방후원분은 3세기 초반부터 있었을 뿐만 아니라 전국에 분포한다. 형태의 특성으로 보아 영산강 유역의 전방후원형 고분은 일본의 영향을 받은 것이 확실하다. 그렇다면 영산강 유역의 전방후원형 고분은 누구의 무덤인가?

12

고대 분절국가

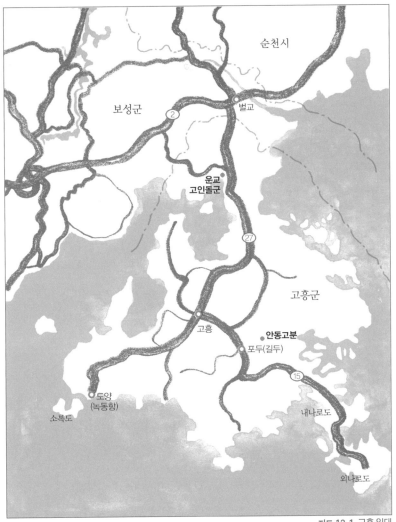

지도 12-1 고흥 일대

남쪽 끄트머리에서

굳이 조정래의 『태백산맥』의 한 구절을 떠올리지 않더라도, 고흥반도와

벌교 홍교 | 벌교(筏橋)는 뗏목으로 엮어 만든 다리라는 뜻인데, 지금은 매고른 수면 위로 살포시 얹힌 무지개다리(虹橋)의 모습만이 보일 뿐이다. 조선 영조 때 선암사의 초안(楚安)과 습성(習性) 스님이 만들었다는 홍교는 보물 304호로 지정되어 있는데, 끝나는 부분에 현대식 콘크리트 다리가 이어져 있는 것이 아쉽다.

벌교 소화다리 | 벌교역 부근에는 『태백산맥』의 소화를 생각나게 하는 소화다리가 있다. 본래 이름은 부용교인데, 일본 천황 쇼와(昭和) 연간에 만들어져 소화다리라는 이름이 붙었다.

순천, 보성을 잇는 벌교는 낙안벌 끝에 꼬리처럼 매달려 있는 빈촌이었다. 그러던 것이 일본인들이 집중 개발하면서 빠르게 도시로 변했다. 특히 경전선 철도가 지나면서 지금의 벌교역이 생겨 교통의 요지가 되었고, 보성보다도 4년 먼저 읍으로 승격될 정도로 고속 성장했다.

벌교에서 고흥반도 초입에 들어서면 곳곳에 돌덩이가 있다. 선사시대 고흥의 위치를 가늠할 수 있는 고인돌이 옆 집 담벼락에 하나, 앞마당을 지나 두세 개, 뒷동산을 넘어 서너 개, 산등성이에 너덧 개가 있는 형국이다. 고흥군에만 1500기가 넘는다고 하니 위세가 대단했던 모양이다. 받침돌은 잘 보이지 않고 덮개돌만 드러난 고인돌이 대부분이다. 서해안을 타고 내려온 고인돌이 영산강을 돌아 고흥반도 끝까지 왔다고 생각할 수 있다. 그러고는 바다를 건넜을 것이다.

조선 시대에 흥양(興陽)이라 불렸던 고흥(高興)은 보성과 장흥에 가려 최근까지 그리 주목받지 못했다. 하지만 고대에는 달랐던 듯하다. 일단 『삼국사기』 「지리지」를 보면, 지금의 순천을 가리키는 낙안군(樂安郡)이 본래 백제의 분차군(分嵯郡)이었다가 신라 경덕왕(景德王) 때 분령군(分嶺郡)으로 이름을 고쳤는데, 영현(領縣)이 넷인 것으로 기록되어 있다. 그런데 영현을 자세히 보면, 지금의 순천보다도 고흥 지역에 치우쳐 있다. 영현 4개 중 지금의 보성군을 가리키는 조양현(兆陽縣)을 제외하고 충렬현(忠烈縣)은 고흥군 남양면, 강원현(薑原縣)은 고흥군 두원면, 그리고 백주현(栢舟縣)은 고흥군 동강면을 가리켜 고흥군 전체를 아우른다.■ 이는 틀림없이 고흥을 강성하고 독립된 고을로 인식한 흔적이다. 『삼국사기』 「지리지」에서 백제 멸망 후 당나라가 백제 영역 내에 설치했을 것으로 짐작되는 도독부(都督府) 7주 중에도 분차주가 있는데, 이것만 봐도 고흥을 위시한 이 일대가 상당한 위세를 떨친 것을 알 수 있다.

그렇기에 이곳에도 고대의 거대한 고분이 있다. 고흥읍에서 출발해 우주 센터를 건립 중인 외나로도로 향하는 15번 국도를 달리다 보면 중간에 포두(浦頭) 혹은 길두라는 곳이 나온다. 이름에서 짐작할 수 있듯이 원래 바다가 보이는 포구였을 텐데, 지금은 논으로 바뀌어 흔적도 없다. 포두의 안동마을에 들어서 허름한 마을회관에 다다랐다. 안동이라고 하니 경상북도 안동(安東)이 먼저 떠오르지만, 마을회관 앞 커다란 비석에 마을의 유래가 적혀 있다. 안동의 안은 기러기 안(雁)이다. 조선 인조 때 이곳으로 낙향한 정홍망(丁弘望)이라는 사람이 "이 지역의 형세가 마치 기러기가 알을 품은 것 같은 형상으로 노인네가 낚싯대를 드리우고 있으니 해가 거듭할수록 고기 바구니가 가득해 후세가 부귀영화를 누릴 것"이라 해서 안동이라 이름 붙였다고 한다.

안동마을의 세가가 있는 언덕 위를 바라보니 지름 약 30여 미터 되는 봉

■ 백제시대에는 각각 조조례현(助助禮縣), 두힐현(豆肹縣), 비사현(比史縣)이라 했고, 이들 현을 아울러 분차군이라 했다.

고흥 고인돌 ｜ 바다가 바라보이는 근처에도 고인돌의 덮개돌이 여기저기에 보인다. 서남해안을 따라 내려온 고인돌이 고흥에 이르러서는 바다를 건너 일본 규슈에까지 영향을 주었을 것이다.

분이 앉아 있다. 시뻘건 흙이 그대로 드러나고, 중심부가 파헤쳐져 있는 것으로 보아 최근에 발굴 조사를 한 듯했다. 안동 고분은 전남 남해안 지역에서 최대급 고분에 속한다. 무덤은 구릉 정상부 땅을 깎아 만들었으며, 그 주변은 편평하게 다져놓았다. 멀리 바닷가가 보이는데, 바로 앞은 논으로 뒤덮여 있다. 바다를 간척한 것이다.

고흥군에서 5세기 무렵에 축조된 것으로 추정되는 대형 고분이 발견된 것은 꽤 오래전인데, 최근에 들어와서야 발굴했다. 무덤의 뚜껑을 열자마자 금동관모, 금동신발, 청동거울, 고리자루큰칼 등 최고 지배자를 상징하는 위세품(威勢品)이 많이 출토되었다. 그런 최고 위세품이 한 고분에서 다 갖추어져 나온 것은 1971년 백제 무령왕릉 이후 아주 드문 경우이다. 이곳에서 출토된 금동관모는 뒤쪽에 반구형(半球形) 장식을 매달고 있는데, 전체적인 형태는 전북 익산의 입점리 고분 출토품과 흡사하다. 게다가 가장 최근 들어 발굴된 충남 공주의 수촌리, 그리고 서산 부장리에서 출토된 금동관모와는 같은 계통인 듯하다.

금동신발은 훼손이 심해 전모 확인이 불가능하지만, 바닥에서 T자형으로 뚫은 무늬가 확인되어 원주 법천리 고분군의 출토품과 유사한 것으로 판명되기도 했다. 또한 중앙에 둥근 꼭지(鈕)가 있는 청동거울이 발견되었는데, 꼭지를 둘러싸고 자손들이 길이 번창하라는 '장의자손(長宜子孫)'으로 보이는 명문 네 글자가 새겨져 있었다. 이 청동거울은 중국에서 제작된 같은 종류의 청동거울보다 약간 앞선 서기 2세기 중엽 무렵에 제작됐을 것으로 보인다.

발굴 중이어서 텅 비어 있는 무덤방은 대략 길이 3미터, 너비는 출입구가 있는 쪽이 1.3미터, 반대쪽이 1.5미터인 사다리꼴이다. 덮개돌로는 대

(위) 고흥 안동 고분, (가운데) 안
동 고분의 덮개돌, (아래) 드러
난 무덤방

안동마을의 언덕 꼭대기에 봉분
이 있다. 봉분 위로 드러난 무덤
방에 다가가서 주위를 둘러보니
멀리 바다를 메운 간척지가 보인
다. 과거 이곳은 바다와 깊은 관
련이 있었을 듯싶다.

형 판석 3장을 이용했으며, 무덤방 주변에는 깬 돌을 여러 겹 덧대어 보강
한 흔적이 있다.

　주민들에 따르면, 안동 고분은 40년 전쯤 이 일대 해변이 매립될 때 도
굴당했으며, 그때 토기와 함께 갑옷이 반출되었다고 한다. 그러나 발굴 조
사 결과, 도굴하려고 했으나 성공하지는 못한 것으로 여겨졌다.

　한편 봉분 꼭대기를 파고 만든 사다리꼴 무덤방은 고대 일본의 규슈 등지
에서 유행한 양식으로 알려져 있는 데다가 토기 없이 무기류가 많이 발굴되
었다는 점 때문에 왜의 색채가 짙은 것으로 지적되기도 했다. 이는 한반도
남서부 해안의 고대 문화가 일본열도와 밀접했다는 것을 새삼 확인시켜준

다. 이러한 점 때문에 이곳을 발굴한 학자들은 안동 고분이 백제와는 다른 독립된 지방 세력을 나타내는 것이라고 한다. 하지만 이런 해석대로라면 왜 색이 짙은 것은 어떻게 봐야 할 것인지가 문제다. 당시에 조그마한 소국이 독립하면서 왜계의 요소를 받아들인 것으로 해석해도 무리가 없을까?

지금까지 안동 고분의 금동관모와 비슷한 것이 출토된 곳은 충남 2곳, 전북 1곳, 전남 1곳이다. 그렇다면 오히려 한강 유역에 도읍이 있었던 백제가 남쪽의 지방 세력을 간접 지배하면서 지방의 수장에게 백제의 지배를 받아들인 표시로 위세품을 준 것으로 해석할 수는 없을까? 서기 5세기 전반, 전남 고흥군 포두면 길두리 안동 고분에 묻힌 이의 정체가 더욱 궁금해진다. 그는 강력한 독립 소국(小國)의 지배자였을까, 아니면 왜인이었을까?

숨겨져 있던 백제 왕국

금강을 사이에 두고 충청남도 부여군, 서천군과 마주한 웅포(熊浦) 면은 현재의 행정구역으로는 전라북도 익산시에 속한다. 벌써 웅포라는 이름에서 백제에서 숭배한 곰이 연상된다. 과거 백제 사람들이 지닌 곰 토템의 연장이라면 지나친 억측일까? 웅포와 웅진은 모두 곰나루라는 뜻이다. 지명이 같을 뿐만 아니라, 이곳에서 백제와 관련된 유물이 나왔기 때문에 더욱 관심이 간다. 웅포는 백제의 마지막 도읍인 사비성, 즉 지금의 부여와는 겨우 30킬로미터밖에 떨어져 있지 않다. 부여에서 웅포까지 거리를 어림잡아 셈하면 공주에서 부여 정도의 거리이다.

1986년, 웅포면 입점리 새터마을 뒷산 구릉에서 세간을 깜짝 놀라게 한 유물이 발견되었다. 칡뿌리를 캐던 한 소년이 토끼굴인 줄 알았던 구덩이

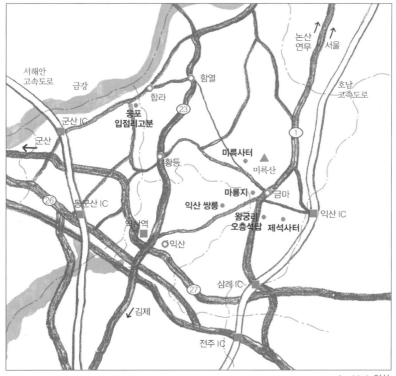

지도 12-2 익산

에서 많은 토기와 금동 제품을 발견한 것이다. 구덩이는 고분으로 확인되었고, 이로써 그동안 세상에 알려지지 않은 입점리 고분이 첫 선을 보였다.

굴식돌방무덤으로 된 1호 고분에서는 금동제 관모와 신발, 장신구류와 재갈, 철제 발걸이 등 마구류가 출토되었다. 또한 중국제 청자로 알려진 네 귀 달린 항아리와 토기도 여러 점 출토되었다. 다행히 수천 년 동안 이곳에 무덤이 있는지 몰라 도굴당하지 않았기 때문에 많은 유물이 발굴되었다. 화려한 양식과 독특한 문양을 지닌 금동 제품으로 미루어, 무덤의 주인은 왕에 버금가는 지위를 누린 인물이었던 것으로 보인다. 하지만 이곳이 백제의 도읍에서도 멀리 떨어진 곳이기에 섣불리 판단하기는 쉽지 않다. 도

입점리 고분 금동관모 국립전주박물관 소장·제공　　후나야마 고분 관모 도쿄국립박물관 소장

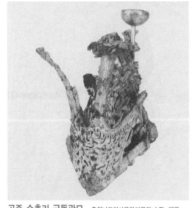

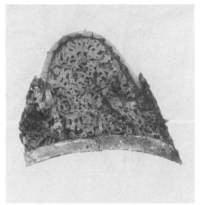

공주 수촌리 금동관모 충청남도역사문화연구원 소장·제공　　서산 부장리 금동관모 충청남도역사문화연구원 소장·제공

입점리 고분에서 출토된 관모는 뒷면에 대롱 모양 장식이 붙어 있다. 비늘 문양이 특이한 점을 제외하면 규슈 에타 후나야마 고분의 관모와 공주 수촌리, 서산 부장리의 금동관모와 형태나 양식이 비슷하다.

대체 무덤의 주인은 누구일까?

입점리 고분에서 출토된 금동관모는 머리에 쓰는 고깔 모양에 예리한 도구로 물고기 비늘 같은 문양을 새겨넣었다. 관모 뒷면에는 대롱 모양 금동제 장식이 있다. 전체 모습이 1873년 일본 구마모토의 후나야마(船山) 고분에서 발굴된 관모나 최근 공주의 수촌리, 서산의 부장리, 고흥의 안동 고분에서 발견된 관모와 비슷하다. 또한 나주의 신촌리 9호분에서 출토된 관모와도 문양은 다르지만 형태가 비슷한 점이 눈에 띈다. 출토된 금동신발도 공주의 무령왕릉과 수촌리, 나주의 신촌리와 일본 후나야마 고분의 것과 흡사하다.

새터마을의 뒷산 150미터 되는 9부 능선에 올라가니 입점리 1호분이 마을을 바라보며 떡하니 자리잡고 있다. 십여 년 전 이곳에 처음 왔을 때는 고분을 발굴하고 다시 덮어놓았기 때문에 무덤이 어디에 있는지 찾기 어려웠다. 그런데 지금은 이 일대를 정비해 입점리 고분 전시관도 세우고, 고분이 있는 곳에 안내판까지 설치해놓았다. 마을 뒤 산비탈에 복원해서 전시해놓은 고분만 해도 10여 기가 되는데, 입점리 1호분은 그중에서도 양지바른 곳에 자리잡았다. 입점리 1호분을 발견한 후 주위를 발굴 조사하다가 인접한 옥구군 나포면에서도 고분이 추가로 발견되어, 지금은 두 고분군이

입점리 1호분 | 입점리 고분군은 새터마을 뒷산 비탈진 능선에 잘 정비되어 있다. 그중에서도 가장 큰 봉분인 1호분이 마을을 굽어보고 있다. 멀리 아래로 입점리 고분 전시관이 보인다.

부근의 산 전체를 아우르는 느낌이다.

웅포면 입점리와 나포면 사이에는 해발 180미터인 어래산(御來山)이 있다. 어래산 정상에는 어래산성이라는 토성이 있다. 일설에 당나라 소정방이 백제를 멸망시킬 당시에 쌓은 산성이라고 한다. 그런데 주민들의 이야기로는, 기자조선의 마지막 왕인 준왕(準王)이 이곳에 와서 마한의 왕이 되었을 때 나포면 포구에 있는 공주산(公主山)에 공주를 보러 왔다가 이 산에 들러 산성을 만들었다고 한다. 그래서 준왕이 머무른 곳이라 해서 임금 모실 '어' 자와 올 '래' 자를 써서 어래산이라 했다 한다. 이 때문에 주민들은 입점리 고분의 주인을 준왕이라고 확신하는 듯했다. 특히 이 지방에서는 입점리 어래산에 웅거한 준왕이 멀리 건너편에 보이는 금마의 용화산, 곧 미륵사터를 둘러싼 미륵산 주위의 현지인들과 싸워서 익산 지역을 다스렸다는 이야기가 입에서 입으로 전해온다.

『후한서』 등 중국 사서에서는 위만이 고조선의 왕검성을 함락하자 기자조선의 마지막 왕이며 기자의 41대손이라는 준왕이 남쪽으로 내려와 마한을 이기고는 한왕(韓王)이 되었다고 한다. 따라서 우리나라 사서들은 예로부터 금마저(金馬渚)라 부른 익산을 준왕이 내려온 마한의 옛 땅으로 보고 마한의 월지국 내지는 목지국이 있었던 곳으로 추정했다. 다산 정약용 선생도 『아방강역고』에서 "마한은 지금의 익산군으로 금마는 마한 전체 총왕의 도읍이다"라고 하면서, 삼한 전체 연맹의 우두머리인 진왕이 있는 목지국(目支國)의 소재지로 익산을 지목하기도 했다. 이 같은 주장을 보완이라도 하듯이, 조선후기에 간행된 『금마지(金馬志)』도 "용화산 남쪽 산자락이 끝나는 곳에 있는 왕궁평에는 마한 때의 조궁(朝宮) 터라는 성터가 남아 있다"고 기록했다. 또한 『신증동국여지승람』에도 "왕궁정(王宮井)이 옛날의

익산 왕궁리 유적 전경 | 익산 왕궁리에는 오층석탑이 서 있고, 너른 벌판에서 많은 유물이 출토되고 있다. 지금도 계속 발굴을 하고 있다.   국립부여문화재연구소 제공

궁궐터라 한다"고 기록되어 있다. 여기서 말하는 왕궁평과 왕궁정은 지금의 익산시 왕궁리 지역을 말한다.

왕궁리라는 이름이 심상치 않다. 이름처럼 이곳에 실제로 왕의 궁궐이 있었을까? 고구려가 멸망한 뒤 유민들이 신라에 투항해서 금마저에 보덕국을 세웠다고 했는데, 이곳이 옛 보덕국의 왕궁터는 아닐까?

왕궁리는 처음 조사하려던 곳보다 더 넓은 지역에 걸쳐 많은 유물이 출토되어 부근 민가를 사들여 추가로 발굴하는 중이다. 이미 1458미터에 이르는 성벽 유구가 발견되었고, 도읍을 뜻하는 '수부(首府)'라는 명문이 찍힌 기와가 나오기도 했다. 또한 5부 중 하나인 상부를 나타내는 '상부대관(上部大官)'이라는 명문 기왓조각도 발견되어, 이곳에 궁궐과 같은 중요한

왕궁리로 들어서는 길목 | 왕궁리에 다가가는 순간 그 전체의 모습을 한눈에 볼 수는 없었지만 오층석탑이 우뚝 솟아 유적지임을 알려주었다.

공공시설이 있었을 것으로 추측한다. 이뿐만 아니라 근처 기왓가마터에서는 백제 때의 것으로 추정되는, 흙으로 구워 만든 소조불상과 보살상, 천부상, 악귀상, 연꽃무늬 수막새, 기와류가 출토되기도 했다.

　하지만 무엇보다도 왕궁리는 오층석탑으로 익히 잘 알려진 곳이다. 부여의 정림사터에 있는 오층석탑에 비견할 만한 탑으로, 과거 백제 지역에서 흔히 볼 수 있는 석탑들과 양식이 같은 탑이다. 예전에 1번 국도를 따라 삼례에서 금마 쪽으로 올라오면서 보름달 아래 서 있는 오층석탑의 모습이 웅장하고 아름답다고 느낀 적이 있다. 희미한 달빛을 머금은, 살짝 들린 지붕돌의 자태는 분명 백제인의 손길이 닿은 모습이었다. 그러나 이 탑의 건립 연대에 대해서는 정림사터 오층석탑의 조형을 이어받은 백제탑이라는 설과 후기신라의 탑이라는 설, 그리고 고려초기의 석탑이라는 설이 서로 엇갈리고 있다. 우현 고유섭 선생도 백제의 양식을 계승한 고려의 탑으로 추정했다. 『금마지』에도 "고려 초기에 왕건이 견훤의 도읍인 완산의 지세가 앉아 있는 개의 형상이므로 개의 꼬리에 해당하는 이곳에 탑을 세워 누름으로써 견훤의 기세를 꺾어 왕건이 이겼다. 이 탑이 완성되던 날 완산의 하늘이 사흘 동안 어두웠다"라고 적혀 있다. 신라 말에서 고구려 초엽에 풍수지리에 따라 지은 비보(裨補) 석탑임을 암시하는 내용이다.

왕궁리 오층석탑

1965년에 보물 44호(1997년 국보 289호로 승격됨)인 왕궁리 오층석탑의 기울기를 바로잡기 위해 해체와 복원 작업을 했다. 그런데 뜻밖에도 해체한 석탑 아래 심초석에 품

왕궁리 석탑 사리함과 사리병 | 왕궁리 오층석탑에서 발견된 사리장치는 국보로 지정되어 국립전주박물관에 소장되어 있다. 고려초기의 양식으로 보고 있다.

(品) 자 모양으로 구멍이 뚫려 있었고, 그 안에서 사리장치와 장엄구들이 발견되었다. 순금제 사리함과 사리병, 금판 19매에 새겨진 금강경과 청동여래 입상은 국보 123호로 지정되었는데, 고려초기의 것으로 추정한다.

그런데 이후 발굴 조사를 통해 품자형 사리공은 주로 목탑에서 쓰는 초석의 형태인 것으로 밝혀졌다. 이것이 맞다면, 왕궁리 오층석탑이 석탑으로 만들어지기 전에 그 자리에는 목탑이 있었을 가능성이 높다. 원래 백제 시대에 만든 목탑 자리에 신라 말이나 고려 초에 들어와 석탑을 만들었기 때문에 품자형 사리공이 있고, 백제시대에 만든 목탑과 비슷한 모양으로 석탑을 만들었기 때문에 왕궁리 오층석탑은 백제의 기품이 어린 탑으로 보이는 것 같다.

왕의 궁궐 터로 추정되는 곳에 석탑이 있다면 이곳은 궁궐 터가 아니라 절터였단 말인가? 이를 증명이라도 하듯 발굴 조사에서는 '관궁사(官宮寺)' 또는 '궁궁사(宮宮寺)'라는 명문이 찍힌 기와가 나와서 이곳에 사찰이 있었음을 알려주었다. 발견된 명문에서 풍기는 것은 궁궐 안에나 있을 법한 국가 관찰(官刹)의 느낌이다. 그렇다면 실제 이곳에 궁궐이 있었고, 궁궐 내부에 사찰이 있었던 것일까?

어쨌든 이곳 왕궁리에서 출토된 유물은 대개가 5세기에서 7세기 무렵으로 추정되는 백제 양식이다. 또한 발견된 목탄의 탄소 연대를 측정한 결과, 535~630년으로 측정되어 백제의 사비 시대에 해당하는 것으로 나타났다. 『삼국유사』에는 백제의 사비 시대에 속하는 무왕(武王, ?~641)에 대한 다음과 같은 고사가 있다.

무왕이 선화 공주와 함께 사자사에 가려고 용화산 밑 큰 못가에 이르렀을 때, 미륵삼존이 못 가운데서 나타나자 부인이 왕에게 이곳에 큰 절을 지어달라고 부탁했다. 이에 지명 법사에게 가서 못 메울 일을 물으니 신비

왕궁리 출토 명문 기와 | '大官', '官寺' 등의 명문 기와가 출토된 것으로 보아 왕궁리 터에 있었던 사찰은 궁궐 내부에 있었던 관찰(官刹)이었던 것 같다. 국립부여문화재연구소 제공

스러운 힘으로 하룻밤 사이에 못을 메워 그 위에 미륵삼존상을 만들고 회전(會殿)과 탑과 낭무(廊廡)를 각각 세 곳에 세워 절 이름을 미륵사라 했다.

백제 무왕 때 건립했다는 익산 미륵사에 대한 이야기다. 금마에서 함열로 이어지는 국도 부근으로 멀리 용화산 자락이 보이고, 그 앞쪽에 펼쳐진 너른 평지에 우리나라에서 사찰 규모로는 가장 큰 미륵사터가 있다. 1980년 이후 계속 발굴을 해서 미륵사터에 대한 여러 의문이 풀리고 있다. 원래 미륵사터는 일본인 학자들이 『신증동국여지승람』에서 "고구려의 안승을 신라의 문무왕이 익산성의 보덕국왕에 봉했다"고 한 기록을 들어 후기신라 시대에 창건한 사찰로 잘못 알았던 곳이기도 하다. 그러나 발굴 결과, 동양에서는 찾기 힘든 3탑 3금당 가람 배치라는 특이한 구조로 되어 있음이 드러나 『삼국유사』에서 미륵사가 전(殿), 탑(塔), 낭(廊)■이 각각 3개소였다고 한 기록이 사실로 밝혀지기도 했다. 또한 절 밑바닥은 흙으로 연못을 메운 것으로 드러나 『삼국유사』의 기록과 일치하는 것으로 나타났다. 이로써 미륵사는 백제 무왕 때 세운 것이 확실해졌다.

미륵사터에 현재 남은 석탑은 서원(西院) 쪽 1기뿐으로, 지금은 해체하여 당시 모습으로 복원하고 있다. 일부 무너져 내린 석탑을 1910년에 조선총독부 문화재 담당이었던 세키노 다다시가 보존 조치라는 명목으로 제대로 고증도 하지 않은 채 덕지덕지 시멘트를 발라놓았다. 2000년부터 시멘트를 벗겨내고 전면 해체하여 복원하고 있다. 미륵사터 석탑은 탑의 구조와 세련미에서 손꼽힐 만한 백제탑의 면모를 보여주었다. 그런데 막상 해체해놓고 보니 맞추기가 쉽지 않은 모양이다. 얼마 전까지만 하더라도 미

■ 전(殿)은 궁궐이나 사찰의 본전 등 큰 집을 뜻하며, 낭(廊)은 긴 복도가 둘린 회랑을 말한다.

미륵사터 석탑의 석부재 | 일제시대 미륵사터 석탑에 시멘트를 발라놓았다. 지금은 시멘트를 모두 벗겨내고 부재를 다시 짜 맞추고 있다.

륵사터에는 석탑의 부재 조각으로 추정되는 돌덩이들이 주위에 널려 있었다. 조각난 돌덩이들을 보면서 '야! 이것은 지붕돌이네, 이것은 층급 받침이네' 하면서 머릿속에 석탑의 원형을 그려보는 맛도 있었다. 복원 공사가 잘 진행되어 석탑이 원래의 모습을 되찾기를 간절히 바란다.

『조선탑파의 연구』에서 고유섭 선생은 미륵사탑을 우리나라 석탑의 시원으로 평가했다. 우리나라의 탑은 4세기 후반 불교의 전래와 더불어 건립되었다. 『삼국유사』 「탑상(塔像) 제4편」, 요동성 육왕탑(遼東城 育王塔)에 칠중(七重) 목탑을 세웠다는 기록으로 보아 처음에는 중국의 양식을 전수한 목조탑을 세웠던 것 같다. 이러한 목탑 양식이 신라나 일본으로 전해졌고, 백제에서는 자체적으로 독특한 양식인 석탑으로 바뀌었다. 미륵사터 인근에 있는 황등 지역은 예나 지금이나 건축에 쓰이는 돌 산지로 유명한 곳이다. 이렇게 목탑에서 석탑으로 자연스레 변한 것은 주위에서 손쉽게 돌을 구할 수 있었기 때문이었을 것이다.

목탑에서 석탑으로 이행하는 과정을 보여주는 미륵사터 석탑은 돌을 쪼아 만들면서도 목탑처럼 지붕 아래의 처마 부분을 목조 건축양식으로 묘사했을 뿐만 아니라, 기둥도 배흘림 기법으로 조각했다. 또한 목탑에서나 볼 수 있는 계단과 중앙 통로, 목조 건축물의 기둥 위에 수평으로 얹는 창방과 평방 등을 그대로 표현했다.

백제 무왕과 관련된 유적은 미륵사터뿐만 아니라 익산 곳곳에 남아 있다. 서동의 설화가 전해지는 서고도리의 연동마을을 배경으로 무왕의 어머니가 용과 인연을 맺었다고 하는 마룡지, 무왕이 마를 캐다가 금을 얻었다는 오금산성, 무왕과 선화 공주의 능이라는 쌍릉 등에 백제 무왕에 관한 전설이 전해진다. 특히 쌍릉은 부여 능산리 고분의 굴식돌방무덤과 같은 계열이면서 관의 재질은 무령왕릉의 것과 같은 일본산 금송으로 밝혀져 백제의 유적임이 분명해졌다.

백제시대의 익산에 대해서는 무왕 때 부여에서 잠시 익산으로 도읍을 옮겼다는 천도설과 단지 백제의 별궁이 있었을 것이라는 별도설(別都說)로 나뉘어 추측이 무성하다. 그런데 백제가 익산으로 천도한 것을 암시하는 문헌이 최근 일본 교토의 쇼렌 원(靑蓮院)이라는 사찰에서 발견되었다. 이 사찰에 전해지는 '길수장(吉水藏)'이라는 대장경의 일부분인 「관세음응험기(觀世音應驗記)」에는 다음과 같은 내용이 실려 있다.

백제 무광왕이 지모밀지로 천도해 새로이 사찰을 경영했는데, 그때가 정관 13년(639) 기해 겨울 11월이었다. 하늘에서 큰 뇌우가 내려 제석정사가 재해를 입었다.

百濟武廣王遷都枳慕蜜地 新營精舍 以貞觀十三年歲次己亥冬十一月

天大雷雨 遂災帝釋精舍

백제의 무왕이 도읍을 익산으로 옮겼을 것이라는 설을 따르는 사람들은 「관세음응험기」를 근거로 내세운다. 우선 여기에 나온 무광왕은 『삼국유사』에서 백제 무왕을 무강왕(武康王)으로도 표기한 것처럼 무왕을 의미하는 것으로 본다. 또한 지모밀지를 익산으로 본다. 『삼국사기』「지리지」를 보면 백제가 패망한 후 당이 설치했거나, 또는 설치하기 위해 계획한 것으로 보이는 1도독부(都督府)와 7주에 대한 기록이 나온다. 그중 하나로 기술된 노산주(魯山州) 6현의 항목을 보면, "지모현(支牟縣)은 본래 지마마지(只馬馬知)"라는 기록이 있다. 『삼국사기』에 나와 있는 1도독부 7주에 대해서는 그것이 무엇을 의미하는지, 각각의 지명이 어디를 나타내는지 확실하게 알려진 바가 없다. 그러나 그동안 많은 선학들은 노산주의 6현에 속하는 지마마지와 지모현을 백제의 금마저라고 추정해왔다. 그런데 마침 「관세음응험기」에 백제 무광왕이 천도한 곳이 지모밀지(枳慕蜜地)라고 기록되어 있어서, 지마마지와 비슷한 지명이 나타난 것이다. 어쨌든 이러한 해석이 맞다면, 백제 무왕이 익산으로 도읍을 옮겼다는 것은 사실일 수 있다.

이를 증명이라도 하듯, 1993년 왕궁면 왕궁리 궁평마을에서 제석사(帝釋寺)라는 글자가 새겨진 기와가 출토되었다. 그리고 금당 터와 강당 터 등도 확인되어 익산 천도설을 기록한 「관세음응험기」를 다시 한 번 떠올리게 한다. 또한 제석사터에는 군데군데 주춧돌이 남아 있어서 과거의 흔적을 보여준다. 후대에 들어와 무덤 자리로 쓴 양지바른 언덕 위에 목탑의 심초석인 듯 깨진 부재들이 흩어져 있는 것이 뇌우에 피해를 입은 듯한 모습이다.

이러한 상황에서 발견된 입점리 고분은 익산에 대한 수수께끼를 푸는 데

복원공사 전의 미륵사터 전경

복원공사 중인 현재 미륵사터 전경

복원하기 전 서탑이 있을 때의 모습과 현재 보수 중이어서 가림막으로 서탑을 가린 모습이 묘한 대조를 이룬다. 특히 최근 만들어진 하얀 동탑의 모습은 무척 생경하다.

제석사터 | 「관세음응험기」에 나오는 것처럼 뇌우에 재해를 입은 듯, 목탑의 깨진 심초석이 나뒹굴고 있다.

중요한 단서를 제공해준다. 입점리 고분은 대개 유물 양식으로 보아 5세기 중엽에서 후엽의 것으로 추정되기 때문에 주민들에게 전해오는 전설처럼 기자조선 준왕의 무덤일 가능성은 거의 없다. 여러 사서에 준왕이 남쪽으로 내려온 시기가 서기전 194년으로 되어 있어 연대가 상당히 차이 날 뿐만 아니라, 입점리 고분의 무덤 양식과 출토 유물이 백제의 것과 가깝기 때문이다. 궁륭천장 굴식돌방무덤도 백제의 양식과 흡사하고 백제 지역에서만 출토되는 세발토기(三足土器)가 나온 것도 입점리 고분이 백제의 것임을 단적으로 입증해준다.

그렇다면 혹시 입점리 고분은 백제가 중앙에서 파견한 지방관의 무덤은 아닐까? 입점리 고분에서 출토된 금동관모와 금동신발 등 위세품으로 짐작해볼 때, 백제의 영향력 아래 있던 익산 지방 토착 세력의 무덤일 가능성도 있다. 원래 익산에 강력한 토착 세력이 있었고, 무왕이 토착 세력과 연계해 천도를 강행해 국운이 쇠하는 백제에 활력을 불어넣으려 했지만, 기

지도 12-3 함평 일대

득권 세력인 사비 귀족들의 반발로 그 뜻을 이루지 못하고 아쉬운 듯 무왕
의 전설만이 고스란히 남게 된 것은 아닐까?

만가촌에서

만가촌(萬家村)은 영광과 붙어 있는 함평 예덕리에 속한 작은 마을이다.
영산강의 지류인 고막천 상류 월야면 일대의 산기슭에 둘러싸인 분지성 평
야로 이루어졌다. 지금은 함평군에 속해 있지만, 고려 때 함평군이 함풍현
과 모평현으로 나뉘어 있었을 때에는 모평 지역에 속했다.

함평 만가촌 고분 | 예전엔 만가(萬家)가 있었는지 만가촌이라 이름 붙은 동네에는 삼각형, 사각형 등 다양한 모양의 무덤이 있다. 이렇게 다양한 모양으로 나타난 것은 당시 이 지방에 유행하던 다장(多葬) 습속 때문이다.

월야면 쪽에서 좁은 농로를 따라가다 보면 한편으로 예덕리 고분, 또 한편으로 신덕 고분이라고 쓴 팻말이 보인다. 만가촌으로 가려면 우선 예덕리 고분 쪽으로 가야 한다. 신덕마을 아래쪽 고샅길을 돌아 들어가면 올망졸망하게 무덤 떼가 모인 곳이 만가촌이다. 만가촌은 북쪽의 신덕마을보다 크지 않았다. 그런데 만가촌 바로 앞에 있는 무덤들은 그동안 본 무덤과는 사뭇 달라서 놀랐다. 길이가 10미터나 50미터가 넘는 무덤이 있는 것은 그렇다 쳐도, 크기와 모양이 다채로운 것이 예사롭지 않았다. 삼각형이나 사각형, 또는 오각형으로 볼 수 있을 만큼 모양이 다양하다. 이러한 고분은 그동안 나주 반남 지방에서 본 네모진 고분, 장대하고 높다란 고분과도 다른 것이다. 둥글거나 네모진 모양으로 정형화되지 못한 상태는 서남쪽으로 영산강 너머에 있는 영암의 옥야리나 초분골의 고분군을 떠올리게 했다. 또한 형태만 보면 일본의 전방후원분이 떠오르기도 했다. 일본 전역에 3000여 기가 산재해 있다는 전방후원형 고분의 연원이 만가촌에 있는 것은 아닐까?

그러나 발굴 조사한 결과를 보면, 만가촌의 고분이 전방후원형이라고 생각한 것은 섣부른 판단이었다. 1995년에 만가촌의 무덤 떼를 하나하나 발굴한 결과, 한 분구 안에 독널 여러 개가 묻혀 있었다. 그리고 삼각형 내지 사다리꼴 평면인 다양한 모양도 실은 고분마다 5개 내지 10개 매장 시설이 공존하는, 시신을 추가로 거듭 매장하는 풍습 때문에 봉분이 서로 연결되어 나타난 결과였다. 크기가 다른 거대한 독널들을 차례로 연결해 안치하고 그 위에 흙으로 봉분을 덮고 나면 지금의 모양이 될 것이

함평 신덕 고분 | 만가촌 바로 옆 동네인 신덕마을 어귀에 육중한 고분이 우뚝 서 있다. 한눈에 전방후원형 고분임을 알 수 있다. 전방부 앞쪽으로는 원형 고분이 한 기 더 있는데, 딸린무덤(陪塚)인 듯하다.

다. 다장(多葬) 습속에 따라 독널이 중첩되어 나타난 것은 이곳 영산강을 중심으로 한 농경 사회의 끈끈한 혈연 의식을 나타내는 것 같다. 여러 독널을 묻으면서 자연히 생겨난 분구가 수평적으로 이어지면서 현재 모양이 완성된 것으로, 다른 지역에서는 볼 수 없는 독특한 양식이다. 토기, 철기, 유리옥 등 다양한 유물이 나왔는데, 특히 적갈색과 회갈색 토기의 중간 단계 토기가 나와 이목을 끌었다. 2세기 말에서 3세기 초의 토기로 추정한다.

그렇다면 만가촌 고분의 대형 독무덤은 지금까지 영산강 유역을 돌아보면서 살펴본 독무덤 중 가장 오래된 것인데, 구덩식 널무덤의 존재를 통해서도 이를 알 수 있다. 독무덤보다 이른 시기에 나타난 구덩식 나무널무덤은 독무덤이 나타나기 전에 주류를 이루다가 어느 시기부터 대형 독무덤과 공존했다. 이제까지 영산강 유역에서 나온 독무덤은 대개 4세기 무렵에 만들어진 것으로 추정해왔다. 그런 함평에서 이보다 최대 200년가량 앞선 무덤이 나타난 것이다. 이러한 사실은 함평이라는 지역이 독무덤을 만든 사람들이 처음 자리잡고 살았던 곳임을 말해주는 것일까?

함평 신덕 1호분 출토 유물 중 뚜껑접시와 굽다리접시 　국립광주박물관 소장·제공

여러 가지 의문을 간직한 채 신덕마을로 발길을 옮겼다. 만가촌에서 그리 멀지 않은 북쪽 신덕마을 초입에 있는 무덤 하나가 눈에 들어왔다. 신덕 고분이다. 가까이 가서 보니 북쪽에 한 기가 더 있다. 북쪽 것은 2호분이고 남쪽 큰 무덤은 1호분이다. 2호분은 원형이지만 1호분은 전방후원형임을 금방 알아볼 수 있었다. 전체 길이 51미터, 후원부의 지름은 30미터로 아담한 크기였다. 신덕 고분이 세상에 알려지게 된 계기는 1991년의 도굴이었다. 도굴 때문에 긴급 발굴 조사를 하게 되었고, 이를 통해 무덤의 전모를 대략 알 수 있게 되었다. 이때 이곳에서 뚜껑접시 100여 점, 굽다리접시 3점, 항아리 2점 등 토기와 철제 무기류, 각종 장신구들이 발굴되었다.

그런데 이 고분을 발굴하게 된 경위가 무척 흥미롭다. 1991년 3월, 당시 도굴꾼들은 무덤방에 껴묻은 구멍무늬입큰단지(有孔廣口壺) 3점, 토기 2점, 금동 조각 2개, 철제 투구 조각 1개, 철제 긴칼 3개, 철제 갑옷 1개 등 약 65점을 도굴해 돈이 됨직한 것들은 서울, 대구 등지의 골동품 중개상에게 팔아넘기고, 나머지는 국립중앙박물관 수위실 앞에 버렸다. 그해 6월부터 당국은 부랴부랴 국립광주박물관장을 조사단장으로 삼고 발굴 조사단을 구성해 발굴 작업을 끝마쳤다. 그리고 뒤늦게나마 전라남도기념물 143호로 지정했다.

당시 신문을 찾아보면, 도굴범들의 안목이 문화재 당국이나 관련 학자들보다 낫다고 쓴 기사를 발견할 수 있다. 또한 굼뜬 문화재 관리 정책으로 문화유산이 어처구니없이 파괴되는 현실이 안타깝다는 표현을 써가며 당시 문화재 관리의 허점을 비판했다. 더욱이 체포된 도굴꾼들은 경주의 한 고분도 자신들이 도굴한 것이 계기가 되어 발굴된 예이

함평 신덕 고분 발굴 당시 │ 무덤방이 지하가 아닌 분구 안에 있다. 입구 주위에 문설주와 문지방석을 댄 점 등 왜계 요소가 많이 있다. 출처: 『韓国の前方後円形墳』(雄山閣出版株式会社, 1996)

며, 아직도 전국 곳곳에 발굴되지 않은 고분이 상당수 널려 있는데, 발굴 작업이 제대로 이뤄지지 않는 것 같다고 오히려 당국의 무성의한 문화재 관리 정책을 책망했다고 한다.

이처럼 구구한 사연을 간직한 신덕 고분. 그러나 이 고분이 만들어진 1500년 전에는 이보다 더욱 곡절이 많았던 것 같다. 아직까지 신덕 고분에 대한 정식 발굴 보고서가 나오지 않는 것이 이러한 사실을 증명해준다. 그렇다면 발굴 보고서가 나오지 않는 이유가 무엇일까? 도굴로 인한 문제도 있겠지만, 무덤 형태가 일본의 전방후원분을 빼닮아서 이후의 파장이 두려

운 것은 아닐까 싶다. 특히 무덤방의 문 주위에 돌을 덧댄 것이라든지, 문 지방을 설치한 것이라든지, 무덤방을 지하가 아닌 땅 위에 만든 것은 다분히 왜(倭)계 성격이 강한 요소이다. 이런 까닭에 발굴 보고서 발표를 주저하는 것 같다.

한반도 남부에 나타나는 전방후원형 고분과 이를 위시한 왜계 유물, 유적의 등장은 많은 것을 생각하게 한다. 한반도에 있는 전방후원형 고분의 주인에 대해서는 아직도 여러 가지 견해가 나오고 있다. 일본이 파견한 왜인으로 보는 시각도 있고, 마한에 남아 있던 토착 세력이라는 설, 백제 때문에 구심점이 사라진 후 성장한 중소 규모 지역 세력의 수장이라는 설, 백제가 파견한 왜인이라는 설, 일본에서 망명한 마한계 왜인설 등 다양하다. 그러나 아직까지 정설은 없다. 따라서 5세기 후반에서 6세기 초·중반 시기에 한반도 남부의 일부 지역에서 나타난 전방후원형 고분에 대해 명확한 해석이 필요하다.

신덕 고분은 5세기 말이나 6세기 초기에 조성된 것으로, 이곳에 묻힌 사람은 이 지역을 지배하면서 상당한 영향력을 떨친 호족이거나 수장 내지 군장급 신분인 것으로 추정한다. 신덕 고분에서도 금동관으로 추정되는 잔편(殘片)과 금제 귀고리, 각종 구슬이 출토되었기 때문이다. 또한 6각형 거북등무늬 금동 파편이 발견되어 금동신발이 있었던 것으로 짐작하며, 철제 긴칼도 발굴되었다.

그렇다면 이와 같은 사실은 무엇을 말하는가? 2003년 공주 수촌리에서는 5세기 초·중반 무렵에 축조된 것으로 추정되는 돌덧널무덤과 돌방무덤에서 금동관모 2점과 금동신발 3켤레, 금제 귀걸이, 고리자루큰칼, 중국제 청자 등이 출토되었다. 또한 2005년에는 충청남도 서산의 부장리에 있는 5

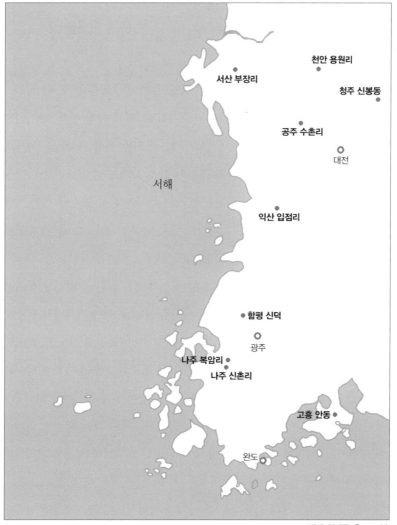

백제 위세품 출토 고분

세기 무렵 백제시대 주구묘에서 수촌리 4호 돌방무덤에서 출토된 금동관

모와 모양이나 제작 연대가 거의 같은 것으로 추정되는 금동관모와 고리자

루큰칼, 철로 만든 자루가 달린 솥(鐎斗), 금제 귀고리 등이 대량 출토되기

도 했다. 그리고 2006년에는 전남 고흥에 있는 안동 고분에서 금동신발과 금동관모가 출토되었다.

이처럼 지역마다 전방후원형 무덤, 돌방무덤, 주구묘 등 서로 다른 무덤 양식이 나타나지만, 위세품의 양식은 유사했다. 이에 대해 여러 가지 의견이 있지만, 결국 금동신발이나 금동관모는 각 지방 수장들에게 준 위세품으로 볼 수 있다. 즉, 이 지역들이 백제의 간접 지배를 받았을 가능성이 높다는 말이다. 한반도 남쪽으로 눈길을 돌린 백제가 충청과 전라 지역 지배자를 정치적으로 편입시키고 그 대가로 금동관이나 금동신발 등 최고 위세품을 지불한 것으로 추정할 수 있다.

그동안 백제의 남방 경략(南方經略)에 관해서는 많은 논의가 이루어졌다. 초기에는 『일본서기』「진구기」의 기사를 토대로 해서 백제가 4세기 중엽인 근초고왕 때 전라남도 서남해안 지방까지 이르렀다고 보았다. 하지만 최근 4세기에서 5세기 초엽에 만들어진 전남 지역의 고분이 백제의 양식과는 사뭇 다르다는 것을 드러내는 고고학적 발굴이 잇따르자 전남 지역은 6세기 중엽에 와서야 백제의 영향을 받은 것으로 보는 것이 정설이 되다시피 했다. 고고학계에서는 근초고왕 때의 남해안 진출설에 의문을 제기하면서 이 지역 독무덤 묘제는 백제가 아닌 마한 잔존 세력의 것으로 보았다. 나아가 토착 지배 세력 같은 용어를 써가며 적극적으로 근초고왕의 남해안 진출설을 부정하기에 이르렀다. 따라서 근초고왕 때 백제의 남쪽 영역을 전북 고부와 전주를 잇는 노령 이북 또는 금강 이북으로 보는 견해가 나오기도 했다. 심지어 백제가 경기도 안성천 이북에 머물러 있었다고 보는 견해까지 나왔다.

그런데 영산강 유역과 가야 지역에서는 아직 고대 국가가 성립하지 않았다고 보는 상황에서 단지 출토된 유물과 유적이 백제와 다소 다르다는 근거만으로 이들 지역에 백제의 영향력이 없었다고 단정할 수 있을까? 단지 유적의 형태를 근거로 백제의 영향을 배제한 지방 수장의 무덤으로 보는 것은 위험하지 않을까? 유물·유적을 근거로 백제의 영향력을 배제한다면, 그 지역에서 왜계 유물이 출토된 사실이 분명한데 영산강 유역을 임나 4현으로 추측하고 이를 임나일본부의 영역으로 편입시킨 일본 학계의 견해를 어떻게 반박할 것인가?

이처럼 백제의 남방 경략 시기에 관한 견해가 구구한 것은 결국 고고학과 문헌사학 사이의 괴리 때문이라고 생각한다. 그래서 이를 고찰하기 위해서는 당시 고대 국가의 체제와 백제의 지방 통치 방식을 살펴보는 것이 유효할 듯하다.

그동안 우리에게 익숙한 고대 국가에 대한 논의는 1960~1970년대를 풍미한 문화생태학, 문화유물론 등의 영향을 받아 환경과 물질의 기능을 지나치게 강조하는 유물론적 경향이 짙다. 또한 고대 국가를 왕권, 관료제도, 율령, 군대 등 일원적인 체계와 강제적인 제도로 구성된 중앙집권적 정부로 이해해온 것이 사실이다. 그러나 최근 동양적 전제주의의 중심 무대였던 인도나 중앙아메리카 고대 문명 등을 분석하면서 분절국가(分節國家, Segmentary State)라는 새로운 방법론이 등장했다.

분절국가란 의식적인 종주권과 정치적인 통치권의 범위가 일치하지 않는 국가 형태를 말한다. 의식적인 종주권은 주변 지방에 광범위하게 퍼져 있는 반면, 정치적인 통치권은 국왕이 직접 다스리는 중앙에만 한정되어 있는 국가 형태다. 지배 계급인 중앙의 국왕과 지방 통치자들은 의식(儀式)과 혈연, 친족 관계로 맺어져 있다. 곧 지방을 통제하는 친족 분파들이 중앙을 지배하는 친족 종실의 분가(分家)로서 의식과 혈연관계를 통해 사회 구조를 형성하고 유지한다는 것이다.

　1980년대까지 한국 고대사 연구는 중앙의 정치체제나 정치제도 등에 국한되어 있었다. 그러나 1990년 이후 지방사 연구 결과가 축적되면서 중앙과 지방에 대한 구조적인 접근이 가능해졌다. 이를 통해 보면, 6세기 무렵까지 국가 구조는 대부분 중앙이 지방 세력 일부만을 통제하는 간접 지배 형태였다. 분절국가로 볼 개연성이 크다. 고구려에서도 군제(郡制)는 5세기 이후에 나타나며, 전국적인 주(州) 체제는 7세기 중반에 시도된다. 신라에서도 주와 군은 6세기 중반부터 설치되기 시작했다. 백제에 전국적인 지방 제도로 방군성(方郡城) 제도가 정착한 것도 사비로 천도한 6세기 중반 이후다. 특히 『양서』에 등장하는 백제의 담로(擔魯) 제도가 분절국가의 형태를 보여주는 좋은 예라고 할 수 있다.

　　그 치소를 고마(固麻)라 하고 읍을 담로라고 하는데, 중국의 군현과 같다. 그 나라에는 22담로가 있어 모두 왕의 자제와 종족에게 나누어 다스리게 했다.

　　號所治城曰固麻 謂邑曰擔魯 如中國之郡縣也 其國有二十二擔魯 皆以子弟宗族分據之

　또한 520년대나 530년대에 그려졌다고 생각되는 중국 양나라의 화첩 『양직공도(梁職貢圖)』에 나오는 구절도 실제 백제가 주위의 여러 소국을 아우르는 분절국가 형태였음을 보여준다.

주변의 소국으로 반파, 탁, 다라, 전라, 사라, 지미, 마연, 상기문, 하침라 등이 부속되어 있다.

旁小國有叛波 卓 多羅 前羅 斯羅 止迷 麻連 上己文 下枕羅等附之 ■

우리나라에서 발견된 전방후원형 고분은 대개가 5~6세기 초의 것으로 분류된다. 이들 고분은 전남 지방에 나타나는 돌방무덤의 전체 형태와 아울러 고찰해야 할 듯하다. 현재까지 분구의 형태가 원형, 사각형, 전방후원형 등으로 다양한 전남 지역의 돌방무덤은 약 160여 기가 알려졌다. 이들 돌방무덤 중에는 백제식과 다른 특징이 있는 것이 상당수 있다. 대표적인 것이 해남 월송리 조산(造山) 고분, 광주 쌍암동 고분, 장성 영천리 고분, 나주 복암리 고분 등인데, 이들은 전방후원형은 아니지만 전방후원형 고분과 비슷한 무덤방으로서 백제식과는 형태가 다르다. 따라서 전남 지역 전방후원형 고분의 무덤방 형식도 이러한 돌방무덤의 연장선에서 파악해야 할 것이다.

백제의 돌방무덤과 다른 점을 살펴보면, ①백제의 돌방무덤은 산기슭에 있으며 무덤방이 지하에 있는 것이 많은 데 비해 이들은 낮은 구릉 정상부에 있으며, 분구 중간에 무덤방이 있다. ②평면 형태도 백제의 사각형 돌방무덤보다 한쪽 면이 더 길쭉한 긴사각형(長方形) 내지 잔사각형(細長方形)인 예가 있다. ③무덤방의 규모는 백제 중심 지역의 무덤방보다 더 크고 왕릉 못지않다. ④백제식 무덤방은 궁륭(穹窿) 천장인데, 평평한 천장에 문설주를 세우고 붉은색 안료로 칠한 경우가 많다. ■■

따라서 6세기 이전 영산강 유역의 돌방무덤은 대개 일본 규슈의 돌방무덤과 관련된 것으로 보고 규슈계로 설정한다. 일본에서도 4세기 후반 무렵 규슈의 스키자키(鋤崎) 고분에서 이러한 형태가 처음 나타난 것으로 추정하기 때문에 이를 통해 한반도 남부와 규슈의 연관성을 말한다. 그러나 우리나라에서 발견되는 전방후원형 고분의 형태를 보면, 평면 형태는 일본의 전방후원분을 따랐다지만, 일본의 전형적인 전방후원분과 다른 점이 많다. 영산강 유역 전방후원형 고분을 만든 방법은 방형부와 원형부를 따로 만든 것이 아니라 동일한 설계에 따라 동시에 만든 것이다. 이는 원형부를 먼저 만든 뒤에 방형부를 만드는 일본 전방후원분의 방법과는 다르다. 뿐만 아니라 이들 전방후원형 고분이나 신촌리 9호분 등에서 발견된 원통형 토기 등 토제품들도 일본의 하니와와 매우 다르다. 대체로 일본의 하니와는 집 모양, 인물, 동물, 기재 등 다양한 모양인 데 비해, 한반도에서 발견되는 것은 단순한 형식으로 되어 있어서 일본의 하니와를 만든 왜인들이 직접 제작했다고 볼 수 없다.

매장법도 규슈와 다르다. 백제의 굴식돌방무덤은 관을 사용하지 않는 경우도 있지만, 무령왕릉과 익산의 대왕묘에서 보듯이 대부분 나무널을 사용해 주검을 외부와 차단하는 장법이다. 반면, 규슈 지역의 중·후기 굴식돌방무덤은 시신을 돌로 만든 주검받침 위에 놓을 뿐 따로 시신을 덮는 뚜껑이나 폐쇄 시설이 없다. 영산강 유역의 규슈계로 알려진 굴식돌방무덤 중에 월송리 조산 고분, 신덕 1호분, 명화동 고분, 월계동 1, 2호분 등 대부분의 돌방에서 널고리와 널못이 출토되었다. 조산 고분과 명화동 고분에서는 널조각을 잇는 데 쓰였을 꺾쇠가, 복암리 3호분의 1, 2호실 돌방에서는 널못과 꺾쇠가 출토되었다. 모두 백제의 매장 방식에 충실함을 보

스키자키 고분

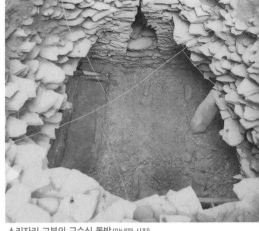
스키자키 고분의 규슈식 돌방(안내판 사진)

후쿠오카의 서쪽 이마주쿠(今宿)에 가면 전체 길이 62미터인 스키자키 고분이 주구에 물을 가득 머금고 있다. 스키자키 고분 등 규슈 굴식돌방무덤의 무덤방은 영산강 유역에서 보이는 무덤방의 양식과 유사하다.

여주는 유물들이다.

또한 규슈 지역의 무덤방 중 일부는 한 사람이 매장된 것도 있지만, 대부분 여러 사람이 매장된 것이 특징이다. 반면에 조산 고분, 영천리 고분, 월계동 1, 2호분은 한 사람 내지 두 사람이 매장된 것으로 나타나, 규슈 지역과 큰 차이를 보였다. 무덤방의 모양은 규슈계를 따랐지만, 매장법은 백제를 따른 것이다. 곧 백제의 사후 관념을 따랐던 것이다.

결국 전남 지방의 전방후원형 고분은 일본의 기술자들이 한반도에 건너와 만든 왜인의 무덤이 아니라, 백제의 기술자들이 만든 무덤으로 추정된다. 일본 무덤의 외형, 곧 아이디어만 들여와 만든 것이다. 마치 무령왕릉이 중국 남조계의 벽돌무덤으로 만들어졌듯이, 영산강 유역의 지배층도 외부와 교류해 새로운 묘제를 받아들일 수 있었을 것이다. 그리고 전방후원형 묘제가 6세기 초엽을 넘지 못하고 사라진 것은 곧이어 백제의 방군성(方郡城) 제도에 편입되었기 때문일 것이다. 이는 한반도 남부 지역의 문화적 다양성을 보여주는 일이다. 무조건 일본 무덤에 맞추어 한반도의 전방후원형 고분을 재단해서는 안 될 것이다.

한반도의 전방후원형 고분은 분포 지역이 전라남도 지방에 국한되어 있지만, 서남해안을 따라 광주, 영암, 함평, 영광, 해남 등 광범위하게 확인되고 있다. 또한 다른 독무덤들이 같은 지역에 여러 기가 모여 있는 것과는 달리, 전방후원형 고분은 한 지역에 1~2기 정도만 있다. 이는 전방후원형 고분이 오랜 세월 축조된 것이 아니라 각 지역에서 독립적으로 한두 세대 축조되다가 토착 묘제로 정착하지 못하고 곧바로 사라졌음을 의미한다.

전방후원형 고분이 나타나는 5세기 후반부터 6세기 초·중반은 백제가 고구려에게 침탈을 당해 웅진으로 도읍을 옮긴 때이다. 웅진 천도는 당시 일본을 비롯한 국제 교류와 상당히 밀접한 관계가 있는 것으로 보인다.

일본에서는 그동안 전방후원분이 3세기 초반에 일본의 기나이 지방에서 생성되어 야마토 정권이 강해지면서 점차 일본열도로 확대되었다고 보았다. 따라서 한반도에서 전방후원형 묘제가 나타나는 것을 두고 야마토 정권이 한반도까지 영향력을 확대했다고 단정하는 듯하다. 하지만 이러한 인식은 다분히 고대 국가를 중앙집권적인 국가로 인식하고서, 고고학적 요소로 국가 영역을 확정짓는 것이다. 『고사기』와 『일본서기』를 바탕으로 결과를 미리 상정한 뒤 고분과 출토 유물을 짜 맞추어 기년과 편년을 설정하는 방법은 많은 문제를 안고 있다. 최근에 와서는 일본열도의 전방후원분을 세밀하게 분석한 결과, 문화적인 흐름이 야마토 정권의 영향을 받은 것과 야마토 정권에 영향을 끼친 것을 동등하게 인정하기도 한다. 또한 이와이의 난에서 보듯이, 6세기 게이타이 치세에도 아직 규슈까지 야마토 정권의 영향력이 확대되지 않은 것이 밝혀졌기 때문에, 단순히 전방후원분의 분포 상황만으로 모든 것을 예단하는 것은 위험하다.

지금까지 우리는 유물론적인 시각으로만 역사를 보았기 때문에 고분의 유형이나 분포를 통해서 왕조를 구분하고 영역을 확정하려 했다. 하지만 패러다임을 전환하면 새로운 인식으로 역사를 바라볼 수 있다. 현대를 사는 우리의 국가 관념과는 다른, 비물질적 요소와 분절국가라는 새로운 패러다임으로 보면 전방후원형 고분을 다른 시각에서 볼 수 있다.

일본에서도 그동안 황국사관을 바탕으로 한 야마토 중심 사관 또는 전제군주적인 사관으로 유물들을 해석해온 것이 사실이다. 실제 일본에서 전방후원분은 3세기에 나타나 6세기 후반 들어 점차 사그라들었다. 그렇다면 이것이 야마토 정권이 확대되었다가 쇠락한 결과로 볼 수 있을까? 만약 국가 체계를 확실하게 갖추었다면 각 지방의 수장들이 거대한 고분을 만들지 못했을 것이다. 오히려 일본열도에서 정치제도나 체제가 점차 완비되었던 6세기가 지나면서 거대한 고분이 축조되지 않은 사실만 봐도, 전방후원분과 야마토 정권의 확장을 연결하고, 야마토 정권이 지배 질서를 확립했다고 보는 것은 현대 일본인들의 희망 사항일 뿐이다.

함평의 만가촌에 와서 드는 생각은 그동안 형식과 외형이라는 고정관념에 사로잡혀 실상을 제대로 파악하지 못했다는 것이다. 물론 고고학적 자료를 토대로 고대사를 이해하는 방법론은 사료가 부족하기 때문에 생기는 역사의 공백을 메우는 순기능이 있다. 그렇지만 이에 지나치게 집착하면 또 다른 함정에 빠질 수도 있다.

13
임나 이야기

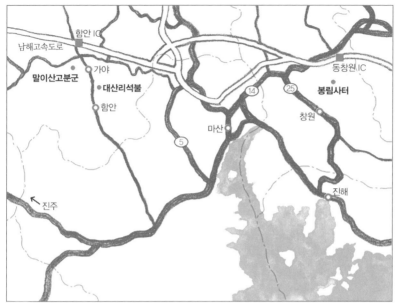

지도 13-1 함안·창원 일대

임나

반듯하게 구획된 창원 공단을 지나 봉림동 쪽으로 들어서면 북쪽으로 550여 미터 높이인 봉림산(정병산)이 보인다. 산 중턱 조그만 봉황이 살짝 앉고 간 듯한 야트막한 터에 구산선문(九山禪門) 가운데 하나인 봉림사(鳳林寺)가 있었다. 산길을 올라 수풀로 우거진 봉림사터를 걷다보면 온통 억새풀이라 이곳이 절터였는지조차 분간할 수 없을 정도다. 아마 고려 말 왜구가 불태워버린 뒤로 그냥 방치된 것 같다. 그래도 우거진 갈대 사이로 희미하게 남아 있는 연지(蓮池)의 흔적과 군데군데 널려 있는 기왓장이 이곳이 절터였음을 짐작케 한다.

멀리 엇비스듬한 비탈로 올라 본전이 들어섰을 듯한 곳에서 주위를 둘러

창원 봉림사터 | 봉림산 중턱에 오르면 언덕으로 둘러싸인 봉림사터가 있다. 갈대 숲 사이로 늪지대가 보여 이곳이 사찰 어귀의 연못 터임을 알 수 있다.

보니, 사방이 온통 산이다. 풍수지리를 모르는 사람이 보아도 절터가 봉황이 날개를 펼치고 알을 품은 듯한 비봉포란형(飛鳳抱卵形)이라는 것을 알 수 있다. 봉림사가 처음 개창한 신라 말은 지역 세력의 발호와 함께 풍수지리설이 크게 유행했기 때문에 봉림산문(鳳林山門)도 아마 그 영향을 받았을 것이다.

신라 말 선종은 그동안 폐단이 많았던 교종의 권위와 절대왕권에 도전하며 사상의 변혁을 일으켰다. 특히 지역 세력과 결합한 선종은 헌안왕 때 체징(體澄)이 도의(道義)를 종조로 삼아 전남 장흥의 보림사에 가지산문(迦智山門)을 개창한 것을 비롯하여 꾸준히 산문을 열어 마침내 구산(九山)을 만들었다. 이것이 고대에서 중세로 넘어가는 큰 변화를 이끌었고, 결국은 고려라는 새로운 왕조 등장의 바탕이 되었다.

봉림산문은 현욱(玄昱)의 제자인 심희(審希)가 김해 김씨의 세력을 등에 업고 봉림산에 열었다. 진경 대사 심희는 여주 혜목산 고달사에서 원감 국사 현욱에게서 법통을 전수했기 때문에 봉림산문을 혜목산문이라 부르기도 한다.

지금도 남한강 주위를 떠돌다 보면 여주의 고달사를 비롯해 원주의 거돈사, 흥법사, 법천사 등 터만 남아 있는 절들을 볼 수 있다. 유물들 대부분은 어디론가 사라지고, 지금은 빈 터만 남아 있는 경우가 많다. 일제시대에 일본인들이 한 짓인데, 어떤 문화재는 일본의 오사카까지 밀반출되었다가 다시 돌아오기도 했다. 창원의 봉림사도 예외는 아니다. 봉림사터에 있던 진경 대사의 부도와 부도비도 일제가 강제로 옮긴 대표적인 유물이다. 1919년 3월, 봉림사터에 있던 진경 대사의 부도비는 경복궁 뜰로 옮겨졌다. 지금 봉림사터 중턱의 원래 부도비가 있던 위치에는 '다이쇼(大正) 8년 3월에 박물관으로 이건'이라는 표지석이 남아 있을 뿐이다. 봉림사터는 나주의 반남 고분을 조사한 야쓰이 세이이치가 1918년에 조사했다고 한다.

진경 대사 부도와 부도비가 경복궁으로 옮겨진 이유에는 석연치 않은 면이 있다. 『신증동국여지승람』의 창원도호부조에 '봉림사에 진경탑비가 있다'는 글귀가 나오는 것으로 보아 조선시대에도 그 비문의 내용을 알고 있었을 것이다. 하지만 이를 서울로 옮긴 일본인의 의도는 다른 데 있었을 것으로 짐작된다.

탑비는 봉림사터를 떠나 경복궁으로 옮겨진 뒤 경복궁 안 총독부박물관의 후정(後庭)에 세워졌다. 1996년에 조선총독부 건물을 철거하고 경복궁을 중건하면서 박물관 격납고로 옮겼고, 국립중앙박물관이 용산으로 이전한 지금도 아직 공개되지 않았다. 그래서 현재 진경 대사 부도탑과 비는 창원의 봉림사터와는 뚝 떨어진 창원시청 부근 용지 공원에 만들어놓은 모조품으로만 볼 수 있다. 새로 만든 티가 역력해 고졸한 풍취가 나지 않지만 대략 그 형태를 통해 시대를 읽을 수는 있다. 비를 받친 거북받침돌의 머리

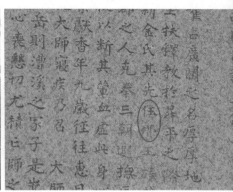

진경 대사 부도비 모조품　　　　　**부도비문**

창원시청 앞 용지 공원에 진경 대사 부도탑과 비의 모조품이 있다. 이 비문에는 우리의 사료에 거의 나오지 않는 '임나'라는 국명이 새겨져 있다.

가 유난히 크고, 그 모습마저도 그리 아름답게 느껴지지 않는 것으로 보아, 신라 말에서 고려 초로 넘어오는 즈음에 나타나는 퇴영적인 모습을 보여준다고나 할까? 비문은 이렇게 시작한다.

456

> 대사의 이름은 심희, 속성(俗姓)은 신김씨(新金氏)로서 그 선조는 임나 왕족(任那王族)이니 풀에서 거룩한 가지를 뽑아내듯이(草拔聖枝) 매번 인근(隣兵)에서 괴롭힘을 당해 우리나라에 투항했다. 원조(遠祖)는 흥무대왕(興武大王)이다.

신라 말 고승인 진경 대사가 임나 왕족의 후손이라는 구절에서 멈춰 서고 말았다. 『일본서기』에 무수히 등장하는 '임나'라는 국명이 우리의 금석문에 있었다. 특히 신김씨는 당시 경주 김씨에 대해 김해 김씨를 이르는 말이니, 먼 조상이 흥무대왕 김유신이라고 하면 여기서 임나는 김해의 가야국을 말하는 것이 틀림없다.

그런데 임나라는 국명은 우리의 사료에 거의 나오지 않는다. 임나라는 국명이 나오는 사료로는 우선 『삼국사기』가 있다. 『삼국사기』 「강수 열전」을 보면, 강수가 자신의 출신지를 밝히는 대목에서 "임나가량 사람"이라고 한다. 량(良)은 고대에 '라'로 읽었고, 현대 일본에서도 나라(奈良)의 량(良)을 '라'로 읽기 때문에 가량을 가라로 보는 것은 무리가 없어 보인다. 또 다른 자료는 광개토왕릉비문이다. 광개토왕릉비문에는 광개토왕 10년, 신라에 쳐들어온 왜군을 물리치는 기사 중 "왜적의 배후에서 추적해 임나가라의 종발성에까지 이르러(自倭背急追至任那加羅從拔城)"라는 문구가 있다.■

우리나라 사료에서는 임나가 잊힌 반면, 『일본서기』에서는 무려 215회나 나온다. 급기야 「스이닌기」에는 스진 천황의 이름인 미마키를 본떠서 미마나(彌摩那), 곧 임나가 되었다는 기원설까지 등장한다. 또한 『일본서기』 「스진기」에는 "임나라는 나라는 쓰쿠시국에서 2000여 리 가면 북으로 바다에 막혀 있고 계림의 서남에 있다(任那者 去筑紫國 二千餘里 北阻海 以在 鶏林之西南)"고 위치를 설명해놓았다. '임나가 신라의 서남쪽에 있으며 북이 바다에 막혀 있다'는 표현 때문에 임나가 쓰시마를 의미하는 것이라고 말하는 사람들도 있지만, 『일본서기』를 잘 읽으면 쓰시마로 한정하기 어렵다. 오히려 이것은 김해 지역에만 한정한 인식임을 보여주는 사례일 수도 있다. 과거에는 해수면이 현재보다 높아서 김해 앞바다와 낙동강 물이 김해 땅의 상당 부분을 덮고 있었기 때문에, 바다와 연이어진 북쪽의 하구가 마치 바다처럼 보였을 수도 있다.

임나라는 표현에 우리가 거부감을 갖는 이유는 임나일본부설 때문일 것이다. 임나일본부를 통해 한반도 남부를 지배했다는 일본의 견해는 제2차

■ 일본군 육군참모본부의 군인 사카와(酒勾景信)가 광개토왕릉비문을 고의로 조작했든, 아니면 중국인들이 탁본을 잘 찍어내려고 석회를 발랐든 간에 한반도에서 왜가 활동했다는 것과 임나라는 나라가 있었다는 것은 광개토왕릉비문을 통해 사실로 밝혀졌다.

세계대전 후에 차차 바뀌어 지금은 이를 주장하는 사람들이 줄어들었다. 하지만 최근 후소샤판 『새로운 역사 교과서』 등에서 임나일본부를 노골적으로 기술했듯이 역사 왜곡은 계속되고 있다. 따라서 임나일본부의 실체를 파악하는 것이 고대사의 수수께끼를 밝히는 실마리가 될 것이다.

그런데 조선총독부는 왜 진경 대사 부도비를 당시 조선의 중심부라고 할 수 있는 총독부 후원에 갖다 놓은 것일까? 이는 일본 동양사학의 시조로 통하는 시라토리 구라키치(白鳥庫吉, 1865~1942)가 만주에 있는 광개토왕릉비를 일본 제실박물관으로 옮기려 한 사실과 비슷한 구석이 있다. 광개토왕릉비문에서는 왜가 고구려에게 패했지만, 동시에 한반도에서 활약했고, 곧이어 임나도 등장한다. 결국 일본은 메이지 시대 당시 대륙에 진출하기 위한 선전물로 광개토왕릉비를 이용하려 한 것이다. 진경 대사 부도비가 경복궁으로 옮겨진 이유도 임나라는 표현 때문이었을 것이다.

아라가야

나지막한 산 능선 위로 줄지어 늘어선 무덤 떼가 멀리서도 확연하게 보인다. 마치 작은 산봉우리들이 솟아 있는 듯 자드락을 돌아가며 서 있는 것이 신비롭기까지 하다. 67번 국도를 타고 고성에서 가야 쪽으로 올라가는 길에서는 장대한 무덤의 봉분이 지나가는 사람들의 눈길을 사로잡는다. 과거 이 지역을 중심으로 거대한 왕권이 존재했음을 암시하는 듯하다. 함안 군청 뒤편 아라 공원으로 올라가면 말이산(末伊山)의 주능선과 비탈면에 대형 고분 100여 기가 밀집해 있다.

북과 서는 낙동강과 남강이, 남과 동은 600미터가 넘는 산이 둘러싼 경

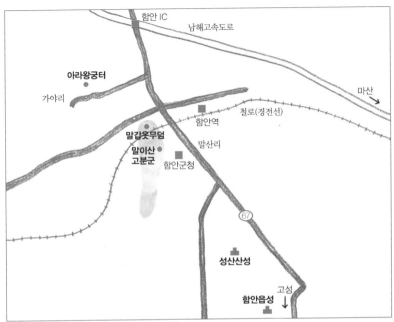

지도 13-2 함안

　경상남도 함안군 가야읍은 들어서자마자 말이산 주능선 위로 보이는 고분 때
문에 가야라는 이름이 실감 나게 다가온다. 원래 가야읍은 함안군 산외면
이라 불렀는데, 1914년 행정구역 개편에 따라 아라가야의 옛 땅으로 분류
되면서 가야면으로 바뀌었다. 일제시대에 가야라는 이름을 얻은 것이 혹시
당시 일본의 가야에 대한 집착을 반영하는 것은 아닐까 하는 의심마저 든
다. 이후 함안면에 있던 군청사를 가야면으로 옮기면서 가야면은 명실상부
한 함안군의 중심지가 되었으며, 1979년에 가야읍으로 승격되었다.

　도항리, 말산리 고분군이라 나누어 부르기도 하지만, 보통 말이산 고분군
이라 아울러 부른다. 무덤 떼 중에서 외형이 가장 큰 무덤은 제일 높은 곳에
있는 4호분이다. 4호분은 지름이 43미터, 높이가 10미터에 달한다. 4호분

위에 올라 주능선을 바라보니 무덤 떼의 모습이 마치 열병식을 하듯 질서정연한 것이 당대의 위용을 알려주는 듯했다. 이들 고분을 처음으로 발굴 조사한 때는 일제시대였다. 1917년 조선총독부 고적조사위원이었던 이마니시 류(今西龍)가 발굴했는데, 대부분 도굴되었거나 일부가 도굴된 상태에서 조사했다고 한다. 일제가 함안뿐만 아니라 경상도 지방의 많은 무덤을 파헤친 데는 다른 계산이 깔려 있었던 것 같다.

(위) 멀리서 본 말이산 고분군, (아래) 아라 공원 │ 남쪽 고성에서 가야읍 방면으로 가다 보면 왼편 산등성이에 줄을 이은 말이산 고분이 보인다. 아라 공원이라고 씌어 있는 표지석을 지나 계단을 오르면 능선 위에 대형 고분들이 있다.

이는 아마 가야 지방에서 왜인의 행적과 『일본서기』에만 나타나는 '임나일본부'를 밝히려는 심산이 있었을 것이다.

『일본서기』를 보면, 6세기 초 남가라와 탁기탄이 신라에 병합되는 과정에서 안라국을 비롯한 주변 소국들의 모임이 나타났고, 이때 '임나일본부'라는 표현이 등장한다. 또한 '임나일본부'에서는 기비노오미(吉備臣)와 가와치노아타이(河內直) 등 왜인 성씨를 가진 관인들이 주도했기 때문에 현재 이들의 실체에 대한 논란이 분분하다. 이들의 실체에 대한 설명은 스에마쓰 야스카즈(末松保和)가 『임나흥망사(任那興亡史)』에서 체계화했고, 지금도 일본 학계에 큰 영향을 미친다. 이것이 이른바 출선기관설(出先機關

말이산 4호분에서 바라본 말이산 고분군

說)이다. 『일본서기』를 근거로 왜가 4세기 중엽 진구 49년에 가라 7국을 정벌하고, 광개토왕릉비문의 신묘년조를 근거로 왜가 5세기 무렵에 한반도 남부를 영유한 것으로 본다. 더불어 『송서』를 근거로 중국 남조의 인정을 받은 왜가 한반도 남부에 '임나일본부'를 두고 약 200년간 경영하다가, 긴메이(欽明) 23년(562)에 이르러 신라에게 빼앗겼다고 주장한다. 이처럼 임나일본부를 야마토 왕권의 임나 지배를 위한 통치기관으로 보는 견해는 스에마쓰 이후 여러 일본 학자들의 연구를 통해 더욱 정교하게 이론화되었다. 사실 최근까지도 일본 학자들은 임나일본부에 대한 언급을 하지 않을 뿐이지, 이러한 견해에 대해서는 암묵적으로 지지하고 있다.

하지만 이 설은 『일본서기』가 제시한 고대 한일 관계상(關係象)을 사실로 가정하고, 광개토왕릉비문이나 칠지도의 금석문, 또는 『송서』 등 중국

사료를 이용해 이를 증명하는 방식으로 이루어졌기 때문에 근본적인 문제가 있다.

여기서 우리는 '임나일본부'라는 표현에 대해 여러 가지로 고찰해야 한다. 우선 임나일본부는 『일본서기』에만 등장할 뿐, 『고사기』를 비롯한 다른 사서에는 등장하지 않는다. 또한 임나일본부는 『일본서기』 안에서도 「긴메이기」를 비롯해 6세기 초엽의 제한된 시기에만 등장한다. 그런데도 『일본서기』는 「스진기」에서 미마나의 고사, 진구의 삼한 정벌, 임나 지배 순서로 이야기를 전개한다.

『송서』에서는 왜왕이 438년 이래 송나라에 '도독왜백제신라임나진한모한제군사왜국왕(都督倭百濟新羅任那秦韓慕韓諸軍事倭國王)'이라는 관작을 인정해줄 것을 요청했고, 이에 송에서는 451년과 478년 백제를 제외하고 '도독왜신라임나가라진한모한6국제군사(都督倭新羅任那加羅秦韓慕韓六國諸軍事)' 칭호를 내렸다고 한다. 왜국은 '6국제군사호(六國諸軍事號)'를 438년 왜왕 진(珍) 때부터 꾸준히 요구했지만, 송은 제수를 하지 않다가 백제를 제외한 나머지 군사호에 대해서만 마지못해 인정해주었다. 그러나 『송서』 「왜국전(倭國傳)」에 나오는 '도독제군사(都督諸軍事)' 칭호는 명목적이고 형식적이며 실효성이 없는 칭호일 뿐이다. 즉, 5세기 초부터 왜왕들이 꾸준히 장군호를 요청했지만, '안동장군왜국왕(安東將軍倭國王)'만 제수받고 '도독왜제군사호(都督倭諸軍事號)'도 승인받지 못했다. 이는 다시 말해, 왜왕이 왜국에 대한 군사호도 받지 못했음을 의미하는 것이다. 하지만, 그렇다고 해서 왜왕에게 왜국에 대한 군사권이 없었다고 보아야 할 것인가? 당시 왜왕은 송으로부터 '도독왜제군사호'를 받지 못했지만 칭호의 유무와 관계없이 왜국에 대해서는 군사권을 갖고 있었다. 실질적으로 왜는 관작을 통해 송의 인정을 받든 못 받든 별 차이가 없었다. 당시 왜가 한반도의 군사 지배권을 가지고 있었다는 사실은 좀처럼 확인하기 어려운 데다가, 왜왕이 '도독왜신라임나가라진한모한6국제군사' 칭호를 받았다 하더라도 이것이 그 지역의 군사 지배권을 실제로 갖고 있었음을 의미하는 것은 아니다. 따라서 이재석 선생은 왜가 송에게 군사호를 요구했던 것은 당시 일본열도의 지역 호족들을 견제하고 왕권의 권위를 높이기 위한 국내용이었다는 연구를 내놓았다.

『송서』의 「왜국전」에서 주목할 만한 사실은 왜왕에게 내린 칭호 중에 왜가 원래 주청한 백제가 빠져 있다는 것이다. 또 고구려, 백제, 왜에 대해 송이 내린 장군호(將軍號)를 보면 각각 정동(征東), 진동(鎮東), 안동(安東)의 장군호를 내렸다. 『송서』 「백관지(百官志)」에 따르면, 이들 장군호는 모두 3품에 해당한다. 장군호와 관련된 구체적인 예를 살펴보면, 4안장군(四安將軍) → 4진장군(四鎮將軍) → 4정장군(四征將軍)으로 승진한다는 점에서 서열은 높은 쪽부터 정동장군(征東將軍) → 진동장군(鎮東將軍) → 안동장군(安東將軍) 순서였음을 알 수 있다. 따라서 송에서 내린 칭호를 통해 본 국가 간의 서열은 고구려왕 → 백제왕 → 왜국왕 순서였다. 왜국왕의 지위는 확실히 백제왕보다 아래이며 세 나라 중에 가장 하위였던 것이 틀림없다.

한편, 여기서 주목할 것은, 그동안 사라졌을 것이라 생각한 진한모한(秦韓慕韓)의 나라들이 백제, 신라와 더불어 동시대에 존재했다는 사실이다. 따라서 진한(秦韓)은 진한(辰韓), 모한(慕韓)은 마한(馬韓)으로 본다면, 진한과 마한이 백제, 신라와 같은 시대에 존재해 모순이 생긴다.

이러한 관점으로 임나일본부를 새롭게 인식한 사람이 북한의 김석형 선생이다. 왜 왕권이 작위를 받았다는 신라, 가라, 임나, 진한, 모한 등이 사실은 한반도에 존재한 것이 아니라, 각각의 나라에서 건너온 이주민이 똑같은 이름으로 일본열도에 세운 분국(分國)이라는 분국설을 주장한 것이다. 즉 삼국 이전의 삼한에서 일본으로 건너간 한반도인들이 정치·군사적 거점을 구축하고 본국과 같은 이름의 분국을 만든 후 일본열도가 통일되는 과정을 보여주는 것이 『송서』이며, 일본에 있는 가야의 분국을 임나에 설치한 것이 임나일본부라 주장한 것이다. 1960년대에 처음 이런 대담한 가설이 나왔을 때 일본열도는 충격에 빠졌다. 김석형 선생의 분국설은 그동안 일본 학계의 고정관념을 깨고 수많은 연구와 분석을 통해 성찰하게 만든 계기가 되었다. 물론 지금에 와서는 많은 부분이 사실과 다른 것으로 보지만 말이다. 분국설은 일본참모본부가 광개토왕릉비문을 석회로 발라 변조했다는 주장과 함께, 그 사실 여부보다는 근대 일본 역사학계의 반성을 촉구하는 계기가 되었다는 점에서 큰 의미가 있었다.

『일본서기』에는 한반도에서 왜가 활동한 것으로 나와 있다. 당장 광개토왕릉비문에도 한반도에서 왜가 전투를 벌인 내용이 있으며, 『삼국사기』에도 전지왕이 왜국에 갔다가 돌아올 때 왜왕이 병사 100명으로 하여금 호위하게 해서 보냈다는 기사가 있다. 당시 왜가 한반도에서 활동한 것만은 틀림없는 것 같다. 그런데 왜는 왜 한반도에 온 것일까?

광개토왕릉비문 신묘년조

우선 논란이 많은 광개토왕릉비문의 신묘년조를 살펴보자. 군부가 의도적으로 변조했다는 논란에 휩싸였던 광개토왕릉비는 1980년대 이후 실사가 이루어져, 지금은 변조설을 주장하는 학자가 거의 없다. 다만 신묘년조의 경우 '海' 자가 중심축에서 약간 벗어나 있는 것이 논란이 됐을 뿐이다.

비문의 핵심인 신묘년조는 '百殘新羅 舊是屬民 由來朝貢而倭以辛卯年來渡海破百殘 □□□羅 以爲臣民'이다. 원석 탁본을 보면 '羅'의 앞 글자는 오른쪽 방(旁)이 '斤' 자와 비슷하게 보인다. 따라서 다른 부분에 적혀 있는 글자를 참작하면 '신(新)' 자, 곧 신라를 가리킴을 알 수 있다.

해석에 대해서는 정인보 선생의 해독 이후에 '渡海破'의 주체를 왜가 아닌 고구려로 본 견해가 있었다. 하지만, '來'의 주어는 왜인데 연이어 나오는 '渡海破'가 따로 고구려를 주어로 한다는 것도 부자연스러워 보인다. 또한 왜의 침범은 연도와 주어를 명확히 하면서, 고구려가 파(破)한 것에 대해서는 모두 생략했다는 것도 타당하지 않은 것 같다.

광개토왕릉비문에서는 광개토왕의 공적을 적으면서 각 기사의 첫머리에 전쟁의 정당성과 그 이유를 달아놓았기 때문에 신묘년조도 다음에 나오는 영락 6년조에 대한 전치문(前置文)일 가능성이 높다. 영락 5년의 경우 비려(碑麗)가 고구려인을 돌려보내지 않자 광개토왕이 몸소 토벌에 나섰으며, 영락 14년에는 왜가 불궤(不軌)하여 대방군을 침입했기 때문에 토벌에 나섰고, 20년에는 동부여가 추모왕(鄒牟王)의 속민이었는데 중도에 반(叛)하여 조공을 바치지 않았기에 몸소 토벌했다는 등 각각 정벌한 이유가 앞 구절에 있다. 따라서 전체 비문의 흐름으로 볼 때 신묘년조의 내용도 이후에 나오는 6년조나 고구려의 남방 정토 등 백제 정벌의 명분을 밝히려고 쓴 것이다.

만약 훼손된 글자를 생각하지 않고 신묘년조를 통설대로 해석하면, "백제와 신라는 원래 고구려의 속민으로 조공을 했는데, 신묘년에 왜가 바다를 건너와 백제와 신라를 치고 신민으로 삼았다. 이에 영락 6년에 왕이 몸소 수군을 인솔하여 백잔국을 토벌했다"가 된다. 하지만 이는 논리 전개가 부자연스럽다. 일단 '渡海破'까지 끊어 읽어보면, 이 부분의 해석은 일전에 하타다 다카시(旗田巍)가 언급했듯이 신묘년에 왜가 건너와서, 백제와 신라를 속민(屬民)으로 여기던 고구려의 질서관을 깨뜨렸다고 보는 편이 타당할 것이다. 고구려는 남방 경영을 추진하는 데 왜를 장애물로 상정하고 백제 침공의 책임을 왜에게 전가하려 한 것이다. 곧 이질적 존재인 왜의 침입을 고구려 중심 천하관의 파괴로 보았던 것이다.

그렇다면 문제는 다음에 나오는 결자(缺字)에 어떤 글자가 씌어 있을까에 달렸다. 지금까지 학계의 의견은 대개 '백잔, □□, 신라를 파하다'와 '백잔을 파하고 신라를 ~하다'라는 두 가지 해석으로 나뉘어 있다. 하지만 고구려의 옛 속민(舊是屬民)이 백잔과 신라이기 때문에 '구시속민(舊是屬民)'에 대응하는 '이위신민(以爲臣民)'에 백잔, 신라 외에 다른 나라 이름이 들어가는 것은 부자연스럽다. '백잔을 파하고 신라를 ~하다'의 경우도 결국 '신라를 ~하여' 신민으로 하려면 고구려나 왜 어느 쪽이 주어가 되더라도 신라를 침략 내지는 정벌하는 내용이 들어가야 할 것이다. 그러나 고구려가 주어인 경우는 앞서 말했듯이 문장 흐름이 부자연스럽고, 왜가 주어가 되더라도 다음에 나오는 6년조의 백제 정벌과 곧바로 연결하기 어렵다. 결국 여기서는 백잔의 부당성이 나타나야만 자연스러운 문장으로 연결될 수 있다. 우선 백제와 왜가 연합해 신라를 공략하는 것으로 가정해볼 수 있지만, 이는 백잔 다음에 나오는 문장과 연결하기 어렵다. 그렇다면 결국 백제가 신라를 토벌 내지는 정벌하는 내용이 와야만 한다.

과거 광개토왕릉비 발견 초기부터 부친과 함께 비 옆에 초막을 짓고 1938년까지 탁본을 업으로 삼았던 초균덕(初均德)이 비문을 종이 넉 장에

붓으로 베낀 수초본(手抄本)에는 백잔 다음 글자가 '東'으로 되어 있다. 이를 참작해 결자 부분을 '東侵'으로 추측해보면 백제가 동쪽에 있는 신라를 침략한 것으로 볼 수 있다. 결국 신묘년조는 이 같은 정황 때문에 고구려가 백제를 정벌할 수밖에 없었다는 의미로 보아야 할 것이다. 특히 '동(東)' 자가 들어가면 신라를 침범한 주체가 왜가 아니라 백제임이 명확해진다.

이와 같은 논리로 신묘년조의 기사를 다시 살펴보면, 다음과 같다.

> 백잔과 신라는 원래 고구려의 속민으로 계속해서 조공을 해왔다. 그런데 신묘년부터 왜가 건너와서 종래의 질서를 깨뜨렸다. 백잔이 동으로 신라를 침략하여 신민으로 삼았다. 이에 6년 병신 왕이 몸소 수군을 인솔하여 백잔국을 토벌했다.
>
> 百殘新羅 舊是屬民 由來朝貢而倭以辛卯年來渡〔海〕破百殘〔東〕〔侵〕〔新〕羅 以爲臣民……

고구려가 백제와 벌인 대결이라는 측면에서 일관된 흐름이 보인다. 결국 고구려에게 58성을 함락당한 후 노객(奴客)이 되어 조공을 하겠다던 백제는 곧 고구려와 맺은 맹약을 철회하고 왜와 화통한다(九年己亥 百殘違誓 與倭和通). 그 후 신라 사신이 광개토왕에게 와서 왜인이 국경에 가득해 성지를 파괴하고 있으니 도와줄 것을 요청한다. 이에 광개토왕은 기보병 5만을 투입해 신라를 구원하고 임나가라(任那加羅)의 종발성(從拔城)까지 친다.

이러한 흐름으로 보면 결국 왜는 백제와 동맹을 맺고 한반도에 들어온 것이 옳다. 백제가 선진 문물을 전해주고 왜는 지원군을 보내 백제를 도왔다. 『일본서기』는 이러한 사실을 두고 한반도 제국이 왜의 속국으로 되었다고 표현한다. 이는 『일본서기』 편찬자의 윤색에 지나지 않는다.

다시 정리하면, 왜가 고구려와 전쟁을 벌이는 등 한반도에서 활동한 것은 분명하다. 하지만 기사의 흐름으로 볼 때 왜가 독자적으로 활동했다고 보기는 어렵다. 백제는 고구려를 물리치고자 왜와 결탁했고, 이에 왜는 신라를 공격하고 백제와 연합해 대방까지 공격한 것이다.

임나일본부

최근 일부에서는 영산강 유역 등 한반도 남부에서 발견된 전방후원형 고분의 축조 세력을 한반도에서 활약한 왜인과 연관시키려는 시각을 보인다. 곧 전방후원형 고분에 묻힌 인물이 『삼국사기』나 광개토왕릉비문에 보이듯이 백제의 요청으로 한반도 남부의 전쟁에 참여한 왜군은 아니었을까 하는 견해이다. 좀더 발전시켜 『일본서기』에 나오는 왜계 백제 관료의 무덤으로 보는 견해도 있다. 6세기 중엽 「긴메이기」에 왜인으로 추정되는 이름을 가졌지만 백제의 관직을 받은 인물들이 몇몇 등장하는데, 이들을 전방후원형 고분과 연결하려는 것이다. 기노오미(紀臣) 나솔(奈率) 미마사(彌麻沙), 모노노베노무라지(物部連) 나솔 용기다(用奇多), 모노노베(物部) 시덕(施德) 마기모(麻奇牟), 시덕 시나노차주(斯那奴次酒) 등과 같이 나솔이나 시덕 같은 백제의 관직을 받고 일본식 성을 가진 인물들이다. 대개 백제 사신으로 왜국에 들어가 활동한 것으로 등장한다.

하지만 이러한 견해는 여러 가지 문제점이 있다. 당시 한반도 전쟁에 참여한 왜군이나 왜계 백제 관료의 무덤이 다른 지역에서는 보이지 않고 왜 유독 영산강 유역에서만 나타나느냐 하는 점이다. 오히려 왜계 백제 관료라

468

면 백제의 수도나 중앙에서 나타나야 할 테고, 당시 왜군이 활약한 곳은 전라도 지역이 아니라 경상도 부근인데 말이다. 한반도의 전방후원형 고분이 전라남도 해안의 변방에서 발견되는 것 자체가 왜계 백제 관료설이나 왜군설을 수긍하기 어려운 이유이다. 현재까지 알려진 전방후원형 고분 10여 기가 전라남도의 중심 내륙 지방이 아닌 해안 지역에 있는 사실만으로도 무덤에 묻힌 사람들이 영산강 지역에서 주도적인 위치에 있었다고 보기 어렵다.

또한 왜계 백제 관료는 기나이의 씨족인 기씨(紀氏), 현재 일본 동부 나가노 지방의 씨족인 시나노(斯那奴) 등 일본열도의 여러 곳과 관련이 있다. 하지만 고고학적 분석 결과, 영산강 유역의 전방후원형 고분 대부분은 일본의 전방후원분 양식 중에서도 규슈의 것과 흡사하기 때문에 이러한 설을 수긍하기 어렵다. 뿐만 아니라 영산강 유역의 전방후원형 고분은 대개 5세기 말에서 6세기 초엽에 조성된 것인 데 반해, 왜계 백제 관료가 나타난 때는 6세기 중엽이고 한반도에 왜군이 활동한 시기는 4세기 말에서 5세기 초다.

스에마쓰 야스카즈는 전남 지역을 『일본서기』에서 '임나 4현'으로 부르는 상다리(上哆唎), 하다리(下哆唎), 사타(娑陀), 모루(牟婁)라고 보았다. 『일본서기』에 게이타이 천황 6년(512), 백제가 임나 4현을 요청했으므로 왜가 백제에게 임나 4현을 주었다는 기사가 있는데, 이 임나 4현을 전남 지역으로 추정하면서 임나일본부설까지 나아간 것이다. 최근에 일본에서는 전방후원형 고분이 일본과 연관이 있으므로 영산강 유역의 전방후원형 고분을 임나일본부와 연관지어 생각하기도 한다.

일단 백제가 일본에 임나 4현을 달라고 요청해서 주었다는 기사는 『일본서기』의 편찬자가 야마토 정권의 임나 지배를 전제로 기술한 것이다. 실제로는 백제가 임나 4현에 지배권을 확대한 것을 놓고 『일본서기』에서 야마

함안 도항리 10호분 출토 불꽃무늬구멍굽다리접시 | 함안의 특징 있는 유물로는 불꽃무늬 구멍이 뚫린 토기를 들 수 있다. 말이산 아래 새로 지은 박물관은 이 토기 모양을 본떠 만들었다.

토 정권을 주체로 기술한 데 지나지 않는다. 임나 4현을 전라남도 지방으로 볼 수 있는 아무런 근거가 없는데도 영산강 유역을 임나로 확장해 보려는 시각은 당시 전라, 경상을 위시해 광범위한 한반도 남부 지역을 왜가 지배했다는 야마토 정권의 임나 지배설을 바탕으로 한 학설이다.

『일본서기』「긴메이기」에 "안라(安羅)의 일본부"라는 표현이 나오는 등 서기 6세기 중엽 등장하는 여러 나라 중에서도 이곳 아라가야 또는 안라가 임나일본부의 주요 무대로 알려져 있기에 그동안 한일 양국의 논의를 짚어보았다. 하지만, 안라, 곧 아라가야에 일본부가 있었음이 증명되려면 왜계 유적이 많이 나타나야 한다. 하지만 아직까지 그러한 유적은 발견되지 않았다. 오히려 아라가야 특유의 유물만이 발굴되고 있다. 고고학적으로 임나일본부설을 뒷받침할 만한 유물이 이 지역에서 발견되지 않는 것은 임나일본부가 허구에 가깝다는 사실을 보여준다.

『삼국사기』「지리지」 함안군조를 보면, 신라의 법흥왕이 아시량국(阿尸良國) 곧, 아나가야(阿那加耶)를 멸하고 그 땅을 군으로 삼았다고 나온다. 『삼국유사』의 아라가야, 『일본서기』의 안라국과 같은 나라임이 틀림없다. 『삼국지』「위지·동이전」에 나오는 변진 24국 중 안야국(安邪國)도 같은 나라일 것이다. 함안의 무덤 양식과 토기 모양은 신라의 것과 다르다. 특히 독특한 문화유산으로 불꽃무늬구멍굽다리접시(火焰型透窓高杯)가 출토된 것으로 유명하다. 그래서 몇 년 전 말이산 아래에 만든 함안박물관도 불꽃무늬토기 모양이다. 1992년 가야읍 도항리 아파트 신축 공사 때 출토된

4~5세기 수장층의 말갑옷, 고리자루큰칼, 목걸이와 같은 지배 계급의 유물과 서민들이 사용한 수레바퀴 모양 토기 등을 비롯해 말이산 고분군 일원에서 출토된 아

함안박물관

라가야의 유물 대부분이 전시되어 있다.

말이산의 주능선에서 보면 멀리 가야 읍내가 훤히 내려다보인다. 왕궁의 터가 어디였는지는 의견이 여러 가지이지만, 북쪽 남해고속도로 함안 나들목(IC) 부근 서편 제방 안쪽에 아라왕궁터로 추정되는 가야동이 있다. 작은 구릉이 마을을 품듯이 이어져 있고, 동남쪽으로 저습지와 들판이 연결된 곳이다. 아라가야의 성터에 대해서는 선조 20년(1587)에 편찬된 함안군읍지인 『함주지(咸州誌)』에 처음 언급되었다.

옛 나라의 터는 백사리 부존정 북쪽으로 유허가 남아 있으며, 둘레 1606척의 토축 유지가 있다. 지금까지 완연히 남아 세세에 전하기를 가야국 옛터라 한다.

古國遺基 白沙里扶尊亭之北 有古國遺墟 周回一千六百六尺 土築遺址 至今宛然世傳 伽倻國舊垈云

함안박물관에서 아라가야를 지키는 향토 사학자 조희영 선생을 만나 이야기를 들을 수 있었다. 그는 『함주지』의 표현으로 보건대 부존정의 위치는

함안 마갑총 말갑옷 출토 현장과 출토 유물 │ 아파트 신축 공사 중 우연히 발견된 마갑총은 신문을 배달하는 소년이 발견하지 않았더라면 영원히 땅 속에 묻힐 뻔했다. 아라가야 철기문화의 우수성을 잘 보여주는 유물이다.

지금의 신음리 괘안 뒷산인 듯하며, 현재 부존정의 북쪽에 해당되는 곳은 가야동일 수밖에 없다고 했다. 또한 가야동에는 초석으로 추정되는 화강암이나 토축 흔적이 마을 앞 보리밭에 30여 미터 남아 있기도 하고, 지금은 매몰되어 있지만 우물도 있었다는 설명까지 곁들였다. 또 함안이 김해나 고령보다도 더 큰 가야였음을 강조하며, 강대했던 아라가야를 몇 번이나 이야기하는 열성을 보였다.

박물관을 돌아 말이산 고분과 이어지는 능선 밑 비탈면에 고인돌이 여럿 있었다. 크고 작은 고인돌이 무리를 이루고 있는데, 덮개돌에는 고인돌이나 선돌에서 흔히 볼 수 있는 원이나 동심원의 추상적인 암각화와 성혈(性穴), 오목하게 새긴 선(線) 등이 보인다. 성혈은 바위 면을 쪼아 구멍을 낸 것으로, 별자리나 풍요, 생산을 상징한다. 과거 이 지역에 오래전부터 사람들이 집단을 이루어 살았으며, 말이산 능선은 고대 600~700년간 공동묘

함안 고인돌 | 말이산 고분군의 능선을 따라 고인돌이 만들어졌다. 과거 이 지역은 고대인의 공동묘지였던 셈이다. 도항리 도동 3호 고인돌 덮개돌에 동심원과 성혈(性穴)을 새긴 것이 뚜렷이 보인다.

지 구실을 해온 것으로 보인다. 비록 지금은 끝 말(未)의 말이산이 되어버렸지만, 원래는 아라가야의 수장급 무덤이 있었던 '머리산'이 마리산으로, 마리산이 말이산으로 바뀐 것이다.

시끌벅적한 시장 통에서도 열차의 요란한 굉음이 귓전을 때린다. 경상도와 전라도를 잇는 경전선(慶全線)이다. 일제시대에 열차가 읍내를 가로질러 다니면서부터 가야읍이 발전했다. 원래 함안읍성은 현재 가야읍에서 남쪽으로 조금 내려가다 보면 나오는 북촌리와 봉성리 일대에 있었다. 조선시대까지만 하더라도 북촌리와 봉성리가 더 번성했을 것이다. 과거 함안읍성이 있던 곳에는 읍성의 것으로 추정되는 주춧돌이 군데군데 있다. 그보다 북쪽으로 1킬로미터 정도 떨어진 야트막한 산 정상에 성산산성이 있다. 성산산성은 『여지도서(輿地圖書)』와 『함주지』에 가야구허(伽倻舊墟) 또는

성산산성 국립가야문화재연구소 제공

'03年 5月 5日

발굴 중인 성산산성 내부

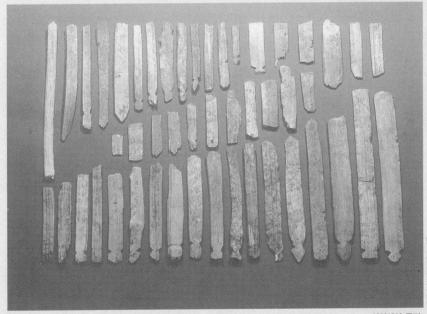

성산산성 목간

문헌에는 이곳에 아라가야 때부터 성이 있었다고 기록되어 있는데, 정작 성산산성을 발굴하자 6세기 무렵 신라의 목간이 많이 출토되었다. 가야와 대립했던 시기에 신라의 거점은 아니었나 싶다.

가야고성(伽倻古城)으로 표기되어, 그곳에 가야시대의 성이 있었음을 말해 준다. 최근에는 6세기 신라시대의 목간 수백 개가 발견되면서 세간에 주목을 받았다. 세력을 확장하려는 신라와 영역을 보호하려는 아라가야 사이에 공방이 치열했던 흔적일 것이다.

조선시대에는 함안읍성 부근이 중심이었는지 모르지만, 그보다 훨씬 이전 가야의 터전은 현재의 가야 읍내였을 가능성이 높다. 1992년, 말이산 고분 북쪽으로 바로 철길을 건넌 곳에 15층짜리 아파트 신축 공사를 하던 중에 말갑옷이 출토되었다. 그동안 우리나라에서는 장수의 말에 입히는 말갑옷이 온전한 채로 출토된 사례가 없었기 때문에 대대적으로 보도되었다. 말갑옷이 출토된 것은 당시 이곳에 강력한 무사 세력이 있었음을 간접으로 증명하는 것이다. 말이산 고분군의 북쪽 비탈면과 연이어 있는 지역이었지만, 철길과 도로가 생기면서 산과 분리되었기 때문에 설마 무덤이 있으리라고는 전혀 생각하지 못했다.

말갑옷 무덤에서는 고구려 고분벽화에 그려진 것과 같은 말갑옷이 출토되었고, 이 철제 갑옷은 가야의 철기문화를 대표하는 유물이 되었다. 함께 출토된 각종 큰칼, 갑옷 같은 철제품과 금, 은, 유리, 옥으로 만든 장신구들은 아라가야를 지배했던 수장의 강력한 위상을 보여준다. 예로부터 함안을 위시해 가야 지역의 철은 유명했다. 3세기의 기록인 『삼국지』「동이전」한(韓) 조에도 "가야 지역에서는 철이 생산되는데 한, 예, 왜인들이 모두 와서 사간다. 낙랑과 대방의 두 군에 공급했다"고 기록되어 있다. 가야는 철을 수출했던 것이다. 김해의 대성동, 부산의 복천동과 더불어 가야 지방이 철의 산지라는 것이 입증되었다. 그리고 무기류에서 보듯 치열한 전투가 벌어졌던 것 같다.

6세기 초에 남가라, 탁기탄이 신라에 병합되자, 안라국에서는 신라의 침략을 막기 위해 주변의 가야 소국들과 함께 정치적인 협의체 결성을 모색했다. 또한 높은 당(高堂)을 지어 백제, 신라, 왜와 함께 국제회의를 열기도 했다. 이러한 모습들은 『일본서기』에 자세하게 나와 있는데, 그 과정에서 임나일본부라는 표현이 나온다. 기비노오미(吉備臣)와 가와치노아타이(河內直) 등 일본부(日本府) 관인이 나타나 주도하는 모습도 보인다.

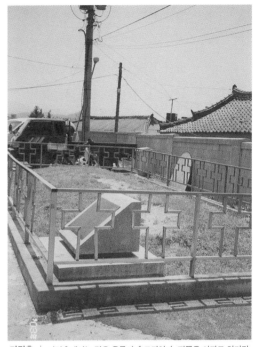

마갑총 | 마갑총에서는 많은 유물이 출토되었다. 지금은 아파트 앞마당에 보호 울타리를 치고 안내판을 세워놓았다.

『일본서기』에서 임나일본부라는 표현은 연대에 문제가 있어 보이는 「유랴쿠기」의 1회를 제외하고는 모두 「긴메이기」에만 나온다. 긴메이 2년(541)부터 15년(554)까지만 등장하니, 『일본서기』에서도 이 시기에만 존재한 것으로 기록한 것이다. 『일본서기』에서는 일본부의 관리들을 야마토 정권의 천황이 파견한 것으로 기록했지만, 군신 관계에 대한 자세한 기술은 없다. 오히려 일본부 관인에게 내리는 천황의 지시도 모두 백제 성왕의 입을 빌려 전달된다.

긴메이 2년(541), 안라의 차한기(次旱岐) 이탄해(夷吞奚), 대불손(大不孫), 구취유리(久取柔利) 등과 가라의 상수위(上首位) 고전해(古殿奚), 졸마(卒麻)의 한기(旱岐), 산반해(散半奚)의 한기(旱岐)의 아들, 다라(多羅)의 하한기(下旱岐) 이타(夷他), 사이기(斯二岐)의 한기(旱岐)의 아들, 자타(子他)의 한기(旱岐) 등이 임나의 일본부의 기비노오미(吉備臣)와 더불어 백제에 가서 함께 조칙을 들었다. 백제의 성명왕(聖明王)이 임나의 한기들에게 "일본의 천황이 명령한 바는 오로지 임나를 재건하라는 것이다. 지금 어떠한 계책으로 임나를 다시 일으키겠는가. 어찌 각기 충성을 다해 천황의 마음을 받들어 펼치지 않겠는가"라고 말했다.

가야의 수장들과 일본부 관리가 백제 성왕에게 일본 천황의 조칙을 받는 형식으로 씌어 있다. 가야의 여러 국가가 임나일본부로 묶여 있다면 굳이 백제에 가서 천황의 조칙을 들을 필요가 없을 텐데 말이다. 실제로는 가야의 여러 수장이 백제의 조칙을 들으러 갔을 것이고, 천황 운운하는 내용은 『일본서기』의 편찬자가 한반도 지배관을 바탕으로 서술한 듯하다. 이러한 점에서 임나일본부는 야마토 정권과는 직접 관계가 없는 정치집단으로 볼 수 있다. 그래서 『임나일본부연구』를 쓴 김현구 선생은 일본부를 백제가 지배한 기관으로 본다. 일본부가 가야와 동시에 등장하는 것을 보면, 당시 백제와 가야의 관계를 살펴보는 것도 실마리가 될 수 있을 것이다.

마갑총에서도 나온 고리자루큰칼 등 장식대도는 고령과 합천 등지의 가야 지역에서 흔히 볼 수 있고 최근 백제 지역인 충청 지방에서도 심심치 않게 발굴된다. 특히 합천 옥전(玉田) 고분과 반계제 고분에서는 백제 지역의 금동관모와 비슷한 봉이 달린 금동관모가 출토되었는데, 이는 백제로부터 하사받은 위세품일 가능성이 크다.

실제로 광개토왕릉비문으로 추측해보면, 왜가 한반도에서 활동하게 된 것은 백제 때문이었다. 그렇다면 6세기 한반도에서 활동한 왜도 백제가 이끌었을 가능성이 높다. 특히 이 시기에 백제에서는 백제의 관등을 받은 왜계 관료도 있었기 때문에 이러한 사실들을 유추할 수 있다.

또한 일본의 지역명이 들어간 가와치노아타이나 기비노오미 등 일본부

新羅と対抗するために，鉄やすぐれた技術を求めて朝鮮半島に進出していた倭との結びつきを強めていったと考えられる。
4世紀後半になると，高句麗は百済を侵攻し，また新羅の勢力も強くなってきたので，百済は大和王権と同盟して❶，高句麗に対抗しようとした。高句麗の広開土王(好太王)碑文によれば，大和王権は軍隊を朝鮮半島におくって高句麗と戦ったとみられる。このころ大和王権は加羅(加耶ともよばれた。もとの弁韓の地域)の国々に勢力をのばし，その地域を任那とよんだ。

▶広開土王碑
❷広開土王の功績をしるした碑。碑文によれば，「百残(百済)新羅は旧是属民にして由来朝貢す。而るに倭，辛卯の年(391年)よりこのかた，海を渡りて百残□□羅を破り，以って臣民となす」とあり，それに対抗して高句麗軍が南下して倭軍をやぶったようすなどがくわしくしるされている。

▲ 5世紀の東アジア

•おもな前期古墳

▶大和地方の豪族
(岸俊男氏原図による) 奈良盆地の中央は，弥生時代には低湿地帯となっていた。これを利用して弥生文化が発達し，やがてここに豪族が成長した。

2 農耕社会の形成と大陸文化の摂取 | 23

일본의 한 역사 교과서 임나 부분 │ 밑줄 친 부분의 내용은 "이즈음 야마토 왕권은 가라(가야라고도 불렀다. 원래 변한의 지역)의 국가들에 세력을 펼쳐 그 지역을 임나라고 했다"는 것이다. 출처: 『新選 日本史B』(東京書籍株式会社, 1998)

관인의 출신을 보면, 이들이 원래 일본인이 아니라 한반도 출신의 도래계라는 것을 알 수 있다. 고대 일본 귀족들의 계보를 담은 『신찬성씨록』을 보면, "가와치노무라지는 백제국 도모왕의 아들 음태귀수왕에게서 나왔다(河內連 出自百濟國都慕王男陰太貴須王也)"라고 한다. 한반도에서 일본으로 건너간 사람들이 자신들이 이주한 땅의 이름을 빌려 성을 삼고 씨족 집단을 구성한 듯하다.

그런데도 일본의 후소샤판 교과서에서는 "4세기 후반 야마토 조정은 바다를 건너 조선으로 출병했다. 야마토 조정은 반도 남부의 임나라는 곳에 세력권을 차지했다. 후일 일본 역사서에서 여기에 둔 일본의 거점을 임나일본부라 불렀다"라고 노골적으로 기술했다.

이것은 비단 일본만의 문제가 아니다. 서양에서 출간된 『일본사』에도 이러한 내용이 버젓이 나와 있다. 또한 지난 2004년 중국 외교부 홈페이지에서 한국사를 소개하면서 고구려 역사를 삭제해서 물의를 빚었을 때 '일본해'라는 표현을 공공연히 쓰고, "5세기에 야마토 정권이 한반도 남부로 세력을 확장했다"는 표현까지 서슴지 않았다. 이러한 사실을 내가 발견하고 언론에 제보하여 지금은 중국 외교부 홈페이지에서 삭제되었지만, 이처럼 임나일본부 문제는 단지 한일 양국 간의 문제로 끝나는 것이 아니다.

현재 일본 학계에서는 예전처럼 고대에 한반도 남부를 지배했다는 주장을 직접 하지는 않는다. 하지만 임나일본부의 존재를 일본의 출선기관(出先機關, 출장소)으로 보는 견해와 기나이의 야마토 왕권과는 관계가 없는 규슈의 지방 호족이 설치했다고 보는 견해, 가야 지역에 거주한 왜인 세력이라고 보는 견해 등 왜의 영향력을 배제하지 않는 의견을 내놓고 있다.

반면, 우리나라 학계에서는 이를 무시해오다가 1980~1990년대에 들어서부터 관심을 갖고 연구를 하고 있다. 임나일본부 존재 자체를 부정하는 견해에서부터, 백제가 가야 지방을 지배한 기관이라는 견해, 한반도 남부 지역에서 백제의 용병으로 활동한 왜군으로 보는 백제군사령부설, 임나와 안라에 파견된 왜의 사신 등 여러 가지 주장이 제기되고 있다. 그런데 이 와중에 일부 학자들이 가야사 연구에 치중한 나머지 일본 학계의 임나에 관한 성과를 그대로 가지고 와서 논리를 전개해 큰 문제가 되고 있다. 이는 오히려 당시 한반도의 실체를 규명하는 작업을 혼란스럽게 했다. 더욱이 김해, 고령, 함안, 창녕 심지어는 순천, 남원까지 남부 지방 곳곳을 가야라고 내세우는 바람에, 가야를 여러 소국으로 나뉜 광범위한 지역으로 해석할 여지를 주었다. 결국 전라도 지방이 백제의 영향을 받지 않았다는 주장은 이 지역이 가야 소국에 편입되었다는 결론에 이른다.

이러한 견해들은 임나의 범위를 넓히고 말았다. 또한 지방자치단체들이 애향심을 부추기기 위한 문화 행사를 여는 데 악용되기도 한다. 백제와 신라, 가야라는 영역이 현재의 행정구역과 연결되면서 묘한 지역감정으로 발전하고 있는 것이다. 백제가 영산강 유역과 가야의 소국을 간접 통치했다는 지점에서 지역주의가 작동한다.

『일본서기』에는 임나일본부가 나오고 한반도 남부에서는 왜계 유적이 등장한다. 그런데 우리 학계는 고대 한반도 남부 지방을 영산강 유역과 가야의 소국으로 갈기갈기 찢어놓고 있다. 일본은 야마토 정권을 내세워 통일된 일본열도를 만들어 나가고 있다. 이러한 상황에서 과연 어떻게 야마토 정권의 영향력을 배제하면서 제대로 된 해석을 할 수 있겠는가?

현재 우리나라에서는 임나일본부에 관한 논쟁은 이미 끝난 것으로 치부하는 사람이 많은 것 같다. 하지만 결코 끝나지 않았다. 한때 일본 천황이 백제계이고 고대 일본의 왕조는 모두 삼국에서 건설했다는 내용을 다룬 소설들이 인기를 끌었다. 하지만 그것은 우리의 자위일 뿐 국제사회에서는 전혀 인정받지 못한다는 사실을 깨달아야 할 것이다.

14

조상의 무덤이 있는 곳에 어찌 다시 갈 수 있겠는가

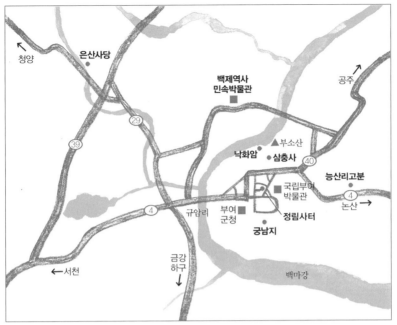

백제의 항전

한성백제가 멸망한 뒤 성왕이 임시 거처나 다름없던 공주를 떠나 부여의
사비성으로 도읍을 옮긴 것은 백제가 새로운 길을 모색하기 위한 처절한
몸부림이었을 것이다. 국호를 과감히 남부여라 고치고 왕권 강화를 꾀한
것만 봐도 백제가 얼마나 새로운 시대에 대한 열망으로 가득 찼는지 알 수
있다. 웅진 시대에 문주왕, 삼근왕, 동성왕 등이 피살되거나 횡사하는 참극
까지 당했으니, 왕권 강화는 절체절명의 과제였을 것이다. 그러나 백제의
도읍인 사비성은 122년 만에 외침을 당해 무너지고 말았다. 백제는 역사에
서 사라지는 운명을 맞은 것이다.

유왕산 전경 │ 의자왕을 잠시 멈추게 하려던 곳이라서 유왕산(留王山)이라 한다. 지금은 유왕산 꼭대기에 정자가 서 있고 멀리 뒤편으로는 익산으로 넘어가는 웅포대교가 보인다.

당과 신라에게 함락된 뒤 한 달 남짓 지났을 때 사비성에서는 성대한 전승 축하연이 벌어졌다. 태종무열왕 김춘추와 소정방을 비롯한 나당의 장군들은 당상에 앉아 당하에 꿇어앉은 의자왕을 희롱했고 의자왕으로 하여금 술잔을 받들게 했다. 의자왕은 말로 형용할 수 없는 치욕을 당했다. 뿐만 아니라 백제 유민들의 통곡 소리가 채 마르기도 전에 의자왕은 태자와 대신 등 88명 그리고 백성 1만 2807명과 함께 포로로 당나라에 끌려갔다. 부여 양화면 암수리 금강변에 자리잡은 유왕산(留王山)에서 백마강을 바라보노라면 나지막한 언덕 위에서 통곡했을 백제인의 한이 느껴진다. 백성들은 잡혀가는 왕을 잠시라도 멈추게 하기 위해 유왕산에 올라가 기다렸다는 전설이 전해진다. 해마다 음력 8월 17일이 되면 부녀자들이 모여 음식을 나눠 먹고, 이별의 한을 노래 부른다는 풍속이 생겼다고 한다. 지금도 해마다 추모제가 이날 열린다.

의자왕은 3천 궁녀를 거느리며 사치와 향락에 빠져 백제의 멸망을 자초했다는 오명을 썼다. 역사는 승자가 기록한다. 그래서 패자에게는 멸망과 패배에 대한 모든 과오가 덧칠되게 마련이다.

『일본서기』는 백제가 멸망한 이유를 다음과 같이 기록했다. 고구려 승려인 도현(道顯)이 지었다고 하는 『일본세기(日本世記)』에서 인용한 구절이다.

정림사터 탑

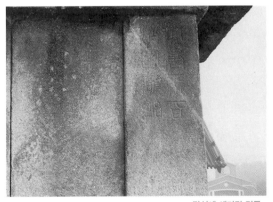

탑신에 새겨진 명문

백제의 치욕을 기록한 명문 때문에 정림사터 오층석탑은 한때 당나라 장수 소정방이 세운 것으로 잘못 알려지기도 했다.

어떤 사람은 "백제가 스스로 망했다. 임금의 대부인(大夫人)이 요사스럽고 무도한 여자로 마음대로 국가 권력을 빼앗고, 훌륭하고 어진 신하를 죽였기 때문에 이렇게 화를 불렀다"라고 말한다.

소정방은 전승을 기념하기 위해 부여의 정림사터 석탑에 이렇게 새겼다.

항차 밖으로는 곧은 신하를 버리고 안으로는 요부를 믿어 형벌이 미

치는 바는 오직 충량에게 있으며, 총애와 신임이 더해지는 바는 반드시 아
첨꾼에게 있다.

況外棄直信內信祕婦刑罰所及唯在忠良寵任所加必先諂佞

성충이나 흥수 같은 충신의 말을 듣지 않고 간사스런 요부의 말을 믿어
국정을 농단했기에 나라가 평탄치 않고 어지러웠다고 한다.

그래서 그런지 부소산성 안에는 계백, 성충, 흥수 세 충신을 모시는 삼충
사(三忠祠)라는 사당이 있다. 하지만 삼충사가 들어선 자리는 일제시대인
쇼와 17년(1942) 관폐대사(官幣大社)*격인 부여 신궁을 짓느라고 일제가
엄청난 공력을 들인 바로 그 자리였다. 이 사실을 알고부터는 백제의 상념
에 젖기보다는 오히려 현대사의 아픔을 먼저 다독거려야만 했다. 백제가
그들의 조상과 관련이 있다고 생각해서 부여에 신궁을 지으면서까지 숭배
하려 한 것인지, 아니면 '일선동조론(日鮮同祖論)'을 세뇌하기 위해 신궁을
건설하려 한 것인지 모르겠다. 하지만 이는 백제의 도읍 부여를 또다시 울
리는 짓이다.

백제는 사비성이 함락당한 서기 660년에 끝난 것이 아니었다. 오히려 사
비가 함락된 후에 백제 민중의 항전 의식은 더욱 투철해졌으며, 그들은 복
신(福信), 도침(道琛), 흑치상지(黑齒常之) 등 걸출한 인물을 통해 새로운
백제의 부활을 꿈꾸었다. 그중 복신은 백제 무왕의 조카이며 의자왕의 사촌
동생으로서 백제 마지막 항쟁의 중심에 서 있었다. 『일본서기』에서는 복신
을 귀실복신(鬼室福信)으로 기록했다. 귀실씨인 것이다. 그러나 그가 백제

488

■ 관폐대사란 메이지 이후 관내성(官內省)으로부터 공물이 바쳐진 신사로 천황과 그 친족, 공신
이 모셔져 황실을 숭배하는 신사를 말한다.

왕과 같은 계보라면 왕성인 부여씨여야 할 텐데, 귀실씨가 된 연유가 무엇인지 모르겠다. 흑치상지가 원래 부여씨였는데 흑치라는 지역에 봉해졌기 때문에 흑치씨로 바뀐 것과 비슷한 상황은 아니었을까? 어쨌든 복신은 백제의 상류 계급 출신으로 오래전부터 군사를 보유한 고위급 장군이었던 것만은 틀림없는 것 같다.

복신은 그동안 일본에 가 있던 의자왕의 아들 풍 왕자를 맞이해 왕으로 모신다. 풍 왕자는 야마토의 오래된 호족인 사이노무라지아지마사(狹井連 檳榔)를 비롯해 일본 군사 5000명을 거느리고 백제로 돌아온다. 의자왕이 당으로 끌려가 백제의 왕위가 끊긴 상황에서 풍왕(豊王)이 다시 왕위를 잇는 장면은 서글프기만 하다. 일찍이 조선후기의 실학자들은 풍왕을 백제의 마지막 왕으로 보아 의자왕 이후 백제의 실체를 인정했다. 또한 백제의 나당 교전을 부흥 운동이 아닌 항전으로 보았다.

그러나 전쟁 중에도 불신이 싹텄다. 풍왕은 복신이 자신을 모함한다고 의심해 복신을 죽인다. 『구당서』와 『삼국사기』에서는 "복신이 병권을 독점하려 하자 풍왕이 시기해 복신이 거짓으로 병이 들었다" 하고는 "굴 안에 누워 있다가 풍왕이 문병을 오면 그 틈에 습격하여 죽이려 했다"고 적었다. 이러한 기록으로 보아, 실제 복신에게 왕위에 오르려는 야심이 있었는지도 모르겠다.

복신의 죽음을 안타까워하는 이들이 많아 천년 넘게 그의 영혼이 충남 지방 곳곳을 떠돌아다녔다. 부여에서 멀지 않은 은산마을에는 지금도 3년에 한 번씩 별신제(別神祭)를 지내 복신 장군의 혼백을 위로한다. 은산마을 별신제는 백제의 장군과 병사를 위무하는 독특한 내력과 제의 덕분에 중요 무형문화재 9호로 지정되어 있다.

은산별신제 상당굿 | 은산별신제는 1938년 발간된 조선총독부의 조사집에 당시까지 해마다 거행한 것으로 나와 있으나 일제 말기에 잘 열리지 못하다가 해방 후에 다시 시작되었다. 출처: 문화재청 홈페이지 (www.cha.go.kr)

옛날 은산마을에 역병이 돌아 날마다 송장 치르는 일로 세월을 보내고 있었다. 어느 날 마을 노인의 꿈에 백제의 부흥을 위해 싸우다 억울하게 죽었다는 장군이 하얀 말을 타고 나타나서는 "나와 내 부하들을 제대로 묻어주지 않아 영혼이 떠돌고 있소. 양지바른 곳에 묻어 주면 마을의 근심을 풀어주겠소"라고 했다. 꿈에서 깨어난 노인은 장군이 일러준 곳에서 정말 오래된 뼈들이 널려 있는 것을 발견했고, 이 뼈를 양지바른 곳에 정성스럽게 묻고 굿을 했더니 거짓말처럼 병이 사라졌다는 전설이다. 이때 지냈다고 하는 제사가 별신굿으로서 400년째 전해 내려온다. 은산마을 당산 별신당에는 한쪽에 복신 장군, 한쪽에는 토진대사(土進大師)가 모셔져 있다.▪ 물

490

은산 별신당 | 별신제를 올리는 충남 부여군 은산면 은산리 별신당이다.

론 후대에 만들어진 것이지만 복신 전설이 아직까지 우리의 마음 한구석에 남아 신앙의 대상으로까지 자리잡고 있다.

귀실 신사

복신의 아들이라고 전하는 귀실집사(鬼室集斯)도 멀리 일본 땅에 흔적을 남겼다. 시가 현 가모(蒲生) 군 히노(日野) 정에서 동북으로 3킬로미터 떨어진 구릉 지대에 귀실집사를 모신 귀실 신사가 있다. 신사 뒤편에 귀실집사의 묘가 안치되어 있는 것을 보면 복신의 후손들은 일본으로 건너가 중요 직책을

귀실 신사 뒤 석조 신전

귀실 신사가 있는 시가 현은 옛 오미 지방으로, 일본으로 망명한 백제 유민의 고장으로 알려진 곳이다. 그래서 석탑사(石塔寺)와 하쿠사이 사(百濟寺) 등 백제 도래인의 유적이 많다.

맡고 대우를 받은 것 같다. 기록에 따르면, 덴지 천황 때 대학료(大學療)를 처음 설치하고 귀실집사를 문부대신 겸 대학 총장이라 할 수 있는 학직두(學職頭)로 임명했다. 귀실집사는 만년에 관직을 사퇴하고 영지인 가모군의 고노(小野)라는 산촌에 은거했는데, 예로부터 고노 마을은 백제에서 이주한 도래인들이 정착해 산 곳이었다.

■ 은산마을 뒤편의 별신당에 모셔져 있는 토진대사는 백제 항전의 또 다른 인물인 도침이 잘못 전해졌을 가능성이 크다.

귀실 신사 뒤쪽에는 키 1미터 남짓한 팔각형 돌기둥으로 된 신전이 있고, 그 옆에 수령이 400년가량 된 삼나무가 서 있다. 돌은 한반도에서 갖고 왔다고 하는데 확실치는 않고 '귀실집사의 묘(鬼室集斯墓)'라고 양각되어 있는 것이 보일 뿐이다. 일본에서는 에도 시대부터 이 지역에 존귀한 학사의 유적이 있는 것이 명예라고 여겨, 귀실 신사의 묘 앞에서 성대한 제전을 거행하고, 한학자들을 모아 귀실집사를 기리는 시문회를 열었다고 한다. 백촌강에서 피로 얼룩진 백제가 멀리 이국땅에서 망국의 영혼을 위안받은 듯하다. 그래서 그런지 히노 정은 귀실복신 장군의 제사를 지내는 부여의 은산면과 자매결연을 맺었다.

당시 백제는 대개 임존성(任存城)과 주류성(周留城)을 중심으로 항전을 벌였다. 현재 임존성의 위치는 명확하지 않지만 흔히 예산의 대흥에 있는 봉수산성을 임존성이라 짐작한다. 원래 복신의 근거지였다가 나중에 흑치상지의 거점이 되었다고 한다. 원래 흑치상지가 백제 서부 출신이고 이 지역 정세에 밝은 사람이었던 만큼, 백제의 서부에 해당하는 예산 지역에 임존성이 있었을 가능성이 크다고 할 수 있다.

『신증동국여지승람』의 대흥현조를 보면, 임존성에 대해 "이곳이 바로 백제의 복신, 지수신, 흑치상지 등이 당나라 장수 유인궤(劉仁軌)에게 항거한 곳이다. 지금의 본현 서쪽 13리에 옛 돌성이 있는데, 그 주위가 5194척이며, 그 안에 우물이 3개 있는 것으로 보아 의심컨대 이 성이 아닌가 한다"라고 기록했다. 임존성은 충남 예산군의 대흥면과 광시면, 그리고 홍성군 금마면의 분기점인 봉수산 정상을 중심으로 3킬로미터에 걸쳐 테뫼식*으로 연이어 있다. 임존성은 그리 높지 않은 봉수산(높이 484미터)에 세워져

■ 산 정상을 중심으로 능선을 따라 테를 두른 듯이 쌓은 성의 형태를 말한다.

임존성 | 성벽은 일부 복원하기도 했지만, 비교적 잘 보존되어 있다. 성 안 평평한 분지에는 당시 백제인이 사용했다고 하는 우물터도 남아 있다.

있지만, 봉우리를 에워싼 품이 자못 견고해 보여 외적의 침입을 막기에 충분했을 듯하다. 가파른 절벽에 깎아지른 듯한 성벽이 이어져 있어 공격하기에 여간해서 쉽지 않았을 것이다. 그러니 수적으로 우세한 신라와 당나라도 임존성을 쉽게 깨부수지 못했을 것이다. 임존성 성벽은 지금까지도 거의 온전하게 보존되어 있고, 평탄한 성 안에는 건물터와 우물터도 남아 있다.

또한 임존성은 후삼국 전쟁 때도 고려와 후백제의 군대가 격전을 벌인 곳으로 알려져 있다. 고려 왕건이 후백제의 형적(刑積) 등 3000여 명을 죽여 승전한 곳이라 한다. 고대와 중세에 걸쳐 치열한 전투를 한 곳이니만큼 전세를 단번에 가를 수 있는 아주 중요한 거점이었던 듯하다.

멀리 성 위에서 바라본 예당저수지는 봄날의 푸름을 간직한 채 너울거리

임존성 우물터

고 있었다. 마치 목숨을 바쳐 싸웠던 백제인의 혼백을 기리는 것처럼……. 임존성도 백제 군사의 시신을 거름 삼아 오늘까지 우리 앞에 버티고 있는지도 모른다.

주류성은 어디에

『삼국사기』에 따르면, 금강 하구는 물의 흐름에 따라 나란히 배를 댈 수 없는 험산한 지형이라 했다. 지금도 험한 지형이라는 표현이 맞을지 모르겠지만, 금강을 둘러싼 역사의 흐름이 험하디 험했을 것을 생각하니 속내가 짠하다.

금강 하구의 북쪽 연안에 있는 충남 서천의 건지산성(乾芝山城)은 이러

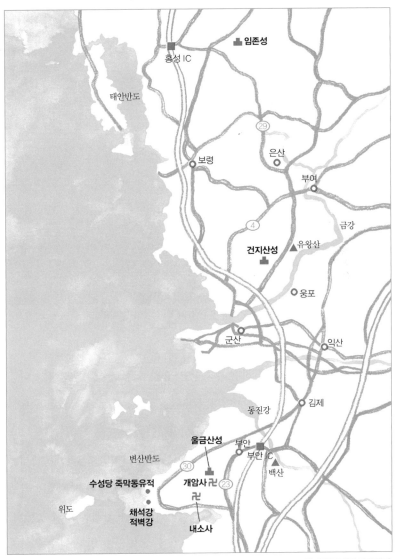

지도 14-2 백제의 마지막 항전 지역

한 사정을 아는지 모르는지 한 많은 세월 동안 거친 숨소리를 내쉬며 금강을 바라보고 있다. 백제의 마지막 항전지인 주류성을 찾으려 헤매는 중이

금강 하구 | 금강 하구는 하구둑으로 생긴 저습지를 중심으로 철새의 도래지로 각광받고 있다. 늦은 오후가 되면 너른 물살과 황혼녘에 저무는 강줄기가 특히 아름답다.

다. 당시 치열하게 항전을 하던 주류성은 승려 도침의 근거지였다가 나중에 복신이 합류해 투쟁하던 곳이다. 663년, 백촌강 전투를 끝으로 주류성이 무너진 뒤 백제의 이름이 이 땅에서 사라졌다.

663년 8월, 일본의 구원장인 이호하라노키미오미(盧原君臣)는 백제를 돕기 위해 1만여 병사를 이끌고 바다를 건너 백강에 들어와 백촌에 정박했다. 그리고 강 하구에서 당나라와 여러 번 싸웠으나 쉽게 이기지 못했다. 결국 8월 28일, 백제의 왕과 일본군은 일기를 보지 않고 먼저 선수를 치다가 당나라 좌우 수군의 협공을 받아 모두 침몰하고 말았다. 아마 풍향과 조수간만의 때를 미리 계산하지 못한 탓이었을 것이다. 혹은 『구당서』의 「유인궤전」에 "400여 척이 불에 타고 연기와 불꽃이 하늘을 붉게 물들였으며 바닷물이 빨개졌다"라는 표현이 있는 것으로 보아 당시 당나라가 화공 전

술을 쓴 것은 아닌가 짐작되기도 한다. 일본 구원군은 크게 패했다. 이로써 다시 한 번 부활을 꿈꾸던 백제는 마침내 멸망하고 말았다. 당시 백제 백성들이 울부짖으며 다음과 같이 말했다 한다.

주유(州柔)가 항복했으니 일이 어찌할 수 없게 되었다. 백제의 이름이 오늘 끊어지게 되었으니 조상의 무덤이 있는 곳에 어찌 다시 갈 수 있겠는가.

그렇다면 백촌강은 어디이며 주류성은 어디를 말하는 것일까? 주류성에 대해서는 『삼국사기』에서도 그 위치를 알 수 없는 성으로 기록했다. 조선 후기에 들어와서야 한진서가 한치윤의 『해동역사』를 완성하면서 금강 부근으로 추정했으며, 김정호의 『대동지지』에서는 지금의 홍성 지방인 홍주목을 지목했다. 통설과 상식으로 보면, 백강과 백촌강은 금강을 말하는 것이요, 주류성은 그 부근에 있는 성을 말하는 것일 게다. 그렇다면 주류성은 금강 하구쯤에서 찾아야 할 텐데, 막상 금강 하구에 우두커니 앉아서 돌아

가는 형세를 살펴보니 가까운 곳에 산성이라고 할 만한 것은 한산의 건지산성뿐이다. 그래서 지금까지는 이곳을 백제의 마지막 항전지인 주류성으로 보아왔다.

건지산성으로 올라가는 좁은 길목에 서서 성의 윤

건지산성 │ 한산면 호암리라고 쓴 표지석 뒤로 보이는 산 정상 주변에 건지산성이 있다. 건지산성 꼭대기에는 새로 만든 정자가 있다. 주류성으로 보기에는 조금 규모가 작다.

곽을 보니 안개에 휩싸인 산 정상 부근에 최근에 만든 듯한 정자 하나가 보였다. 그런데 올라가기가 너무 수월했을 뿐만 아니라 주류성으로 보기에는 조금 규모가 작은 것 같았다.

주류성(周留城)을 주유성(州柔城)으로 표기하는 『일본서기』에는 그 위치를 짐작하게 하는 구절이 있다. 주유성에서 피성(避城)이라는 곳으로 거점을 옮기기 위해 논의를 하던 중에 주유성의 지형과 현황이 나타난다.

> 주유는 농토와 멀리 떨어져 있고 토지가 척박해 농업과 양잠에 적합하지 않은 땅이고, 방어하기 좋아 싸울 만한 곳이다. 여기에 오래 머물면 백성들이 굶주릴 것이니 이제 피성으로 옮기는 것이 좋겠다. 피성은 서북쪽으로는 띠를 두르듯이 고련단경(古連旦逕)이 흐르고, 동남쪽으로는 깊은 수렁과 커다란 둑으로 된 제방이 자리잡고 있으며, 땅으로 둘러싸여 있고, 도랑을 터뜨리면 물이 쏟아진다. 꽃과 열매가 있는 나무에서 얻는 토산물은 삼한에서 가장 기름질 것이며, 옷과 음식의 근원이 천지 사이에 숨어 있는 곳이다.

주유성은 자연 지형을 이용한 천혜의 요새였다. 그러나 한산의 건지산성은 그리 험준한 요새가 아닐 뿐더러 부여와 너무 가까워서 주유성으로 보기에는 합당한 것 같지 않다. 실제 당나라 군대가 사비성으로 자주 드나드는 길목인 금강 하구에 백제가 항전의 주요 거점을 두었다는 것도 석연치 않다. 최근 발굴 결과, 건지산성이 고려시대의 성으로 밝혀진 것도 이 성이 주류성이 아니었음을 명확하게 보여준다.

그래서 금강 하구보다 조금 남쪽에 있는 전라북도 부안을 찾았다. 부안 부근을 흐르는 동진강을 백강으로 볼 수 있을까 싶어서였다. 그런데 놀랍게도 현재 호남평야의 젖줄인 동진강 어귀에 백산(白山)이 있었다. 이것이 동진강을 백촌강으로 볼 수 있는 근거가 될지는 모르겠지만 실마리는 찾은 셈이다.

부안에는 천년 고찰 개암사(開巖寺) 뒤편으로 유명한 울금바위가 있다. 그리고 그 주위에 울금산성, 또는 우진암이나 우금암산성이라 부르는 성이 있다. 개암사 입구에서 바라본 대웅전과 울금산성은 예나 지금이나 비경이었을 듯하다. 지금의 개암사는 백제 무왕 35년인 634년 묘련 왕사가 변한의 궁전을 절로 고쳐 개암사라 했다는 데서 비롯되었다고 한다. 이후 원효 대사와 의상 대사가 중창하면서 개암사는 번듯한 사찰의 면모를 갖추어간 것 같다.

원래 개암사가 있는 부안과 변산 지방은 과거 변한의 땅이었다고 전한다. 서기전 282년 변한의 문왕이 진한과 마한의 난을 피해 이곳에 와서 우(禹)와 진(陳)이라는 두 장수로 하여금 지키게 했다고 해서 우진암이고, 변한 지역이었기에 변산(卞山)이라는 말도 전해온다. 하지만 삼한 중 가장 남쪽에 있었다고 알려진 변한이 전라북도 서쪽 끝을 차지했다는 것이 믿기지 않는다. 또한 17세기에 개암사 승려였던 밀영(密英)이 작성한 「별기」에 승려 도침은 개암사를 창건했다는 묘련의 사자(嗣子)이며, 그의 마지막 항전지인 주류성이 바로 이곳 울금산성이라는 내용이 적혀 있다고 한다. 그런데 이것 또한 위작이라고 보는 견해가 많아 신빙성이 없다.

하지만 울금산성을 주류성으로 보는 견해 또한 만만치 않다. 오다 쇼고(小田省吾)는 "나당이 주류성을 공격할 때 유인궤 등이 이끈 수군이 웅진강에서 백강에 이르러 육군과 만났다"고 한 기록을 들어 웅진강과 백강을 서

개암사

울금산성

개암사 입구에서 바라본 대웅전과 울금산성의 모습은 무척 아름답다. 울금산성에 올라가면 멀리 김제평야가 보인다.

울금산성 복신굴 | 이규보의 「남행월일기(南行月日記)」에서 울금바위에 오르는 상황을 "높이가 수십 층이나 되는 나무 사다리가 있어 발을 후들후들 떨며 찬찬히 올라갔다"고 기술하고 있는데, 이로 인해 이따금 범과 표범이 나타나도 올라오지 못했다고 한다.

로 다른 주체로 보았다. 곧 웅진강은 금강으로, 백강은 전라북도에 있는 동진강으로 본 것이다. 이후 많은 학자들이 울금산성이 주류성이라는 설을 지지하고 있다.

개암사 대웅전 뒤편에서 20여 분을 올라가면 커다란 울금바위 언저리에 도달한다. 땅에서 솟아난 듯 벌그스레한 바윗덩이에는 앞에 두 개, 뒤에 한 개 굴실이 있다. 『신증동국여지승람』에서는 우진암의 바위 밑에 굴이 세 개 있는데, 굴마다 중이 살고 있다고 했다. 최근에도 누가 이곳에서 묵다 갔는지 불에 그을린 나무토막 몇 개비가 놓여 있다. 울금바위에는 원효가 수행했다고 해서 원효방이라고 부르는 굴실이 있고, 또 복신 장군의 지휘소였다고 해서 복신굴이라고 부르는 굴실이 있다.

고려 말 이규보가 원효방에 들른 뒤 쓴 시에서 "이 땅에 옛날에는 물이 없어 불자들이 머무르기 어려웠더니, 원효 대사 한 번 와서 머문 뒤로는 맑은 물이 바위 구멍에서 솟아났네(此地舊無水釋子難樓住 曉公一來寄甘液湧岩竇)"라고 했듯이 지금도 그 안에는 몽글몽글한 샘이 있다. 하지만 과거에 불자들이 머물기 어려울 정도로 물이 귀한 곳이라면, 이곳이 백제 항전의 장소가 될 수 있었을까? 복신굴이라고 부르는 굴도 너무 작기 때문에 실제 이 안에서 복신이 군사를 지휘했는지도 의문이다. 하지만 이곳을 우금암(遇金岩)이라고 한 것은 소정방이 김유신과 만났다고 해서 붙은 이름이며, 멀지 않은 곳에 있는 내소사(來蘇寺)도 고려 때까지는 소정방이 나당 전쟁 때 이 절에 와서 시주를 했다고 해서 소래사(蘇來寺)라 불렀다고 한다. 뿐만 아니라, 동진강 연안, 부안의 상소산(上蘇山)도 소정방이 올라갔다고 해서 붙은 이름이라는 설도 있다. 부안 일대에 당시 백제와 신라, 당나라의 관계를 엿볼 수 있는 지명이 구전으로 전해지고 있었다. 이는 모두 울금산성이 주류성일 가능성을 한층 높여주는 흔적이다.

울금바위 뒤편으로 이궁의 흔적과 성벽이 확실하게 남아 있다. 산성 위에서 보면 멀리 김제의 호남평야가 또렷하게 보인다. 『일본서기』에서 표현한 대로 험준한 천혜의 요새인 것만은 확실하다. 또한 현재 김제로 추측하는 피성과도 가까워서 가능성이 더욱 높다. 물이 띠를 두르고, 깊은 수렁과 큰 제방이 있었다는 것으로 보아 피성은 벽골제를 가리키는 듯하다.

울금바위를 몇 바퀴 돌며 백제인의 원혼이 담긴 소리를 듣고 싶었다. 이 방(房)이 풍왕굴이 아니라 복신굴이라 이름 붙은 것도 어쩌면 당시 실세였던 복신에 대한 민중의 소망 때문은 아닐까 싶다. 풍왕에게 참수당한 뒤 젓으로 담가진 복신의 유혼을 달래기 위해 민중이 붙인 이름 아닐까?

울금산성을 내려와 조용하고 한적한 적벽강 부근에서 수성할미를 찾았다. 수성할미가 묵는다는 수성당은 새로 지어 번듯하다. 개양할미라고도

벽골제 | 피(避)와 벽(辟) 자는 같은 글자로 볼 수 있기 때문에 피성을 벽골제가 있는 김제로 보기도 한다.

하는 수성할미는 우리나라 서해를 돌보는 수호신이다. 딸 아홉 중 여덟을 각 도에 시집보내고 막내딸만 데리고 수성당에 사는데, 굽 달린 나막신을 신고 서해 바다를 걸어다닌다고 한다. 바다를 걸으면서 수심을 재는데, 깊은 곳은 메우고 물결이 거친 곳은 잠재우기도 하면서 어부들을 보호한다고 한다. 또한 이곳에는 왜구가 나타났을 때 한 도인이 철마를 타고 나가 황금 부채로 왜구를 물리치고 풍랑을 잠재웠다는 전설도 있다.

이러한 여러 가지 전설을 뒷받침하듯, 1991년 국립전주박물관이 이 부근의 죽막동에서 삼국시대의 제사 터를 발견하고 이듬해 발굴 조사를 했다. 흙으로 빚어 만든 말을 비롯해 철제 무기류와 마구류, 중국 육조 시기의 청자 조각, 방울, 구슬, 토기, 돌로 만든 거울, 곱은옥(曲玉) 등이 많이 출토되었다. 특히 백제뿐만 아니라 가야의 유물로 볼 수 있는 것도 다수 발굴되어 부안 죽막동 유적이 당시 국제적인 교역지였을지도 모른다는 생각을 하게 된다.

문득 변산이 도망 온 변한 유민의 옛 궁터였다는 말이 생각났다. 부안 죽막동 유적지는 가야를 비롯한 온갖 정치 세력들이 드나들었던 곳이었기에 이러한 전설이 생긴 것은 아닐까? 어쨌든 고대에 일본으로 가는 항로의 중심이었을 것으로 짐작되기 때문에 울금산성이 일본과 서로 연계했던 백제군의 마지막 거점이라는 설을 한껏 고무해준다.

오래전부터 당제를 지내면서 풍어를 기원하고 항해 안전을 기원했다고 하는 당집은 새로 지어서 운치가 없었다. 이글거리는 낙조가 빨려들 듯한 바다 먼 곳에 위도가 있을 것이다. 위도의 풍어제인 띠뱃놀이가 눈앞에 아른거린다. 용왕에게 바치는 민중의 소망이 지금까지 남아 진득하게 내려온다. 수만 명이 수장된 백촌강 전투에서 띠뱃놀이가 기원한 것은 아닐까?

한국과 일본의 징검다리

일본에서 우리나라와 가장 가까운 거리에 있는 섬이 쓰시마이다. 부산에서 배로 1시간 30분가량 달리면 쓰시마의 가라사키(韓崎)에 도착한다. 일본에서 가장 가깝다고 하는 규슈의 후쿠오카까지 거리가 147킬로미터나 되기 때문에 오히려 49킬로미터밖에 떨어져 있지 않은 부산이 더 가까운 셈이다. 때문에 과거에 우리나라와 더 밀접히 교류했을 듯하며, 대일본 관계에서 굉장히 중요한 거점이었을 듯하다. 그래서 쓰시마는 고대 이후 근대와 현대에 이르기까지 우리나라와 관계가 순탄하지만은 않았다. 그러나 지금까지도 우리나라와 관계된 유적들이 여기저기 남아 있는 곳이다. 신라의 충신인 박제상이 순국했다는 곳도 쓰시마로 알려져 있고, 최익현 선생이 일본군에게 끌려가 유배를 당한 뒤 단식으로 순국한 곳도 바로 쓰시마다.

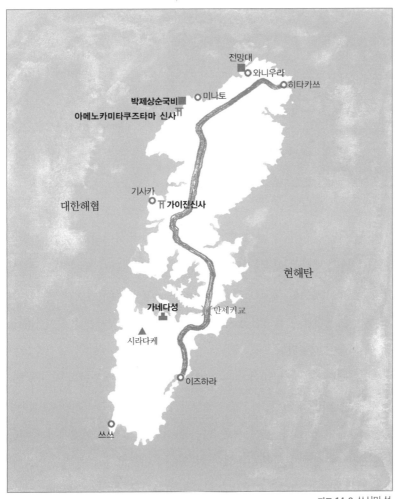

지도 14-3 쓰시마 섬

　제주도보다도 작고, 섬 전체가 산이어서 늘 식량이 부족했던 쓰시마는
우리에게 왜구의 소굴로 인식된 척박한 섬이었다. 조선시대에 쓰시마는 전
체 인구가 3만 2000명이나 되었지만, 식량을 전부 모아도 1만 8000명이
먹을 분량밖에는 안 되었다고 한다. 규슈에서 올라오는 쌀로 4000명, 지쿠
젠 하카타(筑前 博多)의 쌀장수에게 사들인 쌀로 4000명, 조선에서 가져온

최익현 순국비 | 현재 쓰시마의 이즈하라(嚴原)에 있는 슈젠 사(修善寺) 경내에는 최익현 선생의 순국비가 있다.

쌀로 7000명을 먹여 살릴 정도였다고 하니 가히 그 척박함을 짐작할 수 있으리라. 따라서 소씨(宗氏)가 대대로 섬의 주인이었던 이곳은 먹고살기 위한 자구책으로 조선과 일본 막부 사이의 교류를 간절히 원했다. 임진왜란 이후에는 외교문서를 조작하면서까지 조선과 도쿠가와 막부 사이를 연결해 국교를 재개시켰다. 가도 가도 끝없이 굵은 삼나무가 우뚝 솟은 산지를 둘러보면서 자연환경 탓에 힘겹게 살아온 쓰시마 사람들의 옛 모습이 떠올랐다.

와니우라(鰐浦) 전망대가 있는 곳에는 북쪽 해역에서 조선의 역관사 108명이 조난을 당했다고 해서 만든 '조선국역관사조난추도비(朝鮮國譯官使遭難追悼碑)'가 서 있다. 조선 숙종 29년에 역관사 일행이 이곳에서 풍랑을 만나 모두 순직했다는 기록이 있어 최근 들어 양국의 우호 증진을 위해 만들었다고 한다. 1719년 통신사의 기록을 담당했던 제술관 신유한은 『해유록(海游錄)』에 다음과 같이 기록했다.

악포(鰐浦)를 지나가는데 큰 돌이 바다 한가운데 늘어서 혹은 일어서고 혹은 엎드려 고래의 어금니와 범의 이빨과 같아 바람 파도와 싸우는데 물결이 때리고 뿜는 것이 설산과 같다. 배가 그 가운데 들어가서 한 번만 실수하면 부서지고 엎어지는 것이 상사이므로 이곳을 악포라고 이름 한 것이

와니우라 전망대에서 본 바다 │ 와니우라 앞바다는 신유한이 이야기한 것처럼 고래의 어금니와 범의 이빨과 같은 바위가 널려 있어 항해하기가 매우 어려웠을 것 같다.

韓 国 の 夜 景 한국의야경

와니우라 전망대에서 보이는 한국의 야경 │ 전망대 안에는 멀리 부산의 야경이 보이는 사진이 걸려 있지만, 실제로는 해무(海霧) 때문인지 부산을 보기가 어렵다.

와니우라 역관비 | 한옥으로 만든 와니우라 전망대 옆에는 조난당한 조선의 역관사 108명을 추모하기 위해 조선
국역관사조난추도비를 세웠다.

니 구당(瞿塘) 호수(虎鬚)와 같은 곳이다. 계미년에 바다를 건너던 역관 한천석(韓天錫) 또한 여기에 이르러 빠져 죽었다고 생각하면 오싹하다. 각기 배들이 돛을 내리고 배를 끄는 왜인들로 하여금 좌우익이 되게 하여 이리 저리 돌을 피해 척촌(尺寸)을 다투는 길을 따라가니 노를 저어 가기가 매우 어려웠다.

지금은 일본의 자위대가 국경을 수호하기 위해 지키고 있다. 어쨌든 이곳이 악명 높은 악포라고 하는 곳인데, '와니우라' 라는 이름에서 일본에 문물을 전해주었다는 백제의 왕인이 느껴지는 것은 왜일까? 원래는 이곳 해안이 악어 이빨과 같아서 와니라고 했다. 하지만 왕인의 일본 발음이 악어를 의미하는 와니(鰐)와 같다. 쓰시마에서 다시 바다 건너 북부 규슈의 사가 현에 가면 왕인을 제신으로 모시는 신사가 있는데, 그 신사의 이름도 와니(鰐) 신사다. 이처럼 와니라는 명칭이 나타난 지역은 과거 왕인이 바다를 건너오면서 거쳐 간 경로와 관련이 있는 것은 아닐까 싶다. 와니우라 부근에 고레이 산(高麗山)이 높이 솟아 있는 것도 심상치 않다.

섬의 서북 귀퉁이 미나토(湊)라는 곳으로 향했다. 그곳에 가면 나가토메 히사에(永留久惠)와 황수영(黃壽永) 선생이 주도해 만들었다는 신라의 충신 박제상의 순국비가 있다. 순국비의 이름은 '신라국사 박제상공 순국지비(新羅國使朴提上公殉國之碑)'이다. 그런데 박제상공이라는 명칭 옆에 모마리질지(毛麻利叱智)라는 글자가 같이 새겨진 것이 눈에 띈다.

박제상 순국비 │ 미나토 항 바로 앞에는 박제상이 순국했다고 전해지는 곳에 '신라국사 박제상공 순국지비'가 세워져 있다. 모마리질지(毛麻利叱智)라는 이름이 병기되어 있는 것이 특히 눈에 띈다.

박제상 이야기는 『삼국사기』와 『삼국유사』, 그리고 『일본서기』에도 등장한다. 『삼국사기』나 『삼국유사』는 박제상 사건을 5세기 초엽의 일로 적었다. 그에 반해 『일본서기』에서는 박제상을 진구가 신라 정벌을 했을 때 일본에 인질로 온 미질기지파진간기를 구출하기 위해 온 인물로 묘사한다. 우리나라의 사서와 시기적으로 큰 차이가 난다. 이는 아마 『일본서기』의 편찬자가 진구의 신라 정벌을 사실처럼 보이려고 집어넣은 것 같다. 원래는 계통이 다르게 전승되었던 여러 가지 기사를 『일본서기』의 편찬자가 짜 맞춘 것이다.

『일본서기』에 미질기지파진간기를 구출한 모마리질지가 쓰시마 서해(鉏

海)의 미나토(水門)에 정박해 그곳에서 순국했다고 씌어 있기 때문에 이와 명칭이 비슷한 사호(佐護)의 미나토(湊)라는 곳에 이 순국비를 세운 것 같다. 또한 『삼국유사』에서 "제상의 발가죽을 벗기고 갈대(蒹葭)를 벤 위에 걸어가게 하는 극형에 처했다"고 한 기록도 한몫을 한 것 같다. 현재 사호천을 끼고 있는 미나토 일대의 농지는 몇 이랑 정도밖에 되지 않지만, 쓰시마 일대에서 그나마 큰 농지라고 한다. 그래서 쓰시마의 다른 지역보다 평지가 많아 갈대도 무성했을 것으로 추측하기도 한다.

박제상 순국비가 서 있는 항구에서 약 100여 미터 못미처 아메노카미타쿠즈타마(天神多久頭魂) 신사가 있다. 제대로 돌보지 않은 듯 풀과 나무가 우거져 음산했다. 이 신사는 쓰시마의 최남단 쓰쓰(豆酘)의 천동(天童) 신앙을 전한다. 천신에게 제사를 지내는 곳으로 『일본삼대실록(日本三代實錄)』의 내용 중에 서기 870년 기록에도 나오는 오래된 신사다.

신사 안 여기저기에 돌탑이 있었는데, 사람들이 공들여 쌓은 탑 같았다. 그 모양새가 마치 제주도의 거욱대와 같았다. 거욱대란 풍수지리적으로 허한 곳에 돌을 쌓고 그 위에 까마귀를 올려놓아 까마귀 부리로 액운을 쫓아

아메노카미타쿠즈타마 신사

내 평온을 기원한다는 탑이다. 쓰시마에도 돌이 많기 때문에 제주도와 같은 방사탑(防邪塔)이 세워진 것일까? 거욱대는 육지의 솟대와 비슷하다.

천동 신앙은 쓰시마에서만 볼 수 있는 특이한

아메노카미타쿠즈타마 신사의 돌탑 │ 여기저기 세워져 있는 돌탑은 액운을 막는 역할을 했던 것 같다. 마침 아메노카미타쿠즈타마 신사를 방문했을 때에는 새들이 오래된 거목에 앉아 요상스런 소리로 우짖고 있었기 때문에 한낮인데도 음산한 기운이 느껴졌다.

신앙으로, 신분이 고귀한 여성이 바다를 건너와서 해변에 수호신을 낳았다는 신화다. 전설에 따르면, 천동은 673년 쓰시마의 쓰쓰에서 태어났는데, 그의 어머니가 아침 해를 향해 소변을 보고, 햇빛을 받아 임신했다고 한다. 태양신의 아이라 천동이라고 불렸으며, 십일면관음의 화신으로 알려져 나중에 몬무 천황의 병을 치료하는 등 기적을 일으켰다고 전해진다.

천동 신화에는 동명왕 신화와 같은 일광감정(日光感精) 전설이 있다. 한반도에서 건너온 아메노히보코나 연오랑의 고사와도 맥이 닿는 것 같다. 특히 쓰시마에는 진구와 관련된 전설이 많은데, 천동의 모자 신앙과 진구, 오우진의 전설이 쓰시마에서 연결되어 일본 전 지역으로 녹아든 느낌이다.

제주도 용수 포구의 거욱대 | 액운을 막기 위해 기가 허하다고 하는 서쪽 바다를 향한 새의 날카로운 부리가 인상 깊다.

쓰시마 서쪽 기사카(木坂)의 바닷가를 마주한 가이진(海神) 신사는 이 지역에서 제일가는 신궁이라고 한다. 이곳에는 8세기에 만든 신라 불상이 있고, 고려경(高麗鏡)과 고려청자가 보관되어 있다. 쓰시마의 미네(峰) 정에 있는 가이진 신사는 바다의 수호신 도요타마히메노미코토(豊玉姫命)를 기리는 쓰시마 제일의 궁으로 알려진 유서 깊은 곳이다.

쓰시마의 전설에 따르면, 진구 황후가 신라를 정벌하고 돌아오면서 기사카의 이즈 산(伊豆山) 기슭에 여덟 깃발을 모시고 신라를 진정시키려 했다는 곳이 바로 가이진 신사다. 신사에 적힌 연혁대로라면 일본 전역에 4만 곳, 일본 전국의 1/3을 차지할 정도로 넓게 퍼져 있는 하치만 신사의 모태가 이 신사다. 현재 하치만 신사는 다양한 양상을 보이지만, 원래 진구의 아들인 오우진 천황과 진구 황후, 그리고 그녀의 남편인 주아이 천황을 제신으로 하는 신사였다. 그렇기 때문에 임신한 상태에서 신라를 정벌한 진구가

쓰시마 가이진 신사 | 쓰시마의 미네 정에 있는 가이진 신사에는 신라시대의 여래입상이 보관되어 있다고 한다. 하지만 수장고는 자물쇠로 꼭 잠겨 있어 볼 수 없었다.

귀환하면서 낳았다는 오우진과 더불어 모자신(母子神) 신앙이 두드러진다.

대개 하치만 신앙은 『일본서기』에서 '일신(日神)과 스사노오노미코토의 서약에 따라 일신으로 태어난 세 여신이 우사노시마(宇佐島)로 강림했다'는 신화에서 생긴 것으로 알려졌다. 이 때문에 보통 규슈의 오이타(大分)에 있는 우사 신궁(宇佐神宮)에서 시작한 것으로 알려져 있다. 그 후 8세기 초에 이르러서는 한반도와 관련이 있는 오우진이 하치만 신에 포함되고, 9세기에는 진구마저 추가되어 이들 모자를 중심으로 한 신앙이 북규슈에서 시작되어 전국으로 퍼져나가기 시작한 것 같다.

이렇듯 일본의 최전방이라고 할 수 있는 쓰시마 전역에 진구의 신라 정벌과 관련된 전설들이 남아 있는 것이 심상치 않다. 전망대가 있는 와니우라 지역을 『일본서기』에서 진구가 신라를 정벌하기 위해 출항했다는 와니노쓰(和珥津)로 추측하는 것을 시작으로, 남쪽 이즈하라의 하치만궁 신사

가네다성 | 일본의 최전방이라고 할 수 있는 쓰시마에는 백제식 산성인 가네다성이 남아 있다. 1400여 년 전에 만들어졌는데, 이후 요새로 쓰이면서 아직까지도 견고한 모습을 보이고 있다.

에 진구가 신라 정벌 때 가지고 온 거울이 있다는 것에 이르기까지 현실과 동떨어진 진구의 신라 정벌 전설로 그득하다.

쓰시마의 남쪽에 있는 만세키교(万關橋)를 건너 아소(淺茅) 만의 서남쪽 해안으로 가면 백제식 산성이 남아 있다. 규슈의 성산(聖山)으로 예로부터 쓰시마인의 신앙이 되었다는 시라다케(白岳) 부근이다. 단군신화의 백산(白山, 태백산) 신앙과 닮은 시라다케 부근으로 들어서자마자 가네다성(金田城) 표시가 보였다. 굽이굽이 산길을 올라가는 길목이 전혀 부담스럽지 않다. 근래에 들어서 새로 다듬은 듯하다.

가네다성은 백제가 멸망한 뒤 667년에 신라와 당의 침략을 막기 위해 험한 절벽 위 최전방에 쌓은 성이다. 백촌강 전투에서 패배한 후 산성을 쌓았다고 한다. 흡사 호수와도 같은 아소 만을 바라보는 가장 중요한 거점에 있었다. 아소 만으로 들어오는 해로는 1419년에 조선의 이종무가 왜구를 소탕하기 위해 들어온 길이고, 러일전쟁 때도 중요한 길목이었기 때문에 틀림없이 요충지였을 것이다. 7세기에 만든 가네다성은 제2차 세계대전 때도 요새로 쓰였다.

쓰시마는 국경의 섬으로서 우리나라와 관계에서 좋은 일보다는 궂은 일이 많았다. 따라서 쓰시마 사람들에게는 백촌강의 패배, 여몽연합군의 침략, 고려의 박위와 조선 이종무의 정벌 등으로 갖게 된 열등감을 극복하는 수단이 필요했을 것이다. 그때마다 허구인 진구 전설은 섬 주민들에게 열등감을 없애주는 자구책이 되었을 것이다.

백제 구원의 길을 찾아서

조그마한 공원이라서 그런지 찾는 데만도 여러 시간이 걸렸다. 좁은 도랑을 사이에 두고 지나가는 여러 사람에게 길을 물어가며 후쿠오카 현 아사쿠사(朝倉)에 있는 옛 궁터를 찾아갔다. 지도에도 제대로 표시되어 있지 않아서 한참을 헤맸다. 좁은 골목길을 지나 마을 뒷동산 같은 언덕에 도착하니, 사방 50미터 안팎 공간에 커다란 입석만이 자리를 지키고 있었다. 이곳이 조안 사(長安寺) 지구에 있는 다치바나노히로니와노미야(橘廣庭宮), 흔히들 아사쿠사의 궁터라고 부르는 곳이다.

일본은 1980년대 거품 경제가 무너지면서 1990년대 이후 불황에 허덕이고 있다. 최근 들어 점차 회생 기미가 보이지만, 중소 지방 도시의 공동화 현상은 점점 심해지고 있다. 일본 정부는 재정 적자를 해결하고 비효율적인 요소를 해소하고자 우리나라로 말하자면 시, 군, 면에 해당하는 시정촌(市町村)에 대해 '합병특례법'을 제정해 병합을 강행했다. 이에 따라 아마기(甘木)와 아사쿠사 등의 시정촌이 합병해 새로운 아사쿠사 시를 만들었다.

규슈의 아사쿠사는 원래 야마타이국의 소재지로 손꼽힐 정도로 고대의 유적과 유물들이 많이 발굴되는 곳이다. 더욱이 아사쿠사 가마터군을 비롯

다치바나노히로니와노미야 | 아사쿠사의 옛 궁터라는 곳은 '다치바나노히로니와노미야(橘廣庭宮)'라는 입석만이 세워져 있는 자그마한 언덕배기였다.

해 근처 아마기 중학교에서도 스에키 등 과거 한반도에서 전래된 토기가 발견되기도 해서 더욱 관심이 가는 곳이다. 아사쿠사의 궁터 유적지까지 오게 된 이유는 왜국 여황 사이메이(齊明)에 대한 상념 때문이었다. 과거 백제가 멸망할 당시 천황인 사이메이가 백제에 구원군을 보내기 위해 아사쿠사의 궁에 머물렀다. 사이메이 천황은 기나이부터 멀리 규슈에 몸소 거둥하면서까지 백제를 도우려 한 것이다.

서기 660년 7월, 백제의 사비성이 신라와 당의 연합군에게 함락당하자 백제는 왜국에 사자를 보내 구원을 요청했다. 그러자 사이메이 천황과 후에 덴지 천황이 된 아들 나카노오에(中大兄) 황자를 포함한 황족까지 동원되어 백제를 돕기 위해 멀리 후쿠오카까지 왔다. 당시 나라의 아스카에 있었던 왜 왕조가 오사카의 나니와(難波) 궁을 출발해 세토 내해를 통해 일본의 서쪽 끝인 후쿠오카까지 왔다는 사실은 놀라운 일이다. 특히 나이가 예순여덟인 사이메이 천황과 대신들의 이동은 천도를 보는 듯 했을 것이다. 이는 당시 백제의 멸망에 따른 왜의 위기감이 어느 정도였는지 보여주는 대목이기도 하다.

아사쿠사의 궁터는 후쿠오카의 바닷가에서 40여 킬로미터 남쪽에 있는 곳이기는 하지만, 북으로는 후쿠오카의 평지에 이르는 길목을 산지가 둘러싸고 있는 곳이어서 방어에 유리할 뿐만 아니라, 기습 공격을 받아 퇴각할

516

때에는 동쪽 오이타를 통해 퇴로를 확보하기에도 유리한 위치다.

　서기 661년 1월 6일, 나니와 항을 출발한 일행은 1월 14일 시코쿠의 이와유(石湯) 행궁에 닿은 뒤, 3월 25일 후쿠오카의 나노오쓰(娜大津)에 도착했다. 이때 현재 후쿠오카 인근인 이와세(磐瀨) 행궁에 본영을 두고 그해 5월 아사쿠사의 궁으로 옮겨 7월까지 2개월 동안 머물렀다. 그러나 이곳에 머문 지 75일 만인 7월 24일, 사이메이 천황은 병을 얻어 예순여덟 나이에 사망했다. 어머니의 유언에 따라 아들인 덴지 천황은 그해 8월에 아즈미노히라부노무라지(阿曇比羅夫連)를 선봉으로 하고 아베노히케타히라부노오미(阿部引田比邏夫臣)를 후군으로 하여 구원군을 백제로 보냈다. 당시 왜국에서 최대 해상 세력은 북규슈 연안의 아즈미씨족이었고, 그 다음 가는 해상 세력은 세토 내해를 근거지로 한 아베노히케타씨족이었으니 백제에 보낸 구원군은 모두 당대 최고나 다름없었다. 이처럼 왜국은 백제를 지원하는 데 심혈을 기울였다. 왜국은 663년, 2만 7000여 명에 이르는 군대를 파견해 백촌강에서 치열한 전투를 벌였다. 하지만 당나라와 신라의 연합군에게 무참히 짓밟혀 백제는 멸망하고 말았다.

　지금은 작고 초라한 공원으로 변했지만, 원래 아사쿠사의 궁터는 백제에 구원군을 보내 백제를 다시 살리겠다는 왜국의 열망이 서렸던 곳이다. 아마 이곳은 사이메이 천황이 죽고 백제가 멸망한 뒤에 곧바로 폐허가 된 것 같다. 그런데 왜가 이토록 백제를 도와주려고 한 이유가 무엇인지 쉽게 이해되지 않는다. 일본에서는 남쪽으로 내려오던 당의 제국주의와 북으로 올라가던 일본의 제국주의가 부딪힌 사건으로 백촌강 전투를 해석하지만, 이는 근대사와 맞물려 또 다른 러일전쟁을 보는 듯한 기분이다. 우리나라에서는 사이메이 천황이 백제 의자왕의 누이였고, 백제 왕족과 일본 왕족이

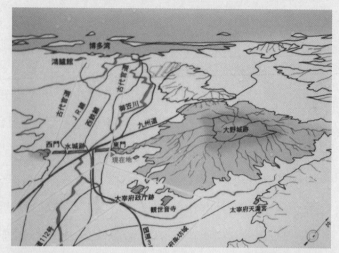

다자이후 상공 그림(안내판) │ 공중에서 본 후쿠오카의 모습이다. 멀리 북쪽으로 하카타 만이 보이고 산지에는 오노성이, 평지에는 미즈키(水城)를 방어책으로 두른 것이 보인다.

미즈키 흔적 │ 지금도 다자이후정청(大宰府政廳) 터 앞으로 난 도로를 지나다 보면 미즈키의 일부를 볼 수 있다. 미즈키 부근의 안내판 사진이다.

형제지간이었기 때문에 구원했다는 해석이 있긴 하지만, 이를 증빙할 만한 사료나 문헌은 없다. 이처럼 허황된 해석을 하는 것도 일본이 군사를 동원해 백제를 구원하려 한 이유를 정확히 모르기 때문이다.

당시 백제가 무력하게 망하자 왜의 두려움은 대단했던 것 같다. 왜는 신라와 당나라가 대한해협을 건너 쳐들어올 것이 두려워 하카타 연안에 방어 요새를 짓기 시작했다. 백제 멸망 이듬해인 664년, 후쿠오카 인근에 높이 10미터, 길이 1킬로미터인 미즈키(水城, 수성)를 쌓았다. 미즈키는 산으로 둘러싸인 다자이후(太宰府) 부근에 오로지 한쪽으로 탁 트인 길목에 산과 산을 이어 쌓았다. 점토와 모래를 섞어 다진 흙으로 쌓아 올리고 그 안에 나무통을 두어 물이 통할 수 있게 만들었다. 그러고는 곁에 큰 호수를 만들어 물을 저장한 뒤 유사시에 나무통으로 물을 흘려보내 적을 수장할 수 있도록 했다. 지금도 미즈키를 쌓은 곳에는 이를 기념하는 비석이 서 있고, 그 옆에는 미즈키의 도막 난 흔적이 남아 있다.

또한 미즈키와 함께 축조한 방어 진지가 오노성(大野城)과 기이성(基肄城)이다. 이 성들은 패전 이후에 이곳으로 건너온 백제인의 기술로 만든 흔적이 곳곳에서 나타난다. 판축 기법으로 산등성이에 토루를 쌓고 골짜기에는 석축을 쌓았다. 일본에서 가장 오래된 산성으로 일본에서는 흔히들 '조선식 산성'이라고 부른다. 『일본서기』에서도 백제가 패망한 지 2년 뒤인 665년, 백제 달솔 억례복류(憶禮福留), 달솔 사비복부(四比福夫)를 쓰쿠시에 보내 오노(大野)와 기(椽) 두 성을 쌓았다고 기록했다. 백제 멸망 뒤 백제식 산성은 규슈의 오노성, 기이성, 쓰시마의 가네다성을 시작으로, 동쪽 나라의 다카야스성(高安城)까지 이어진다. 일본에게 백제의 참패는 이토록 처절했던 것 같다.

일본에 있는 백제식 산성

　패전에 대한 두려움은 이후 후쿠오카 남단 다자이후 시에 다자이후정청 (大宰府政廳)을 설립한 것으로도 짐작할 수 있다. 다자이후정청은 백제를 도우려던 왜국이 패전 당시에 지은 것으로 거대한 집무소가 있었을 것으로 추정되는 곳에 지금은 초석들이 남아 있다. 지금까지 다자이후는 규슈 일 대의 행정을 총괄하면서 외국 사절을 접대하는 등 외교를 담당한 것으로 알려져 있었다. 하지만 발굴 조사 결과에 따르면, 다자이후는 백촌강 전투 직후인 7세기 중엽에 건축되었으며, 일본이 국가 형태를 갖추어 나갈 당시 에 지은 정연한 건물임이 밝혀졌다. 따라서 다자이후는 아마 왜국으로 온 백제인들의 망명소로 처음 만든 것이 아니었을까 싶다.

　다자이후정청 옆에는 규슈 제일의 사찰이라는 간제온 사(觀世音寺)가 있 다. 백제를 도와주기 위해 출정했다가 규슈에서 죽은 사이메이 천황을 추

다자이후정청터 | 백제 멸망 당시에 지은 규슈 외교의 관문 다자이후정청의 자리에 지금은 주춧돌만이 남아 있다.

(왼쪽) 간제온 사, (오른쪽) 간제온 사의 종 | 1377년 왜구 단속을 요청하기 위해 하카타에 머물렀던 포은 정몽주가 「관음사에 놀며(遊觀音寺)」라고 하는 유명한 시를 지었는데, 여기서 말하는 관음사가 이곳 간제온 사(觀世音寺)를 말하는 것은 아닌가 한다.

모하기 위해 덴지 천황이 발원한 사찰이다. 간제온 사에는 국보로 지정된 범종이 있다. 간제온 사의 범종은 하쿠호(白鳳) 시대인 681년에 주조된 것으로 현재 일본에서 가장 오래된 종으로 알려져 있다.

이렇게 왜국이 백제를 도와주려다가 크게 패한 뒤 그 아픔이 채 가시기도 전, 그리고 신라에 대한 반감이 아주 심했던 8세기 초엽에 『고사기』와

다자이후 덴만궁 │ 학문의 신 스가와라노미치자네를 제신으로 모시고 있는 신사다. 입시철이 되면 합격을 기원하기 위해 수많은 일본인이 찾는다.

『일본서기』가 등장했다. 다분히 이러한 분위기에 영향을 받아 진구의 신라 정벌이라는 기사가 기술되었을 법하다. 곧, 이들 사서에 등장하는 '진구의 신라 정벌'과 '임나일본부' 등은 백제에서 망명한 도래인들이 꾸며냈을 가능성이 많으며, 백제의 구원군으로 파견된 왜군이 백촌강 전투에서 나당연합군에게 전멸한 것이 진구의 신라 정벌이라는 전설의 모티프가 된 것 같다. 현실의 실패가 스이코, 사이메이, 덴지 천황 시대의 현실적인 요구와 결합해 신라 정벌 이야기가 형성된 것은 아닐까?

그렇다면 신라 정벌을 이끈 진구는 사이메이 천황의 변용이라 할 수 있을 것이다. 백제 구원에 대한 열망과 신라에 대한 적대감이 이런 전설을 만든 것 같다. 마치 조선후기의 소설 『임진록』에서 사명 대사가 일본에 건너가 왜왕을 희롱하고 항복을 받아 왔던 것처럼 말이다.

다자이후의 덴만궁(天滿宮)을 둘러보면서 도래계이기는 하지만 학문의 신(神)으로 추앙받는 스가와라노미치자네(菅原道眞)가 떠올랐다. 그 또한 백제에 대한 그리움보다 현실적으로 일본 천황을 먼저 고려했을 것을 헤아려 보면, 『일본서기』의 편찬 과정을 조금이나마 이해할 수 있지 않을까?

짙은 향내를 풍기며 서산으로 기우는 햇살이 얼비쳐 덴만궁에 걸린 오미쿠지(おみくじ)▪의 모습이 오늘따라 유난히 호사스러워 보인다.

▪ 오미쿠지란 일본의 신사에서 파는 운세를 점치는 종이를 말한다. 오미쿠지에 나쁜 운세가 나오면 액땜을 위해 나뭇가지에 매어둔다.

사실과 이성을 바탕으로
열린 민족주의를

한반도와 일본열도를 종횡무진 돌아다녔다. 영산강 유역에서 발견된 여러 형태의 무덤을 둘러보고 그 연원을 알아보기 위해 답사를 시작했다. 그중에서도 특히 일본과 관련이 있는 유물이 나온 무덤에 주목했다. 그동안 일본에서만 발견되었던 전방후원분과 형태와 양식이 유사한 무덤이 한반도 일부에서도 나타났다. 한반도에서 발견된 전방후원형 고분의 기원은 어디일까? 누가 만든 것일까? 이 의문을 풀기 위해 수년 동안 한반도를 누비고 일본열도를 쏘다녔다.

영산강 유역은 지형이 개방적일 뿐만 아니라 중국과 일본의 중간 지점에 있어서, 고대에는 동북아시아 교류의 허브 역할을 톡톡히 했던 곳이다. 그렇기에 백제, 가야, 신라, 심지어는 왜의 영향을 받은 유물도 나왔다. 바다로 이동을 할 때 한 번은 꼭 거쳐 갔던 곳이었기 때문이다.

영산강 유역을 좀더 찬찬히 들여다보니 한반도 서남부에 밀집한 고인돌에 주목하게 되었다. 한반도 서해안을 따라 내려가던 고인돌이 이제는 더 남쪽으로 바다를 건너갔다. 일본에서는 특이하게도 열도의 다른 곳에서는 전혀 보이지 않는 고인돌이 유독 규슈 서북부에서만 나타난다. 한반도 남부에서 끊어진 고인돌이 규슈에서 다시 이어진 것이다. 틀림없이 규슈로 건너간 도래인이 남긴 것이리라.

문자 기록을 남기지 않은 고대 이전의 흐름을 알기 위해서는 고고학 관련 유물을 고찰하고, 동시에 전승된 신화와 전설도 놓쳐서는 안 된다. 그래서 일본의 건국 신화를 쫓아다녔고 그 과정에서 한반도의 신화와 일본의 신화가 중첩되어 나타난다는 사실도 알았다. 하지만 정한론으로까지 연결되는 진구 증후군의 연원을 찾는 길은 멀고도 험난했다. 근대와 현대까지 일본인들의 사고에 커다란 영향을 끼친 것이 진구의 삼한 정벌이라는 증후군이다. 어쩌면 이것이 일본 역사 왜곡의 시작이자 종착점인지도 모른다.

이키 섬의 가쓰모토(勝本)라는 곳에 가면 과거 조선의 통신사들이 머물렀다는 아미타당(阿弥陀堂) 옆에 진구를 제신으로 하는 쇼모(聖母) 궁이라는 신사가 있다. 가쓰모토는 진구가 삼한을 정벌한 뒤 돌아와서 승리를 기념하기 위해 지명을 승본(勝本)으로 고쳤다는 곳이다. 그런데 신사 안내판에는 진구가 삼한 정벌 때 적군의 목 10만여 개나 가져와 바닷가에 묻었다고 썩어 있을 뿐만 아니라, 그녀가 타던 신마(神馬)의 발자국이라는 돌이 그럴듯하게 포장되어 있다. 이렇게 무시무시한 이야기가 전승된 이유가 무엇일까?

진구의 말굽석 옆에 또 다른 비석이 있었는데, 그것은 '文永之役元軍上陸地'라는 비석이다. 고려 말 여몽연합군이 이키 섬을 공략할 때 상륙했다는 곳이다. 『신원사(新元史)』에는 당시 참담하게 패배한 이키 섬의 상황이 실려 있다. 이 전쟁으로 쓰시마와 이키 사람들이 수없이 죽었고, 살아남은 사람은 화살을 쏘지 못하도록 손에 구멍을 뚫어 쇠사슬로 배에 묶어두었다고 한다.

지금까지도 북부 규슈에 남아 있는 진구에 대한 전설은 여몽연합군의 공격, 백촌강 전투의 패배, 쓰시마 정벌 등으로 인한 반작용이 설화의 형태로 이어진 것이다. 우리나라와 궂은 일이 많았던 탓에 열등감을 극복하기 위한 통로로 진구 증후군이 빠르게 퍼져나갔을 것이다. 허구가 진실이 된 것은 어쩌면 그들 나름의 고통을 없애기 위한 일종의 보상 콤플렉스는 아니었을까 싶다. 또한 도래인인 아메노히보코 이야기도 5~6세기 상황을 통해 일정 부분 변형되어 진구의 삼한 정벌 고사가 만들어지는 데 일조했다.

이처럼 후대의 인식으로 고대를 재단하는 경우가 수없이 많다. 사람들은 흔히 근대와 현대의 인식으로 고대의 사실까지도 자신에게 유리한 방향으로 끌고 나가려고 한다. 이러한 모습은 일본이나 우리나 비슷하다. 왕인의 내력을 찾아 헤매다 보면 한국에서나 일본에서나 정략적으로 이용만 당하는 모습이 서글퍼지기만 한다.

　일본에서도 제대로 파악하지 못한 전방후원분의 기원을 살펴보기 위해 돌아다니면서 전방후원분에 대한 일종의 고정관념이 있음을 알 수 있었다. 기나이 지역을 중심으로 정권이 성립되고, 이들의 무덤인 전방후원분이 다른 지역에 영향을 끼친 결과 전방후원분이 광범위하게 분포되었다는 것이다. 전방후원분의 발전과정을 미리 상정하고, 그 내용을 일본 사서들과 꿰어 맞추어 정치사를 복원하는 데 이용하는 것이다. 오히려 일본열도 각 지역에서 고대의 유물이 다양하게 발견되어 결코 야마토 정권만이 일본열도의 유일한 국가가 아니었다는 사실이 드러나는데도, 전방후원분을 중심으로 해석한다. 오히려 『일본서기』의 왜곡된 부분을 측면에서 지원한다.

　반면, 우리의 상황은 어떤가? 전남 지역을 중심으로 백제의 영향력을 배제하면서 영산강 유역에도 별도의 국가가 있었다고 하고, 최근에는 고흥과 여수 부근에도 백제와 다른 왕국이 있었다고 한다. 경상도에서도 고령에 별도의 국가가 있었고, 창녕, 고성, 합천, 김해 등 어쩌면 소도시마다 국가가 하나씩 있는 꼴이다. 한반도 남부는 소국으로 갈가리 찢기는 형국이다. 영산강 유역은 물론이고 옛 가야 지역도 모두 독자적인 국가였다는 것을 강조한다. 우리나라 학자들이 임나일본부를 해석한 것을 보아도 현대의 지방자치제도에 의해 정치적으로 이용당해, 지역주의와 맞물린 역사 왜곡의 한 단면을 보는 것 같다. 백제가 영산강 유역과 가야의 소국을 간접으로 통치했다고 하면 막상 현재의 지역주의가 작용해 역사의 진실을 흐리게 하고 만다.

이런 상황에서 한반도 남부에 왜계의 유물이 나오는 것을 어떻게 해석해야 할까? 일본에서는 일본열도 전체를 통치한 강력한 야마토 정권이 있다고 하는 마당에 한반도 남부에 나타나는 왜계 유적에 대해 야마토 정권의 영향력을 배제하면서 제대로 된 해석을 할 수 있을까? 일본에서는 전방후원분이 일본열도에 전파되어 정착하는 과정을 야마토 왕권의 확대 과정과 동일시하는데 해협을 건너 한반도 남부에 전방후원형 고분이 나타나는 상황을 어떻게 해석할 것인가?

광개토왕릉비문을 보아도 왜가 한반도에 군사를 파견한 것은 다분히 백제와 관련이 있다. 대방군까지 왜가 올라올 수 있었던 것은 그 뒤에 백제가 있었기 때문이다. 고대에는 한반도 남부까지 분절국가(Segmentary State) 형태로 영향력을 행사한 백제라고 하는 국가가 있어서 일본과 문물을 교류하는 동반자 관계를 유지했던 것이다.

지금까지 우리는 유물이 발견되면 그것으로 영토와 영역을 확정하려는 유물론적인 시각에서 역사를 보았다. 고분의 유형이나 분포를 조사해서 왕조를 구분하고 영역을 확정하려 했다. 바로 이것이 문제였다. 그리고 이런 시각 때문에 일본에서 한반도계 유물이 발견되는 것을 보고 일본이 한반도에서 건너간 사람들이 세운 국가라는 결론까지 내렸던 것이다. 하지만 단지 유물이 출토되었다고 도래인이 국가를 세웠다고까지 확대 해석할 수는 없다. 이는 거꾸로 한반도에서 일본 계통의 고분이 발견되었다고 해서 야마토 정권이 한반도를 지배했다고 볼 수 없는 것과 같다. 한반도와 일본열도의 상호 교류 속에서 나타난 산물을 곧바로 영토와 국가의 증거로 보는 사관에 문제가 있었던 것이다.

일본의 역사 왜곡을 바로잡으려면 일본을 먼저 알아야만 한다. 그동안 우리는 일본이라는 나라를 너무 모른 채 우물 안 개구리처럼 고대사를 보려고 했다. 일본이 어떤 시각으로 고대사를 해석하는지 면밀하게 검토해야 할 것이다.

우리의 실정도 마찬가지다. 역시 고대사 해석과 설정은 중구난방이다. 임나일본부에 대한 성과는 일본 것을 그대로 베끼면서 근거 없는 마음 속 소망만은 일본을 지배하고 싶다는 욕망으로 표출된다. 이런 주장이 판을 친다면 황국사관에 젖어 임나일본부설과 진구의 삼한 정벌을 주장하는 일본의 극우주의자들과 무엇이 다른가? 이제 쇼비니즘을 버리고, 사실과 이성을 근거로 열린 민족주의를 창출할 필요가 있다. 한국과 일본 두 나라의 과도한 갈망이 역사 왜곡을 낳는 현실을 다시 한 번 되새겨야겠다.

때때로 지루하고 불편한 답사를 함께 떠나면서도 불평 한 번 하지 않았던 아내에게 고마움을 전하며, 이 책의 출판을 허락해주신 홍승권 부사장과 최인수 편집장, 그리고 사진과 지도 하나하나까지 꼼꼼하게 손보며 고생하신 도서출판 삼인의 여러분께 감사 말씀을 드린다.

1. 사료

國史編纂委員會,『국역 中國正史朝鮮
　　傳』, 1986.
金富軾 著, 李丙燾 譯註,『三國史記』
　　上 · 下, 乙酉文化社, 1996.
민족문화추진회,『국역 新增東國輿地勝
　　覽』, 1969.
민족문화추진회,『국역 海行總載』, 1974.
石原道博,『譯註 中國正史日本傳』, 圖書
　　刊行會, 1972.
一然 著, 李民樹 譯,『三國遺事』, 乙酉文
　　化社, 1983.
佐伯有淸 編,『新撰姓氏錄の硏究 : 本文
　　篇』, 吉川弘文館, 1981.
佐佐木信綱 編,『新訓 萬葉集』上 · 下,
　　岩波書店, 1987.
秋本吉郎 校註,『日本古典文學大系 風土
　　記』, 岩波書店, 1958.
太安萬侶 著, 魯成煥 譯註,『古事記』
　　上 · 中 · 下卷, 예전사, 1987~1999.
坂本太郎 外 校註,『日本古典文學大系
　　日本書紀』上 · 下, 岩波書店, 1979.

2. 연구서 · 교양서

岡本堅次,『神功皇后』, 吉川弘文館,
　　1963.
姜仁求,『三國時代墳丘墓硏究』, 嶺南大
　　學校 民族文化硏究所, 1984.
강희정,『관음과 미륵의 도상학: 한국과 중
　　국의 보살상을 중심으로』, 학연문화사,
　　2006.
古田武彦,『失われた九州王朝』, 朝日新
　　聞社, 1973.
九州の中の朝鮮文化を考える會,『九州の
　　なかの朝鮮』, 明石書店, 2002.
今西龍,『朝鮮古史の硏究』, 國書刊行會,
　　1970.
近藤義郎 編,『前方後圓墳集成』, 山川書
　　店, 1992.
金達壽,『日本の中の朝鮮文化』1~12, 講
　　談社, 1972~1991.
김달수 저, 배석주 역,『일본 속의 한국 문
　　화유적을 찾아서』1~3, 대원사, 1995
　　~1999.
金泰植,『加耶聯盟史』, 일조각, 1993.

김석형, 『고대 한일 관계사: 북한연구사료
　　선 2』, 한마당, 1990.

김열규, 『한국의 신화』, 일조각, 1976.

김향수, 『일본은 한국이더라』, 문학수첩,
　　1995.

金鉉球, 『大和政權の對外關係 研究』, 吉
　　川弘文館, 1985.

金鉉球, 『任那日本府研究』, 일조각, 1993.

노중국, 『百濟政治史研究』, 일조각, 1988.

段熙麟, 『日本に残る古代朝鮮〈近畿編〉』,
　　倉元社, 1976.

島根縣敎育委員會 · 朝日新聞社 共編,
　　『古代出雲文化展: 神の國 悠久の遺
　　産』, 1997.

東京書籍, 『図説 日本史』, 1997.

末松保和, 『任那興亡史』, 吉川弘文館,
　　1956.

尾藤正英 外, 『新選 日本史B』, 東京書籍,
　　1998.

박대재, 『의식과 전쟁: 고대국가를 바라보
　　는 새로운 시각』, 책세상, 2003.

박상진, 『역사가 새겨진 나무 이야기』, 김
　　영사, 2004.

朴鐘鳴, 『京都のなかの朝鮮』, 明石書店,
　　1999.

朴鐘鳴, 『奈良のなかの朝鮮』, 明石書店,
　　2000.

白石太一郎, 『古墳とヤマト政權』, 文藝春
　　秋, 1999.

福山敏男, 『論集 日本文化の起源 2』, 平
　　凡社, 1971.

司馬遼太郎, 『街道をゆく2: 韓のくに紀
　　行』, 朝日新聞社 1978.

山尾幸久, 『古代の日朝關係』, 塙書房,
　　1989.

山尾幸久, 『筑紫君磐井の戰爭』, 新日本
　　出版社, 1999.

三品彰英, 『日本書紀朝鮮關係記事考證
　　上』, 吉川弘文館, 1962.

石野博信 編, 『全國古墳編年集成』, 雄山
　　閣, 1995.

송형섭, 『일본 속의 백제 문화』 1 · 2, 한겨
　　레, 1997.

水野祐, 『日本古代王朝史論序說』, 小宮
　　書店, 1952.

延敏洙, 『고대 한일 관계사』, 혜안, 1998.

연민수, 『고대 한일 교류사』, 혜안, 2003.

王健群 著, 林東錫 譯, 『廣開土王碑 研
　　究』, 역민사, 1985.

유홍준, 『나의 문화유산 답사기』, 창작과비
　　평사, 1993.

이도학, 『백제 고대국가 연구』, 一志社,
　　1995.

이도학, 『한국 고대사 그 의문과 진실』, 김
　　영사, 2001.

이영문, 『세계문화유산 화순 고인돌』, 동북
　　아지석묘연구소, 2004.

인재환, 『대마도 우리 역사 답사기』, 한림

출판사, 1997.

任東權, 『日本 안의 百濟文化』, 규장각, 1996.

任東權, 『韓日民族文化の比較研究』, 岩田書院, 2003.

全榮來, 『周留城, 白江 位置比定에 관한 新研究』, 扶安郡, 1976.

조유전·이기환, 『한국사 미스터리』, 황금부엉이, 2004.

佐伯有淸, 『七支刀と廣開土王碑: 古代史演習』, 吉川弘文館, 1977.

주강현, 『마을로 간 미륵 2』, 대원정사, 1995.

駐日本國大韓民國大使館, 『日本 속의 韓國史蹟』, 2001.

中江克己, 『邪馬台国と卑弥呼の謎』, 廣濟堂出版, 1996.

池內宏, 『日本上代史の一研究―日鮮の交渉と日本書紀』, 中央公論美術出版, 1970.

津田左右吉, 『津田左右吉全集』 第2卷, 岩波書店, 1963.

千寬宇, 『加耶史研究』, 일조각, 1991.

최성락, 『海南郡谷里貝塚1』, 木浦大學博物館, 1987.

최창조, 『한국의 자생풍수』 1·2, 민음사, 1997.

한국문화유산답사회, 『답사여행의 길잡이』 1~15, 돌베개, 1994~2004.

韓永大, 『朝鮮美の研究者たち』, 未來社, 1992.

韓日文化親善協會 編, 『博士王仁と日本文化』, 2002.

황수영, 『반가사유상』, 대원사, 1992.

Gary M. Feinman, Joyce Marcus, *Archaic State*, Santa Fe, N.M. : School of American Research Press, 1998.

3. 보고서·공공 자료

岡內三眞 編, 『韓國の前方後圓形古墳―早稻田大學韓國考古學學術調査研修報告』, 雄山閣, 1996.

姜仁求, 『舞妓山과 長鼓山―測量調査報告書』, 한국정신문화연구원, 1987.

姜仁求, 『자라봉고분』, 韓國精神文化研究院, 1992.

高麗大學校 埋藏文化研究所 編, 『寬倉里 周溝墓 』, 1997.

國立光州博物館, 『海南 方山里 長鼓峰古墳 試掘調査報告書』, 2001.

국립문화재연구소, 『羅州 伏岩里 3號墳』, 2001.

국립문화재연구소, 『익산 입점리고분 발굴조사 보고서』, 1989.

국립문화재연구소, 『羅州 新村里 9號墳』, 2001.

國立扶餘文化財研究所, 『益山 王宮里:

發掘中間報告』, 2002.

國立全州博物館, 『扶安 竹幕洞 祭祀遺蹟
研究: 開館五周年紀念 學術심포지움
論文集』, 1998.

國立昌原文化財研究所·咸安郡, 『咸安
馬甲塚』, 2002.

唐津郡·忠南發展研究所, 『唐津 安國寺
址』, 2002.

朴仲煥, 『광주 명화동고분』, 국립광주박
물관, 1996.

百濟文化開發研究院, 『會津土城 : 1993
年度發掘調査 I』, 1995.

徐聲勳·成洛俊, 『海南 月松里 造山古
墳』, 국립광주박물관; 백제문화개발연
구원, 1984.

申敬澈 外, 『韓國의 前方後圓墳』, 충남대
학교출판부, 2000.

아라가야향토사연구회, 『安羅國古城』,
1996.

영암군·왕인박사탄생지고증위원회 공편,
『王仁傳說과 榮山江 文化』, 1997.

李榮文, 『長城 鈴泉里 橫穴式石室墳』, 전
남대학교박물관, 1990.

林永珍·趙鎭先, 『전남 지역 고분 측량 보
고서』, 전남대학교박물관, 2000.

林永珍·趙鎭先·徐賢珠, 『伏岩里古墳
群』, 全南大學校博物館, 1999.

全南大學校博物館, 『住巖댐 水沒地域 文
化遺蹟發掘調査報告書: 支石墓 1,

III』, 1988.

趙現鐘 外, 『光州 新昌洞 低濕地 遺蹟 2
: 木製遺物을 中心으로』, 國立光州博
物館, 2001.

최몽룡 外, 『한국 지석묘(고인돌) 유적 종
합조사 연구, 분포, 형식, 기원, 전파
및 사회 복원 I』, 문화재청, 1999.

충청남도역사문화원, 『瑞山 富長里 遺
蹟─現場說明會資料』, 2005.

한일역사공동연구위원회, 『한일 역사 공동
연구 보고서』 제1권, 2005.

4. 논문

姜鳳龍, 「영산강 유역 '옹관고분'의 대두
와 그 역사적 의미─타지역 옹관묘와
의 비교를 중심으로」, 『韓國史論 41·
42』, 1999.

姜仁求, 「海南 말무덤 古墳調査槪報」,
『三佛金元龍敎授停年退任紀念論叢
1』, 1987.

강종원, 「수촌리 백제 고분군 조영 세력 검
토」, 『百濟硏究 42』, 2005.

谷井濟一, 「潘南面古墳群」, 『大正六年度
(1917年)古蹟調査報告』, 朝鮮總督
府, 1920.

宮崎市定, 「七支刀銘文試考」, 『迷の七支
刀─五世紀の東アジアと日本』, 中公
新書, 1983.

鬼頭淸明,「日本民族の形成と國際的 契機」,『大系日本國家史1, 古代 1』, 1975.

金洛中,「5~6世紀 榮山江流域 政治體의 性格―羅州 伏岩里 3號墳 出土 威勢品分析」,『百濟研究 32』 2000.

金恩淑,「隅田八幡鏡의 銘文을 둘러싼 제논의」,『한국고대사논총 5』, 1993.

金仁雅,「白湖 林悌 문학의 배경 고찰」,『傳統文化研究 6』, 1999.

金在鵬,「武寧王과 隅田八幡畵象鏡」,『韓國史學論叢(孫寶基博士停年紀念)』, 1988.

金鉉球,「任那日本府 연구의 현황과 문제점」,『韓國史市民講座 11』, 1992.

김병인,「王仁의 '지역영웅화' 과정에 대한 문헌사적 검토」,『한국사연구 115』, 2001.

南碩煥,「天之日槍 息長氏」,『문화사학』 11~13, 1999.

魯成煥,「神功皇后傳承과 新羅」,『일본학 13』, 1994.

都出比呂志,「日本古代國家形成論序說―前方後圓墳體制の提唱」,『日本史研究343』, 1991.

朴成興,「周留城考」,『熊津文化 12』, 1999.

朴淳發,「4~6세기 영산강 유역의 동향」,『百濟史上의 戰爭』(제9회 백제연구 국제학술대회 발표 논문집), 1998.

朴天秀,「榮山江流域における前方後圓墳の出自とその性格」,『考古學研究 49-2』, 2002.

福山敏男,「江田發掘大刀及び隅田八幡神社鏡の製作年代について」,『論集日本文化の起源 2』, 1971.

成洛俊,「咸平 禮德里 新德古墳 緊急收拾調査 略報」,『제35회 전국역사학대회논문 및 발표 요지』, 1992.

小栗明彦,「光州月桂洞 1號墳出土埴輪の評價」,『古代學研究 137』, 1997.

小栗明彦,「全南地方 出土 埴輪의 意義」,『百濟研究 32』, 2000.

蘇鎭轍,「일본 국보 隅田八幡神社所藏人物畵像鏡의 銘文을 보고」,『圓大論文集28』, 1994.

水野祐,「隅田八幡神社所藏鏡銘文の一解釋」,『論集日本文化の起源2』, 1971.

神保公子,「七支刀の解釋をめぐって」,『史學雜誌 84-11』, 1975.

沈奉謹,「固城 松鶴洞古墳群 發掘調査」,『묘제와 출토 유물로 본 소가야』, 國立昌原文化財研究所開所 10周年紀念 學術會議, 2000.

辻秀人,「榮山江流域의 前方後圓墳과 倭國 周緣地域의 前方後圓墳」,『百濟研究 44』, 2006.

有光敎一,「羅州潘南新村里第九號墳發掘調査記錄―主として小川敬吉氏手

記の紹介」,『朝鮮學報 94』, 1980.

柳澤一男, 「全南地方の榮山江型橫穴式
　　石室の系譜と前方後圓墳」,『朝鮮學
　　報 179』, 2001.

이동희, 「전남 지방 지석묘 사회와 발전 단
　　계―전남 동부 지역을 중심으로」,『호
　　남고고학보 15』, 2002.

李在碩, 「5세기 倭王의 對南朝外交와 통
　　교 단절의 요인」,『일본역사연구 13』,
　　2001.

李弘稙, 「梁 職貢圖 論考」,『韓國古代史
　　의 硏究』, 1971.

任東權, 「天日槍: 그의 神寶와 身分」,『한
　　국민족학연구 2』, 1995.

林永珍, 「光州 月桂洞의 長鼓墳 2基」,
　　『韓國考古學報 31』, 1994.

林永珍, 「咸平 禮德里 萬家村古墳과 榮
　　山江 流域古墳의 周溝」,『제39회 전
　　국역사학대회 발표 요지』, 1996.

林屋辰三郞, 「繼體, 欽明朝 內亂の史的
　　分析」,『立命館文學 88』, 1952.

張八鉉, 「隅田八幡鏡銘文에 대한 새로운
　　考察」,『백제연구 35』, 2002.

全榮來, 「周留城·白江과 扶安地方」,『熊
　　津文化 12』, 1999.

田中俊明, 「韓國の前方後圓墳の被葬者,
　　造墓集團に對する私見」,『前方後圓
　　墳と古代日朝關係』, 2001.

鮎貝房之進, 「日本書紀朝鮮關係地名攷」,

『雜攷7』上卷, 1937.

井上光貞, 「雄略朝における王權とアジ
　　ア」,『朝鮮三國と倭國』, 1980.

佐野仁應, 「繼體の出自」,『東アジアの古
　　代文化』, 1976.

土生田純之, 「朝鮮半島の前方後圓墳」,
　　『專修大學人文科學年報 26』, 1996.

平野邦雄, 「六世紀, ヤマトの王權の性
　　格」,『朝鮮三國と倭國』, 1980.

河上邦彥, 「日本 前方後圓墳과 橫穴式
　　石室」,『百濟硏究 31』, 2000.

洪譜植, 「百濟 橫穴式石室墓의 型式分類
　　와 對外傳播에 관한 硏究」,『博物館
　　硏究論集 2』, 釜山直轄市立博物館,
　　1993.

洪潽植, 「영산강 유역 고분의 성격과 추
　　이」,『호남고고학보 21』, 2005.

A. W. Southall, "The Segmentary State
　　in Africa and Asia", *Comparative
　　Studies in Society and History,
　　vol.30*, 1988.

R. E. Blanton et al., "A Dual-Processu-
　　al Theory for the Evolution of
　　Mesoamerican Civilization", *Cur-
　　rent Anthropology, vol.37*, 1996.